Nanjing
Cultural Talent
南京文化人才

我们的节日 南京

U0653290

传统节日

传承机制与当代实践研究

主编 季中扬 梁建恕

南京大学出版社

　　本书出版得到了南京市文化领军人才发展计划大力支持,特致感谢!

参与写作人员

（按汉语拼音排序）

陈媛媛	高鹏程	顾康顺	谷青青
季中扬	计 青	蒋筱云	梁建恕
黄伟清	李有明	师 慧	王 静
张 娜	张兴宇	朱志平	郑慧鑫

前　言

日出日落，春去秋来，朝如青丝暮成雪，都只是事物变化的现象，人类的抽象思维发现了其背后的"时间"，进而发明了时间分割技术。

一日之内二十四时，一年之内十二月，所有时间都是平等的，没有哪一天更重要，也没有哪一时辰更特别。但是，文化制造了时间的差异性，时间之流不再是均质的，某些日子有了特殊的意义，这特殊的日子就是节日。有了节日，日常生活多了期盼，人们在习俗之中体悟到了生命的愉悦与意义。

节日来自时间观念，而在节日愉悦中，人们又会觉得时间仿佛消失了。其实，恰恰由于失去了时间感，人们才获得了一种纯粹的快乐。在日常生活中，我们会算计时间，安排事务，只有时间被填满了，我们才不会觉得生活无聊。伽达默尔认为，这些被算计好的时间都并非"属己的时间"，只有节日的时间才是"属己的时间"。毫无疑问，无论什么时候，人们都需要真正属于自己的时间，一段让我们不再感觉到时间存在的时间。也就是说，我们永远需要节日的时间。尤其在现代社会，钟表时刻提示着时间的存在，人们更需要通过节日的庆祝去克服它。

问题是，现代生活每天都像万花筒一般，人们不再期盼过年过节，也不再认同习俗价值，传统节日还有意义吗？还会传承下去吗？其传承的动力与机制何在呢？

传统节日无疑是有现代意义的,但需要人们去阐发,去自觉认同。有鉴于此,为了弘扬传统节日文化,2019 年,南京市委宣传部成立了"我们的节日"南京工作室。工作室不仅要指导节日传承的实践活动,更为重要的工作是进行节日理论研究。当然,国内民俗学界有诸多专家孜孜不倦地在做节日文化研究,与他们不同的是,我们要结合工作实践进行理论思考。既要总结两年来南京传统节日传承的工作经验,又要回答传统节日有何现代价值,究竟该如何传承？

我们认为,千百年来,传统节日虽然不断变化,但一直相对稳定,关键就在于传统节日的体系与结构是稳定的,因而,本书前三章基于历史研究,揭示了传统节日体系的形成与变迁的基本状况,提出了"结构性传承"理念。

我们认为,传统节日自古以来就与城市生活相得益彰,因而,现代的城市化并不必然导致传统节日衰落、消亡。事实上,传统节日文化可以成为当代城市公共文化的重要组成部分。我们还认为,传统节日自古就有促进社区团结的功能,因而,传统节日传承对于当代乡村振兴也有着特别意义。基于对传统节日功能的这两方面认识,本书第四、五两章或基于历史研究,或通过个案研究,来阐述传统节日的现代意义。

传统节日的传承与振兴并非仅仅是理论研究对象,也是一个实践问题。两年来,"我们的节日"南京工作室做了诸多很有影响的工作,甚至可以说已经形成了值得借鉴的"南京经验",这需要进行及时总结,并予以理论反思。因而,本书第六—九章将从行动主体、空间建设、话语传播等方面来检讨"南京经验"。

本书写作具体分工如下：

　　季中扬负责提出整体研究思路与全书章节设置工作；张娜负责撰写第一、二章，张娜、季中扬负责撰写第三章，季中扬负责撰写第四章与第五章一、二节，王静、季中扬负责撰写第五章第三节，张兴宇、梁建恕、黄伟清、蒋筱云、高鹏程、顾康顺、谷青青、郑慧鑫、计青、李有明、朱志平等人负责撰写第六、七、八、九章；季中扬、梁建恕、张娜负责全书统稿工作。此外，师慧、陈媛媛参与了初稿写作。

　　由于作者水平有限，难免会有错漏之处，敬请读者不吝赐教！

主编谨识

2021 年 10 月

目　录

前言…………………………………………………………………… 1

第一章　传统节日体系的形成………………………………… 1

　　第一节　先秦时期的传统节日……………………………… 1

　　第二节　两汉时期的传统节日……………………………… 9

　　第三节　魏晋南北朝的传统节日…………………………… 27

第二章　传统节日体系的发展与定型………………………… 46

　　第一节　唐宋时期的传统节日……………………………… 46

　　第二节　明清时期的传统节日……………………………… 68

第三章　传统节日文化的当代传承与更新…………………… 90

　　第一节　传统节日的"结构"……………………………… 90

　　第二节　结构稳定性:传统节日传承的基础……………… 100

　　第三节　结构性传承:传承与创新的辩证法……………… 114

第四章　传统节日振兴与城市生活…………………………… 128

　　第一节　传统节日的发展与城市生活……………………… 128

　　第二节　当代城市生活与传统节日………………………… 141

　　第三节　城市节日的当代传承与振兴个案………………… 147

第五章　传统节日振兴与乡村发展…………………………… 162

　　第一节　研究视角:公共性与社会资本 ……………… 162

　　第二节　皖南伏岭村过年习俗传承——个案之一…… 168

　　第三节　福建澂城村端午节习俗传承——个案之二…… 176

第六章　传统节日当代振兴的"南京实践"……………… 193

　　第一节　南京传统节日振兴的实践目标……………… 194

　　第二节　南京传统节日振兴的实践路径……………… 198

　　第三节　南京传统节日振兴实践的主要特征………… 214

第七章　南京传统节日当代振兴的行动主体…………… 226

　　第一节　政府引导:传统节日振兴的关键力量 ……… 230

　　第二节　媒介宣传:传统节日振兴的外在动力 ……… 235

　　第三节　商家呼应、校园参与和民众认同:传统节日振兴

　　　　　　的催化剂 ……………………………………… 239

　　第四节　传统节日振兴过程中的多元主体互动……… 256

第八章　南京传统节日当代振兴的社会空间建设……… 261

　　第一节　传统节日社会空间的运行逻辑……………… 262

　　第二节　南京传统节日的社会空间建设路径………… 266

　　第三节　传统节日社会空间建设的技术介入………… 289

第九章　南京传统节日振兴的理论研究与话语传播…… 294

　　第一节　南京传统节日当代振兴的理论研究………… 295

　　第二节　南京传统节日当代振兴的话语传播………… 308

　　第三节　"我们的节日"实践话语传播效果………… 330

主要参考文献……………………………………………… 336

第一章

传统节日体系的形成

节日被视为人生之中的特殊时刻,具有特殊的意义。千百年来,中国人始终生活在节日的循环体系中,从事着生产耕作、婚丧嫁娶、祭祀礼仪等各项活动。从上古时期至今,节日占据着古人生活的重要位置,"过节"总是历朝历代百姓期盼之所系。节日不仅是国家政治文化的重要表征,也与个体的生命律动紧密相连。节日的重要性无须赘言。值得思考的是,传统节日体系是如何形成并趋于成熟的?为便于把握传统节日体系的形成与变迁,将划分先秦两汉、魏晋南北朝、唐宋时期、元明清时期等节日发展阶段予以探讨。总体来说,传统节日体系萌芽于先秦两汉时期,形成于魏晋南北朝时期,成熟于唐宋时期,定型于明清时期。本章将聚焦先秦汉魏的节日,讨论传统节日体系的初步形成。

第一节　先秦时期的传统节日

上古时期,先人们很早就对自然界现象进行细致的观测:草木枯荣、寒来暑往、蛰虫候鸟、斗转星移……不仅形成了突出的时令意识,并且从中总结出周期性规律形成历法来指导农耕生活。这种观察主要是两个方面进行:一是物候节律。例如作为现存最古老的历法《夏小正》通常认为成书不晚于春秋末期,亦被称为"夏时",其经文按照夏代十二个月的顺序,分月记录了星象、气象、物象及其相关农事安排等,如正月的物候"启蛰""雁北乡",五月物候

"缺则鸣""良蜩鸣"等,七月物候涉及"初昏织女正东乡。时有霖雨"等。而被闻一多称为"一篇韵语的《夏小正》或《月令》"①的《诗经·豳风·七月》也描绘了各种物候现象,如"鸣仓庚"和"鸣䴗"等鸟类物候,"鸣蜩""螽斯动股""莎鸡振羽"和蟋蟀鸣叫等昆虫物候,"秀葽""陨萚"等植物物候以及"春日载阳""肃霜"、寒风"觱发"、寒气"栗烈"等气象物候。《左传·昭公十七年》中也记载了"以鸟为纪"的历史传说。"我高祖少皞挚之立也,凤鸟适至,故纪于鸟,为鸟师而鸟名。凤鸟氏,历正也。玄鸟氏,司分者也,伯赵氏,司至者也,青鸟氏,司启者也,丹鸟氏,司闭者也"。② 这里以鸟类体系来确立管理体系,其中除了凤鸟是神鸟以外,其余的鸟类都是候鸟,具有季节测候的重要意义。例如玄鸟就是常见的燕子,春来秋去,被视为春天的报信者,《月令》中就称"玄鸟至"之日天子去祭祀生育神高禖。二是天文星象规律。古人以日月星辰来测定自然季节的转换。一般认为,殷商的甲骨卜辞上就记载了最早的历法内容。学者常玉芝还根据卜辞探究了商代农业与历法的关系。③《尧典》记载了"两分两至"(春分、秋分、夏至、冬至)的现象,"日中星鸟,以殷仲春。厥民析,鸟兽孳尾。申命羲叔,宅南交。平秩南讹,敬致。日永星火,以正仲夏。厥民因,鸟兽希革。分命和仲,宅西,曰昧谷。寅饯纳日,平秩西成。宵中星虚,以殷仲秋。厥民夷,鸟兽毛毨。申命和叔,宅朔方,曰幽都。平在朔易。日短星昴,以正仲冬"。④《左传》明确提及"分、至、启、闭"。《左传·僖公五年》记云:"凡分、至、启、闭,必书云物,为备故也。"杜预《注》:"分,春秋分也;至,冬夏至也;启,立春立夏;闭,立秋立冬"。⑤ 而在《吕氏春秋》中已经以立春、春分、立夏、夏至、立秋、秋分、立冬、冬至等八个

① 闻一多:《神话与诗》,上海:上海人民出版社 2006 年版,第 151 页。
② 《左传》,《十三经注疏》,北京:中华书局 1980 年版,第 2083 页。
③ 常玉芝:《殷商历法研究》,长春:吉林文史出版社 1998 年版,第 366－369 页。
④ 《尚书尧典》,《十三经注疏》,北京:中华书局 1980 年版,第 119 页。
⑤ 《左传》,《十三经注疏》,北京:中华书局 1980 年版,第 1794 页。

节气来称呼。距离西汉《淮南子·天文训》正式第一次记载完整的二十四节气名称已经过去了近 2 000 年。可见古人对节气的关注是很早就开始了，通过星象、物候等各种观测手段发展出具有较强指示意义的四时时令系统，掌握了季节节气的变化，并能够依据四时节气开展相应的礼仪政令活动。

那么，先秦时期是否存在节日体系呢？对此，汉学家葛兰言给出了肯定的答案。在《古代中国的节庆与歌谣》一书中，他通过阐释古老的《诗经》歌谣文本，从歌谣中发掘了物候现象、历法与习俗活动之间的关系，并围绕节日与原始崇拜、历法体系与农民生活周期阐述了古代中国的节庆体系。他断言："古老的中国节庆是富于季节性质的和乡村性质的，节庆主要发生在春、秋季节，万物复苏与农事结束之际。与重大时期相对应的节庆标志着农民生活的节律实践，建立在寒来暑往、雨旱交替等气候变化的基础之上"。[①]从葛兰言的研究来看，先秦时期的节庆体系属于一种原始节日体系，具有浓厚的信仰色彩。结合《诗经》《礼记·月令》《礼记·郊特牲》等文献，可发现先秦的节日主要可分为两大类。

一、春季节庆

春天是冰雪融化、万物复苏的日子，也是人们开启新一轮耕作的日子。在春天举行的节日盛典，融交往、约婚、祈雨、赛歌、祓除仪式于一体，乃是最古老的节日形式之一。葛兰言所列举的三个地方节庆与王室节庆都发生在春季：

1. 郑国（河南）春季节庆。《诗经·溱洧》篇有"溱与洧，方涣涣兮。士与女，方秉兰兮。女曰观乎？士曰既且，且往观乎！洧之外，洵訏且乐。维士与女，伊其相谑，赠之以芍药"。在仲春之月，溱、洧河水泛滥之时，郑国年轻男女们在河边歌舞、游玩、交友，手

---

① ［法］葛兰言著，赵丙祥、张宏明译：《古代中国的节庆与歌谣》，桂林：广西师范大学出版社 2005 年版，第 151 页。

持兰花被除岁秽不祥之气,同时举行"招魂"与"续魂"的仪式,这种春天庆典洋溢着欢快热闹的气息,呈现出典型的节庆仪式(赛歌、约婚、祓除)。

2. 鲁国(山东)春季节庆。在对《论语·先进》篇"莫春者,春服既成,冠者五六人,童子六七人,浴乎沂,风乎舞雩,咏而归"的分析中,葛兰言结合《论衡·明雩》篇中的阐释指出"风乎舞雩"乃是在水边举行的一种祈雨的节庆,这个节庆以献祭和飨宴宣告结束,其基本特征是涉河。

3. 陈国(河南)节庆。《诗经·宛丘》对发生在宛丘之上集体舞蹈场面的描述被认为是寒冷冬季的纺织工作结束之后的节庆。在此节庆中不仅伴随着歌舞,还具有采花、性仪礼等仪式,其主题是与祈雨、生育、约婚相关。

4. 王室的春季节庆。在玄鸟归来、春分之日,天子率领妃嫔到南郊去祭祀掌管生育的神灵高禖。葛兰言认为这个节庆通过将男女两性聚集来举行求子仪式,属于原始求子节庆。

可见,春天的节日带有标识性的物候特征——河水泛滥("溱与洧,方涣涣兮")、燕子归来("玄鸟至")、东风解冻(《月令》),具有显著的人群集聚性(士与女;冠者五六人、童子六七人;天子与妃嫔),典型的仪式性(赛歌、舞蹈、涉河、采兰、招魂、求子祭礼)。从春天节庆的时间、地点、仪式、节俗等方面来看,这无疑就是后世的三月"上巳节"的原始形式。葛兰言也认为,春天的节日一开始是与初春的复苏相联系的,有了成文历法之后,才"指定在由历法固定下来的某个日期举行",[①]也即每年三月的第一个巳日。在古老的歌谣中潜藏着传统节日的原始形态。

---

① [法]葛兰言著,赵丙祥、张宏明译:《古代中国的节庆与歌谣》,桂林:广西师范大学出版社 2005 年版,第 136 页。

二、秋季节庆

对古人来说，除了一年农事的开始，另一件重要的事情就是农事的结束。在秋收以后，农民们要举行一个年终庆典，这也是自上古社会就存在的"八蜡节"。《诗经》之《七月》呈现出蜡节的物候特征——"十月蟋蟀入我床下"，以及祭祀宴饮场景——"十月涤场。朋酒斯飨，曰杀羔羊。跻彼公堂，称彼兕觥，万寿无疆"。"蟋蟀"乃是"十月"的重要物候标志，于一年之末要清扫谷场，宰杀羔羊，供奉祭祀，宴请宾客，齐呼万寿无疆。《礼记·月令》也载孟冬之月"大饮烝。天子乃祈来年于天宗，大割祠于公社及门闾。腊先祖五祀，劳农以休息之"。"大饮烝"即指十月农事完毕之时，天子与群臣于太学宴饮，并祭祀宗庙。对此，郑玄注曰："此《周礼》所谓蜡祭也。天宗，谓日月星辰也。大割，大杀群牲割之也。腊，谓以田猎所得禽祭也。五祀：门、户、中霤、灶、行也。或言祈年，或言大割，或言腊，互文。"①这些祭祀活动都可以统称为蜡，主要以祭祀先祖与生活相关的神灵为主。岁末大祭在《礼记·郊特牲》中也有记载，"天子大蜡八。伊耆氏始为蜡。蜡也者，索也，岁十二月，合聚万物而索飨之也。蜡之祭也，主先啬而祭司啬也，祭百种以报啬也。"②所谓"蜡有八者，先啬一也，司啬二也，农三也，邮表畷四也，猫虎五也，坊六也，水庸七也，昆虫八也。"③先啬、司啬分别是指发明农业和掌管农业的神，如神农氏、后稷；农是指勤勉督理农事与田法的官员之神；邮表畷是指督农官在田间的办公处所，亦有神灵；猫、虎是指猫神和虎神，因为猫吃损害庄稼的田鼠，虎食糟塌庄

① ［汉］郑玄注，［唐］孔颖达：《礼记正义》，上海：上海古籍出版社2008年版，第726页。

② ［汉］郑玄注，［唐］孔颖达：《礼记正义》，上海：上海古籍出版社2008年版，第1071页。

③ ［汉］郑玄注，［唐］孔颖达：《礼记正义》，上海：上海古籍出版社2008年版，第1080页。

稼的野猪,所以要迎来它们的神灵加以祭享;坊同防,指堤防,庸指水沟,都与农田水利有关,故祭其神灵,以防洪涝灾害;祭昆虫,则是为了避免虫害。总之,蜡祭的对象都是与农业生产密切相关的神祇。① 蜡与腊是相关又有所区别的祭祀,有腊享先祖与蜡祭百神之说。

那么,为什么同样在年末举行的庆典一个在十月、一个在十二月呢?葛兰言认为由于《月令》采取的是农事历,以农作结束的十月为年末;《郊特牲》则采用公共历,不以农业周期来纪年,以十二月为终。在秦朝进行的历法变革也就是《郊特牲》成书时,官方为了使农事历的内容与公共历吻合,便将本来在十月举行的节日在新的历法中推迟到了十二月。② 所以,这个年终节庆实际意味着农耕生产周期的终结,只是到了后来它才标志着民间历年的终结,变成了遍祭众神的“八蜡节”。葛兰言认为,八蜡节一方面具有强烈的狂欢性,另一方面乃是“全面性报恩”的节日,“人们是向所有种类的有生命的和无生命的、虚构的和实在的、集体的或单个的存在物报恩”,③人人都要进行献祭,在庆典期间展现出孝顺、长幼、谦让、上下、贤良的社会伦理品质。八蜡节标志着季节的终结,既促成了世界万物的隔离状态与复苏,也在年终聚集状态中增强了团结意识。

就上古时期原始节日体系的特点来说,综合葛兰言的分析,主要具有以下三个特征:

一是节日时间不确定,难以确定到某个日期,呈现出季节阶段性特征。彼时节日举行的时间并不固定,春季与秋季是举行节日

① 王永平:《从腊日到腊八:本土文化与外来文化的结合》,《文史知识》2019年第1期,第94—102页。
② 卢梦雅:《〈诗经〉中的时间——葛兰言的节日与历法研究》,《民俗研究》2018年第2期,第26—33、157页。
③ [法]葛兰言著,赵丙祥、张宏明译:《古代中国的节庆与歌谣》,桂林:广西师范大学出版社2005年版,第155页。

的重要时期,但尚未完全确定具体日期。例如,鲁国的节庆日期应该是一个较长的时间段;陈国的节庆时间更不确定,要看风俗的松弛情况;郑国的节庆一般是在春水泛滥与春暖花开的时节举行,并不会只简化到一天中,甚至可延续到春季的三个月中。

二是节日场所趋于固定,多分布在河流、旷野、山川等地,具有"圣地"性质。一般来说,民间节庆通常会在草木茂盛的山川环境中举行,这种场所的选择实际是与山川的神圣性质联系在一起的,因为"中国人相信,河流、山岳、森林是同一个秩序中的神圣力量,并将它们一起祭祀"[①]。上古时期的自然崇拜在《礼记》《左传》中能都看到相关记载,"山川之神,则水旱疠疫之灾,于是乎禜之。日月星辰之神,则雪霜风雨之不时,于是乎禜之"(《左传·昭公元年》),"山林川谷丘陵,能出云,为风雨,见怪物,皆曰神。有天下者祭百神"(《礼记·祭法》),可见夏商周时期将天地山川日月视为祭祀的重要对象,这种自然崇拜深刻影响到节日空间的选择。

三是节日习俗大都建立在原始崇拜基础上,信仰色彩浓厚。这一点在春季节日的祓除、招魂、祈雨、祈子等仪式以及秋季节日的祭祀先祖及百神都表现得极为明显,包括节日场地的选择也蕴含着山川崇拜与神灵崇拜的思想。如萧放所言,上古时期的岁时具有原始宗教性质,"人们所从事的岁时活动主要是宗教祭祀的内容",[②]通过祭祀来沟通、联系人与自然的关系。

总体来说,先秦时期的节日比较少,节俗也不够丰富,以季节性祭礼为主要内容。这种原始节日体系与后世的传统节日体系仍有着较大的差别,其实则是在原始宗教信仰体系的基础上发展出来的一种节日文化体系。殷人的神灵观念大致可分为三类:一是天神:上帝、日、东母、西母、云、风、雨、雪;二是地示:社、四方、四

---

①　[法]葛兰言著,赵丙祥、张宏明译:《古代中国的节庆与歌谣》,桂林:广西师范大学出版社 2005 年版,第 162 页。

②　萧放:《岁时——传统中国民众的时间生活》,北京:中华书局 2002 年版,第 15 页。

戈、四巫、山、川;三是人鬼:先王、先公、先妣、诸子、诸母、旧臣,[①]由此可看出殷人的信仰对象不单纯是自然神,而是囊括了至上神"上帝"及祖先神灵等多神教形态,并组成了一个具有上下统属秩序的神灵世界。山川土地等自然神祇接受祭祀且逐渐人格化,祖先神灵也开始占据重要的位置。在对待神灵的做法上,殷商主要是表现为"努力通过祈祷、祭祀等温和谄媚手段以求哄诱安抚顽固暴躁、变幻莫测的神灵",[②]即用祭祀的手段来"讨好"神灵,而非"借符咒魔法的力量来使自然界附和人的愿望"[③]的巫术手段。因此,在陈来看来,殷商尽管有着巫史,占卜盛行,但属于一种祭祀文化,而不是一种巫术文化。[④] 到了周代,尽管周人继承了殷商的祭祀文化,且在服饰、祭物、典乐等祭祀仪礼上做出更加详细的规定与分类,但是其祭祀文化展现出更重要的社会文化功能的意义,以至于超出了宗教信仰的意义。可以说,周代发展出包含祭祀文化的"礼乐文化",并取代了殷商的祭祀文化的主导地位,这种"礼乐文化"西周时期以降开始演变为一种国家的宗教行为与普遍的祖先祭祀行为。此处对商周时代的祭祀文化发展脉络的简要梳理只是想揭示隐藏在早期节日文化发展的思想文化背景,其一定程度上解释了两点:一是原始节日文化无疑呈现了上古时期的神灵信仰、巫术宗教与祭祀文化,节日即是这种原始信仰体系的集中表达空间;二是随着周代礼乐文化的发展以及儒家思想的兴起,原始宗教文化逐渐"除魅",首先在知识分子阶层出现思想的理性化。不过这种神灵祭祀与巫术占卜在民间社会及统治阶级集团的文化活动中仍有不少保留。

---

① 陈梦家:《殷墟卜辞综述》,北京:中华书局 1988 年版,第 562 页。

② [英]J.G.弗雷泽著,汪培基、徐育新、张泽石译:《金枝》,北京:商务印书馆 2013 年版,第 98 页。

③ [英]J.G.弗雷泽著,汪培基、徐育新、张泽石译:《金枝》,北京:商务印书馆 2013 年版,第 98 页。

④ 陈来:《古代宗教与伦理》,北京:北京大学出版社 2017 年版,第 114 页。

因此,上古时期的民间节日萦绕着浓重的原始宗教意味,官方节日则主要表现为一种国家祭祀的宗教行为。总体来说以官方节日为主导或组织,两者皆以季节性的仪式为外在表现。上古时期人们关心的是生育繁衍、风调雨顺、祈福顺遂,这些观念也为后来的节日体系所继承。后随着西周德性、天命等观念的发展,信仰的色彩开始淡化,一种宗教—伦理体系的大传统文化逐渐成形。这种伦理的因素在秦汉时期不断增强,最突出地表现为普遍性的民间祖先祭祀,这为传统节日体系的初步形成奠定了重要的思想基础。

第二节 两汉时期的传统节日

随着秦汉大一统的进程,整体社会环境有了巨大的变化。进入汉代以来,在地理空间上得到前所未有的拓展,在政治上趋于统一局面,在经济上因社会的稳定使得生产力稳步增长,在思想文化上以“独尊儒术”统合了社会文化观念。此外,汉代的历法体系发展也有了质的突破,这也是促进汉代节日体系大发展的最重要因素之一。除了关于二十四节气的完整记载最早出现在《淮南子·天文训》之中,汉代太初历的颁布更是深刻影响了整个古代中国节日体系的形成与发展。

在上古社会,岁首往往是不确定的,出于政治目的的“改正朔、易服色”相当频繁,比如夏、商、周、秦都曾分别以正、十二、十一、十月为岁首。西汉初年也延续秦朝的颛顼历,将十月视为正月,不过存在一定的误差。汉武帝即位后,命令巴人落下闳等人造《汉历》,终于在太初元年(即公元前 104 年)颁布了新历法——《太初历》。作为中国历史上第一部较为完整的历法,《太初历》采用阴阳合历的形式,做出了诸多重大调整:将岁首固定下来,以正月为岁首;采用有利于协调农时的二十四节气;以没有中气的月份为闰月,一年之中随时置闰;调整了太阳周天与阴历纪月不相合的矛盾。这就使得正月岁首始终不变,有助于形成固定的节日时间,发展出新的社会节日。

从文献上来看,由于两汉时期并未形成岁时记的写作传统,了解汉代的节日状况主要还是从史料、农书及其他资料等入手。在史料方面,《史记》《汉书》对节日方面的记载相当少,且并不系统丰富。相对而言,《后汉书》是汉代节日的宝贵资料,尤其是《后汉书·礼仪志》部分,明确记载了在后汉时期基本确立下来的祭祀活动;在农书方面,《氾胜之书》与《四民月令》是佼佼者,提供了相当多的节令内容,对于研究汉代节日有着较大的帮助。一般认为《氾胜之书》是现存最早的一部农书,总结了劳动人民的耕作经验,书中提及的"夏至后七十日,可种宿麦""冬至后一百一十日,可种稻"①等节气充分显示了二十四节气对农业生产的指导意义。而崔寔的《四民月令》作为先秦《月令》知识系统下沉化与民俗化的重要作品,其以汉代庄园民众生活为中心,按照十二个月份对农事活动、祭祀礼仪、岁时节日等安排作出较为详尽的记载,一定程度上反映了东汉末年民众的岁时节日生活。不过遗憾的是,如今所看到的这两部农书都是后人辑写的断简残篇。在哲学思想作品方面,通常认由淮南子刘安编纂的《淮南子》、董仲舒的《春秋繁露》、王充的《论衡》等作为当时突出的思想巨著,对于深入探究汉代节日的思想背景具有重要意义。在民俗著作方面,东汉应劭《风俗通义》广泛记载了当时的信仰、神怪、丧葬、祭祀、节俗、禁忌、姓氏及逸事传闻等等,以"辨证风俗"为撰写宗旨,展现出鲜明的民间文化知识取向,这也是第一部较为系统全面以民俗为研究对象且规模可观的专门性著作。不过由于散佚过半,经过后人多次增补校订,已超过三分之一的篇章被改写,因此书中内容存疑较多,并不是完全可靠的民俗资料。在书中,涉及对元旦、端午、腊日等相关节俗的记述,可辅助观之。在笔记小说方面,《西京杂记》是值得注意的一本著作,其成书较为复杂,据传由汉代刘歆所著,东晋葛洪辑抄

---

① 石声汉:《氾胜之书今释》,北京:科学出版社1956年版,第19、21页。

而成,后经南朝萧梁时期文人吴均改纂而成,众说纷纭,莫衷一是。程章灿认为:"《西京杂记》的作者既非刘歆,也不是葛洪、吴均或者别的什么人。它实际上是葛洪利用汉晋以来流传的稗史野承、百家短书钞撮编集而成的,故意假刘歆《汉书》以自重,以今托古,以野史杂记托之正史,可谓双重假托"。① 这意味着《西京杂记》并不能单纯视为汉代的可靠文献,很大可能掺杂了魏晋南北朝的内容。鉴于此,本文对汉代节日的讨论主要依赖于《后汉书》《四民月令》,并辅之以其他各类文献资料来深入探究。从《后汉书·礼仪志》所记载的节时礼仪来看,主要包括以下内容:

季节	对应月份	礼仪内容
春季	一月	合朔、立春、五供、上陵、冠、夕牲、春耕
	二月	高禖
	三月	养老、养蚕、祓禊
夏季	四月	立夏、请雨、拜皇太子、拜王公
	五月	桃印
	六月	黄郊
秋季	七月	立秋、貙刘
	八月	案户
	九月	祠星
冬季	十月	立冬
	十一月	冬至
	十二月	腊、大傩、土牛、遣卫士、朝会

从中可以看出,《礼仪志》的记载已经呈现出春、夏、秋、冬的相关节日节俗,如立春、夏至、立秋、冬至、腊日等,对于探究汉代节日

---

① 程章灿:《〈西京杂记〉的作者》,《中国文化》1994年第1期,第101页。

起到了重要的作用。综合各类文献,总体来说汉代节日的主要包括以下内容。

一、正日

"正月之旦,是谓正日"。① 岁首历来受到重视,在汉代亦是官方与民间都较为看重的节日。据《四民月令》记载,在正月来临前三日,家长及执事都要斋戒,等到祭祀之日敬酒降神。敬神之后,"乃室家尊卑,无大无小,以次列于先祖之前;子、妇、孙、曾,各上椒酒于其家长,称觞举寿,欣欣如也。谒贺君、师、故将、宗人父兄、父友、友亲、乡党耆老",②全家老少列坐祖先面前,以示敬祖;聚会宴饮椒酒向年长者祝寿,以示敬老;拜贺君长、师长、族人父兄及亲朋好友、乡里老人等,广泛结交传递情谊。在民间,正日礼仪主要表现为家族礼仪,在朝廷则体现为盛大庆祝仪式,"每岁首正月为大朝受贺",③"大朝"乃专指规模盛大、礼仪隆重的节日庆贺。在此日,皇帝御临正殿,接受群臣朝拜庆贺,并与百官纵情宴饮。因正日朝贺在正月正日,因此也被称为"正朝"。

二、社日

所谓"社",《说文》曰:"地主也"。《礼记·郊特牲》曰"社,祭土",④"社日"乃是祭祀土地的节日。土地关系国计民生,在古代有太社、王社、国社、候社及民社等。周朝选择阳气萌发的"仲春"举行社祭,《礼记·月令》云"仲春择元日,命民社"。⑤ 到了秦汉时

① [汉]崔寔撰,石汉声校注:《四民月令校注》,北京:中华书局2013年版,第1页。

② [汉]崔寔撰,石汉声校注:《四民月令校注》,北京:中华书局2013年版,第1页。

③ [宋]范晔:《后汉书·礼仪志》,北京:中华书局2007年版,第931页。

④ 《礼记》,北京:中华书局2017年版,第486页。

⑤ 《礼记》,北京:中华书局2017年版,第300页。

期为了适应春祈秋报的需要形成了春、秋二社。对于上层社会来说，社日不过是祭祀的日子，讲究祭祀活动的庄严，要求祭品丰富，并无娱乐氛围。对于普通民众来说，在唐宋以前，社日都是中国乡村社会的重要节日，除了举办相对简陋的祭祀仪式，还常伴以欢乐的庆祝活动，形成了以祭社与宴乐的标志性习俗。《淮南子·精神训》称："今夫穷鄙之社也，叩盆拊瓴，相和而歌，自以为乐也"，[①]展现出民间社日活泼欢乐的气氛。此外，《四民月令》也记载了汉代庄园的社日祭祀活动，"二月，祠太社之日，荐韭、卵于祖祢。前期斋、馔、扫、涤，如正祀焉"[②]。

三、上巳节

上古时期的春季节日就出现水边招魂、祓除的仪式，这种基于三代巫术祭祀文化的春季祭祀应该就是上巳节的源头。"祓"乃是古代除灾求福之祭，被视为祛除恶气、污秽，获得祥福的一种仪式手段。东汉许慎《说文解字》释"祓"曰："除恶祭也。"《左传》杜预注云："祓，除凶之礼。"《史记》张守节正义曰："祓谓除不祥求福也。"（《周本纪》）"禊"则是祓的一种，主要是指在水边举行的一种拔除不祥的祭礼。应劭《风俗通·祀典》曰："禊者，洁也。春者，蠢也，蠢蠢摇动也……疗生疾之时，故于水上衅洁之也。"[③]"禊"意为"洁"，在万物生长的春日，容易生发疾病，因此需要到水边涤荡、洗濯，预防疾病。《后汉书·礼仪志》曰："是月上巳，官民皆洁于东流水上，曰洗濯祓除，去宿垢，为大洁"。[④]之所以在"上巳"之日去祓

---

① ［汉］刘安著、许慎注，陈广忠校点：《淮南子》，上海：上海古籍出版社 2016 年版，第 167 页。

② ［汉］崔寔撰，石汉声校注：《四民月令校注》，北京：中华书局 2013 年版，第 19 页。

③ ［汉］应劭撰，吴树平校释：《风俗通义校释》，天津：天津古籍出版社 1980 年版，第 382 页。

④ ［宋］范晔：《后汉书》，北京：中华书局 2007 年版，第 928 页。

除,根据《风俗通义》的说法,"巳者,祉也,邪疾已去,祈介祉也"。①
即"巳"有"福"的意思,上巳乃有祈福之意,故于上巳日被除邪疾,
祈求福祉。可见,上巳节作为一个古老的节日,尽管起源极其久
远,但是真正形成还是在两汉时期。西汉时期即已经盛行祓除仪
式,不过祓除的具体时间各地并未统一,更没有形成全国规模的三
月上巳祓禊的风俗,到了东汉时期三月上巳节才逐渐形成渐成规
模。② 在节俗上,汉代上巳节以祓禊、沐浴为主,张衡《南都赋》有
"于是暮春之禊,元巳之辰,方轨齐轸,祓于阳濒"。《后汉书·周举
传》曰:"(顺帝永和)六年三月上巳日,(大将军梁)商大会宾客,燕
于洛水,(周)举时称疾不往。商与亲昵酣饮极欢,及酒阑倡罢,继
以《薤露》之歌"。③ 可见,至晚于东汉时上巳节虽然萦绕着巫术禳
灾的色彩,不过相较于之前已经大大增添了娱乐的内容。当时人
们在临水沐浴禳灾之时也享受到节日的欢愉,此实为后来魏晋时
上巳"曲水流觞"的节日娱乐之先声。

四、寒食节

关于寒食节的起源,众说纷纭。诸多学者如庞朴、裘锡圭等都
做出详细的考证,其中讨论的症结在于寒食节究竟是起源于改火
之俗还是纪念介子推,两者孰先孰后? 根据学者们的考证,一般来
说,早在战国时期,有关晋文公之臣介子推的故事就在诸多先秦文
献中流传,如《左传·僖公廿四年》、屈原《九章·惜往日》《庄子·
盗跖》《吕氏春秋》等都加工了介子推的形象,介子推隐山、割股、燔
死的事迹渐为人所知。裘锡圭认为围绕介子推所发生的割股之事
明显出乎情理,介子推焚死之事则是为了解释寒食的起源而编造
出来的。介子焚死传说在战国时代就已流行,由此可推知寒食的

---

① [汉]应劭撰,吴树平校释:《风俗通义校释》,天津:天津古籍出版社1980年版,第384页。

② 具体可参见贾艳红:《上巳节考论》,《齐鲁学刊》2015年第1期,第59—63页。

③ [宋]范晔:《后汉书》,北京:中华书局2007年版,第588页。

起源一定非常早。① 应该说,寒食节俗最早可追溯至先秦时期。

到了汉代,刘向的《新序》《说苑》,蔡邕《琴操》与王肃《丧服要记》等对介子推焚死的传说有详细记载。其中《琴操》在讲述了割股、龙蛇之歌、燔死之后,指出"文公哀之,令人五月五日不得举火",此介子推与寒食联结的关键记载。而根据当时东汉的文献来看,官方对于民间寒食节的风气有所禁止,如《后汉书·周举传》载"举稍迁,并州刺史。太原一郡,旧俗以介子推焚骸,有龙忌之禁。至其亡月,咸言神灵不乐举火,由是士民每冬中辄一月寒食,莫敢烟爨,老小不堪,岁多死者。举既到州,乃作吊书,以置子推之庙,言'盛冬去火,残损民命,非贤者之意',以宣示愚民,使还温食。于是众惑稍解,风俗颇革"。② 再辅之以恒谭的《新论》来看,"太原郡民以隆冬不火食五日,虽有病缓急,犹不敢犯,为介之推故也"。从此可推论寒食节在东汉时流传于太原诸郡,且寒食节盛行于冬季,显然与蔡邕所言的五月五日不举火有较大差异。由于寒食节隆冬吃冷食、禁火所造成的"岁多死者",到了曹操主政时还发布了《禁绝火令》:"闻太原上党、西河、雁门冬至后百有五日皆绝火寒食,云为介子推。子胥沈江,吴人未有绝水之事,至于推独为寒食,岂不悖乎!且北方沍寒之地,老少羸弱,将有不堪之患。令到,人不得寒食。若犯者家长半岁刑,主吏百日刑,令长夺一月俸"。③ 后在魏晋时又屡次上演禁止寒食的政令戏码,然民间寒食节俗屡禁不止,到了《荆楚岁时记时》对寒食节的节俗记载又再次证明了南朝民间寒食的兴盛。可见,汉代是寒食节逐渐发展的重要时期,在官方与民间的对立、冲突与妥协的过程中,原本流行于太原地区的寒食节开始向南方蔓延开来,并在魏晋时期成为祭祀与欢娱的节日。

---

① 裘锡圭:《寒食与改火——介子推焚死传说研究》,《中国文化》1990 年版第 1 期,第 66 – 77 页。

② [宋]范晔:《后汉书》,北京:中华书局 2007 年版,第 587 页。

③ [唐]欧阳询,汪绍楹校:《艺文类聚》,上海:上海古籍出版社 1998 年版,第 1550 页。

至于寒食节与介子推的关系,庞朴、裘锡圭等人都认为这是一种习俗的真意已不为一般人所理解的情况下对其起源所作的附会解释,古老的改火习俗才是寒食的起因。

五、夏至

在汉代,夏至不仅是一个重要的节气,而且也逐渐被扩展了许多节日元素的内容。"是月也,阴阳争,血气散"。① 五月阴阳交锋,阳气由盛转衰,容易造成人的身体不适,"阴气入,藏腹中塞,不能化腻",② 所以要注意饮食调整身体,"先后日至各十日,薄滋味,毋多食肥醲"。③ 此外,夏至日也是东汉人祭祖的日子,"荐麦、鱼于祖祢。厥明祠冢。前期一日,馔具、斋、扫、涤,如荐韭、卵"。④ 夏至节以夏至节气为中心,糅合了五月五日、夏至日等多个特殊节点的习俗,可见在汉代尚未分化,属于杂糅性较强的夏季大节。

其中,"五月五"虽然并未发展成一个节日,但是已在诸多文献中被提及,因其阳气最盛而被汉人视为禁忌日。应劭在《风俗通义》"释忌"中记录了当时的流行语"五月五生子,男害父,女害母""五月盖屋,令人头秃"⑤等都说明了五月是凶期,有不祥之义。为此,汉人发明了一系列的避忌手段,如长命缕、五色桃木印装饰门户等等。为了避灾祛病,人们在五月五日"蓄药","合止利黄连丸、

---

① [汉]崔寔撰,石汉声校注:《四民月令校注》,北京:中华书局 2013 年版,第 44 页。
② [汉]崔寔撰,石汉声校注:《四民月令校注》,北京:中华书局 2013 年版,第 44 页。
③ [汉]崔寔撰,石汉声校注:《四民月令校注》,北京:中华书局 2013 年版,第 44 页。
④ [汉]崔寔撰,石汉声校注:《四民月令校注》,北京:中华书局 2013 年版,第 41 页。
⑤ [汉]应劭撰,王利器校注:《风俗通义校注》,北京:中华书局 2010 年版,第 561 页、第 564 页。

霍乱丸，采葸耳。取蟾诸以合创药，及东行蝼蛄"，①这种制药的行为显然是有预防暑热之义。由此可看出，戴长命缕、制药等习俗实则与后世端午节一脉相承。

六、伏日

"伏，藏也"（《广雅·训诂四》），意为天气太热了，人要隐藏起来去避暑。伏日据说起源于秦朝，《史记·秦本纪》载："（秦德公）二年，初伏，以狗御蛊"，即以磔裂狗的方式来抵御热毒恶气，此乃秦时举行的一种解除暑热的巫术仪式。秦汉时期，伏日的地位很高，甚至可与腊日并列，有"岁时伏腊"之说。汉代的许多历谱都记载着三伏的日期，一般认为是夏至后第三庚为初伏，第四庚为中伏，立秋后初伏为后伏，谓之三伏。民间有着较为丰富的伏日习俗，"田家做苦，岁时伏腊，亨羊蒸羊，斗酒自劳"（《汉书·杨恽传》）。《四民月令》中明确提到"初伏"的概念，"六月，初伏，荐麦、瓜于祖祢"，②可见伏日宴饮、祭祀成为当时人们过节的重要内容。《风俗通义》甚至记载了当时考虑到西南地区地形气候的特殊性，指出："俗说汉中、巴蜀、广汉土地温暑，草木蚤生晚枯，气异中国，夷狄畜之。故令自择伏日也"。③东汉时期有着"伏日万鬼行"的说法，因此闭门不出是最好的做法。

七、七月七日

汉代的"七月七"基本延续了《诗经·豳风·七月》中的生活情形，节俗与民众的周期性年节变化密切相关。东汉《四民月令》有

---

①　[汉]崔寔撰，石汉声校注：《四民月令校注》，北京：中华书局 2013 年版，第36 页。

②　[汉]崔寔撰，石汉声校注：《四民月令校注》，北京：中华书局 2013 年版，第49 页。

③　[汉]应劭撰，王利器校注：《风俗通义校注》，北京：中华书局 2010 年版，第604 页。

"七月七遂作曲,及磨。是日也,可合药丸及蜀漆丸;曝经书及衣裳"①,七月初作酒曲(麹)、晒衣裳、晒书,这跟夏季雨水较多容易霉变有关。尤其是晒衣服之俗流传甚广,汉武帝还曾修建"曝衣阁",像魏晋名士像阮咸、郝隆都有曝晒之举,趣味风流。有学者指出,牛郎织女相会这一天,东汉中期以前只是说"七月七",至应劭《风俗通义》始简称作"七夕","七夕"也就成了流传十分广泛的节日名称。② 而七夕乞巧的节俗记载始见于《西京杂记》:"汉彩女常以七月七日穿七孔针于开襟楼,俱以习之"。③ "彩女"即是宫里的年轻女子,多来自民间。宫女们将民间的七夕乞巧习惯带到宫里,抒发乡思与寂寞,所以基本可以大致判定最晚迟至魏晋南北朝时期七夕乞巧的节俗开始出现。可见,汉代作为牛郎织女传说形成的重要时间点,处于七夕发展成民俗大节的关键时期,为魏晋时期穿针乞巧节俗的蔚然成风奠定了重要基础。

八、秋社

汉代以后有春、秋二社。秋社一般设在立秋后的第五个戊日。官府与民间皆于此日祭祀社神报谢。《四民月令》载:"八月,筮择月节后良日,祠岁时常所奉尊神。前期七日,举家毋到丧家及产乳家。少长及执事者,悉斋;案祠簿,扫、涤,务加谨洁。是月也,以祠泰社;祠日,荐黍、豚於祖祢。厥明祀家,如荐麦、鱼"。④ 在此记录了八月秋社的综合性祭祀礼仪,可见当时人们对秋社的重视。总体来说汉代的秋社仍处于发展阶段,节俗主要以祭祀为特征,后到

---

① [汉]崔寔撰,石汉声校注:《四民月令校注》,北京:中华书局2013年版,第55页。

② 赵逵夫:《七夕节的历史与七夕文化的乞巧内容》,《民俗研究》2011年第3期,第33-49页。

③ [晋]葛洪集,程章灿译注:《西京杂记》,贵阳:贵州人民出版社1993年版,第17页。

④ [汉]崔寔撰,石汉声校注:《四民月令校注》,北京:中华书局2013年版,第60页。

唐宋才发展至顶峰,增添了诸多娱乐饮食活动。

九、九月九日

在汉代,九月九日是一个特殊的日子,乃是汉人眼中的"恶日",主要是作为禁忌日出现在民俗生活中,并未完全脱胎出后世的"重阳节",文献中亦无相关重阳节日的称呼。不过,汉代的"九月九日"已经出现了菊花等节日符号。如《四民月令》记载:"九日可采菊华,收枳实"。[①] 虽是作为农事活动出现,但也表明了九月九日与菊花的特殊关联。《西京杂记》记述了戚夫人的侍儿贾佩兰在宫中时,每逢九月九就要"佩茱萸,食蓬饵,饮菊花酒,云令人长寿"。[②] 这段文字经常被视为重阳节乃发源于西汉的材料证据。不过考虑到《西京杂记》应是晋人所撰,且西汉仍在采用天干地支记数,序数纪日取代天干地支纪日要晚至东汉末年,所以相关的重数节日在西汉时期难以形成,不过基本可以确定的是"九月九"已经进化出一些影响后世的习俗,真正蜕变成后世的重阳节是在魏晋时期。

十、十月朝

因秦朝以十月为岁首,西汉初年一直沿用"秦岁首"。尽管汉武帝即位后颁布太初历改正月为岁首,不过人们依然保留着十月岁首的相关习俗。例如,在秦岁首时,人们会食用一种以黍米加肉的肉粥,也被称为"黍臛"。

十一、冬至

作为自然节气的真正"岁始",冬至节气在上古社会至秦汉都

---

① [汉]崔寔撰,石汉声校注:《四民月令校注》,北京:中华书局 2013 年版,第65 页。

② [晋]葛洪集,程章灿译注:《西京杂记》,贵阳:贵州人民出版社 1993 年版,第106 页。

有着极其重要的时令意义与文化意义。汉代对冬至节气的看重更甚于前代,属于真正的"大节"。人们将自己对冬至节气的感受化为丰富的节令仪式活动,从官方到民间皆以隆重的活动迎接冬至。《淮南子·时训》云:"冬至日,天子率三公九卿迎岁"。①《后汉书·礼仪志》载:"冬至前后,君子安身静体,百官绝事,不听政,择吉辰而后省事。绝事之日,夜漏未尽五刻,京都百官皆衣绛,至立春。诸王时变服,执事者先后其时皆一日"。②官方的冬至活动主要表现为隆重的迎岁仪式,汉代以降冬至迎岁成为上层社会一直延续的节俗,又另加了拜贺、饮食方面的节俗。民间对冬至的迎接以祭祖为鲜明特色,《四民月令》有"十一月,冬之日,荐黍、羔。先荐玄冥于井,以及祖祢。斋、馔、扫、涤,如荐黍、豚。其进酒尊长,及修刺谒贺君、师、耆老,如正月",③对待冬至的祭祀如同正月一样,由此可见汉人对冬至的重视程度。

十二、腊日

秦汉以后,国家祭祀基本沿用了先秦时期腊月祭祀的旧制。蜡祭与腊祭虽有时分开举行,但逐渐朝向蜡、腊混同的方向发展,并最终化为腊日,融入岁时节日体系之中。应劭称:"谨按《礼传》:'夏曰嘉平,殷曰清祀,周曰大蜡,汉改为腊'。"④至汉代起,腊日的名称与主题统一,并具有了相对固定的节期。在《太初历》颁布后确定在冬至后的第三个戌日,腊日处于冬至之后、新年岁首之前,凸显出新旧交替的重要过渡意义。《风俗通义·祀典》称:"腊者,

---

① [汉]刘安著、许慎注,陈广忠校点:《淮南子》,上海:上海古籍出版社 2016 年版,

② [宋]范晔:《后汉书》,北京:中华书局 2007 年版,第 930 页。

③ [汉]崔寔撰,石汉声校注:《四民月令校注》,北京:中华书局 2013 年版,第 71 页。

④ [汉]应劭撰,王利器校注:《风俗通义校注》,北京:中华书局 2010 年版,第 379 页。

接也，新故交接，故大祭以报功也。"①所谓"接"即腊日的"辞旧迎新"的意涵，腊日在汉代有"小新岁"之称。汉学家德克·卜德指出："这些新年开端，同它们在其他文明中的同类一样，在不同程度上表达着特定的人类基本诉求。它们是进行宗教活动的日子——对汉人来说，就是祭祀祖先和灶神。它们也是宴饮、娱乐和放松的日子，是一年辛勤劳作之后的休憩。最后，它们还意味着更新，清除旧的、坏的，代之以新的、好的，并要仔细研究各种预兆，以判断来年运势的好坏。"②

两汉时期，随着节日资源的整合，腊日的地位进一步抬升，并被赋予了更为丰富的节俗内容，开始演变成以宗族团聚、祭祀祖先、休息宴饮为特点的年终大节。《后汉书·礼仪志》称："是月也，群神频行，大蜡礼兴。乃家祠君、师、九族、友朋，以崇慎终不背之义"，"冬季之月，星回岁终，阴阳以交，劳农大享腊"。③ 在腊礼上，一般先要在腊日前举行驱傩仪式，通过驱逐阴气、邪气来引导阳气，驱逐瘟疫，促进万物新生。在腊节，驱傩被视为一项重要的腊节民俗活动。早在先秦时期，就已经有了岁末驱逐仪式，"季冬之月……命有司大傩，旁磔，出土牛，以送寒气"。④《后汉书·礼仪志》详细描述了汉代的腊前傩仪："先腊一日，大傩，谓之逐疫。"⑤

东汉末年，民间过腊节已经体现出连续性、阶段性的节俗特点，从《四民月令》所载"十二月，腊日，荐稻、雁。前期五日杀猪，三日杀羊。前除二日，斋、馔、扫、涤，遂腊先祖、五祀。其明日，是谓'小新岁'，进酒降神。其进酒尊长，及修刺贺君、师、耆、老，如正

① ［汉］应劭撰，王利器校注：《风俗通义校注》，北京：中华书局2010年版，第379页。
② ［美］德克·卜德：《古代中国的节日：汉代（公元前206—公元220年）的新年和其他年庆活动》，北京：学苑出版社2017年版，第49页。
③ ［宋］范晔：《后汉书》，北京：中华书局2007年版，第931页。
④ ［汉］高诱注，［清］毕沅：《吕氏春秋》，上海：上海古籍出版社2014年版，第226页。
⑤ ［宋］范晔：《后汉书》，北京：中华书局2007年版，

月。其明日,又祀,是谓'蒸祭'。后三日,祀家事毕,乃请召宗亲、婚姻、宾旅,讲好和礼,以笃恩纪。休农息役,惠必下洽"。① 可看出人们需在腊日前五日准备杀猪羊,前两日"斋、馔、扫、涤",接连是"进酒降神""进酒尊长",再者要"蒸祭",等到家族祭祀结束后,还需请各类姻亲朋旅关系来"讲好和礼",彼此走动巩固关系。

　　以上基本囊括了汉末具有较大影响力的节日体系内容,除此之外还有一些汉时特色节日貙膢(或称"貙刘")秋节等。若是从发展演变的眼光来看待汉代的节日,在承前启后的节日脉络中,有些节日处于逐渐壮大的状况,如正日、上巳节、社日、冬至、腊日等,不仅在汉代有着较大影响力,而且汉以降也演变成兴盛的民间节日;有些节日处于新兴发展的状态,如七夕节、伏日等,七月七与传说故事已经在汉代落地,不过真正形成七夕乞巧的传统节俗还是在魏晋时期;有些节日处于转型发展的阶段,如五月五日等,汉代的"五月五"还被视为禁忌日,且与夏至节紧密相连,不过魏晋时逐渐分化,端午节吸纳夏至节日资源并经历着人物纪念说的节日主题转向,在汉魏之际始终在进行着转型的过程;也有些节日处于日渐萎缩的境地,如貙刘、十月朝等节日,颇具有时代特色,尽管在汉代较为普及,但后世基本寂静无声,并没有被延续发展。

　　纵观两汉的节日,不同于原始节日体系的集体性、部族性与季节性特点,经由地域文化交融、文化资源整合与政治大一统的多元素作用下,在继承并改造先秦节日的基础上,得到较大的节日扩充,并朝向体系化的方向发展。尤其到了东汉时期,以正旦、立春、社日(春社、秋社)、上巳节、夏至、五月五、伏日、七月七、九月九、十月朝、冬至、腊日等大大小小的节日为主要内容的传统节日体系已经初步形成。萧放认为判断节日体系形成通常有三大标志:第一,有确定的节日名称、相对固定的节日时间与相应的节日习俗;第

　　① [汉]崔寔撰,石汉声校注:《四民月令校注》,北京:中华书局2013年版,第74页。

二,年度岁时节日的节期与节俗相互对应关联,初步形成较完整的古代岁时节日系统;第三,传统岁时节俗因素的类别基本具备,后世岁时节俗大多是在这一基础上的扩充与发展。① 基本来说,迟至东汉末年,传统节日的节日名称、日期与习俗要素都已具备,逐渐释放出重要的文化意义,形成了富有特色的节俗活动,为后来的清明节、端午节、七夕节、重阳节等传统节日奠定了重要的节俗框架。整体着眼于汉代节日的节俗内容,该阶段的节日具有以下特点。

（一）伦理化的转向与发展

汉代节日的伦理化是极为显著的一个特征,显然这与汉代的儒学流行有很大的关系。干春松曾指出:"如果说汉初之前六经的传承是孔子后学一个自觉的行为的话,那么,在儒学获得独尊地位之后,经典的传承就有了一个制度性的设置,这个制度就是五经博士与博士弟子的制度。"②随着汉代儒学的制度化及其自上而下的推行与倡导,以及新的豪族取代了军功集团和诸侯王族,宗族势力开始复兴,以孝道、尊卑、敬贤等为思想基础、以家庭与家族为基本组成单位的社会制度逐渐形成。《白虎通义·宗族》提供了宗族合理性的理论依据:"宗者,何谓也? 宗者,尊也,为先祖主也,宗人之所尊也。……族者,何也? 族者,凑也,聚也,谓恩爱相流凑也。生相亲爱,死相哀痛,有会聚之道,故谓之族。"在这种社会环境的影响下,节日的主要性质与风气也经历着伦理化的转向。其主要表现为以下几点:

1. 节日祭祀从先秦的官方祭祀转向为家庭家族祭祀。在先秦时期,总体来说祭祀主要是以上层统治集团的祭祀与地方官府及村社所组织的四季祭祀为主,到了汉代民间的家庭、家族祭祀蔚然成风,祭祀不再只是一种对神灵的宣誓、政令的行为,也成为表

---

① 萧放:《岁时——传统中国民众的时间生活》,北京:中华书局 2002 年版,第 67 – 85 页。

② 干春松:《制度化儒家及其解体》,北京:中国人民大学出版社 2012 年版,第 88 页。

达孝道、亲尊的重要手段。

2. 围绕祖先祭祀构建节日活动。在一年到头的节日活动中，祖先祭祀处于重要位置，从《四民月令》所记载的岁时节日习俗来看，几乎大节小节都少不了祭祖的身影，如正月正日"躬率妻孥，洁祀祖祢"、正月上丁"祀祖于门"、正月上亥"祠先穑及祖祢"；二月"祠太社之日，荐韭、卵于祖祢""其夕又案冢簿馔祠具。厥明，於冢上荐之"；五月"夏至之日，荐麦、鱼于祖祢。厥明祠冢"；六月"初伏，荐麦、瓜于祖祢"；八月"祠日，荐黍、豚於祖祢。厥明祀冢，如荐麦、鱼"；十月上辛"必躬亲洁敬，以供冬至、腊、正、祖荐韭卵之祠。是月也，作脯、腊，以供腊祀"；十一月冬至"荐黍、羔。先荐玄冥于井，以及祖祢……如正月"；十二月腊日"荐稻、雁""遂腊先祖、五祀"，并于此月"乃冢祠君、师、九族、友朋，以崇慎终不背之义"。[①] 祭祖俨然构成了东汉人的节日主要活动，每逢节日都惦念着祖先，以供奉食物、上坟扫墓来达到与祖先沟通、祈求与酬谢的目的。对此，杨庆堃分析，祭祖是"一种有助于中国社会基本单位——家庭整合和延续的仪式"，[②]"正如祖先神灵是家庭成员的整合因素一样，宗族也依靠祖先崇拜来维持其子孙延续和内部团结"，[③]"根据支持祖先崇拜的儒家传统，举行葬礼和祭礼的最根本原因是'慎终追远'"。[④] 而节日无疑承担了表达汉代孝道观念、强化家族成员内部认同、加强家庭团结的重要功能。

3. 节日伦理在节日交往中占据重要位置。一般来说，频繁的节日祭祖仪式之后随之而来的乃是家族亲友之间的节日宴饮，正

---

① ［汉］崔寔撰，石汉声校注：《四民月令校注》，北京：中华书局 2013 年版。

② 杨庆堃著，范丽珠译：《中国社会中的宗教》，成都：四川人民出版社 2016 年版，第 24 页。

③ 杨庆堃著，范丽珠译：《中国社会中的宗教》，成都：四川人民出版社 2016 年版，第 33 页。

④ 杨庆堃著，范丽珠译：《中国社会中的宗教》，成都：四川人民出版社 2016 年版，第 35 页。

日、冬至、腊日作为汉代最重要的三个祭祀节日,具有非同一般的意义,其隆重性不仅在于在祭祀前要斋戒、清扫房屋,还要分享食物、聚亲会友、互相拜贺,且具有鲜明的长幼尊卑次序。汉代,此处的宴饮尽管起到了娱乐的作用,但并不可过分强调其节日享乐意义,很显然人们是通过宴饮拜贺来塑造家族亲情意识,通过家族成员齐聚参与的仪式来强化家族观念、凝聚家族向心力。总体来说,节日的伦理观念的充溢折射出汉代尊长敬贤、恪守孝悌的社会风气。

（二）神秘思想的流行与杂糅

尽管汉代节日的伦理化较为突出,儒学走向正统与制度化,但这并非意味着神秘思想不再起作用。事实上,汉代节日的神秘性仍是绕不开的重要特点,两汉时期的神秘思想极其流行,谶纬学说泛滥,董仲舒所提倡的儒学并不是孔子时代的儒学,而是由神圣化、谶纬化、阴阳五行化所改造后的儒学,汉代的政治体制强调"尊"儒,却并未纯用儒教,霸王道杂用之的倾向显著。作为"小传统"的巫术、神灵文化等在民间依然有着较大市场,杂糅性的特点突出。汉代的节日也免不了受神秘思想的影响,虽脱离了原始宗教信仰,但以阴阳五行思想来解释节日起源的做法相当普遍。比如,对腊日的解释,腊日处于阴气盛极、阳气抬升之时,为此要扶阳抑阴,所以在岁末举行大驱傩仪式来协调阴阳。"五月五日"也是如此,因达到阳气之极,视为不祥,故而要采用相关避忌手段来调和阴阳,以顺应时气之变。五月五日的诸多习俗都与扶阴有关。伏日在阳盛转阴之际,正是阴气厉鬼横行的时候,为此古人想出各种办法来渡过凶险的禁忌日。其余还有很多其他节日,都有类似阴阳解释。可见,汉代的诸多节日都笼罩着神秘、禁忌的色彩,这跟阴阳学说、鬼神思想及谶纬的流行有着密切的关系,以此为基础催生出关乎节日的禁忌或死亡型故事。

（三）人文因素的兴起

从历史文化发展的脉络来看,汉代属于一个典型的过渡时期,其既有两汉经学的流行,又有着黄老之学、谶纬学说、阴阳五行学说等,这种并存之势使得汉代文化杂驳不一、丰富多彩,一面是神鬼谶纬大行其道,另一面则是人文思潮高涨。除了儒家经典的解释蔚然成风,儒家的伦理纲常也不断在传播普及,关于历史人物的传说也日益兴起。这种杂糅性反映在节日文化上则是人文因素的兴起与理性化因素的增长,主要表现为两点:一是祭祀文化的理性化、伦理化。前文已论述过祖先祭祀在汉代的盛行,这并不意味着神灵祭祀不存在,只是汉人的祭祖获得了更大的意义与空间,其逐渐渗透并融入日常生活框架之中。杨庆堃指出,儒家学者试图减少祖先祭祀崇拜中的神秘性,对于早已逝世的、无法感觉到后人感念之情的先祖,"追念祖先"和"崇功拜德"的目的何在呢? 答案在于不是死者获得益处,而是使活着的人从实践这些仪式中得到某种人生的体悟。这种仪式有助于培养道德,尤其是子女的孝心、孝道。[①] 这就使得祭祀文化是着眼于现世之人的生活与道德培育,而非是为了形而上的或超越性的意义。二是节日历史人物的兴起。汉末魏晋之时,节日因接纳了历史人物的传说而发生了较大变革,其全面得到体现是在魏晋时期,但是这种节日的历史化并不是一蹴而就的,基本可推测在汉代就在悄然发生这种变化。比如东汉时寒食节对介子推传说的接纳,庞朴指出:"太原人将改火之前必然要有的禁火和寒食,同他们的乡贤联系了起来,以之作为对于传说为焚骸而死的介子推的纪念,从而将一种古老的习俗,一种带有神秘色彩的古老习俗,赋予了崭新而又崇高的人文意义,使古代文化对天之某种宗教性的信仰,融合到活着的人生伦理道德中去,既使一个古老的文化习俗演化而成一个全新的文化行为,也符合着中华文化之一面使天道内在于人、一面使人道超越入天的道德形上学传统。"[②]汉魏之际节日人文化的转向影响是极其深远

---

① 杨庆堃著,范丽珠译:《中国社会中的宗教》,成都:四川人民出版社 2016 年版,第 35 - 36 页。

② 庞朴:《寒食考》,《民俗研究》1990 年第 4 期,第 36 页。

的,诸如端午节对伍子胥、曹娥及屈原传说的吸收等都反映出汉代的节日将历史人文、文化记忆等都整合为节日发展的资源,不断朝着人文化、伦理化的方向发展,为魏晋南北朝时期节日的"除魅化"与主题转向作出了重要的铺垫。

第三节　魏晋南北朝的传统节日

魏晋南北朝作为中国历史上最为动荡的时期,标志着中国在结束秦汉长达四百多年的统一之后,重新进入大分裂时期,先后经历了三国(曹魏、蜀汉、东吴)、西晋、东晋和南北朝等多个朝代。南北的对立格局、民族的迁移与融合以及外来文化思想的传入,使得思想文化异常活跃,带动了民间风俗的生长互融。东汉末年初步形成的传统节日体系在魏晋南北朝时期不仅有了进一步的发展,在全国范围内逐渐形成较为统一的节日礼俗模式,而且这种节日体系也第一次在《荆楚岁时记》中得到正式书面表述。《荆楚岁时记》成书于六朝时期(六世纪中叶),由南朝梁人宗懔所撰,其所记录的乃是以楚地为中心的岁时活动,对于理解南北朝时期民众的岁时节日风貌具有重要的意义,其所开创的岁时民俗志记述体例也深刻影响着后世岁时记的创作。

可以说,《荆楚岁时记》的成书标志着传统节日体系正式形成。从《荆楚岁时记》记载的节日分布来看,从正月至十二月错落有致地分布着正月一日(元旦)、人日、正月十五(元宵节)、春分日、社日、寒食节、三月三日(上巳节)、五月五日(端午节)、夏至节、伏日、七月七日(七夕节)、七月十五日、八月一日、九月九日(重阳节)、十月朔日(秦岁首)、十二月八日(腊日)、除夕等民俗节日,这些节日与时间制度紧密相连,较为充分地贴合了社会节奏与生命体验。此节日体系既基本延续了秦汉之际的传统节日,如正月一日、社日、秦岁首、上巳节、五月五日、夏至、七月七、九月九、腊日等,又生发出新的节日,如七月十五佛日等,新旧节日交融、传承与创新并行,其脱胎于上古节庆体系又承接了秦汉节日文化观念,在保留了古老的文化记忆的过程中又催生出新的节日文化内涵。除了清明节与中秋节尚未提及,元旦爆竹、端午竞渡、七夕乞巧、重阳登高……传统重要岁时节日的基本节俗在《荆楚岁时记》中皆有记述。

一般来说,节日体系的形成意味着节日内容的相对丰富、节日结构的相对合理、节日元素的相对完善,或者说一定程度上要符合人们对传统节日框架的认知。从古至今,围绕佳节,人们总会在饮食、娱乐或祭祀等方面展开一系列的活动,以区别于日常生活的特殊性事项来实现节日的区隔性与超越性,完成节日之所以为"节日"的文化意义。进而言之,一个节日体系是要以节日祭祀、节日禁忌、节日饮食、节日娱乐、节日传说与节日休息等要素为支撑的,涉及民众精神生活与物质生活的方方面面,如同美妙乐章一样在民众的日常生活中循环演奏,否则也难以称之为"体系"。那么,魏晋南北朝的节日体系是否具有独特的节日体系要素呢?深究之,以《荆楚岁时记》为中心,结合魏晋南北朝的相关民俗文献《续齐谐记》与《风土记》等,可发现该节日体系已经发展出较为后人熟悉的节日体系的结构性要素,主要表现为以下几个方面。

一、节日祭祀

在王官时代,祭祀主要围绕自然时令展开,表现为以帝王、诸侯、氏族首领、长老等统治者带领百官大臣或氏族成员所开展的面向皇天、上帝、社稷、寝庙、山林、名川的祭祀,以达到天人沟通及与万物神灵的沟通。每逢岁首年终、两分两至等特殊时间点,天子将率领众臣于郊外或宗庙举行祭祀礼仪。沿袭上古时期的祭祀传统,从秦至汉初仍以官方祭祀为主。进入汉末及魏晋南北朝时期,随着家族文化的兴起带动起民间祭祀的发展,逐渐转向祖先祭祀、灶神祭祀等与家族家庭生活相关的祭祀。《四民月令》中着重记述了东汉时期祭祀祖先的诸多仪礼,在岁末祭祖尤甚。从《荆楚岁时记》来看,节日祭祀不仅重要性增强,而且在祭祀对象上趋向多样

28

化,其所涉及节日祭祀内容见下表。

节日名称	节日祭祀
正月十五日	作豆糜,加油膏其上,以祠门户。先以杨枝插门,随杨枝所指,仍以酒脯饮食及豆粥插箸而祭之。 其夕,迎紫姑,以卜将来蚕桑,并占众事。
社日	四邻并结综会社,牲醪,为屋于树下,先祭神,然后飨其胙。
腊日	其日,并以豚酒祭灶神。

十二月八日腊日,"以豚酒祭灶神"[1]。灶神在民间也被称为"灶君""灶王""灶王爷"等,灶神应该说与人们的家庭生活最息息相关的神灵了。最早的灶神起源于人们对火的崇拜,灶神在先秦之时就已经是"五祀"之一。汉代对灶的祭祀,与其看重灶、门、户、井等使用价值有关。自汉魏以来,灶神已经逐渐人格化,如许慎《五经异义》载:"颛顼有子曰黎,为祝融火正。祝融为灶神,姓苏名吉利,妇姓王名抟颊"。[2] 火神祝融成为灶神之后,不仅有了姓名还有了家室。人们普遍认为祭祀灶神能够得到灶神的赐福,保证家族世世代代兴旺,因此在汉魏之时祭灶成为腊日的一件大事。

正月十五日,有祭祀门户与迎紫姑的习俗。《荆楚岁时记》所记录的正月十五并未出现"灯节"的相关节俗,而是以祭祀为主要特点。在这天,人们要"作豆糜,加油膏其上,以祠门户"。[3] 也就是煮豆粥,加些油脂在上面。为什么要这样做呢?宗懔在按语中引《续齐谐记》记载的典故:"吴县张成夜起,忽见一妇人立于宅东南角,谓成曰:'些地是君家蚕室,我即此地之神。明年正月半,宜

---

① [梁]宗懔撰,[隋]杜公瞻注,姜彦稚辑校:《荆楚岁时记》,北京:中华书局2018年版,第73页。

② [梁]宗懔撰,[隋]杜公瞻注,姜彦稚辑校:《荆楚岁时记》,北京:中华书局2018年版,第73页。

③ [梁]宗懔撰,[隋]杜公瞻注,姜彦稚辑校:《荆楚岁时记》,北京:中华书局2018年版,第18页。

作白粥,泛膏其上以祭我,当令君蚕桑百倍。'言绝而失之。成如言作膏粥,自此后大得蚕"。① 张成按照那妇人说的祭祀蚕神,从此以后张成养蚕年年丰收。后来世人就有了因蚕事兴起而做油膏粥的习俗。祭祀的方式乃是以杨柳枝插在门上,看杨柳枝指向何方,就以酒肉及豆粥插上筷子来祭祀。不过除了祭祀门户,正月十五夜还有迎紫姑神的习俗。何谓"紫姑"? 按照刘敬叔的《异苑》所载:"紫姑本人家妾,为大妇所妒,正月十五日感激而死,故世人作其形迎之。"②紫姑出身低微,是个令人同情的小妾,经常在家干些脏活,正月十五那天,被大妇还害在厕所。天帝见后犹怜,因她生前常干脏活,就封她做了厕神。民间也经常称紫姑为"厕姑""坑三姑""粪坑娘娘",在十五夜于厕所、厨房、猪圈旁这些紫姑生前干活的地方迎接她。不过,紫姑也并非只是普通民众感怀、同情的对象,她还有一项超凡的能力,"以卜将来蚕桑,并占众事"。传说紫姑对蚕桑的收成占卜极灵。六朝以来荆楚地区作为全国粮仓,桑蚕丰收,经济发达,民众祭祀蚕神以祈求蚕桑丰收也是情理之中。无论是祭祀厕神还是蚕神,紫姑信仰既寄托着民众清除污秽、扫除晦气的驱疫思想,也蕴含着蚕事蒸蒸日上的美好祈愿。

春社祭祀是一项古老的祭祀传统,《国语·鲁语》称:"土发而社助时也。"有扶助生气之效。先民对土地的崇拜与信仰发源极早,人们将土地神和祭祀土地神的地方呼为"社"。在春社日,"四邻并结综会社",即结集邻居共同立社,"牲醪,为屋于树下,先祭神,然后食其胙",③杀牛宰羔献祭酒,举行祭祀社神仪式,然后共同享用祭祀用过的酒肉,以此形式祈求土地神风调雨顺、庄稼丰收。

---

① [梁]宗懔撰,[隋]杜公瞻注,姜彦稚辑校:《荆楚岁时记》,北京:中华书局2018年版,第19页。

② [梁]宗懔撰,[隋]杜公瞻注,姜彦稚辑校:《荆楚岁时记》,北京:中华书局2018年版,第21页。

③ [梁]宗懔撰,[隋]杜公瞻注,姜彦稚辑校:《荆楚岁时记》,北京:中华书局2018年版,第28页。

二、节日饮食

魏晋南北朝时期,丰富多彩的节日饮食俨然成为节日体系中的重要组成部分,从岁首到岁末,节令饮食特色突出,无论是年节、祭祀性节日、农事性节日还是纪念性节日中的饮食都具有较强的象征意义。换言之,不同节日的象征性食物逐渐成为节日的符号。瞿明安曾在《中国饮食文化的深层结构》一文中将象征食物分为吉祥食物、禁忌食物、占卜食物三类。[①]《荆楚岁时记》中的节日食物也在不同的节日情境具有不同的寓意与功能,具体内容见下表。

节日名称	《荆楚岁时记》节日饮食内容
正月一日	进椒柏酒,饮桃汤。进屠苏酒,胶牙饧。下五辛盘。进敷于散,服却鬼丸。各进一鸡子;
正月七日	以七种菜为羹
正月十五日	作豆糜,加油膏其上,以祠门户。先以杨枝插门,随杨枝所指,仍以酒脯饮食及豆粥插箸而祭之。
寒食节	造饧大麦粥
三月三日	取鼠曲汁蜜和粉,谓之龙舌(米半),以厌时气。
六月伏日	并作汤饼,名为辟恶。
夏至节	夏至节,食粽。周处谓为角黍,人并以新竹为筒粽。
九月九日	饮菊花酒
十月朔日	食黍臛
新年	岁暮,家家具肴蔌,诣宿岁之位,以迎新年。

总体来说,南北朝时期的象征性节日食物具有以下几种功能。

（一）祭祀功能

自古以来,食物都是祭祀必不可少的一部分,从官方仪式中精

---

① 瞿明安:《中国饮食象征文化的深层结构》,《史学理论研究》1997年第3期,第116—124页。

选的牺牲到民间的酒肉及特定祭祀食物,食物关系祭祀的功效与否及崇敬态度。例如,在正月十五日做油膏豆粥来祭祀门户。寒食节要提前制作冷食,做些饧糖大麦粥来纪念介子推。《玉烛宝典》曾介绍过这种做法,大概是做大麦粥,把杏仁研碎做成浆,再加些糖水。夏至节时,当时已经流行吃粽子。晋人周处的《风土记》称粽子为"角黍",也有人用新生竹子做筒粽。梁吴均的《续齐谐记》中首次记载了五月五日做粽子是为了祭祀屈原的说法。粽子被认为有包裹阴阳之义,不仅能够调和阴阳,还能防止蛟龙咬食屈原身体,其作为端午文化系统中生长出来的典型象征食物,交织着多重文化寓意,直到现在仍是最突出的端午符号之一。

(二)避忌养生功能

诸多节日本身或是从节气转化而来,或是处于阴阳转换特殊节点(以重数节日居多),因此人们格外重视节日期间的饮食,企图通过饮食进补调理身体以达到避开灾祸或保健养生的目的。这类象征饮食在节日中频繁出现,比如正月一日的时候要"下五辛盘",即用韭、薤、葱、芸苔和胡荽这五种带辛味的菜,古人认为五辛菜能够运行气血、发散邪气,有助于养阳和调动机体正气、保证机体健康和季节性防疫。还有"进椒柏酒","饮桃汤","进屠苏酒"等。崔寔记载:"椒是'玉衡'星精,服之令人能老。柏亦是仙药。"[①]以现代眼光来看,椒柏酒应该是一种药酒,或有解毒、辟瘴气,强身祛病等功效。"屠苏酒"据说是汉末名医华佗发明的,元旦全家欢聚时畅饮不仅能够防治百病,还能赐吉祥,汉以后风靡于世千百年,在民间拥有极其重要的节日影响力。此外,元旦"吞鸡子"也有"炼形""避瘟气"之义,《练化篇》曰"正月旦,吞鸡子、赤豆七枚,避瘟

---

① [汉]崔寔撰,石汉声校注:《四民月令校注》,北京:中华书局2013年版,第1页。

气"①,以及诸如"进敷于散,服却鬼丸"②之类更不必说,皆是古人所看重的节日避忌性饮食。又如,三月三日采摘鼠曲草,用蜜汁加粉调和,做成饼团,叫作"龙舌饼",目的是为了治疗时气病;六月伏日吃一种汤煮的面食物"汤饼","名为辟恶";九月九日"饮菊花酒",菊花俗称"延寿客",早就有延年益寿的说法。上述节日食物虽非古人所说的仙丹妙药,能除百病避百灾,但也确乎有着一定的医药保健功用,应该说这是古人发明的一种节日饮食防疫的手段。

（三）祈福纳吉功能

避忌与祈福往往是一体两面,诸多节日食物是古人避忌祈福的象征符号,如适才提及的饮屠苏酒、吞鸡子、饮菊花酒等既是避忌的事物,也同时蕴含人们的祈福心愿。这种强烈的避忌祈福特征几乎是所有节日情境下食物被赋予的不可避免的文化属性。不过,年终岁末的节日饮食还是展现出其特有的祈福性,南北朝时流行"岁暮,家家具肴蔌,诣宿岁之位,以迎新年"。③ 此处提及的年饭属于佳肴,相较于百姓日常饮食,其特殊性在于一方面是平时难以吃到的美食,另一方面更是其迎新年吐故纳新的意涵,必须要"留宿岁饭,至新年十二日,则弃之街衢,以为去故纳新也"。④一顿年终的团圆饭跨越新旧之年,通过对食物的特殊保留处理来完成"吐故纳新"的祈福纳吉意义。

三、节日禁忌

民俗学者乌丙安认为:"禁忌在我国古代文献中是具有广泛意

① ［梁］宗懔撰,［隋］杜公瞻注,姜彦稚辑校:《荆楚岁时记》,北京:中华书局 2018年版,第 3 页。
② ［梁］宗懔撰,［隋］杜公瞻注,姜彦稚辑校:《荆楚岁时记》,北京:中华书局 2018年版,第 2 页。
③ ［梁］宗懔撰,［隋］杜公瞻注,姜彦稚辑校:《荆楚岁时记》,北京:中华书局 2018年版,第 77 页。
④ ［梁］宗懔撰,［隋］杜公瞻注,姜彦稚辑校:《荆楚岁时记》,北京:中华书局 2018年版,第 77 页。

义的词。它是关于社会行为、信仰活动的某种约束限制观念和做法的总称……在信仰民俗中禁忌是国际共有的普遍迷信形式,它的通用名词'Taboo'或'Tabu'是从中太平洋波利尼西亚群岛土语音译的,我国也音译作'塔怖'。原意是指不能被普通人所接触的有超自然灵力的人、物、地。这些事物之所以不能被普通人接触,有两种原因:一是被看作神圣物;二是被看作不洁或不祥物。"①人类学家弗雷泽指出:"禁忌"乃是"交感巫术"体系中的一部分,"'交感巫术'体系不仅包含了积极的规则也包括了大量消极的规则即禁忌。它告诉你的不只是应该做什么,也还有不能做什么。积极性规则是法术而消极性规则是禁忌。……换言之他去做那类根据他对因果关系的错误理解而错误相信会带来灾害的事情。简言之,它使自己服从于禁忌。这样禁忌就成了应用巫术中的消极的应用。"②节日禁忌属于一种消极巫术,产生于先民早期的信仰系统,人们会对节日中存在的令人倍感恐惧与不祥的事物,通过抑制自身的心理与行为,采取必要的化解手段来达到避凶趋吉。《荆楚岁时记》中记载了不同形式的节日禁忌,集中呈现了先民们的禁忌信仰。

节日名称	节日禁忌
正月一日	先于庭前爆竹,以辟山臊恶鬼;造桃板着户,谓之仙木;帖画鸡户上,悬苇索于其上,插桃符其傍,百鬼畏之。
正月十五日	正月夜多鬼鸟度,家家槌床打户,捩狗耳,灭灯烛以禳之。
正月末日夜	芦苣火照井厕中,则百鬼走。
五月五日	五月俗称恶月,多禁。忌曝床荐席,及忌盖屋。采艾以为人,悬门户上,以禳毒气。是日,竞渡,采杂药。以五彩丝系臂,名曰辟兵,令人不病瘟。又有条达等织组杂物以相赠遗。

---

① 乌丙安:《中国民俗学》,沈阳:辽宁大学出版社1999年版,第308页。

② [英]J.G.弗雷泽著,汪培基、徐育新、张泽石译:《金枝》,北京:商务印书馆2013年版,第38-39页。

节日名称	节日禁忌
夏至节	练叶插五彩系臂,谓为长命缕。
八月一日	民并以朱水点儿头额,名为天灸,以厌疾。
腊日	村人并击细腰鼓,戴胡头,及作金刚力士以逐疫。
新年	岁前,又为藏彄之戏。

从正月初一到正月十五、五月五、夏至再到腊日、岁末,贯穿全年不断的即是节日禁忌与禳解的活动。甚至直至现在,有些节日禁忌依然残留在现代的节日体系中。可见节日禁忌在千百年来实践与操演中所造就并内化于民众内心的强大心理观念。例如,元旦之时,听到鸡鸣,"先于庭前爆竹,以辟山臊恶鬼"。① 山臊即是典型的禁忌事物,其乃是生长在深山的恶鬼,能使人生病,因其畏惧爆竹声,故而要在庭前放爆竹来驱赶之,此即过年放爆竹的来历。为了驱赶百鬼,还要把桃符立在画有鸡的纸贴两旁。除了鬼还有怪鸟,正月夜晚"多鬼鸟度",家家户户要敲击着床铺和房门,揪着狗的耳朵叫,熄灭蜡烛来驱逐鬼鸟。正月最后一个晚上,要用芦苇火把照亮井厕把鬼魅都吓跑。在先人眼中,"诸鬼"禁忌物处处在,要以其最恐惧的噪音、光亮来驱逐与抵御。年底腊日、除夕也是禁忌充斥的日子。腊日之时,全村人要举办大傩,敲着细腰鼓,戴着亚面具,扮成金刚力士做"傩"以达到逐除疾疫的目的。

古老的端午节更是禁忌密布,弥漫着不祥之气。从自然时间上的不吉利到人文意义上的禁忌构成了理解端午节俗的关键线索,作为恶月恶日的端午节有着诸多禁忌,"忌曝床荐席,及忌盖屋",为了化解不祥与危险,时人要开展一系列避忌活动,几乎形成了一个完整的禳解系统,诸如挂艾草于门、龙舟竞渡、采药草、系五

① [梁]宗懔撰,[隋]杜公瞻注,姜彦稚辑校:《荆楚岁时记》,北京:中华书局2018年版,第1页。

彩丝、戴长命缕等都与禳灾避疫有关。因此,早期的端午节纯粹是一个避忌日,故有"躲端午"之说,从其形形色色的避忌手段来看,显然这也是古代老百姓的公共卫生防疫日。从功能上来说,节日禁忌作为一种文化现象实则有其重要价值,如仲富兰所言:"禁忌不但对于危害人身的事具有警示作用、回避作用,而且在巫术范畴中还可以直接起到某种抵御作用、扼制作用以具备保护功能。"①

四、节日娱乐

从上古时期至秦汉,节日娱乐在节日体系中并不占据主要地位,早期的节日发展多与祭祀、禁忌等相关联,经常笼罩在紧张、不祥的气氛中,人们往往以平安过节、祈福禳灾作为首要任务,很少将娱乐视为节日的重要活动。相对来说,古老的春季节日三月三的河边聚会交往属于最具有娱乐性质的节日了,即便如此在先秦两汉也是以祓除仪式、招魂仪式为先。至魏晋南北朝,《荆楚岁时记》相对记载了较多的节日娱乐,具体可见下表。

节日名称	节日娱乐
正月	元日至于月晦,并为酺聚饮食。士女泛舟,或临水宴乐。
寒食节	斗鸡,镂鸡子,斗鸡子。 打球、秋千、施钩之戏。
三月三	士民并出江渚池沼间,为流杯曲水之饮。
五月五日	四民并蹋百草,又有斗百草之戏;竞渡
九月九日	四民并籍野饮宴。
除夕	岁暮,家家具肴蔌,诣宿岁之位,以迎新年。相聚酺饮。

---

① 仲富兰:《中国民俗文化学导论》,杭州:浙江人民出版社 1998 年版,第 456 页。

南北朝时期的节日娱乐基本都集中在春夏两季,尤其以春季为多,且多发生在户外。例如,从正月一日至正月三十,家家都聚会宴饮,青年男女们相约泛舟游玩,或者在水边设宴嬉戏;三月三日更是春日好时光,人们成群结伴来到清浅水边,置酒杯于水上,使之顺流而下,流到谁身边谁就可以饮酒,"曲水流觞"之快意、雅趣不过如此。寒食节期间有斗鸡、镂鸡子、斗鸡子、打球、秋千、施钩等节日游戏。斗鸡游戏是一种古老的斗戏,早在《左传》即有记载,发展至汉魏甚是流行,曹植亦有诗曰:"斗鸡东郊道,走马长楸间"(《名都篇》)。"斗鸡"即通过训练鸡的战斗力,在规定的场地按照程序,使两鸡相搏。镂鸡子就是在鸡蛋上染上蓝红等颜色,宛如雕刻之形,民众彼此相互赠送。斗鸡子则是把煮熟的鸡蛋相互碰撞,比试谁的鸡蛋更坚硬,这类游戏颇受儿童欢迎。打球乃是一种从军事训练演变而来的民间游戏,也即"蹴鞠"。所谓"蹴鞠,黄帝所造,本兵势也。"①(刘向《别录》)由北方少数民族发明的一种游戏"秋千",到了魏晋则成为一项普遍流行的寒食游戏,飞荡起来仙气飘飘,至今仍是春季的重要游戏。还有施钩,"施钩之戏,以绠做篾缆相胃,绵亘数里,鸣鼓牵之",②从其描述可见这就是现代的"拔河"游戏。施钩之戏最早是适用于春秋战国时期的军事训练,后来逐渐下沉至民间,成为一种竞技游戏。五月五日也是一个游戏大节,结伴踏青蔚然成风,不仅有"斗百草"游戏,还有热闹的龙舟竞渡比赛。从上述节日游戏可看出,春夏之际的节日充溢着生命力,萧放认为"这一时期的人们还具有浓厚的天道信仰观念,游戏双方的争斗与竞技,其实是古代阴阳二气在春天运动的模拟,人

---

① [梁]宗懔撰,[隋]杜公瞻注,姜彦稚辑校:《荆楚岁时记》,北京:中华书局2018年版,第17页。

② [梁]宗懔撰,[隋]杜公瞻注,姜彦稚辑校:《荆楚岁时记》,北京:中华书局2018年版,第15页。

们以此促进阴阳二气流转的平衡",①一定程度上概括了早期民间游戏发展的特点。此外,岁首年终的聚会宴饮等节日娱乐活动的不断被强调、被拓展也都昭示着汉魏六朝节日体系中娱乐性因素的增强。

五、节日传说

魏晋南北朝是传统节日传说形成的关键时期,如今我们耳熟能详的端午节传说、重阳节传说、七夕传说等等基本都出现在这一时期。关于南北朝节日传说的来源主要依靠于梁吴均的《续齐谐记》,宗懔在《荆楚岁时记》中也多次引用,各大节日传说具体可见下表。

节日名称	节日传说内容
正月十五	紫姑传说——祭祀蚕神故事
上巳节	上巳节传说——秦时曲水流觞故事
端午节	屈原传说——五月五作粽祭屈原故事
七夕节	七夕传说——七月七织女渡河会牛郎故事
八月一日	采药传说——弘农邓绍采药明目故事
重阳节	重阳节传说——恒景登高避灾故事

《续齐谐记》是南梁吴均创造的一本志怪小说,涉及许多与节日相关的传说,虽源头不可考,多为虚妄之言,但传说的流行对后世节日的理解产生很大的影响。例如:

(一)端午节屈原传说

端午节吃粽子祭祀屈原的说法就出自南北朝,最早见于《续齐谐记》:"屈原五月五日投汨罗水,楚人哀之,至此日,以竹筒子贮米投水以祭之。汉建武中,长沙区曲忽见一士人,自云'三闾大夫',

---

① 萧放:《岁时记与岁时观念——以〈荆楚岁时记〉为中心的研究》,武汉:华中师范大学出版社 2019 年版,第 180 页。

谓曲曰：'闻君当见祭，甚善。常年为蛟龙所窃，今若有惠，当以楝叶塞其上，以彩丝缠之。此二物，蛟龙所惮。'曲依其言。今五月五日作粽，并带楝叶、五花丝，遗风也。"①从文献考证来看，此前粽子与屈原并不存在因果关系，战国时期诗人屈原也与五月五日并无关联，时隔几百年后屈原才腾空出世与端午节扯上关系，这其中就很大程度上得益于屈原传说的流行。学者孙永义在考证粽子饮食的源流时指出"粽子（角黍）是先民们祭祖和祭谷神求丰年的中国原始宗教文化崇拜形式的产物，并非始于屈原"，②但在此之后食粽是为了祭祀屈原在民间就形成了牢不可破的群众基础，端午节避忌禳灾的原始义反而开始让位于对伟大爱国诗人屈原的祭祀。

（二）重阳节恒景传说

"汝南桓景随费长房游学累年，长房谓曰：'九月九日，汝家中当有灾。宜急去，令家人各作绛囊，盛茱萸，以系臂，登高饮菊花酒，此祸可除。'景如言，齐家登山。夕还，见鸡犬牛羊一时暴死。长房闻之曰：'此可代也。'今世人九日登高饮酒，妇人带茱萸囊，盖始于此。"③这则传说解释了重阳节会有登高饮酒、带茱萸的习俗，在魏晋之前重阳节并无此说法，主要体现为一种尊老养生的文化，如《月令》有"仲秋之月……是月也，养衰老，授几杖，行糜粥饮食"。④《后汉书·礼仪志》载："仲秋之月，县道皆案户比民。年始七十者，授之以王杖，铺之糜粥。八十九十，礼有加赐。王杖长九尺，端以鸠鸟为饰。鸠者，不噎之鸟也。欲老人不噎。是月也，祀老人星于国都南郊老人庙"。⑤ 先秦两汉的秋季节日是以关爱老

---

① ［梁］吴均，王根林、黄益元、曹光甫校点：《汉魏六朝笔记小说大观》，上海：上海古籍出版社 1999 年版，第 1008 页。

② 孙永义：《"端午"食粽祭屈原说源流考》，《西南师范大学学报》（哲学社会科学版）1996 年第 3 期，第 92 页。

③ ［梁］吴均，王根林、黄益元、曹光甫校点：《汉魏六朝笔记小说大观》，上海：上海古籍出版社 1999 年版，第 1007 页。

④ 《礼记》，北京：中华书局 2017 年版，第 334 页。

⑤ ［宋］范晔：《后汉书》，北京：中华书局 2007 年版，第 930 页。

人为文化内核的。《四民月令》又记录"（九月）九日可采菊华，收枳实"。① 联系曹魏东晋时期曹丕、陶渊明等人对菊花的喜爱，如曹丕在九月九赠送菊花给钟繇，"故屈平悲冉冉之将老，思飱秋菊之落英，辅体延年，莫斯之贵。谨奉一束，以助彭祖之术"，期望来帮助他延缓衰老，又称"九为阳数，而日月并应，俗嘉其名，以为宜于长久，故以享宴高会"，九有"长久""长寿"之义（《九日与钟繇书》）；陶渊明也说"余闲居，爱重九之名，秋菊盈园，而持醪靡由。空服九华，寄怀于言"，认为"酒能祛百虑，菊解制颓龄"（《九日闲居》），可见当时人们对菊花延年益寿功能的看重，采菊花、饮菊花酒乃是一种养生观念的表达，而非避忌禳灾。

（三）七夕牛郎织女传说

"桂阳成武丁，有仙道，常在人间，忽谓其弟曰：'七月七日，织女当渡河，诸仙悉还宫。吾向已被召，不得停，与尔别矣。'弟问曰：'织女何事渡河？去当何还？'答曰：'织女暂诣牵牛，吾复三年当还。'明日失武丁，至今云织女嫁牵牛。"② 从《诗经》中开始出现的牛郎、织女星宿名称到西汉初年牛郎织女故事要素的具备，直到六朝时期《续齐谐记》的记载，牛女神话故事才基本定型，演绎出较为完备的人物性格及情节。牛郎织女爱情传说的流行及其对七夕节的渗透，使得原本七月七制药丸、晒书、晒衣裳的白昼习俗逐渐暗淡，人们怀着对爱情的美好憧憬将七月七视为牵牛织女聚会之夜，并形成了越来越具有吸引力的穿针乞巧、守夜乞愿的七夕夜晚节俗。对此，六朝文献有记载，"是夕，人家妇女结彩缕，穿七孔针。或以金银瑜石为针，陈瓜果于庭中以乞巧，有喜子网于瓜上，则以为符应"。③

① ［汉］崔寔撰，石汉声校注：《四民月令校注》，北京：中华书局2013年版，第65页。
② ［梁］吴均，王根林、黄益元、曹光甫校点：《汉魏六朝笔记小说大观》，上海：上海古籍出版社1999年版，第1007－1008页。
③ ［梁］宗懔撰，［隋］杜公瞻注，姜彦稚辑校：《荆楚岁时记》，北京：中华书局2018年版，第59页。

此外，魏晋南北朝还流行着祭祀蚕神紫姑的传说、弘农采药的传说等。前者注解了为何要在正月十五日迎紫姑、祀蚕神，"此地是君家蚕室，我即是此地之神"。[①] 后者解释了老百姓在八月早晨做明眼囊装露水的节俗风气乃是源自弘农采药神迹。节日传说对节日的起源、节俗的形成具有一定的阐释功能，这种解释虽疑云密布、众说纷纭，但却蕴含着民间的集体记忆、历史想象与创作热情，如茅盾所言"把一件历史事实作为底本或骨架，然后披上了想象的衣服，吹入了热烈的情绪"，[②]并在流传、改写与再造中生发出想象的真实力量，甚至起到了改变节日主题的功能。一定程度上来说，节日传说的出现恰恰证明了节日的生命活力及其所获得的民间基础。

六、节日手工艺

节日手工艺往往依托于节日空间而存在，千百年的节日演变中出于祭祀、避灾、祈福等目的而诞生的节日物件大都是手工艺品，集中呈现了民间信仰心理与民间审美趣味。从《荆楚岁时记》所载来看，节日手工艺点缀于节日空间之中，成为醒目又独特的存在。

正月七日	剪彩为人，或镂金薄为人，以贴屏风，亦戴之头鬓
立春	悉剪彩为燕戴之，帖"宜春"二字
五月五日	以五彩丝系臂，名曰辟兵
夏至节	练叶插五彩系臂，谓为长命缕
七夕节	人家妇女结彩缕，穿七孔针
八月一日	又以锦彩为眼明囊，递相饷遗。

① ［梁］吴均，王根林、黄益元、曹光甫校点：《汉魏六朝笔记小说大观》，上海：上海古籍出版社 1999 年版，第 1008 页。

② 茅盾：《茅盾说神话》，上海：上海古籍出版社 1999 年版，第 154 页。

比如,正月七日要剪出"人形"贴在屏风或戴在鬓角处,或以五色绸来剪,或用金属薄片来雕刻,恰好符合七日为"人日"的理念,具有人一进入新年,形貌精神都一改旧态而成新人之义。进而言之,这就是古人节日佩戴的一种首饰,寓意突出且装饰强。立春的时候也盛行制作手工艺,人们把五色绸剪成惟妙惟肖的燕子形状,戴在头上并贴上"宜春"二字来表达春天的祝福。夏天之时,要在五月五日戴上唤作"辟兵"的五色丝织品,这种手工艺品有很多名字:长命缕、续命缕、辟兵缯、五色丝、朱索……主要取其避忌禳灾的寓意,后世仍广为流传,属于端午时节必戴的一种辟邪首饰或臂饰,过节期间也会相互赠送。八月一日制作并予以赠送的一种手工艺品叫"眼明囊",多以锦袋或金箔来盛朝露,据说用以拭目可使眼明。在六朝时期,尽管节日手工艺品种类并不多,无法与唐宋相比,但是其展现出良好的发展势头,也为后世节日期间的手工艺发展及其消费奠定了基础。

综上,可见魏晋南北朝已经发展出一个囊括节日祭祀、节日禁忌、节日饮食、节日娱乐、节日传说、节日手工艺等多方面要素的节日体系,如今我们仍在经验的许多节俗都能追溯到汉魏之际。从节日发展的阶段来看,种种迹象都在表明魏晋南北朝时期处于节庆活动的转型与过渡阶段,主要具有以下几个特点:

一是从较为单一的节日祭祀逐渐向外拓展节俗内容,越来越多的节日朝向综合性节日发展。这类节日案例较多,其中的典型就是端午节,东汉时期主要节俗就是系五色丝、采药或夏至祭祖,六朝时期的端午节节俗已经比较丰富了,在此基础上发展出人物祭祀、悬挂艾草、斗百草、龙舟竞渡、食粽等,涉及节日禁忌、祭祀、娱乐、传说、饮食等多个方面,端午节的结构已基本成型,同时也在南北融合的时代背景下逐渐朝向全国范围内的综合性节日方向发展。此外,寒食节在魏武帝时曾一度遭到禁止,但在南北朝时却也向全国扩张,其不仅保留了禁火祭祀的习俗,也增添了许多节日游戏的内容。还有正月期间的节俗,也基本突破了单一化的祭祖内容,将不少旨在禳灾祈福的节日饮食、节日手工艺、节日传说等都纳入进来,较大程度地丰富了年节习俗。

二是从先秦两汉的岁时禁忌中生发出节日娱乐,萌发出娱乐化与世俗化的倾向。《续齐谐记》中记载了一个经典的节俗起源争论:"晋武帝问尚书郎挚虞仲洽:'三月三日曲水,其义何旨?'答曰:'汉章帝时,平原徐肇以三月初生三女,至三日俱亡,一村以为怪。乃相与至水滨盥洗,因流以滥觞,曲水之义,盖自此矣。'帝曰:'若如所谈,便非嘉事也。'尚书郎束皙进曰:'挚虞小生,不足以知此。臣请说其始。昔周公成洛邑,因流水泛酒,故逸诗云:羽觞随波流。又秦昭王三月上巳,置酒河曲,见金人自河而出,奉水心剑曰:令君制有西夏。及秦霸诸侯,乃因此处立为曲水。二汉相缘,皆为盛集。'帝曰:'善。'赐金五十斤,左迁仲洽为城阳令。"[1]显然,晋武帝是不满意挚虞所提供的三月三曲水是为了祓除的说法,赞成束皙给予的另一套说辞——"二汉相缘,皆为盛集",之所以做出这样的判断,乃是因其心中的标准为是不是"嘉事"。可以说这则故事透露出一个重要信号,人们更愿意接受节日为嘉事、善事的解释体系,更期盼"良辰佳节"而非"岁时禁忌",这种时代的要求也在影响着节日朝着世俗娱乐化的方向演进发展。事实上,南北朝节日体系中的娱乐成分较之以前增加了不少,寒食踏青游戏、七月七庭院乞巧、过年宴饮、端午竞渡、重阳野宴等等,都为人们的生活增添了不少乐趣。虽然这种娱乐化倾向在唐宋以后表现的更明显,但此时俨然有了苗头,体现出从禁忌日转向良辰佳节的过渡性。对此,刘晓峰分析道:"审视6世纪以后的节日文化的发展方向,就是向'嘉事'——亦即佳节良辰的进一步转化。它包括几个重要的方面:一方面,节日旧有的可惧和可畏的成分日渐被淡化;另一方面,人们开始人为地增加更多、更丰富的新的娱乐性内容,进而至于人

---

① ［梁］吴均,王根林、黄益元、曹光甫校点:《汉魏六朝笔记小说大观》,上海:上海古籍出版社1999年版,第1007页。

为地设计和增加新的节日。"①

三是节日人物传说重新解释了节日的起源或节俗，一定程度上促发了节日主题的重构。节日人物传说的兴起可以说是一次"传统的发明"，从上文的节日传说梳理可发现影响端午节、七夕节、重阳节的重要传说几乎都是在魏晋南北朝时期出现或逐渐定型的，这一时期的节俗诠释特征尤为显著。端午节本是避忌日、公共卫生防疫日，因为屈原传说的加入开始发生风向的转变，原本就存在的食粽子、划龙舟习俗被"征用"，附会到屈原传说身上而变成了人物祭祀。实际上南方人在春天郊游和踏青时就有将筒粽投入江中引来鱼、虾争食的习惯，北方周人也有用角黍祭祀祖先和社神的习俗，划龙舟或与古代的祭龙信仰有关。② 无论怎样，南北朝后以屈原传说为中心来重构端午节的节俗与主题已然是事实，端午节吃粽子赛龙舟时为了祭祀屈原的说法一旦形成就后来居上，民间普遍接受了这种解释体系，由此也使得端午节增添了人物纪念的主题，形成了避忌与纪念并联的二重主题。再如重阳节，其也因恒景登高避灾的传说加入而成为避忌消灾的节日。但从文化源头上来说，自先秦至汉初统治者就于仲秋之月慰问老人，提供相关物资来向社会传递"敬老尊老"思想，后因道教文化影响兴起了重阳节养生的文化。重阳传说以灾害神话重新解释了登高饮酒等习俗从而获得了一种话语权，促使重阳节的主题发生转向。七夕传说更是深入渗透、根植于七夕节之中，牛郎织女的爱情传说为七月七增添了浪漫的色彩，七夕也逐渐从晒衣节变成了以夜晚乞巧节俗为核心的乞巧节。

节俗总是变动不居的，人们总是会根据时代的需求、当下的需要来重新诠释节日。庞朴曾指出："任何一种习俗，一旦它由以产

---

① 刘晓峰：《从节俗的历史演进看传统与创新》，《民间文化论坛》2007年第3期，第8页。

② 具体可参见孙永义：《"端午"食粽祭屈原说源流考》，《西南师范大学学报》（哲学社会科学版），1996年第3期，第91-92页。

生的生活基础被从脚下抽掉，便会逐渐枯萎下去，而仅靠习惯和眷念勉强维持，成为人们所不甚理解的怪事，直至最后被行为和情感完全忘记；除非它又得到新的基础或被赋予了新的意义，幸运地得以再生。"①魏晋时期的节日将忠孝观念与人伦思想都融入自身，不仅重新阐释了节日的意义，而且迎合了社会的伦理化需求。从历史的长河来看，这种"发明"是一再发生的，而汉魏时代无疑是处于一次诠释的中心，在各种推力的作用下传统节日经历着主题的更新与转向，也恰是在不断扩张自身的过程中为唐宋之际的全国性节日形成奠定了重要的基础。

---

①　庞朴：《寒食考》，《民俗研究》1990 年第 4 期，第 35－36 页。

第二章

传统节日体系的发展与定型

　　古代中国的政治、经济、文化、社会发展至唐宋时期达到历史的高峰，古老的文明在鼎盛的唐宋时代散发着耀眼的光芒，释放着国力强盛、文化发达、经济富庶的魅力。作为当时世界上最强大的国家，唐宋文化独领风骚，不仅创造出优雅精深的精英文化，也发展出蓬勃旺盛的民间文化。节日文化即是唐宋时期丰富多彩的民间文化的重要代表。从汉魏以来形成的传统节日体系经历唐宋的发展，逐渐摆脱以往官方主导性、禁忌紧张性的节日特征，转向娱乐化、平民化、假日化、狂欢化、伦理化，并形成了全国性的传统八大节日。在唐宋良辰佳节的风气影响下以世俗娱乐化重构了自身，节日真正变成轻松娱乐、放松身心的良日。到了明清时期，传统节日体系趋于定型。随着近代化进程的开启，城市文化的发展以及乡村人口的增加，传统节日体系的消费化、娱乐化与世俗化进一步全面突显，并在此过程展现出明清节日的城乡差异性。

第一节　唐宋时期的传统节日

　　唐宋一代，既是传统节日体系不断臻于成熟的时期，也是传统节日不断拓展创新的时期。张泽咸曾指出："唐代节日的数量明显比汉魏六朝时增多，除新创诞节以外，中和节、佛日和道日等节也都是唐朝所新置，并为尔后的赵宋王朝所沿用"。① 那么，唐宋时期的传统节日体系又有哪些特点呢？ 有何新变化？ 本节将围绕这些问题予以讨论分析。

唐宋时期的节日文献不胜枚举，如唐代有关节日记载的书籍有《新唐书》《旧唐书》《全唐诗》《全唐文》《唐会要》《唐大诏令集》《太平御览》《文苑英华》《酉阳杂俎》等；宋代单是岁时记类著作就层出不穷，如记述北宋都城开封的《东京梦华录》，南宋都城杭州的《梦粱录》《武林旧事》《西湖老人繁盛录》，以及宋代记载节令时俗的集大成者《岁时广记》等。丰富的岁时节日文献为探究唐宋时期的节日体系提供了重要的资料基础，从侧面也反映出民俗节日文化确实深深融入当时的民众日常生活之中，成为百姓生活的华彩乐章。否则零落离愁的文人士子们也不会将情感倾注笔下，让节日穿越岁月成为永恒。

作为中国历史上节日最多的历史阶段之一，唐宋节日之繁多使得节日的分类成为一个重要问题。就唐朝节日的分类来说，学者张泽咸综合唐代诸多文献，着眼于官方与民间的不同将唐代的节日粗略分为两大类——官方节日与民间传统节日，他在文中一一介绍了诞节、佛日、道日、元日、人日、上元、中和节、社日、寒食、清明、上巳、端午节、七夕、中元节、中秋节、重阳节、除夕等近 20 个节日。② 朱红在此基础上认为官方节日与民间传统节日的分法难以覆盖一些受外来及文本宗教影响的节日，提出从唐代新创节日的角度做出区分。所谓新创节日，包括唐代以前没有而现在有的新节日，以及融入新的因素的传统节日。③ 吴玉贵在《中国隋唐史》以岁时节日、纪念性节日、宗教性节日三类来对唐代节日进行分类，如岁时节日包括元日、中和节、上巳节、中秋节、重阳节、除

---

① 张泽咸：《唐代的节日》，《文史》第 37 辑，第 90 页。
② 张泽咸：《唐代的节日》，《文史》第 37 辑，第 90 页。
③ 朱红：《唐代节日民俗与文学研究》，复旦大学博士学位论文，2002。

夕,纪念性节日包括诞节、人日、寒食与清明节、端午节、乞巧节等,宗教性节日包括上元节、降圣节、佛诞节、盂兰盆节等。① 张勃则指出以性质或节俗内容作为标准去划分节日,对于分析流变过程中的节日意义不大。他从对节日变化的关注与理解提出以"是否在唐代新出现"为标准,将唐代节日划分为新兴节日和传统节日两类,还进一步根据传统节日在唐帝国历史上的命运细分为消亡的节日和继续传承的节日,根据新兴节日的来源细分为建构型节日和自然型节日。对于宋代节日的分类而言,早在 1987 年学者朱瑞熙就将其分为四类:一是帝后的圣节,皇帝和太后的生日;二是官定的节日,如元旦、上元节、中和节、宋真宗和宋徽宗时新设的天庆、先天、降圣节等;三是节气性和季节性节日,包括立春、社日、清明、立秋、立冬、冬至、寒食、端午、七夕、中元、中秋、重阳、除夕等;四是宗教迷信性节日,包括人日、玉皇大帝生日、梓童帝君生日、祠山张真君生日、花朝节、上巳节等。② 姚瀛艇则将宋代节日划分为三类:传统节日,年节、上元节、寒食清明节、端午节、七夕节、重阳节、冬至、交年节;诸"圣节",帝、后生日;诸庆节,即宋真宗和宋徽宗所设定的节日三大类。③ 从这些讨论来看,学者们都较为关注唐宋时期节日体系的新变化,注意通过节日分类来呈现唐宋节日发展的面貌。本文认为因宋代几乎整个继承了唐代的节日体系,如李春棠所说:"宋代是个大量生产和加工节日的时代。旧的节日,它继承着,进行必要的加工和修补;新的节日,又源源不断地开发出来",④故而对唐代和宋代各自的节日类型不予以单独划分,

① 吴玉贵:《中国风俗通史(隋唐五代卷)》,上海:上海文艺出版社 2001 年版,第 628－666 页。

② 朱瑞熙:《宋代的节日》,《上海师范大学学报》(哲学社会科学版)1987 年第 3 期,第 74－80 页。

③ 姚瀛艇:《宋代文化史》,开封:河南大学出版社 1992 年版,第 547 页。

④ 李春棠:《坊墙倒塌以后——宋代城市生活长卷》,长沙:湖南人民出版社 2006 年版,第 194 页。

而是关注唐宋时期的节日在节日历史发展脉络中的阶段性特点，所以将唐宋视为一个整体，以传统民间节日（包括宗教性节日）、官方圣节（帝后生日及庆祝节日）做出简单分类以便于讨论与分析。此处的传统民间节日并非指只有民间的参与，而是仅区别于以流传上层社会内部、局限于皇帝官员互动的官方圣节，因为实际上诸多节日在唐宋时期都是官民共同参的，"与民同乐"的思想在宋代体现尤其突出。

　　唐宋时期，传统节日体系的扩张是显而易见的，无论是节日数量还是节日内容都彰显出恢弘的唐宋气象。张勃在专著《唐代节日研究》中比较了《艺文类聚》《初学记》《白孔六帖》《大唐新定吉凶书仪》《岁华纪丽》等典籍，总结出诸书共涉及的节日，包括：元日、人日、上元（正月十五）、晦日、中和节（二月二日、二月三日）、二月八日、社日（春社与秋社）、上巳（三月三）、寒食、清明、四月八日、端午（五月五日）、伏日、七夕（七月七日）、中元（七月十五）、八月一日、重阳（九月九日）、十月一日、冬至、腊、岁除、春日等节日，①一定程度上罗列了唐朝代表性的传统民间节日。由于北宋与南宋一脉相承，节日体系相差无几，综合《东京梦华录》《梦粱录》的节日记载，宋代的传统民间节日主要包括：正月，元旦、立春、元宵；二月，中和节、八日祠山圣诞、花朝节；三月，上巳、清明节、东岳圣帝诞辰；四月，皇太后圣节（初八）、皇帝圣节（初九）；五月，端午节；六月，崔府君诞辰（六月六日）；七月，七夕、七月十五；八月，中秋；九月，重阳；十月，十月一、十月十五；十一月，冬至；十二月，腊八、祀灶、除夜等。以此为参考，下附唐宋各月份主要传统民间节日对照表。

---

① 张勃：《唐代节日研究》，北京：中国社会科学出版社2013年版，第28页。

唐宋传统民间节日比较一览表

月　份	唐代节日	宋代节日
正月	元日（元旦、正元、元正）	元旦
	人日	立春
	上元（元夜、月望、灯节）	元宵
	正月晦日	（正月十五日）
二月	中和节（二月二日、二月三日）	中和节（二月朔）
	社日（春社、秋社）	花朝节（二月望）
三月	寒食节	清明节
	清明节	上巳节
	上巳	东岳圣帝诞辰（三月二十八日）
四月	四月八日	四月八日
五月	端午节（五月五）	端午
六月	伏日	崔府君生（六月六日）
七月	七夕节（七月七日、乞巧节）	七夕
	中元节（盂兰盆节、鬼节）	中元节
八月	八月一日	立秋
		秋社
	中秋节（八月十五日）	中秋节
九月	重阳节（重九、菊花节、茱萸节）	重阳节
十月	十月一日	十月一日 立冬
十一月	冬至	冬至
十二月	腊	除夕（除夜）
	除夕（岁除、守岁、除夜）	

　　唐宋之际,除了传统民间节日系统,官方圣节系统也发展得如火如荼,这类节日主要是"与民间传统节日相对立的一种节日类型,是统治者根据一些政治事件的重要性程度而将其发生日确定为节日,或者将一些重要人物(如皇帝或皇帝所推崇的人物)的生日确定为节日,节庆活动的参与者主要是全体官吏(或国家公职人员)"。① 官方圣节一般认为是出现在中唐以后,从《旧唐书·玄宗纪》记载来看,皇帝诞节乃玄宗开元十七年(729)"自我作古"的结果,"上以降诞辰,宴百僚于花萼楼下。百僚表请以每年八月五日为千秋节,王公已下献镜及承露囊,天下诸州咸令宴乐,休假三日,仍编为令,从之"。② 自唐玄宗的圣节"千秋节"起,有唐一代共计有十位皇帝都设立了诞节名称,另有五位皇帝虽未设立节名,但同样举办了庆祝活动。后世延续了圣节做法,从战乱不息的五代十国到天下共治的宋朝都未中止圣节庆祝,甚至宋代的圣节还为垂帘听政的四位太后设置了诞节。相较之唐代,宋代的圣节规模更大,庆祝仪式更制度化。

　　尽管以上形形色色的节日名录并不能完全覆盖唐宋时期的节日,仍有许多节日限于篇幅并未罗列,但是已然可以看出唐宋节日体系获得了前所未有的丰富与多样:传统的、新兴的、官方的、民间的、信仰的、外来的……种种因素都被统入节日文化之中,被构建到上至统治阶层下至普通民众的生活之中。如果说汉魏时期是节俗诠释的初步阶段,那么唐宋时期在节日的"发明"与"创新"的道路上走得更远,前者以节日传说为标志重构了节日的主题,后者乃是以城市文化、消费文化、休闲文化、外来文化、宗教文化等等重造了自身,在延续传统节日体系的过程中不断更新、再造节日,使得唐宋的节日展现出一种博大杂糅、浪漫娱乐的气质。在固守与流

---

　　①　魏华仙:《官方节日:唐宋节日文化的新特点》,《四川师范大学学报》(社会科学版),2009年第2期,第109页。

　　②　[后晋]刘昫:《旧唐书》卷八,北京:中华书局1975年版,第193页。

变之间,唐宋朝代选择了流变。新造的节日层出不穷,例如官方圣节、宗教性节日、中和节等,即便是许多继承而来的传统节日,也并非是一成不变的,仍然是在古老的节日形式中生长出了新的节日内容。可以说,在这样一个开放与交流的时代,唐宋的节日充分体现了一种传统与创新的"辩证法",进而构建出一个包容性的节日体系。总体而言,唐宋之际的节日体系具有以下几方面的特点。

一、传统八大节日基本成形,逐渐发展为全国性的重要节日

唐宋节日体系的渐趋成熟,除了表现为在汉魏节日体系框架的基础上不断将节日祭祀、节日饮食、节日传说、节日手工艺、节日休假制度等都大大向前推进,还体现在中国人最看重的传统八大节日在唐宋时期都已成型,并有了进一步的发展。

以清明节为例,清明节在唐代时期已经独立成节,后逐渐融合了寒食节与上巳节的节俗,在宋代取代了"寒食节"。尽管"清明"作为一个节气早在先秦时期就已出现,但清明作为节日却出现于唐宋时期。长期以来,唐宋以前人们更熟悉的是"寒食节",寒食节以禁火三日纪念介子推的说法在东汉时期流传开来,在南北朝时期寒食节俗从中原地区传播到荆楚地区,初唐时期寒食节进一步拓展至全国,在唐人心中占据着重要的地位。唐代诗人王冷然《寒食篇》的"秋贵重阳冬贵腊,不如寒食在春前"讲的就是寒食节重于重阳节与腊日。不过,初唐时的"清明"主要是被视为寒食节的一部分,唐代诗人李峤曾以《寒食清明日早赴王门率成》为诗名,此处的"清明日"显然是指处于寒食节日系统中的清明日当天。根据张勃的考证,中唐以后清明节逐渐从寒食节中分化独立,主要与三方面的因素有关:寒食节的盛行凸显了作为参照性日期清明日的重要意义、改火之制的复兴促发唐人关注清明日、寒食清明节假日的

设置强化了清明节的重要性。①《唐会要》记载,官方先后调整过三次寒食清明放假时间,分别为"寒食、清明四日为假"(736 年)、"寒食清明宜准元日节,前后各给三日"(790 年),②"寒食通清明休假七日"(元和年间),③清明节日假期的不断增长反映出其作为节日与日俱增的影响力。可以说,唐代基本仍是以寒食节、清明节独立称呼或寒食清明合并来讲,到了宋代以后,主流岁时文献几乎都以"清明节"称呼,《东京梦华录》《梦粱录》都以"清明节"条目记载寒食清明节俗,"清明节,寻常京师以冬至后一百五日为大。……寒食第三节,即清明日矣。凡新坟皆用此日拜扫。都城人出郊",④"清明交三月,节前两日谓之'寒食',京师人从冬至后数起至一百五日,便是此日,家家以柳条插于门上,名曰'明眼',凡官民不论小大家,子女未冠笄者,以此日上头。寒食第三日,即清明节……"⑤正如黄涛所说:"自唐宋以来,清明节是整合了寒食节和上巳节的一个大节日",⑥因此也一并整合了祭祀、踏青、饮食的习俗,构成了如今我们所熟悉的掺杂着沉重与欢喜双重情感的清明形态。

又如中秋节的兴起及其节俗的发展。尽管如今的中秋节是与其他七大节并列的重要传统节日,但是中秋节的形成却是一件相当晚近的事。《荆楚岁时记》只字未提"中秋节",这并非是漏记,而是因为在南北朝时期中秋节尚未形成。唐、宋时期是中秋节发展

---

① 张勃:《清明作为独立节日在唐代的兴起》,《民俗研究》2007 年第 1 期,第 169－181 页。

② [宋]王溥:《唐会要》卷八十,上海:上海古籍出版社 1991 年版,第 1789 页。

③ [唐]郑余庆:《大唐新定吉凶书仪》,载周一良、赵和平《唐五代书仪研究》,北京:中国社会科学出版社 1995 年版,第 185 页。

④ [宋]孟元老撰,王永宽译:《东京梦华录》,郑州:中州古籍出版社 2010 年版,第 121 页。

⑤ [宋]吴自牧:《梦粱录》,杭州:浙江人民出版社 1980 年版,第 11 页。

⑥ 黄涛:《清明节的源流、内涵及其在现代社会的变迁与功能》,《民间文化论坛》2004 年第 5 期,第 18 页。

的关键时期。不少学者对中秋节的起源做出考察,基本持有两派观点,一派是唐代说,主要代表人物有张泽咸、吴玉贵、杨琳、黄涛、张勃等;①另一派是宋代说,代表人物有尚秉和、周一良、萧放、朱红、刘德增、熊海英等,②两派的分歧主要在于盛行于唐代上层社会与文人群体的八月十五赏月玩月风气能否视为一种节日?不过,相关学者较为一致地认为从唐代开始,文人群体吟月、咏月、赏月、玩月的风俗蔚然成风,对中秋节的形成有着较大的影响。根据刘德增的统计,《全唐诗》咏八月十五中秋的诗有 111 首,出自 65位诗人之手,以杜甫《八月十五夜二首》最早,作于大历二年(767),时年杜甫 56 岁,其他多为晚唐诗人之作。③ 唐代文人以月为寄托感怀、思亲、抒情而创作的诗歌不胜枚举,不仅形成了玩月宴饮的传统,也出现了唐玄宗八月十五游月宫的传说。④ 围绕十五夜月的活动俨然已经是中晚唐时期上层社会的突出文化现象。这其实也证实了早期的中秋节乃是自上而下的一种节日,在文人雅士的文化创造活动与自古以来的天体崇拜相结合下显现出中秋节的雏形。而"八月十五"真正从上层社会流传到民间,成为宴饮欢庆、赏月团圆的全民性民俗良日"中秋节"乃是在宋代。早在宋仁宗之时,民间中秋节俗就已经相当热闹,陈舜俞在诗作《中秋玩月宴友》写道"都人尤侈盛,时节惜芳佳。楼台延皓魄,帘幕去周遮。交错宴子女,嘈杂鸣箫笳。清影落酒盏,爽气侵巾纱。常明复置烛,掷果如散沙。"在孟元老笔下,"中秋夜,贵家结饰台榭,民间争占酒楼玩月。丝篁鼎沸,近内庭居民,夜深遥闻笙竽之声,宛若云外。闾里儿童,连宵嬉戏。夜市骈阗,至于通晓"。⑤ 发展至南宋,临安巨

① 张勃:《唐代节日研究》,北京:中国社会科学出版社 2013 年版,第 150 页。
② 张勃:《唐代节日研究》,北京:中国社会科学出版社 2013 年版,第 149 页。
③ 刘德增:《中秋节源自新罗考》,《文史哲》2003 年第 6 期,第 97-101 页。
④ 《唐五代笔记小说大观》,上海:上海古籍出版社 2000 年版,第 115 页。
⑤ [宋]孟元老撰,王永宽译:《东京梦华录》,郑州:中州古籍出版社 2010 年版,第158 页。

室临轩玩月、酌酒高歌的排场自不必说，"至如铺席之家，亦登小小月台，安排家宴，团子女，以酬佳节。虽陋巷贫窭之人，解衣市酒，勉强迎欢，不肯虚度"。① 可见从贵家富户的极尽奢华到普通人的家宴，中秋节已经向民间普及开来，逐渐完成从文人雅集到大众节日的蜕变。

再如元宵节正式进化为"灯节"。元宵节在汉魏之际只被称为"正月十五""正月半"或"月望"，隋朝以后改称"元夕"或"元夜"。作为"一年明月打头圆"的元宵节，虽在唐宋时期仍是春节的重要组成部分，但却获得了独立节日的意义，不仅在名称上而且在节日起源解释上具有了独立性，同时以观灯习俗为中心构建了"灯节"的节俗框架。关于元宵节的起源一般有西汉祀太一说、东汉燃灯表佛说、魏晋道教祀三元说等等，此外还有向柏松的先秦庭燎祀天仪式说，②韩梅的"元日祈谷"农业祭祀说等，③说法不一，难以真正追溯源头。从唐代到宋朝，元宵观灯的习俗愈演愈烈，"神龙之际，京城正月望日，盛饰灯影之会。金吾弛禁，特许夜行。贵游戚属，及下隶工贾，无不夜游。车马骈阗，人不得顾"。④ 与之相印证的是苏味道的诗作《正月十五夜》："火树银花合，星桥铁锁开。暗尘随马去，明月逐人来。游妓皆秾李，行歌尽落梅。金吾不禁夜，玉漏莫相催。"唐代的燃灯习俗极其壮观，"于京师安福门外作灯轮高二十丈，衣以锦绮，饰以金玉，燃五万盏灯，簇之如花树"。⑤ 可以说朝野上下至平民百姓无有不观者。宋代的观灯场面更加宏大华丽，《东京梦华录》记载了十五夜的"灯山"盛景，"灯山上彩，金碧相

---

① ［宋］吴自牧：《梦粱录》，杭州：浙江人民出版社 1980 年版，第 25 页。

② 向柏松：《元宵灯节的起源及文化内涵新论》，《中南民族学院学报》（人文社会科学版）2000 年第 2 期，第 32－35 页。

③ 韩梅：《元宵节起源新论》，《浙江大学学报》（人文社会科学版）2010 年第 4 期，第 96－105 页。

④ ［唐］刘肃，许德楠、李鼎霞点校：《大唐新语》卷八，北京：中华书局 1984 年版，第 128 页。

⑤ ［唐］张鷟：《朝野佥载》卷三，北京：中华书局 1979 年版，第 69 页。

射,锦绣交辉",装饰的金碧辉煌,流光溢彩,北宋的观灯活动会持续到正月十九结束。南宋灯会也丝毫不减,"昨汴京大内前缚山棚,对宣德楼,悉以彩结,山沓上皆画群仙故事……其水用辘轳绞上灯棚高尖处,以木柜盛贮,逐时放下,如瀑布状。"①《武林旧事》亦写到"禁中尝令作琉璃灯山,其高五丈,人物皆用机关活动,结大彩楼贮之。又于殿堂梁栋窗户间为涌壁,作诸色故事,龙凤水,蜿蜒如生,遂为诸灯之冠",②此外还事无巨细地介绍了灯的品种,"灯之品极多,每以'苏灯'为最"③。在灯会的场域空间中,以"灯"为主体的元宵节既重塑了正月十五夜的节日叙事逻辑,也在"闹"元宵的活动参与中构建出打破除夕禁忌的文化"开禁"意义。

此外,其他一些传统大节在唐宋时期也经历着主题与节俗的变迁、更新与拓展。例如,冬至的重要性被提升至重要位置,"京师最重此节",冬至如同过年一样隆重。在宋代即使是贫穷的人家也要更换新意,备办饮食,祭祀祖先。七夕节的乞巧节俗在唐代宫廷兴盛且奢侈,后逐渐传到宫外,助长了民间的乞巧之风,"长安城中月如练,家家此夜持针线"(《七夕》)反映的就是此景。宋代的七夕乞巧不仅在民间遍地开花,而且增添了铺陈"磨喝乐"的外来习俗。相对稳定的节日如端午节、元旦、重阳节,其节俗虽无显著变化,但在普及度上有了较大的提高。基本来说,由于唐宋时期各地域文化交流的频繁与生活的相对富足稳定,这些传统节日在全国范围内都有着较大影响力,几乎都发展成为全国性的大节,构成了传统节日的主干体系。

---

① [宋]吴自牧:《梦粱录》,杭州:浙江人民出版社1980年版,第2-3页。
② [宋]周密,[明]朱廷焕:《武林旧事》,郑州:中州古籍出版社2019年版,第86页。
③ [宋]周密,[明]朱廷焕:《武林旧事》,郑州:中州古籍出版社2019年版,第86页。

二、传统节日表现出泛娱乐化倾向，节日的全民狂欢意味显著

不同的时代有不同的节日风气，如果说汉魏之际的节日严肃、庄重，少有娱乐，那么唐宋时期的节日讲究轻松、愉快，重视享乐。这股前所未有的泛娱乐化倾向几乎渗透至所有的节日，"过节"意味着交友聚会、宴饮郊游，无论节日是否以祭祀与禁忌为底色，其都被披上了节日娱乐的外衣。根据张勃对唐代节日及其习俗的统计，凡涉及"宴饮"节俗的节日有元日、人日、立春、上元节、耗磨日、正月晦日、中和节、三月三日、寒食节、清明节、七夕节、八月十五、重阳节、岁除、社日，①此处尚未加上节日的其他娱乐项目，可以看出岁首至年终唐代人的节日基本都是在宴饮娱乐中度过的。这些节日中不乏一些萦绕着紧张、凝重、禁忌氛围，与避忌禳灾意图联系在一起的节日，比如通常被认为是禁忌日的端午节，唐人多以"佳节"来称呼端午，"少年佳节倍多情"（殷尧潘《端午日》），端午龙舟赛鼙鼓初击，兽头吐威，万人助喊，"冲波突出人齐唉，跃浪争先鸟退飞"（《竞渡诗》）。重阳节登高宴野宴欢声笑语，白居易有诗曰："移座就菊丛，糕酒前罗列。虽无丝与管，歌笑随情发"（《九日登西原宴望　同诸兄弟作》）；上巳节也一扫被除招魂的阴郁气息，在唐朝成为郊游踏青的好日子，"三月三日天气新，长安水边多丽人"（《丽人行》），"佳人被襖赏韶年，倾国倾城并可怜。拾翠总来芳树下，踏青争绕绿潭边。公子王孙恣游玩，沙阳水曲情无厌"（《三日绿潭篇》），在唐诗人笔下，春日之"游玩"成为中心，纵情欢愉乃是节日主题。此外，还有"酿酒迎新社"（《纪村事》）、"萧鼓赛田神"（《凉州郊外野望》）的社日"游人恋芳草，半犯严城鼓"（《洛阳清明雨霁》）的清明等等，甚至因人们在寒食节"复为欢乐，坐对松槚，曾

---

① 张勃:《唐代节日研究》，北京：中国社会科学出版社 2013 年版，第 30－37 页。

无戚容",①官方不得不下令禁止墓前嬉戏来淳化风俗。显然,唐代人虽继承了汉魏的节日体系,在"过法"上却并没有照搬前人,而是以现世享乐冲淡了节日的紧张性、沉重性。

除了这些驱灾的节日在唐宋之际逐渐演变为佳节良日,唐宋节日的泛娱乐化倾向还共同体现在以下几点:

（一）全民狂欢性

节日的"狂欢性"本身蕴含着全民性,唐宋人过节常常是倾城而出、倾家而出,皇帝大臣、后妃仕女与平民百姓都身心投入,节日的平民化特点经历了从汉魏到唐宋走向巅峰的过程。论及节日的狂欢性,元宵节乃是其中翘楚。唐代在元夕取消宵禁,所谓"金吾不禁夜",人们纵情放歌、聚集观灯,无论男女老幼、身份学识、阶级地位,元宵节最为热闹最为平民。正如万建中所言:"如果说过年是具有一定行为边界和封闭性的家庭内部或家庭之间的文化活动,那么在元宵节人们则可说是突破了家庭的藩篱,实现了全民的集体狂欢,节日气氛极富感染"。② 因此元宵节在中国文学中往往也是突破禁忌、发生浪漫的重要空间。宋代节日的彻夜欢乐的氛围更加浓厚,从诸多宋代的岁时文献中都可以看到,宋代节日的全民狂欢性是连续性的、沉浸式的。通常在重要节日如元宵、七夕、元旦等到来前几天,城里就开始忙活准备,如元宵节会提前扎灯山、彩山,装扮街景,一般京城张灯五天,各地三天,通宵放灯,不关城门。到了宋太祖时,又因"年谷屡丰"决定再增加十七、十八日庆祝。七夕也类似,贵家富户提前结彩装饰"乞巧楼",街市在节前也会买卖节日用品,将民众拉入节日氛围中。中秋亦然,"夜市骈阗,至于通晓",③"此夜天街卖买,直到五鼓,玩月游人,婆娑于市,至

① ［宋］王溥:《唐会要·寒食拜埽》卷二十三,北京:中华书局1955年版,第439页。

② 路斐斐:《元宵节:复苏冬眠大地,祈愿岁美年丰》,《文艺报》2020-02-07。

③ ［宋］孟元老撰,王永宽译:《东京梦华录》,郑州:中州古籍出版社2010年版,第158页。

晚不绝。盖金吾不禁故也"①。年节之时,"开封府放关扑三日",
大街小巷都叫卖着关扑,女眷们也进入场子里观关扑,冬至也不例
外,"三日之内,店肆皆罢市,垂帘饮博,谓之'做节'",②这些平日
里不允许进行的赌博游戏在节日期间被"合法化"了。无论是游
玩、游戏还是吃喝、观赏活动,这种持续一段时间的超越日常性行
为恰恰是全民狂欢化的重要内容。

（二）节日户外化

节日走出"家门"、走出"宫廷",进入"公共空间"对于节日的公
共性形成是具有重要意义的。唐宋百姓的节日娱乐多是在户外进
行,如宋制度规定"唯每岁清明日放万姓烧香游观一日",于是东京
城"四野如市,往往就芳树之下,或园囿之间,罗列杯盘,互相劝酬。
都城之歌儿舞女,遍满园亭,抵暮而归"。③ 而且,几乎每逢元日、
元宵、七夕、中秋、重阳等重大节日,街道上都会出现盛大的出游队
伍,重阳"都人多出郊外登高,如仓王庙、四里桥、愁台、梁王城、砚
台、毛驼冈、独乐冈等处宴聚",④清明"都人不论贫富,倾城而出,
笙歌鼎沸,鼓吹喧天"⑤。或聚于茶坊、酒楼,或会友于园林、寺院,
再或者流连于郊外、湖边,此外如中秋赏月、七夕乞巧、除夕驱逐、
端午竞技等,皆是以户外公共空间为仪式举行场所。

（三）节日期间百戏演艺发达

"百戏"一词首见于《后汉书·孝安帝纪》:"乙酉,罢鱼龙曼延

---

① ［宋］吴自牧:《梦粱录》,杭州:浙江人民出版社1980年版,第25页。
② ［宋］周密,［明］朱廷焕:《武林旧事》,郑州:中州古籍出版社2019年版,第159页。
③ ［宋］孟元老撰,王永宽译:《东京梦华录》,郑州:中州古籍出版社2010年版,第121页。
④ ［宋］孟元老撰,王永宽译:《东京梦华录》,郑州:中州古籍出版社2010年版,第159页。
⑤ ［宋］吴自牧:《梦粱录》,杭州:浙江人民出版社1980年版,第11页。

百戏"。① 在历经先秦汉魏的发展之后于唐宋迎来高峰期,唐宋节日的场合几乎都能看到百戏的身影,频繁活跃在宫禁内廷、街巷市井、道场寺观,歌舞享乐乃社会各阶层追逐的社会风尚。从唐代帝王对百戏的偏好带动唐人观戏的风尚,到宋代瓦子勾栏百戏演出不断,包括游灯、傀儡戏、杂剧、演大戏等民间文艺不仅成为节日空间的亮丽景观,也大大丰富了节日文化的内涵,增强了节日的欢娱特点。如唐代上元节"夜阑,太常乐府县散乐毕,即遣宫女于楼前缚架出眺歌舞以娱之。若绳戏竿木,诡异巧妙,故无其比",②中和节"上御麟德殿,宴文武百僚,初奏《破阵乐》,遍奏《九部乐》,及宫中歌舞伎十数人列于庭",③"千官尽醉犹教坐,百戏皆呈未放休"④。相较于唐代,宋代的节日百戏演艺更加平民化,且在民间有专门的演艺场所瓦舍勾栏。孟元老在《梦华录》中数次描述了穿插在节日娱乐中的百戏表演,上至皇帝观"诸军呈百戏"下至民众痴迷看戏,甚至罗列了当时著名的表演艺人,例如元宵节的百戏表演场面宏大,"奇术异能,歌舞百戏,鳞鳞相切,乐声嘈杂十余里,击丸蹴踘,踏索上竿。赵野人,倒吃冷淘。张九哥,吞铁剑。李外宁,药法傀儡。小健儿,吐五色水、旋烧泥丸子。大特落,灰药。榝柮儿,杂剧。温大头、小曹,嵇琴。党千,箫管。孙四,烧炼药方。王十二,作剧术。邹遇、田地广,杂扮。苏十、孟宣,筑球。尹常卖,《五代史》。刘百禽,虫蚁。杨文秀,鼓笛。更有猴呈百戏,鱼跳刀门,使唤蜂蝶,追呼蟋蟀",⑤可谓种类繁多,令人目不暇接、眼花缭乱。即使在一些特殊节日,如道教崔府君生日之日,百戏也很是亮眼,

---

① 〔南朝〕范晔撰,〔唐〕李贤等注:《后汉书》卷五《孝安帝纪第五》,北京:中华书局1965年版,第205页。

② 《旧唐书》卷 二十八《志第八·音乐一》,第1052页。

③ 《旧唐书》卷十三《本纪第十三·德宗下》,第387页。

④ 《全唐诗》卷 三百八十五《张籍四·寒食内宴二首》,第4337页。

⑤ 〔宋〕孟元老撰,王永宽译:《东京梦华录》,郑州:中州古籍出版社2010年版,第106-107页。

从早晨就不断安排百戏表演,到晚上都演不完,"自早呈拽百戏,如上竿、趯弄、跳索、相扑、鼓板、小唱、斗鸡、说诨话、杂扮、商谜、合笙、乔筋骨、乔相扑、浪子、杂剧、叫果子、学像生、倬刀、装鬼、砑鼓、牌棒、道术之类,色色有之。至暮呈拽不尽",①连中元"鬼节"也会搬上"《目连经救母》杂剧",观者如潮。

对于这种节日娱乐的风潮,尚秉和曾表示:"盖无论士农工商,终岁勤动,无娱乐之时,则精神不活泼,古之人于是假事以为娱乐。原以节民劳、和民气,亦即所谓张弛也。此其义也。……古人之意,乃假时节以为娱乐",②不无道理。唐宋以"娱"为节,纵情狂欢,既是放松又何尝不是一种盛世气象。

三、受城市文化的影响,节日消费兴起且渐成规模

考察唐宋节日的发展,不能忽略城市化对节日的发展影响,以上所论述的节日娱乐基本都是发生在城市空间之中。目前所看到的诸多岁时文献基本都是对当时重要城市如长安、开封、杭州的节日描述。从城市史的角度来看,唐宋时期亦是古代城市发展的重要时期,手工业的繁荣与商品贸易交换的兴盛,催生出一批享誉世界的都市,如唐朝的长安、洛阳、扬州、益州、广州、泉州,宋朝的开封、杭州、扬州等等。这些商业中心城市也造就了市民阶层的形成,不仅为城市的节日娱乐与消费提供了坚实的主体,更促成了城市生活方式的流行。通常来说,唐宋时期如此盛行的节日观戏、节日出行、节日买卖等,都是依托于城市空间而发展的。而这一切节日的行为都与消费有着重要关系。城市作为买卖的中心,天然是作为消费的空间而存在,从节日饮食、节日演出、节日购物到节日游玩统统可归类为节日消费的范畴。

---

① [宋]孟元老撰,王永宽译:《东京梦华录》,郑州:中州古籍出版社 2010 年版,第 148 页。

② 尚秉和:《历代社会风俗事物考》卷三十九《岁时伏腊》,上海:上海三联书店 2014 年版,第 433 页。

（一）节日饮食消费

唐代市民极其喜爱"宴饮"，因此宴饮消费乃构成了饮食消费中的重要内容。或轮流设宴，或举行野宴，元旦、冬至宴饮风气尤其盛行，都城人大肆饮酒宴乐给城市餐饮业带来较大消费市场。而且，宴集作为综合性消费的载体，往往能聚合其他类型的节日消费，如南宋《岁华纪丽谱》记载："成都游赏之盛，甲于西蜀，盖地大物繁而俗好娱乐。凡太守岁时宴集，骑从杂沓，车服鲜华，倡优鼓吹，出入拥导，四方奇技，幻怪百变。"[①]此外，唐宋时期节时食品都已形成专门买卖，从唐代的屠苏酒、五辛盘、大麦粥、粽子、菊花酒到宋代琳琅满目的吃食，清明节的稠饧、麦糕、乳酪、乳饼、端午节的香糖果子、粽子、白团，中秋节的新酒、螃蟹，重阳节的蒸糕等，以及各类新上市的时令水果蔬菜、插盘食架，不胜枚举。诸多街店保证了节日饮食的供给，每逢节假日餐饮店铺生意兴隆都充分说明了强大的节日消费力。

（二）节日购物消费

自唐宋以来，置办节日所需物品都是"过节"的一项重要风俗。由于宋代取消了里坊制，施行街巷制，商店遍布大街小巷，节日期间商品买卖尤其兴盛，从元旦的"铺陈冠梳、珠翠、头面、衣着、花朵、领抹、靴鞋、玩好之类"[②]到元宵灯品、端午的"蒲叶、佛道艾"，再到七夕令汴京百姓痴迷的"磨喝乐"玩偶，"七月七夕，潘楼街东宋门外瓦子、州西梁门外瓦子、北门外、南朱雀门外街及马行街内，皆卖磨喝乐，乃小塑土偶耳。悉以雕木彩装栏座，或用红纱碧笼，或饰以金珠牙翠，有一对直数千者"[③]。节日物件往往主导着商业市场的品类。中元节则市井又多卖冥器靴鞋、幞头帽子、金犀假

---

① 谢元鲁校释:《岁华纪丽谱》,成都:巴蜀书社 1998 年版,第 99 页。

② [宋]孟元老撰,王永宽译:《东京梦华录》,郑州:中州古籍出版社 2010 年版,第101 页。

③ [宋]孟元老撰,王永宽译:《东京梦华录》,郑州:中州古籍出版社 2010 年版,第151 页。

带、五彩衣服,中秋节皇宫附近夜市发达,"御街如绒线、蜜煎、香铺,皆铺设货物,夸多竞好,谓之'歇眼'",[①]等到腊月之日朝天门外竞售锦装、新历、诸般大小门神、桃符、钟馗、狻猊、虎头,及金彩缕花、春帖幡胜之类,购置年货热火朝天。

(三) 节日游玩消费

节假日出行自唐代起就相当普遍,当时主要是集中在上层贵族及富户,到了宋代市民阶层外出游玩已经成为节日消费的重要景观。南宋周密在《武林旧事》中曾写道:"杭人亦无时而不游……日糜金钱,靡有记极,故杭谚有'销金锅儿'之号"。[②]《梦梁录》也称:"正月朔日……不论贫富,游玩琳宫梵宇,竟日不绝。家家饮宴,笑语喧哗。此杭城风俗,畴昔侈靡之习,至今不改也。"[③]可见杭人节日游玩的奢靡程度。宋代的节日游玩不仅涉及人群面广、频次高、内容多,而且宋代官府在节日游玩消费的组织、引方面起到了重要作用。例如,北宋开封府允许市民在元旦、寒食、冬至三大节时玩"关扑",元宵节在"宣德门,元夜点照,门下亦置露台,南至宝箓宫,两边关扑买卖"。[④]此外,三月一日至四月八日开放的公众游乐场所金明池也是最为热闹的关扑活动场所,酒家、伎艺人、商贩等都能进入游乐区提供相关服务。这种集赌博、交易、游戏娱乐于一体的关扑活动,显然成为北宋节日游艺的重要内容。南宋政府则依托于游西湖、钱塘江观潮等活动来吸引游客,从二月初八起至清明节西湖开始向游人开放,"凡游玩买卖,皆无所禁",引得游人如织,虽贫者"亦解质借兑,带妻挟子,竟日嬉游,不醉不

---

①　[宋]周密,[明]朱廷焕:《武林旧事》,郑州:中州古籍出版社 2019 年版,第149 页。

②　[宋]周密,[明]朱廷焕:《武林旧事》,郑州:中州古籍出版社 2019 年版,第116 页。

③　[宋]吴自牧:《梦梁录》,杭州:浙江人民出版社 1980 年版,第 1 页。

④　[宋]孟元老撰,王永宽译:《东京梦华录》,郑州:中州古籍出版社 2010 年版,第114 页。

归"。① 而且,西湖还配套了相关船只租赁、茶水饮料、游艺戏曲等服务。至于中秋时分的钱塘观潮更是全民的游玩重头戏,官府组织的水军竞技与吴儿弄潮踏浪相映生辉,"江干上下十余里间,珠翠罗绮溢目,车马塞途,饮食百物皆倍穿常时,而僦赁看幕,虽席地不容闲也"②。可以说,唐代曲江、北宋金明池、南宋西湖皆为唐宋时期著名都城水体游乐资源以它们为中心分别形成大型公共节日游娱区,即曲江游娱区、金明池游娱区与西湖游娱区,③唐宋都市服务业在节日期间的兴起恰恰证明了都市生活方式对节日文化的深刻影响。

四、多元文化并存互融形成节日创新

学者向达曾指出:"李唐一代历史,上汲取汉、魏、六朝之余波,下启两宋文明之新运。而其取精宏,于继袭旧文物而外,并时采撷外来之菁英"。④ 唐代文化之杂糅,恐无出其右者,连鲁迅先生也说,唐代"凡取用外来事物的时候,就如将彼俘来一样,自由驱使,绝不介怀"⑤。各国商贾云集长安,外来思想艺术流入中原,从南亚、中亚到西方世界,再到西域与中原地区的文化交流都为文化的杂糅创新提供了重要基础。唐宋时期是文化融合的重要阶段,佛道思想、外来习俗反映在节日上乃是多元文化元素融入本土节日或新创了节日,主要表现为两个方面:

一方面是外来文化元素渗入节日文化。唐代的文化自信表现

---

① [宋]吴自牧:《梦粱录》,杭州:浙江人民出版社1980年版,第6页。

② [宋]周密,[明]朱廷焕:《武林旧事》,郑州:中州古籍出版社2019年版,第151页。

③ 成荫:《日常生活视野下的唐宋都城变革——以节日游乐社会环境为中心》,《中国经济史研究》2009年第3期,第148-153页。

④ 向达:《唐代长安与西域文明》,北京:生活·读书·新知三联书店1957年4月版,第1页。

⑤ 鲁迅:《看镜有感》,《鲁迅全集》第1卷,北京:人民文学出版社1973年,第300-301页。

为一种"拿来主义"的态度,唐人丝毫不掩饰对外来物品的崇拜。美国学者谢弗在《撒马尔罕的金桃》写道:"唐朝的外来侨民颇众,他们的衣食住行、歌舞娱乐等等对唐朝产生了巨大影响,唐朝从王公族、文人学士到黎民百姓,对外来习俗皆情有独钟。唐朝人追求外来物品的风气渗透了唐朝社会的各个阶层和日常生活的各个方面:在各式各样的家庭用具上,都出现了伊朗、印度以及突厥人的画像和装饰式样。虽然说只是在八世纪时才是胡俗、胡食、胡乐特别流行的时期,但实际上整个唐代都没有从崇拜外来物品的社会风气中解脱出来。"[1]唐朝人对"胡风"的接受也延续到节日文化之中,例如,深受唐人喜爱的"胡饼"也进入节日饮食体系。据日本僧人圆仁记载,开成六年正月六日,"立春节,命赐胡饼、寺粥。时行胡饼,俗家亦然"。[2] 胡乐、胡旋舞成为节日娱乐的重要内容。中和节"上御麟德殿,宴文武百僚,初奏《破阵乐》,遍奏《九部乐》,及宫中歌舞伎十数人列于庭"。[3]《破阵乐》即是当时为歌颂明君所创作的著名胡乐作品,《杜阳杂编》也记载了唐敬宗过生日之时,宫廷中胡乐舞的表演,"于百尺竿上张弓弦五条,令五女各居一条之上,衣五色衣,执戟持戈,舞《破阵乐》曲。"[4]此外,另有形形色色的从西域传来的百戏表演,也都是唐代节日观赏的娱乐项目。

　　宋代节日与外来文化结合的典型案例即是七夕节俗,从汉魏至唐七夕节俗主要就是拜星乞巧,然到了宋代却为之一变,民众对七夕的推崇空前热烈,且痴迷于一种不知从所起的小玩意——泥孩儿"磨喝乐"(也称"摩睺罗")。对此,刘宗迪深入探究了七夕风俗的西域渊源,他通过考证认为宋代七夕崇拜摩睺罗的风俗并非

---

① ［美］薛爱华著,吴玉贵译:《撒马尔罕的金桃:唐代舶来品的研究》,北京:社会科学文献出版社 2016 年版,第 47 页。

② ［日］圆仁:《入唐求法巡礼行记》,上海:上海古籍出版社 1986 年版,第 146 页。

③ 《旧唐书》卷十三《本纪第十三·德宗下》,第 387 页。

④ 苏鹗撰,阳羡生校点:《杜阳杂编》,见丁如明、李宗为、李学颖等校点《唐五代笔记小说大观》(全二册),上海:上海古籍出版社 2000 年版,第 1387 页。

源于印度,而是来自更为遥远的西亚和更为古老的巴比伦。① 另外他指出起源于七夕拜魁星习俗乃是随着海上贸易而来的西亚风俗与中土七夕节俗相互融合的结果。② 类似的外来习俗进入本土节日文化所引起的节俗变迁在唐宋时期并不罕见,这种"发明"即是文化交融的结果。

另一方面则是节日文化深受佛道思想影响。《荆楚岁时记》中③只记载了一个佛教节日"七月十五日,僧尼道俗悉营盆供诸佛。"此即"盂兰盆节"的最早记载,已可见南北朝佛道融合的身影,且此节的参与者已普及俗众。到了唐宋时期,随着上层统治者对佛道的扶持与推崇,儒、释、道三教的流行更为普遍,关于佛道的节日在唐宋节日体系中愈发增多,唐代较为著名的有二月八日、四月八日、七月十五、降圣节等,宋代则有东岳圣帝诞辰、浴佛节、八日祠山圣诞、崔府君诞辰、中元节等。唐代对佛教节日"四月八日"较为重视,皇帝多在此日举行活动,如代宗用珍奇异宝早万佛山,懿宗举行迎佛骨盛大仪式。根据《全唐诗》的诗歌来看,道教思想广泛流行,含有"中元""中元节""中元日"等道教色彩字眼的诗歌有20多首。④

宋代时佛道思想进一步融合,全面渗透至许多节日中,且逐渐走向世俗化,"以一种信仰的实用力量影响着民众的日常生活,'弥漫'在民众的生活世界,尤其在宗教节日或某些岁时节日,宗教与民众都以一种积极态度互相接纳,共享同一个节日时空"。⑤《武林旧事》记载:"七月十五日,道家谓之'中元节',各有斋醮等会。

① 刘宗迪:《摩睺罗与宋代七夕风俗的西域渊源》,《民俗研究》2012 年第 1 期,第 67-97 页。

② 刘宗迪:《七夕拜魁星习俗的异域渊源》,《文化遗产》2013 年第 6 期,第 95-105、158 页。

③ [梁]宗懔撰,[隋]杜公瞻注,姜彦稚辑校:《荆楚岁时记》,北京:中华书局 2018 年版,第 61 页。

④ 张勃:《唐代节日研究》,北京:中国社会科学出版社 2013 年版,第 59 页。

⑤ 董德英:《神圣与世俗:宋代佛教节日与节日生活》,《杭州师范大学学报》(社会科学版)2018 年第 5 期,第 83 页。

僧寺则于此日作盂兰盆斋。而人家亦以此日祀先,例用新米、新酱、冥衣、时果、彩缎、面棋,而茹素者几十八九,屠门为之罢市焉"。①《东京梦华录》也称十五日既"供养祖先素食",又"城外有新坟者,即往拜扫",②道教斋醮仪式、佛教盂兰盆斋与民众祭祖扫墓交织并存,可见佛道对节日的利用,以及民众对佛道节日接受的伦理方式。此外,这种佛道元素对诸如元宵节、重阳节、花朝节的渗透也是显而易见的,如上元节燃灯习俗与佛教联系紧密,灯饰融入莲花、莲荷、曼陀罗、佛塔、转藏、鬼子母等佛教元素,花朝节于寺院举行涅槃会,重阳节"诸禅寺各有斋会,惟开宝寺、仁王寺有狮子会。诸僧皆坐狮子上,作法事讲说,游人最盛"③等等,可以说通过各类节日形式使得佛道思想下沉并融入民众生活无疑是唐宋时期的重要文化现象。

五、节日放假制度确立并迅速发展,强化节日休闲的观念

对于现代人而言,节日是否放假往往能判定节日的地位,事实上对古人来说亦是成立。纵观节日休假制度,最早可追溯至汉代。《后汉书·礼仪志》载:"冬至前后,君子安身静体,百官绝事,不听证,择吉辰而后省事"。④ 据考证汉代官吏只有两个节日放假:夏至和冬至,可见当时的节日放假并不普遍。随着唐宋以来节日文化的蓬勃发展,节日休假制度在唐代被确立起来,节日期间放假成为普遍性的做法。根据开元七年令和开元二十五年令来看,放假长达七天的节日有三个:元日、冬至与寒食通清明,放假三天的节日有玄元皇帝降诞日、诸庆节、腊、夏至等,其余节日基本都放假一

---

① [宋]周密,[明]朱廷焕著:《武林旧事》附《增补武林旧事》,郑州:中州古籍出版社 2019 年版,第 147 页。

② [宋]孟元老撰,王永宽译:《东京梦华录》,郑州:中州古籍出版社 2010 年版,第 154 页。

③ 吴自牧:《梦粱录》,杭州:浙江人民出版社 1980 年版,第 90 页。

④ [宋]范晔,[唐]李贤注:《后汉书》,北京:中华书局 1965 年版,第 3125 页。

天,全年假期基本都超过了 40 天,节日放假的天数之多前所未有。宋朝继承并发扬了唐代的节日放假制度,并成为了历史上放假最多的朝代。北宋至南宋官员放假间有调整,不过基本来说元日、寒食、冬至维持着"黄金周",属于当时名副其实的"大节"。根据学者朱瑞熙的统计,就宋神宗元丰五年(1082 年),祠部重定官员休假制度来看,"元日、寒食、冬至,各七日;天庆节、上元节、同天圣节、夏至、先天节、中元节、下元节、降圣节、腊日,各三日;立春、人日、中和节、春分、春社、清明、上巳、天棋节、立夏、端午、天贶节、初伏、中伏、立秋、七夕、末伏、秋社、秋分、授衣、重阳、立秋,各一日。另有大忌十五日,小忌四日",①节日假期达到了七十六日,可谓史无前例,充分体现了宋代官吏体制对节日的重视程度。后世延续了唐宋的节假制度,到近代以来逐渐不局限于官员放假,也普及到全民放假。这项制度的设立对于节日的发展影响显然是极为深远的,从制度层面肯定了节日作为"超越性"时间与"休闲性"时间的重要意义,使得包括在官吏在内的全体百姓都能有时间投入节日的欢娱之中,其所释放出的节日意图是全民性的。进一步来说,在唐宋之际,通过节日放假制度赋予了节日以真正的休闲文化意涵,重申了节日对于解放日常、超越日常的本质特点。这对于抬升节日的社会地位,塑造节日的全民参与,强化节日休闲的观念都是相当重要的。

第二节　明清时期的传统节日

唐宋时期的重要节日发生不仅依托于城市空间,而且形成了较为明显的城市文化特点,这也是城市商业文化在唐宋时期发展的结果。事实上,在《唐会要》《东京梦华录》《梦粱录》《武林旧事》等岁时文献中所看到的节日,基本上也都是对当时著名的首都城

---

① 朱瑞熙:《宋朝的休假制度》,《学术月刊》1999 年第 5 期,第 87 页。

市长安、开封、杭州的描绘,主要包括对市民过节与朝廷年中行事的记载,很少看到对乡民过节状况的记述。可以说,城市节日构成了唐宋节日的重要内容,城市消费文化加速了节日世俗化的发展。而明清时期,节日文化不仅沿袭、继承了唐宋以来的节日消费与娱乐等,而且也出现新的节日特点。从明清时期的各类文献如《宛署杂记》《帝京景物略》《酌中志》《北京岁华记》《松窗梦语》《西湖游览志余》《如梦录》《武陵竞渡略》《帝京岁时纪胜》《清嘉录》《燕京岁时记》等都可看出,随着手工业商品经济与市场贸易的发展,城市数量的拓展以及乡村人口的增加,传统节日体系的消费化、娱乐化与世俗化进一步全面突显,近代世俗伦理逻辑全面向各个节日渗透,并在此过程中出现节日文化的城乡差异。

究其原因,明清节日的新变化与当时的社会背景是紧密相连的。从时间尺度来看,从 14 世纪到 19 世纪,明清两代处于近代早期史的范畴。对于这一时期的明清社会来说,"近代化"也是至少发生在江南地区、华南地区的事实。甚至有些学者走得更远,比如西方学者弗兰克在《白银资本》一书驳斥了欧洲中心主义的论调,转为从一种全球视野来看世界,通过描绘和分析 1400—1800 年世界经济的结构与发展,旗帜鲜明地提出作为"中央之国"的中国不仅是东亚朝贡贸易体系的中国,而且在整个世界经济中即使不是中心,也占据着支配地位。而中国在世界经济中的这种位置和角色的现象之一是,它吸引和吞噬了全世界生产的白银货币的大约一半,这些白银促进了 16—18 世纪明、清两代经济和人口的迅速扩张与增长。① 而这种观点与彭慕兰的《大分流:欧洲、中国及现代世界经济的发展》与之相呼应。彭慕兰认为在 19 世纪之前,中国的江南地区始终是世界上最为富庶的地区,直到 19 世纪初期,

---

① [德]贡德·弗兰克著,刘北成译:《白银资本:重视经济全球化的东方》,成都:四川人民出版社 2017 年版,第 15 页。

存在于西方与东方之间的"大分流"才逐渐形成。[①] 海外贸易与市镇经济是明清时期商品经济的一体两面。作为对外贸易的生产基地,明清江南市镇的丝织行业的蓬勃发展既是全球性贸易网络的国内基石,又是近代化商业发展的重要形态。源源不断的生丝、丝绸、瓷器、棉布等优质中国货品被送到大洋彼岸,巨量的海外白银流入中国,这被学界称之为"丝—银对流"的贸易模式。绫绸集散中心震泽镇、棉纺织业发达的乌泥泾镇、湖丝集散地南浔镇、棉布集散地朱泾镇等,苏、松、杭、嘉、湖等江浙地区以桑蚕、棉花等经济作物种植为基础,形成了一批批典型的丝绸与棉花专业市镇,遍地开花,数以百计。明清时期城市的繁华自不必说,市井生活发达,诸如《金瓶梅》《三言》《二拍》《红楼梦》等都是城市文化的肌理呈现。弥漫在城市的消费风气在明清时期愈演愈烈,并出现极其富有争议色彩的奢靡之风。明代张瀚批判道:"至于民间风俗,大都江南侈于江北,而江南之侈尤莫过于三吴。自昔吴俗奢华,乐奇异,人情皆观务焉。……其民利鱼稻之饶,极人工之巧,服饰、器具足以炫人心目,而志于富侈者争趋效之。"[②]

可见,明清商品贸易之发达、城市之富庶在 19 世纪之前并不亚于世界上其他的发达地区。尽管明清以来与近代化相关的贸易、生产、消费是并非是在自觉转型的层面上进行,充满着阻碍与抵制,但其所蕴含的积极因素都在表明明清社会仍在近代化的进程中,遭遇且形成生活、思想上的变化。在中心城市及富庶的江南等地区都在塑造一种生活方式的转型,商品经济的发展挑起了人们对财富的愈加追逐欲望,城市作为消费的空间被释放,同时偏远的乡村地区又依然处于闭塞的状态,并未受到太多商业消费扩张的影响。这种不充分的近代化痕迹潜藏在明清节日的发展演变之

---

① [美]彭慕兰著,史建云译:《大分流:欧洲、中国及现代世界经济的发展》,南京:江苏人民出版社 2004 年版。

② [明]陈洪谟、张瀚:《治世余闻 继世纪闻 松窗梦语》,北京:中华书局 1985 年版,第 79 页。

中。节日作为不同群体生活样式的集中呈现时刻,恰恰是社会文化结构的折射。这就使得明清时期的节日出现诸多分化:地域的分化、阶层的分化、城乡的分化……并不能一概而论,其中都市、市镇的规模发展加剧了城乡的差别,使得城乡分化成为明清节日的突出特征。不过,从总体来说,由于深受功利化导向的社会风气与价值观的影响,明清节日中的"神圣性"因素渐渐减弱,节日更趋向于以凡俗之人的需求来组织发展,节日空间交织着人心欲望、消费娱乐、世间伦理、名利祈愿,放大了普遍性的社会诉求,节日作为交往、消费与娱乐的日子被进一步强化。

一、节日作为欲望的空间

从衣食住行到娱乐狂欢等,皆是人之基本欲求,而这种欲望在节日期间总是来得更强烈,表现得更具体、真切。明代《帝京岁时记胜》记载了北京过年的情景,"士民之家,新衣冠,肃佩带,祀神祀祖;焚帛毕,昧祀神祀祖,焚楮帛毕,昧爽阖家团拜,献椒盘,斟柏酒,饫蒸糕,呷粉羹。出门迎喜,参药庙,谒影堂,具柬贺节。路遇亲友,则降舆长揖,而祝之曰新禧纳福。至于酬酢之具,则镂花绘果为茶,十锦火锅供馔。汤点则鹅油方补,猪肉馒首,江米糕,黄黍饦;酒肴则腌鸡腊肉,糟鹜风鱼,野鸡爪,鹿兔脯;果品则松榛莲庆,桃杏瓜仁,栗枣枝圆,楂糕耿饼,青枝葡萄,白子岗榴,秋波梨,苹婆果,狮柑凤橘,橙片杨梅。杂以海错山珍,家肴市点。纵非亲厚,亦必奉节酒三杯。"[1]年节饮食实属丰盛,令人开眼。此外,各个时令节日的饮食之丰富性也可以说超越前代。明人对享乐的追求是普遍性的,节日作为休憩放松与享乐放纵的特点在各个地域、各个节日皆有表现。明代京城的元宵节有长达十日假期,"每于新正元旦至十六日……更有秦楼楚馆遍笙歌,宝马香车游士女",苏州虎丘

---

① 〔清〕潘荣陛、富察敦崇:《帝京岁时纪胜·燕京岁时记》,北京:北京古籍出版社1961年版,第7页。

之月中秋尤胜。袁宏道《虎丘记》描绘了游人赏月的场面，"倾城阖户，连臂而至。衣冠士女，下迨蔀屋，莫不靓妆丽服，重茵累席，置酒交衢间。从千人石上至山门，栉比如鳞，檀板丘积，樽罍云泻，远而望之，如雁落平沙，霞铺江上，雷辊电霍，无得而状。"清代也颇为享受节日欢娱，清明之时"阖城仕女，尽出西郊，逐队寻芳，纵苇荡桨，歌声满道，箫鼓声闻。游人笑傲于春风秋月中，乐而往返，四顾青山，徘徊烟水，真如移人画图，信极乐世界也"。① 清代范祖述在《杭俗遗风》中记述杭州的岁时节日时，其条目涉及"太岁上山、西湖探海、清明踏青、半山观桃、龙舟竞渡、六月夜湖、藕香看荷、湖山赏桂、中秋斗香、江干观涛、重阳登高、茶坊菊景、吴山赏雪、年市喧哗"，②四时八节皆是赏景良辰，充溢着生活雅趣。

除了享乐狂欢，节日亦是人们表达祈愿与诉求欲望的特殊空间。明清之际的节日，以其名目繁复的神灵祭祀与层出不穷的庙会将这种神圣性与功利性的结合推向极致。以清代的《清嘉录》为例，吴越地区一年之中要祭祀的对象包括土地神、喜神、财神、刘猛将军、厕神、土地公公、斋玄坛、东岳大帝、吕仙、药王、关帝、辛天君、田神、地藏王、灶君、八字娘娘、月神等等，此外逢年过节还会频繁出入各类庙会、香会。在民众看来众多神灵掌握着土地、财运、蝗灾、厕所、生死、疾病、平安、雷雨、庄稼等方方面面的事物。祭祀仪式被视为表达欲望、传递祈愿的手段，以此在供奉与保佑之间达到平衡。这些掌管生活种种需求的神灵在直白化的欲望表达中顺理成章地进入民众的世俗生活中，被祭祀的对象并非高高在上的，而是浸透着烟火的气息，是经过世俗的逻辑打磨过后的生活组成部分。受商业文化的影响，明清之际的节俗中还增添了升官发财的内容。元旦北京地区"不洒扫庭除，不撮弃渣土，名曰聚财"，③

① ［明］张瀚著，盛冬铃点校：《松窗梦语》，北京：中华书局1985年版，第137页。
② ［清］范祖述：《杭风遗俗》，上海：上海文艺出版社1928年版。
③ ［清］潘荣陛，富察敦崇：《帝京岁时纪胜·燕京岁时记》，北京：北京古籍出版社1961年版，第13页。

正月苏州地区人们会玩"状元筹""升官图"的游戏,蕴含着及第升官的新年愿望。此外,正月初五在清代还是送穷日。在唐朝以前,一般是把正月的最后一天(正月晦日)当作送穷日。韩愈还写过幽默风趣的《送穷文》:"给你车船,给你干粮,今天是好日子,请用一碗饭,请饮一杯酒,带着你的亲朋好友,随你上路,去寻找新的地方。"到了清代,人们一般在初五送穷,比如在山西解州,在正月初五,要用纸来做个穷妇人,深夜把她送出街,称之为"送穷"。这种仪式表现出人们渴望把"穷"送走,远离贫困的祈愿。吴越地区还把正月初五视为财神日,普遍流行初五接财神的节俗。初五是财神五路的诞日,人们敲起锣鼓燃起鞭炮,摆上供品早早迎接财神。蔡云《吴》:"五日财源五日求,一年心愿一时酬。提防别处迎神早,隔夜匆匆抢路头",被认为谁先接到财神谁先获利。[①] 以商人为主体的南浔镇也十分重视接财神,镇上的牙行店铺、商贾生意人都把这天视为祈求发财的日子。在这天,苏州商贾们也祭祀财神,市井开市贸易,上海有人在街上卖鲜鲤鱼,称"送元宝鱼",晚上喧闹喝酒,名曰"财神酒"。此外,江南地区民间还围绕蚕桑业而开展了一系列节俗活动,"蚕关门""蚕生日"等,即使是中元节的盂兰会、水陆道场等活动也被认为有利于蚕事,因为蚕桑的丰收与否关系来年的丝织商业发展。明清时期年画上画的财神、聚宝盆、摇钱树之类的图像。因此,这种乞求远离贫穷、生活富裕、生意兴隆的节日祈愿在清代很普遍,跟明清的商业环境与社会风气有很大的关系。

二、节日作为消费的空间

自唐宋以来,节日消费都在不断扩张,发展至明清阶段,节日消费的形态又出现新的变化,消费对节日的裹挟又进一步加深,主要表现为两点。

---

① [清]顾禄:《清嘉录》,南京:江苏古籍出版社1998年版,第11页。

（一）节日的集市功能为突出

唐宋时期的节日贸易摊点多售卖时令节物、食品等，主要是为节日服务，明清的节日市场则不然，所售之物种类繁多，远超出节日所需范围，实际上逐渐蜕变为商品贸易日。"节"具有了"集"的功能，如每逢元宵节则在各地有大型集市，北京在正月八日至十八日有"灯市"。《帝京景物略》记载了东华门的繁华元宵集市，"市在东华门东，亘二里。市之日，市在东华门，东亘二里。市之日，省直之商旅，夷蛮闽貊之珍异，三代八朝之骨董，五等四民之服用器，皆集。衢三行，市四列，所称九市开场，货随队分，人不得顾，车不得旋，阛城溢郭，旁流百廛也"，①商贾云集，规模宏大，市面上奇珍异宝、日常用具一应俱全。此外，每月朔望日和二十五日有城隍庙市，"东弼教坊，西逮庙墀庑，列肆三里。图籍之曰古今，彝鼎之曰商周，匜镜之曰秦汉，书画之曰唐宋，珠宝、象、玉、珍错、绫锦之曰滇、粤、闽、楚、吴、越者集"。②此外，明清的诸多庙会也在节日期间也承担着贸易的功能，节日交易往往都与庙会合二为一。例如，北京东西庙（隆福寺、护国寺）是京城有名的商业庙会，"每于新正元日至十六日，百货云集，灯屏琉璃，万盏棚悬，玉轴牙签，千门联络，图书充栋，宝玩填街"，③有"两庙货真全，一日能消百万钱"（《京都竹枝词》）之说。可见，庙会作为集市的补充形态，对于人们补充物资发挥着重要的功能。赵世瑜指出，明清以来的庙会已成为城乡人们日常生活中不可或缺的组成部分，成为固定的集市。许多地方的"民间日用之需、耕获知具""全恃有庙会"，乡村小镇更

---

① ［明］刘侗、于奕正：《帝京景物略》，上海：上海古籍出版社 2001 年版，第 88 页。
② ［明］刘侗、于奕正：《帝京景物略》，上海：上海古籍出版社 2001 年版，第 238 页。
③ ［清］潘荣陛、富察敦崇：《帝京岁时纪胜·燕京岁时记》，北京：北京古籍出版社 1961 年版，第 9 页。

依赖于庙会的商品供给,多交易生产、生活必需品,实用性较强。①

(二)节日奢侈成为风尚,炫耀性消费增加

明代时期流行的奢靡风气蔓延到节日中,各地不惜钱财投入节日娱乐活动中,如端午节吴门竞渡场景,"至端阳前后十余日,观者倾城,万船云集……尝约有人买舟贯酒之资,一日不下数十万,而缠头不与焉。龙舟诸游手,先期敛财醵,亦所费不赀。"②龙舟竞渡的宏大场面耗费巨大,一天即有数十万钱,这种奢侈的节日风尚并不鲜见。像元宵灯会更不必说,灯节的花灯也极为精巧,价格昂贵。另有各式各样的迎神赛会、香会等,排场豪华,气氛热烈,资耗甚多。濮院镇的迎神赛会"碎剪锦绮,饰以金玉,穷极人间之巧,糜费各数千金。舳舟万计,男女咸集,费且无算"。③ 对此,张瀚早就对节日的奢侈之习发出质疑,称"因思吾浙之俗,灯市绮靡,甲于天下。人情习以为固然,当局者不闻禁止。且有悦其侈丽,以炫耳目之观,纵宴游之乐者。贾子生今,不知当何如太息也?"④可谓集中表达了对节日奢靡的忧虑。

(三)节日作为伦理的空间

从汉魏至明清,"伦理"的表达乃是节日的重要内容。中国人最重视的家族关系在明清时期在年节、清明、中元、中秋、冬至等节日空间中被强烈突显出来,节日之"神性"让位于"人性",节日中的各项安排几乎都是按照人伦关系来组织。无论是饮酒之次第、祭祖之先后还是拜贺之来往,节日作为世俗性的密集表达时刻都将潜藏在日常生活的"差序格局"之伦理关系浮现出来。节日并非只是放松休息的时段,而是人伦关系循环展演与实践的空间。清代

---

① 赵世瑜:《明清时期华北庙会研究》,《历史研究》1992 年第 5 期,第 118 – 130 页。

② 个中生:《吴门画舫续录·纪事》,上海:世界书局 1936 年版,第 15 页。

③ [清]胡琢:《濮镇纪闻》卷末《杂识》,卷首《总叙·风俗》。

④ [明]陈洪谟、张瀚:《治世余闻 继世纪闻 松窗梦语》,北京:中华书局 1985 年版,第 79 页。

人理解的"过节"意涵,在《清嘉录》中有着极为清晰的呈现,"人无贫富,皆祭其先,俗呼'过节'。凡节皆然。盖土俗家祭,以清明、七月半、十月朝为鬼节,端午、冬至、年夜为人节",①节日乃是与祖先沟通的特殊时间,民间凡重要节日场合总要以祭祖为落脚点。明清时期祭祖文化盛行,如岁时元旦拜年,"晨起当家者,率妻孥,罗拜天地,拜祖祢,作匾食,奉长上为寿"。② 吴越地区"携糖、茶、果盒展墓,谓之'上年坟'"。③ 春分前后"官中祠庙皆有大臣致祭,世家大族亦于是日致祭宗祠,秋分亦然"。④ 清明给祖先扫墓,"清明日,小民男妇盛服携盒酒祭其先墓,祭毕野坐,醉饱而归"。⑤ 七月半"皆祭其先。新亡者之家,或倩释氏、羽流诵经超度,至亲亦往拜灵座,谓之'新七月半'"。⑥ "十月朔,孟冬时享宗庙,颁宪书,乃国之大典。市民家祭祖扫墓,如中元仪"。⑦ 腊八"三更粥煮成,祀家堂们灶陇亩,合家聚食,馈送亲邻,为腊八粥"。⑧

如果说节日拜祭祖先蕴含的是明清之际人们对家族兴盛、祖先保佑的寄托,那么节日拜贺与馈赠则充分体现了社会交往的法则,其既有着亲族内部联络的亲近性,又有着社会网络构建的拓展性。节日的交往在明清时期已经相当普遍、鲜明,人情往来的方式也呈现多元化,主要有送礼、宴饮、拜贺、归宁等。元旦的拜贺有正式场所,"自王公以及百官,均应入朝朝贺。朝贺已毕,走谒亲友,

---

① [清]顾禄:《清嘉录》,南京:江苏古籍出版社1998年版,第59页。
② [明]沈榜编著:《宛署杂记》,北京:北京古籍出版社1998年版,第190页。
③ [清]顾禄:《清嘉录》,南京:江苏古籍出版社1998年版,第9页。
④ [清]潘荣陛、富察敦崇:《帝京岁时纪胜·燕京岁时记》,北京:北京古籍出版社1961年版,第57页。
⑤ [明]沈榜编著:《宛署杂记》,北京:北京古籍出版社1998年版,第191页。
⑥ [清]顾禄:《清嘉录》,南京:江苏古籍出版社1998年版,第9页。
⑦ [清]潘荣陛、富察敦崇:《帝京岁时纪胜·燕京岁时记》,北京:北京古籍出版社1961年版,第34页。
⑧ [清]潘荣陛、富察敦崇:《帝京岁时纪胜·燕京岁时记》,北京:北京古籍出版社1961年版,第39页。

谓之道新喜"。① 也有随机性场合,"元旦出游,道逢亲友,即于街上叩头"。② 当然,节日人情交往自然也免不了受到"物"的逻辑影响,送礼风气兴盛,讲究礼仪与排面。节日馈赠的礼物五花八门,如《如梦录》记载明末开封地区元宵节"追望内用元宵一品,即汤圆也",二月二"节礼送面及果品、肉菜之类",五月五"送礼用角黍、油馓、南北果品、糟鱼、时鱼、麻姑瓶酒",八月十五"节礼用月饼、西瓜、鲜果,鹅、鸭肉肘",九月九"礼物随时备办",冬至节"朝贺、送礼与年节同",腊八日"至年近送礼,薄厚不等"。③ 至于王官贵族、诸王贵戚节日轮流宴请成风,民间也多有举行宴席、交拜的节俗。作为一种扩大交往、加强走动的重要方式,节日名正言顺地承载了人们社交的全部内容,像明代《新刻天下四民便览三台万用宗》一书卷十五中就列举了"新正请人""元宵请人""端午请人""中秋请人""重阳请人"的小柬活套以及答复的小柬活套,④即为满足人们节日请客的礼仪需求。清代亦有"更尽分岁,散黄钱金银锞锭,亲宾幼辈来辞岁者留饮啜,答以宫制荷包,盛以金银锞饰"、⑤"元旦后,戚若友递相邀饮,至十五日而止,俗称'年节酒'"⑥。此外,诸多地方都有过节时候出嫁女"归宁"的节俗,如端午节"出嫁女亦各归宁,因呼为女儿节",⑦重阳节"有女之家,馈遗酒礼,归宁父母,又为女儿节云",⑧像年节、中秋节、冬至等等也有类似习俗。

① 〔清〕潘荣陛、富察敦崇:《帝京岁时纪胜·燕京岁时记》,北京:北京古籍出版社1961年版,第45页。

② 〔明〕沈榜编著:《宛署杂记》,北京:北京古籍出版社1998年版,第190页。

③ 〔明〕佚名,孔宪易校注:《如梦录》,郑州:中州古籍出版社,1984,第86—93页。

④ 转引张勃:《明代岁时民俗文献》,北京:商务印书馆2011年版,第76页。

⑤ 〔清〕潘荣陛、富察敦崇:《帝京岁时纪胜·燕京岁时记》,北京:北京古籍出版社1961年版,第41页。

⑥ 〔清〕顾禄:《清嘉录》,南京:江苏古籍出版社1998年版,第19页。

⑦ 〔明〕沈榜编著:《宛署杂记》,北京:北京古籍出版社1998年版,第191页。

⑧ 〔清〕潘荣陛、富察敦崇:《帝京岁时纪胜·燕京岁时记》,北京:北京古籍出版社1961年版,第31页。

从上可见,明清节日的节俗演化浸透着商业化、世俗化的逻辑,立足于人们生老病死、伦理社交、升官发财、享受娱乐的诸多需求,并根据人们的生产生活需要增添了许多相应的节俗内容。显然,这种节日内容的置换是以当地人们所关心的内容联系在一起的,可见节日从来都不是悬浮于生活之上的内容,而是紧随生活的脚步,被不断注入欲望、价值与行为,贴合人们的生活而不断变迁。

从整体上来说,传统节日体系是由全民所共享的一种文化体系,发展至明清时期,基本上全国各地的主干节日相差不多,核心节俗也相去无几,此乃是在一种共同的社会文化系统所塑造的文化形式。不过,节日乃是人群生产出来的文化,不同的文化空间生产不同的节日文化。即便共处同一节日文化圈之中,在具体的节俗层面,不同的人群对节日的"过法"也存在差异,所偏好的节日类型或节俗内容也有所不同。明清时期,随着商品经济的增长,几乎各个地域都出现了代表性城市,例如北方的京城、长三角的苏州、杭州、南京、岭南地区的广州等等。同时,随着社会环境的相对稳定以及外来作物的传入,明清时期尤其是清中后期人口实现激增,乡村社会的人口也有了进一步的增长。可以说,城市与乡村的关系已经变得越来越突出,无论是城市还是乡村都聚集着大量的人口。除了显而易见的地域性节日文化差异,明清之际的节日文化也出现城乡的分化。进而言之,城乡民众会在统一的节日体系框架中根据自己的需要不断"发明""增添"节俗或"调适""诠释"节日,使之与自己的生活相适应,或者说将生活的节奏与内容"转移"到节日之中。例如,许多地方都有自己的"土俗",其并不一定完全延续过去的节俗传统。

现选取代表性岁时文献《宛署杂记》(明代宛平县)、《帝京岁时纪胜》(清代北京第一本岁时记)与《清嘉录》(清代苏州,最为详细地记载了吴越地区岁时民俗)所载主要节日做一比较,以透视明清时期南北地方节俗的城乡差异,可见下表。

节日名称	城市节俗	乡村节俗
正月元旦	朝贺、祀神祀祖、宴饮团拜(《帝京岁时纪胜》) 行春、打春、拜春、岁朝、挂喜神、上年坟、拜年、开门爆仗(《清嘉录》)	看风云、祈蚕之祭、祭猛将、爆孛娄(《清嘉录》)
元宵节	灯会、集市、走百病、走桥、摸门钉、元宵杂戏(《帝京岁时纪胜》)	社庙烟火(《清嘉录》)
中和节	太阳鸡糕、太阳星君、太阳钱粮、太阳宫游玩(《帝京岁时纪胜》)	
二月二龙抬头		引龙回、摊面饼(《宛署杂记》) 献供演戏(《帝京岁时纪胜》) 土地神诞、吃撑腰糕(《清嘉录》)
花朝节	赋诗唱和、赏牡丹(《帝京岁时纪胜》)	
清明节	扫墓、出游(《帝京岁时纪胜》) 山塘看会(《清嘉录》)	扫墓、香会(《宛署杂记》) 插柳占水旱(《清嘉录》)
四月八日	赶秋坡、耍西湖景、玉泉山,游碧云、香山、耍戒坛(宛署杂记)悯忠寺游玩(《帝京岁时纪胜》)	占雨水(《清嘉录》)
端午节	踏青(《宛署杂记》) 悬朱符,插蒲龙艾虎、城隍庙游回、天坛骋骑、野餐(《帝京岁时纪胜》) 白赏节、划龙船(《清嘉录》)	系端午索,戴艾叶、五毒灵符、画五毒符(《宛署杂记》)
六月六日	晒书、晒衣、沐发(《帝京岁时纪胜》)	
七夕节	五生盆、投针卜巧、拜星乞巧、养蟋蟀(《帝京岁时纪胜》)	烧青苗(《清嘉录》)

（续表）

节日名称	城市节俗	乡村节俗
中元节	祭扫、点燃河灯、燃星星灯、镂瓜皮、掏莲蓬、游灯会（《帝京岁时纪》） 山塘看无祀会（《清嘉录》）	挂地头、祭麻谷（《宛署杂记》） 斋田头（《清嘉录》）
中秋节	遗月饼（《宛署杂记》） 祭月、供团圆月饼也、作白玉兔、游玩（《帝京岁时纪胜》） 吃团圆饭、占阴晴、斋月宫、烧斗香、走月亮（《清嘉录》）	燃塔灯（《清嘉录》）
重阳节	重阳节花糕、登高、栽黄菊、游西山、辞青、观戏（《帝京岁时纪胜》） 登高,做夜作（《清嘉录》）	望雨（《帝京岁时纪胜》）
十月寒衣节	享宗庙、祭祖扫墓,如中元仪、送寒衣（《帝京岁时纪胜》） 山塘看无祀会、烧冥衣（《清嘉录》）	送寒衣、祀靴、辞年作（《宛署杂记》）
冬至	拜贺、祀祖羹饭、消寒图、冰床、滑擦、蹴鞠（《帝京岁时纪胜》） 冬至团、拜冬（《清嘉录》）	占夜晴（《清嘉录》）
腊月（腊八、腊廿三日、廿五日）	集市、祀灶（《帝京岁时纪胜》）	腊八粥、祀灶（《宛署杂记》） 备冷肉、灯挂、烧松盆、照田财（《清嘉录》）
除夕	守岁（《宛署杂记》） 送灶神、扫除祠堂舍宇、糊裱窗槅、贴彩画玻璃窗眼、剪纸吉祥葫芦、还账目、送节礼、谢先生、助亲友馈炭金、整齐祭器、擦抹什物、蒸糕点、炸衬供、调羹饭、治祭品、摆供献、雕茶果、系天灯、挂琉璃、祀祖祀神接灶、早贴春联挂钱、悬门神屏对、插脂麻秸、立将军炭、合家团拜、留饮啜、听谶语、煨岁、吃饺、守岁（《帝京岁时纪胜》）	画米囤、三节帐（《清嘉录》）

　　从以上表格可以看出，明清之际的节日存在城乡差异性。就其原因来讲，近代中国的城乡关系是复杂而又暧昧的，不同于西方直线式的近代化，其近代的城市逐渐转型为生产型城市，中国的城市多是"要塞及皇权代理人的治所"，①基于行政力量被建立起来，具有吸纳士子、文人、商贾等群体的强大能力，以消费型为导向。从朝廷百官、文人雅士到商贾小贩，各色人等在城市的集聚形成了不同层次的消费需求，也因无须直接从事农业生产而相对有了较多的时间享受节日的欢愉。这就形成了一种典型的城市生活方式，尤其在商品经济繁荣发展的大环境下被进一步推向极致，奢侈又优雅的生活方式在士大夫阶层、富商巨贾传播并得到发展，从晚明的浮华的社会生活即可窥探，典型的代表文人张岱也在《陶庵梦忆》中悉数重现了明代的精致、闲雅的生活样式。这种风气也逐渐散播到普通城市居民群体中，使得市井生活前所未有地发达，充满着物质生活的丰盈与精神生活的多样。不过，在不均衡、不充分的近代化过程中，尽管都市的生活风尚成为低层级市镇及乡村模仿的对象，但是这种影响是有限的，城市的生活方式并没有渗透到乡村，乡村的经济文化水平也不足以支撑都市的生活式样，甚至在远离都市、远离商业的偏远乡村仍保持着较为闭塞的传统生活，都市的影响力是极其微弱的。根据施坚雅的市场理论，1949 年以前的中国农村社会结构基本是生活在一个自足的区域社会中，农民的社会交往区域主要是局限于其所周期性赴会的农村集市，基层市场所覆盖的区域就是他们的生活空间和文化空间。② 虽然这种区域社会的分析模式有理想化之嫌，不一定符合部分农村地区的情景，但是一定程度上指出了传统乡村社会的自足性、边界性，农民所抵达的范围并没有上升到更高层次的都市。在很多乡村地区，

---

　　①　［德］马克斯·韦伯著，康乐、简惠美译：《非正当性的支配——城市的类型学》，桂林：广西师范大学出版社 2005 年版，第 27 页。

　　②　［美］施坚雅著，史建云、徐秀丽译：《中国农村的市场和社会结构》，北京：中国社会科学出版社 1998 年版。

基本上可以实现自给自足或就近解决日常生活,未必需要来自城市的工商业产品。即使在发达的江南乡村,由于其形成了较好的农工互补社会,市镇贸易繁荣,乡民们也无须奔赴都市去获取生活必需品。特别在清代相对较为保守的风气下,乡村依旧维持着有边界的生活网络,直到外力的强力介入才真正具有了改变乡村生活的可能。综合起来,种种因素都造成了近世中国的城乡是藕断丝连的关系,两者之间渗透并不是想象中那么顺畅。不过值得注意的是,从16世纪以来,随着商业影响力的与日俱增,越来越多的乡居地主搬到城市居住,以便于从事与商业相关的活动,17世纪时继续住在乡村直接经营农业的地主已经较为罕见了,[①]可见城市营生的吸引力。可以说,明清时期一方面城市对于乡村处于吸纳乡村精英的优势地位,城市生活方式不断扩张,另一方面乡村以较为封闭的区域经济弱化了城市的影响作用,由此造成了城乡生活方式的分化。这一特征反映到节日的发展中,则展现为城乡的节日差异。

从整体视之,城乡的节日差异并非表现为节日体系、节日理念等方面的差异。无论是城市的节日还是乡村的节日,明清之际都以年节、端午节与中秋节三大节为重,且皆具有显著的家庭性与公共性特征。萧放曾指出,明清时期家族性岁时节俗活动扩大,人们在节日中大多重视的是家族成员之间的联系,家族祭祀与家族礼仪成为节俗活动的中心。[②] 以三大节为例,不管在城市、乡村,家族成员都要为了"过年"提前办年货,到了除夕之夜要聚集全家祭祖祭神,吃年夜饭、合家团拜,等"亲宾幼辈来辞岁者留饮啜",[③]家庭空间成为年节的中心,通过合家欢宴与往来庆贺来强化家庭成

① ［日］滨岛敦俊著,朱海滨译:《明清江南农村社会与民间信仰》,厦门:厦门大学出版社2008年版,第180页。

② 萧放:《中国民俗史(明清卷)》,北京:人民出版社2008年版,第281页。

③ ［清］潘荣陛、富察敦崇:《帝京岁时纪胜·燕京岁时记》,北京:北京古籍出版社1961年版,第41页。

员之间的联系与沟通。端午节在明清时期的家族性被进一步强调，比如开始出现了"女儿节"的称谓，城乡都增加了端午节出嫁女回娘家的节俗，尤其是乡村更有新嫁女端午前要回娘家的讲究，根据《阳城县志》记载，姻亲间端午节互相馈赠礼品，未婚的男方要送女方节礼，新婚的母家要以粽饼从丰馈婿。① 从社会功能上来说，这实际上以躲避凶日的名义来加强了姻亲联结，并以互赠礼物的仪式使得姻亲关系逐渐成为一种强关系。而端午节在水系发达的南方城市所举办的龙舟竞渡，无疑是节日公共性的重要表现，作为城市文化景观的大型龙舟赛事往往是市民们追捧的竞技活动。《金陵岁时记》曾记载清朝光绪年间曾因观龙舟的人太多致使金陵的文德桥不堪重负倒塌的事故，无论是从组织方、参与方还是观众来说都有着广泛的参与度。乡村的端午节也同样具有社区公共性，同一村落的乡民一起包粽子、互赠粽子，或同一集镇的乡民去观龙舟赛都增进了彼此的认同感。中秋节被视为"团圆"的节日，食团圆月饼、吃团圆饭、赏团圆月，或流传在皖北地区据说是为了纪念刘福通领导红军起义而出现的中秋夜烧火把的节俗，无一不是家庭性、公共性的节日活动。其他节日也或多或少具有此特征，暂不多举。而之所以明清节日不分地域、不分城乡、不分阶层地以家庭性与公共性作为自身的鲜明特征，是与中国人将节日视为家庭、宗族伦理情感的集中表达紧密相关，节日乃是以传统中国的伦理观念为底层逻辑。

因此，总体来说城乡节日的差异乃是同中有异，异中有同，并非全然的泾渭分明。至于从唐宋以来的节日娱乐、消费也在明清时期遍布城乡，都受到商业化的影响。所谓"心同此理"，稳定的生活催生出世俗的节日享受与娱乐风气，城乡都也呈现出共同性，区别在于城乡结构差异所造成的娱乐化程度不同、受商品经济的影

---

① 同治《阳城县志》，引自《中国地方志民俗资料汇编》华北卷，北京：书目文献出版社 1989 年版，第 620 页。

响程度不同以及城乡节日的功能差异问题。

就本质而言,明清之际城市的节日是一种消费型节日,是由商业社会的逻辑造成的,表现为一种休闲消费的功能。明清时期城市的节日在市井生活的形塑中逐渐完成密集型享乐与放松的转型。如作为"开禁日"的元宵节拉开了节日狂欢的序幕,而此时段恰是都市浮华与侈靡的集中呈现。各类岁时文献对"灯市"的描写都不外乎三点:灯市、贸易与人群。从清明北京的灯会来看,逛灯会意味着赏灯、观杂戏与商品消费,"城市张灯,自十三日至十六日四永夕,金吾不禁",[①]而百货售卖的集市则更久,可从元旦持续到十六日,在节日与集市的重叠中都市人群得了祈愿与欲望的极大释放。此后从中和节、花朝节、清明节、四月八日到端午节、重阳节基本皆是接连不断的节日游玩,如中和节游太阳宫、花朝节赏天坛的牡丹,清明节在墓前放纸鸢,且"京制纸鸢极尽工巧,有价值数金者,琉璃厂为市易之",[②]都人"治酌呼从""陈鼓乐旌旗,结彩亭乘舆"[③]游览蟠桃宫、东岳庙,充分体现出典型的物质化逻辑与讲究的都市生活方式。而浴佛节的游玩场面显现出都市人群的多样性:"天下游僧毕会,商贾辐辏,其旁有地名秋坡,倾国妓女竞往逐焉,俗云赶秋坡"。[④] 端午节与重阳节的出行,一曰"踏青"、一曰"辞青",兼之饮酒赋诗、赏菊登高,其所呈现的乃是文人群体的节日消遣方式。可以看出节日出行娱乐逐渐从一种附属的状态走出来,变成一种都市生活的集中化展示,这并非意味着节日的其他节俗不重要,而是节日娱乐消费在都市观念的影响下成为

---

① [清]潘荣陛、富察敦崇:《帝京岁时纪胜·燕京岁时记》,北京:北京古籍出版社1961年版,第10页。

② [清]潘荣陛、富察敦崇:《帝京岁时纪胜·燕京岁时记》,北京:北京古籍出版社1961年版,第16页。

③ [清]潘荣陛、富察敦崇:《帝京岁时纪胜·燕京岁时记》,北京:北京古籍出版社1961年版,第17页。

④ [明]沈榜编著:《宛署杂记》,北京:北京古籍出版社1998年版,第191页。

一种节日的"奖励",甚至构成了"过节"的意义本身。所以,城市节日作为休憩日与娱乐日,更多呈现为一种休闲消费的功能。而消费之于城市,本身即是意义,高消费带动起城市的繁盛,而节日恰恰是展示城市景观、售卖城市商品与输出城市生活的密集时刻。

乡村节日则不然,囿于乡村社会的经济文化结构,尽管也有着娱乐与消费,但几乎所有重要的节日都具有社会功能性,体现为一种社会治理的作用。乡村的节日不乏娱乐,从乡间驱傩、社庙放烟火、元宵锣鼓到七夕烧青苗、中秋燃灯,再到贯穿全年、络绎不绝的节日庙会、香市等,充满着乡间的情趣。不过,乡村节日的娱乐程度自然无法与城市相比,由于乡村是农耕社会,物资财力相对贫乏,要将有限的资源投入乡村治理,所以即便是乡村的节日娱乐也更体现出一种社会功能性。比如,以庙会形态来玩乐、交易、补充生活物资,以节日期间的交往网络来形成公共性。不管是端午节、中秋节还是重阳节、年节等节日期间的"走亲戚"现象有利于把分散的乡村社会变成紧密联系的乡土关系。故而,乡村的节日也是一种社会公共资源,也发挥着一定程度的治理功用。就端午节来说,城市的端午节是纯粹休闲娱乐的节日,而乡村的端午节则是竞争与团结的节日,承担着凝聚村落文化、修补村落关系的功能作用。再如在鲁中昌邑流传几百年的正月十四"烧大牛"活动,相传正月十四日是孙膑的生日,东永安村以焚烧"大牛"祭祀孙膑,这项仪式构成当地年节极为重要的传统节日内容。一般来说仅制作大牛就耗资耗力,花费甚多,对于为何仍要当地村民仍要将其作为每年的保留仪式,张士闪对此指出,在"烧大牛"的过程中,所产生的比钱财计较更重要的内容,是这一乡土社区的社会资源。"烧大牛"场面大、全村参与、人人有份,合力举行为邻近十里八村围观的活动,仪式意味浓厚。特别是在"烧大牛"这一万众期待的最后时刻到来之际,火光冲天,雾匝四野,是社区传统充分张扬、社区生活在仪式中得以净化的特殊时刻。整个活动的动员、运作与调控，与日常的村落政治之间有重合亦有疏离，其中就隐含着乡村社会资源的设计与展演，而这将对村内外的社会网络、经济关系与文化权力格局产生微妙的影响。① 可见，乡村节俗并非是单纯的仪式展演，更重要的是起着整合乡村资源、构建村落公共性的作用。在乡村诸多节日礼俗仪式中，都一定程度上承载着乡村治理的功能，以节日仪式来宣扬"礼"的观念、王权观念等，实现国家意识的在地化，这在科大卫的《皇帝在村》研究中有着清晰的表述。

除了城乡节日的功能差异，这种区别还表现在城乡的节日偏好与节俗构建逻辑之中。尽管城乡民众共享同一节日空间，但这并不意味着每个节日的重要性对不同群体都是一样的，甚至有些节日在城市或乡村处于"沉寂"的状态。通常而言，年节以其年终团圆、岁首迎新的内涵超越其他所有节日成为最核心的节日存在，其余节日则一定程度上在城乡群体中出现分化。一般来说，市民追捧的节日都是由城市文化所形塑的节日，城市节俗是以城市文化的逻辑构建出来的，比如说元宵节、七夕节、中秋节等，其所充溢的景观性、华丽性、聚集性、消费性、娱乐性等，都使之具备了一种浪漫化的叙事而轻松融入市民生活。从唐宋以来，元宵节的狂欢、七夕节的浪漫、中秋节的团圆，市民张灯结彩、庭院乞巧、拜月食饼，为凡俗的都市生活增添了鲜明的色彩。同时，这些节日也都具有较强的消费性，其节俗所昭示的强大节日经济能量，也符合城市发展所需的内在驱动。不过，对于乡民而言，这些节日无疑是吸引人的，但却不是最切中乡民根本需求的。盛大华丽的元宵灯会基本都是在大城市举行，小地方或乡村相对而言不具备此条件，《清嘉录》记载元宵节"各乡社庙，或放烟火"，热闹程度要减弱；七夕节

---

① 张士闪：《非物质文化遗产保护与当代乡村社区发展——以鲁中地区"惠民泥塑""昌邑烧大牛"为实例》，《思想战线》2017年第1期，第140-149页。

在城市既可搭建亭台、吃巧果、拜星乞巧，也可斗蟋蟀、^①观杂戏，活跃着诸多有趣活动，而在乡村的节俗则较为单薄，以乞巧为主。至于重阳节、中和节、花朝节等，自上而下发展而来，登高赏花、饮酒赋诗，雅趣盎然，基本上属于文人雅士的节日，乡下人很少过此类节日。相对来说，端午节在城乡差异不大，在南方水系发达之地便于开展公共性龙舟竞渡活动，更受到重视。其他诸如清明等动辄游玩踏青的节俗，更多是都市人群的一种休闲方式，对乡村人群来说并没有太多吸引力。

而乡村节俗体现出农事节俗的特点，是以农耕生活为逻辑组织与构建起来的。相对来说娱乐色彩较弱，基于对于农事的关心与家族兴旺的祈愿需求，除了传统年节、端午、中秋三大节，乡民比城市人群更重视清明节、中元节等关系祭祀的节日。例如，在北京宛平西山一带的乡下，七月十五有祈年"祭麻谷"的习俗，"乡民以十五日取葛黍苗、麻苗、粟苗，连根带土，缚竖门之左右，别束三丛，立之门外，供以面果，呼为祭麻谷"，^②有些地方也把祭麻谷唤作"荐新"，这在北方的农村比较普遍，一直延续到晚清民国时期。此外，宛平人还会在七月举行祭祀仪式，"宛农家岁以是月祈祷年丰，各用面果送纸钱，挂田禾之上，号曰挂地头"。^③清代亦有"中元，农家祀田神，各具粉团、鸡黍、瓜蔬之属，于田间十字路口再拜而祝"^④的"斋田头"节俗，可见乡村对中元节的重视程度。腊月除夕将农家节日推向高潮，除了毕恭毕敬地祭灶，江南乡间在腊月二十五夜晚"烧送盆"，"各于门首架松柴成井字形，齐屋，举火焚之，烟焰烛天，灿如霞布"。^⑤另有"照田财"，"村农以长竿燃灯插田间，

---

① ［清］潘荣陛、富察敦崇：《帝京岁时纪胜·燕京岁时记》，北京：北京古籍出版社1961年版，第27页。

② ［明］沈榜编著：《宛署杂记》，北京：北京古籍出版社1998年版，第192页。

③ ［明］沈榜编著：《宛署杂记》，北京：北京古籍出版社1998年版，第192页。

④ ［清］顾禄：《清嘉录》，南京：江苏古籍出版社1998年版，第55页。

⑤ ［清］顾禄：《清嘉录》，南京：江苏古籍出版社1998年版，第221页。

云祈有秋。焰高者稔", 除夕夜还要"画米囤", "以石灰画米囤于场, 或象戟、矢、元宝之形, 祁年禳灾",①以此祈祷丰收, 消除灾祸。

乡村的节俗体现出农事节俗的特点, 围绕农耕生活来展开。农业丰收与否跟气象、虫害等关系密切。因此, 农民在经常在节气、节日时间点观测天气。从正月起, 除了拜年庆贺之外, 正月初一农民早晨起来就观察风向和云色, 以预估一年的收成, "农人岁朝晨起看风云, 以卜田事",②所谓"元旦, 风自东南来, 则岁大稔。东次之, 东北又次之, 西则歉"。③"卜"成为新年的重要节俗。不仅要"卜"田, 还要爆糯谷来"卜"一年的吉凶。江南地区正月期间还流行举行祀蚕、祭猛将, 一则关系蚕的收成, 一则关系驱蝗灾与雨水。祭猛将仪式隆重而又热烈, "各乡村民击牲献醴, 抬像游街, 以赛猛将之神, 谓之'待猛将'。穹窿山一带, 农人舁猛将, 奔走如飞, 倾跌为乐, 不为慢亵, 名曰'赶猛将'。④二月二龙抬头, 城里人在这天基本上以看戏为主, 不过在乡下有祈雨、熏虫、土地神诞、吃撑腰糕等不同节俗, 明代宛县有"乡民用灰白门外委蜿布入宅厨, 旋绕水缸, 呼为引龙回。用面摊煎饼。熏床炕令百虫不生",⑤此即引水入宅的祈雨仪式, 所照应的则是春回大地的农耕活动。春夏之际, 在城里人将一个个节日几乎都游乐化之时, 乡民们基本上维持着对节气一如既往的重视, 将对农事的惦念注入节日之中, 发展出与农业田地相关的占卜祭祀活动。例如, 清明日, 除了扫墓祭祀先人, 农人还会在根据插柳日期的阴晴来预测一年的旱涝, 若是这天下雨就于是这一年有水涝; 四月八日, 乡民依然关心雨水, "农人以初八夜雨, 主伤小麦",⑥重阳节会望雨, "乡民于重阳日、十三

---

① [清]顾禄:《清嘉录》, 南京:江苏古籍出版社 1998 年版, 第 243 页。
② [清]顾禄:《清嘉录》, 南京:江苏古籍出版社 1998 年版, 第 11 页。
③ [清]顾禄:《清嘉录》, 南京:江苏古籍出版社 1998 年版, 第 11 页。
④ [清]顾禄:《清嘉录》, 南京:江苏古籍出版社 1998 年版, 第 25 页。
⑤ [明]沈榜编著:《宛署杂记》, 北京:北京古籍出版社 1998 年版, 第 191 页。
⑥ [清]顾禄:《清嘉录》, 南京:江苏古籍出版社 1998 年版, 第 95 页。

日望雨,则不致冬旱"①;冬至前后要观雪,"俗以冬至前后逢雨雪,主年夜晴。若冬至晴,则主年夜雨雪,道涂泥泞"②。七夕时节,农人要"烧青苗",此时节耕耘刚结束,农民各自凑钱祭祀猛将之神,"是时,田夫耕耘甫毕,各醵钱以赛猛将之神,异神于场,击牲设醴,鼓乐以酬,田野遍插五色纸旗,谓如是则飞蝗不为灾",③通过这样的仪式手段来避免闹蝗灾。

可见,城乡节俗的差异跟城市生活与农耕生活的差异性紧密相连,不同的生活方式塑造了不同的节日文化。在近代化的进程中,明清时期的节日不仅进一步受到商业化、城市化的浸润影响,也展现出较为明显的城乡差异性。总而言之,历经汉魏的成形、唐宋的发展,明清时期传统节日体系趋于成熟定型,构建出并深刻影响着近现代以来节日的民俗记忆。

---

① ［清］潘荣陛、富察敦崇:《帝京岁时纪胜·燕京岁时记》,北京:北京古籍出版社1961年版,第32页。

② ［清］顾禄:《清嘉录》,南京:江苏古籍出版社1998年版,第198页。

③ ［清］顾禄:《清嘉录》,南京:江苏古籍出版社1998年版,第153页。

第三章

传统节日文化的当代
传承与更新

　　传统节日的当代传承与更新始终是进入现代社会以来的重要命题,尤其是在"非遗"保护运动的浪潮中,传统节日作为一项宝贵的民族文化遗产受到了前所未有的关注。事实上,节日文化的诠释与更新伴随着节日发展的全过程,节日在自觉或不自觉汲取时代文化、地方文化、外来文化,在与其他不同层面的文化互动的过程中创造着自身。纵观历史长河,传统节日的发展变迁始终在进行中,从未停息,在社会变迁与文化转换中,有些节俗得到了传承,有些节俗渐渐被遗忘了,还有不少节日的起源已不得而知,难以判定。那么,到底是什么因素决定着哪些节俗得以传承、更改或遗忘呢?具体来说,哪些传统节日或节俗值得被传承,又是如何传承的?传统节日的"变"与"不变",关系对传统节日体系的整体性思考。为了进一步理解传统节日在当代社会究竟该如何传承与更新的问题,本章将从"结构"的层面审视传统节日,通过分析节日的"结构",辩证讨论结构的稳定性与节俗的变异性,提出"结构性传承"的概念来解释传统节日的当代传承与更新。

第一节　传统节日的"结构"

　　所谓"结构",一般是指框架、形式、规律等。关于节日的研究层出不穷,基本上学界多是从内容层面探究节日的节俗起源、意涵与变迁等,相对来说较少从结构层面看待或研究节日。实际上,若纵向整体视之,从节日的体系与分布来看,传统节日展现出显著的外在框架性与内在节奏性;从节俗的发展与变迁来看,其变化也并非纯粹随机性的,亦非完全的推陈出新,而是一定程度上保留着内在的核心精神性。若再审视人们的"过节"仪式,也可以发现围绕不同节日的核心节俗仪式也在时间、空间上带有结构性特点。本章所指的"结构"即是要探讨节日的这种框架性与规律性,挖掘节日本身所蕴含的稳定性因素。"结构"就是要找到节日相对"不变"的东西。具体来说,传统节日的"结构"主要具有两层意思。

一、一年之中节日体系的结构

即一年四时所形成的节日体系的结构,主要包括节日体系的整体框架、节日的分布规律等。从时间形式上来看,传统节日的规律性强,四时八节,循环往复,节奏感突出,节日虽看似庞大却不杂乱,节日大多以月日重合、月中、月首月尾为节期,如重数节日有正月初一"元旦"、二月初二"龙抬头"、三月初三"上巳节"、五月初五"端午节"、七月初七"七夕节"、九月初九"重阳节";月半节日有正月十五"元宵节"、七月十五"中元节"、八月十五"中秋节"、十月十五"下元节";月首月尾节日亦有春节、十月初一"寒衣节"、十二月三十"除夕"等,其余节日夹杂其中、相映生辉、摇曳生姿。

显然,这一结构性的形成并非偶然,也较早引起学者们的注意,目前学界对节日结构的探究主要集中在这方面。日本历史学与民俗学研究一般将这些每年例行的传统节日称为"年中行事"。① 日本民俗学之父柳田国男较早将日本一年的岁时节日做了总体排列与比较,挖掘出日本的节日体系在前后半年的两两对应关系,后又启发了平山敏四郎在《岁时习俗考》中对日本节日的

---

① ［日］岛村恭则著,陆薇薇译:《其俗不知正岁四节——日本民俗学的年中行事研究》,《节日研究》2020 年第 2 期,第 165－178 页。

内在结构做出详细完整的梳理。此外,早在 1989 年,日本学者池田温也从结构性视角对中国古代重数节日序列做出研究,指出中国传统代表性节日多在奇数月份。① 在此基础上,国内学者刘晓峰延续了这种整体性的节日结构研究视角,自觉地探究中国节日体系的内在结构与节奏,形成了一系列的成果。他侧重于基于古代世界的文化视角去理解节日,真正将节日作为一个整体去把握其循环往复的内在结构特点,发掘出节日背后的时间文化本质。在他对节日的形式与结构探究中,并做出一系列富有洞见的判断,如归纳出传统节日体系的四个结构特点:1. 中国古代历法中的节日排列重前半年,轻后半年;2. 中国古代历法的节日排列季节上重春秋,轻夏冬;3. 以月为单位考察,中国古代历法的节日排列月数上重奇数月,轻偶数月;4. 对一个月内部进行考察,中国古代历法的节日排列重前半月,轻后半月,②总结出摇曳生姿的节日体系的内部节奏;指出月望节日(正月十五日、七月十五日、八月十五日、十月十五日)序列存在的结构性意义,提出"均衡"与"重阴"为其排列的基本原则;③指出重数节日(一月一日、三月三日、五月五日、七月七日、九月九日)序列具有对于数,尤其是代表阳气的奇数的强调特点。④ 此外还涉及对月首月尾节日、二十四节气的生成结构的探究等。可以说,刘晓峰挖掘出一年之中岁时节日存在的井然有序的内部对应排列,揭示出阴阳观念、时间文化与历法体系对节日结构形成的深刻影响。无疑,作为国内最具有代表性的节日结构研究,这种对于节日体系的"大结构"的整体性探讨不仅深

---

① 池田温:《中国古代重数节日的形成》,《皇学馆大学史料编撰所论集》1989 年,第 21 - 41 页。转引自刘晓峰:《论重数节日序列及其阐释系统的形成》,《民俗研究》2005 年第 3 期,第 217 - 230 页。

② 刘晓峰:《论中国古代岁时节日体系的内在节奏特征》,《河南社会科学》2007 年第 6 期,第 16 - 17 页。

③ 刘晓峰:《论月望节日序列》,《民俗研究》2009 年第 1 期,第 54 - 65 页。

④ 刘晓峰:《论重数节日序列及其阐释系统的形成》,《民俗研究》2005 年第 3 期,第 217 - 230 页。

化了对节日的形式理解，也透过节日的外在形式结构挖掘出内在的岁时观念文化系统，乃是探究节日的"结构"的重要基础。不过，这种研究主要是时间文化整体视野下的节日框架研究，并未涉及具体的节日结构。

二、单个节日的仪式结构

如果说传统节日体系的结构属于一种"大结构"，那么针对具体节日的仪式结构可以称得上是"小结构"，嵌套在整个节日结构体系之中。众所周知，节日是一年之中的特殊时间"节点"，比如，季节转换的时间点：冬至、夏至、立春、立秋；年度开启与结束的时间点：正旦、除夕；月相变化的时间点：元宵节、中元节、中秋节；阳气极盛的时间点：端午节等等，基本上节日都是处于年、季、月等变化转折的重要时刻，其作为一种自然时间也是蕴含着开启、闭合、上升、下降等多种可能性的节点。无论是从生产还是生活层面来说，这些关键时间节点对于农耕生活情境下的民众来说都具有举足轻重的作用。作为自然时间与文化实践的叠加，几乎所有的节日都是一个特殊的时间，是人们一年之中要"通过"的日子。面对这些贯穿一年始终的重要节点，或出于恐惧、忌讳，或出于喜悦、庆祝，人们总是要想出各种办法来"通过"，为此发明出各种仪式来度过节日。所谓"仪式"，在郭于华看来，"通常被界定为象征性的、表演性的、由文化传统所规定的一整套行为方式。它可以是神圣的也可以是凡俗的活动，这类活动经常被功能性地解释为在特定群体或文化沟通（人与神之间，人与人之间）、过渡（社会类别的、地域的、生命周期的）、强化秩序及整合社会的方式"。[1] 节日无法脱离仪式而存在，许多节俗本身即是一种仪式。对于节日仪式来说，其一般并非是即时性的，通常表现为一种强烈通过性的、持续一段时间且大多可分为前中后的仪式过程。就此意义来说，任何节日都

---

[1]　郭于华：《仪式与社会变迁》，北京：社会科学文献出版社2000年版，第1页。

具有一个仪式结构。不同于节日体系的整体性框架,这种结构是规定、支撑着节日核心内容的内在框架。本文着重要探讨的就是节日的具体仪式结构。

进而言之,用法国人类学家阿诺尔德·范热内普的概念来说,节日仪式乃是一种"通过礼仪"或"过渡礼仪"。他在《过渡礼仪》一书中指出:"本书的目的便在于此:试图归纳全部伴随着从一境地到另一境地,从一个到另一个(宇宙或社会)世界之过渡仪式进程。此过渡极其重要,我相信理当以一特殊类型单独归纳出'过渡礼仪',并从中进一步分析出分隔礼仪、边缘礼仪以及聚合礼仪。"①其中,分隔礼仪是与先前世界分隔的"阈限前礼仪",边缘礼仪是在边缘阶段举行的"阈限礼仪",聚合礼仪是融入新世界的"阈限后礼仪"。可见,这种过渡礼仪带有显著的"结构性",基于"阈限"划分出前、后或新、旧两个世界,而边缘礼仪则是处于文化分隔与文化聚合之间的礼仪。这种划分并非只是时间、空间意义上的,而且还包含着重要的社会、心理层面的意义。无疑,这种空间隐喻式的过渡礼仪是通过对人类礼仪行为规律的总结而提出的一种"模式"或"模型",其关注的是"不是特定礼仪,而是礼仪与仪式整体中之根本意义与相关位置,即礼仪之进程。为此,本书中包含一些详细描述,以便展现分隔前或永久分离仪式、边缘仪式或聚合仪式为达到某种目的如何安排这些礼仪之相关顺序"。②换言之,过渡礼仪是一种可用来解释人生礼仪、丧葬礼仪、节日礼仪等多类型礼仪的普遍性模式,尽管分隔、聚合、边缘礼仪在不同行为、情境下所具有的地位不同,且存在着仪式细节的差异性,但其本质上仍是在过渡礼仪模式的统一框架或进程中。这实际上是以深层思维结构来剖开了仪式内容,抽象概括出一种可予以推行的仪式模式,从对仪式细

---

① [法]阿诺尔德·范热内普著,张举文译:《过渡礼仪》,北京:商务印书馆2012年版,第15页。

② [法]阿诺尔德·范热内普著,张举文译:《过渡礼仪》,北京:商务印书馆2012年版,第139页。

节的关注转向对仪式结构的关注,通过缕析人们跨越"边界"的仪式过程中的"顺序""分离""结合"等,来挖掘那些"非日常""非主流"境况的独特功能。显然,节日作为日常生活之流的"反常""跳跃"时刻,过渡礼仪构成了我们理解节日仪式结构的基础概念,有学者指出过渡礼仪模式是人们"对这一更为抽象和量化领域作出质性分类(如年历、岁时节日、纪念周期等)的重要机制。"①

为了更深入理解节日的具体结构,我们可以对节日的仪式结构做出多种举例分析。比如,年节的结构。人们习以为常的"过年"是一个笼统的说法。严格来说虽然并没有明确规定何时进入边缘期,但一进入某时间点人们就能感受到进入年节的氛围感,这种弥漫着社会的普遍性心理感受,也可以说人们对年节阈限的敏感。作为一年中最隆重的节日,年节最为完整体现了过渡礼仪的三个阶段:

一是阈限前礼仪。

俗话说:"过了腊八就是年",入腊月意味着人们与原先的日常生活状态分隔开来。"腊日"正式标志着人们开始了漫长的过年边缘期,举行一系列的分隔礼仪为过年做准备。《四民月令》中早就将"腊日"称为"小新岁",人们在这天要举行跟正月差不多的祭祖、会亲友活动,就是典型的年前预演仪式。接着从腊日到靠近年底则是一系列繁忙的物质准备活动,民间歌谣所唱"二十三,糖瓜粘;二十四,扫房子;二十五,冻豆腐;二十六,去买肉;二十七,宰公鸡;二十八,把面发;二十九,蒸馒头"(《腊月歌》)正是对此形象的呈现。发生在腊月二十三、二十四的"小年夜"是分隔凡俗与神圣空间的重要节点。在这天人们要举行两项重要的仪式:除尘,谐音"除陈",其具有房屋空间的灰尘清扫与旧岁遭遇不快清理的双重意味;祭灶,即送灶神升天,人们无比虔诚恭敬祭祀灶神的关键在

---

① 宋靖野:《从仪式理论到社会理论:过渡礼仪的概念系谱》,《民间文化论坛》2016年第1期,第33页。

于"送"。"媚"神是为了更好"送"神,使其上天言好事带来新年的福气。可见,直至除夕,这一切仪式都是围绕"辞旧"来进行。

二是阈限礼仪。

从腊日到除夕前的礼仪都在朝着神圣空间聚合,离新世界状态越来越近,年岁的最后一天彻底进入最重要的边缘期。除夕,又称"岁除",其处于混沌的状态,其既不属于旧的世界,也尚未融入新的世界。在这天,从早到晚人们举行密集的边缘礼仪来确保年岁新旧交替的顺利过渡,这也是年节过渡礼仪中最重要的部分,其包含着人与人、人与祖先、人与神灵以及群体与群体之间的交流。其中,最具有代表性的边缘礼仪就是贴春联、祭祖、吃年夜饭、守岁,也在此边缘礼仪展现出其功能作用,以放鞭炮、贴春联达到辟邪祈福的目的,通过聚集分隔各地的家庭成员吃团圆饭、祭祀祖先强化家族情感。而守岁作为见证新年到来的关键仪式,乃是与去年彻底分隔、聚合到新年时间状态的集中表达,午夜子时一过也意味着渡过了边缘期正式开启了新的一年。

三是阈限后礼仪。

自古以来,人们都极为重视岁首日,"迎新"成为正日的核心内容,从此日起所举行的仪式基本都属于聚合仪式,人们通过"拜年"来互相确认彼此的关系,强化长幼尊卑的秩序,加强家族内部联结,以庆贺与祝福来表现对新的时间状态的认同,并逐渐聚合到正常的社会生活结构之中。如正月初一或初四接灶神仪式,预示着灶王爷回到人间继续守护家门;初五俗称"破五",也即禁忌解除日,之前许多过年的禁忌如"不得以生米为炊,妇女不得出门"[①]等过了这天皆可破,除夕不能外扫的垃圾都可以处理掉。此外还有很多地方举行"送穷"或接财神等仪式,祈求新年富足。各行各业到了初六都基本开张,恢复正常工作秩序,又重新融入新的常态之

---

① [清]潘荣陛、富察敦崇:《帝京岁时纪胜·燕京岁时记》,北京:北京古籍出版社1961年版,第64页。

中。后一直到正月十五,都处于朝向新世界聚合的过程中。可见,尽管过年节俗复杂多样,持续时间长,但是其乃以"辞旧迎新"为基本结构的,在阈限前后的礼仪主要围绕除旧布新来进行,人们前前后后为了顺利通过新旧时间而忙活,以禁忌、仪式谨慎地告别陈年迎接新年,以聚合性来妥当处理家族关系、人神关系。

再如元宵节,其节日仪式呈现出禁忌突破的结构。从小层次来说,尽管除夕、初一过后基本就是过完年了,但是事实上并非如此。就大层次而言,从入腊月到正月十五都处于年节的仪式过程中。由除夕子时开启的聚合礼仪可以持续十五天,若以元宵节为中心视之,其又可以视为正月十五的分隔礼仪。因为年节过程中人们基本上处于禁忌的状态中,基本以贴春联、守岁等静态活动为主,人们守在家中,谨言慎行,到了元宵节意味着进入自除夕以来的第二个阈限期。如果说"破五"是禁忌解除的小高潮,那么元宵节则是大高潮。"过"元宵与"过"年不同,前者强调一个"闹"字,后者强调一个"守"字,无论是灯会、庙会、巡游还是舞龙舞狮、踩高跷、跑旱船等节俗活动,元宵节的热闹、红火预示着禁忌期的结束,人们以新年的第一次大规模的集体狂欢活动来融入新的生活之流中,女性们也可以走出家门欢庆节日。作为中国文化中为数不多的狂欢日与开禁日,元宵节凸显出维克多·特纳所说的"反结构"特征,"在进入'阈限期'后,参与者便处于'无时间性'、'无身份'、不受年龄、性别和社会地位的'结构'限定",[①]跳出日常惯例与约束,以空间、行为与心态的多层次欢闹来融入新年、祈年祈福。对此,萧放指出,春节是以家庭为主的亲人团聚的节日,元宵是村落、街道、社区居民共享欢愉的时间,人们由庭院走向社区公共空间,是年节庆祝活动走向落幕前的高潮。元宵作为一个社会性节日,是人们走出家庭融入社会的传统佳节,同

---

① 张举文:《重认"过渡礼仪"模式中的"边缘礼仪"》,《民间文化论坛》2006年第3期,第33页。

时也是整合社会的重要时机,不同阶层的人们通过观灯、走桥与吃元宵等习俗共享元宵节日时空,从而完成了生活共同体的构建。①

对于端午节来说,表现为避忌禳灾的仪式结构。端午节因阳月阳日重合而被视为一个禁忌日,到了五月五日即进入可怖的边缘期,结合其所处的季节环境来看,端午节无论从自然时间上还是文化心理上都并非人们眼中的良日。因此,民俗学者岳永逸曾指出:"在更多的地方,它是人们面对即将来到的炎热夏天举行的一种群体性'过关礼',民众要举行各种予以准备和应对的季节性仪式"。②显然,"过端午"意味着以不同式样的边缘礼仪来帮助人们度过恶月恶日,保护周身康健。为此,人们发明了各种各样的手段仪式来禳灾,在阈限期前紧张恐惧、如临大敌,积极准备,阈限期内举行弗雷泽所说的"顺势巫术"或"接触巫术",阈限期后危险解除,如释重负,其中"避忌"构成了仪式结构的核心。这些边缘仪式主要分为三类:调用辟邪功能的事物(浴兰汤、晒药、饮雄黄酒、插艾叶、制蒲剑),使用人为丹符(系朱索、挂虎饰、穿老虎兜肚、系五色丝、挂张天师像),具有调和阴阳功能的"斗""争"活动(斗百草、赛龙舟)。此外,诸如清明节、中秋节、重阳节、冬至等节日都有自身的仪式结构。总而言之,基本上每个节日都会有着自身的仪式结构,其不仅构成了理解节俗的重要逻辑,也一定程度上决定了节日的基本发展走向。

从上文分析可知,"结构"既存在于传统节日体系之中,也潜藏在单个的节日之中。这种横剖面式的观察不仅使得节日体系显现出自身在序列、分布及数量上的规律性,也捕捉到具体节日在仪式过程中的"模式"或"结构",前者跟古人对数、历法、阴阳、季节的观念紧密相连,后者则与中国人对节日的主题理解有关。节日并非

---

① 路斐斐:《元宵节:复苏冬眠大地 祈愿岁美年丰》,《文艺报》2020-02-07。

② 岳永逸:《粽子与龙舟:日渐标准化的端午节》,《中原文化研究》2016年第2期,第62页。

是一种超脱于社会生活的存在,作为人文形式的重要表现,先人将天文星象、物象观察、气候环境等自然内容与各类社会需求融为一体,在自然时间中注入人文精神,从而赋予了节日以强大的社会功能,节俗仪式的形成与设计也基本是围绕节日的主题与功能来展开,由此构成了节日的结构与功能的密不可分。年节之所以以"辞旧迎新"为结构,跟其处于年岁转换之际需要调整人们的社会心理,更新社会时间,妥帖处理新旧交接事物有关。在千百年中,正是经由年节的过渡仪式,人们才能获得平安过年的心理安慰,复述总结对中国人而言极其重要的家族关系,在年复一年的循环中感受到精神的更新与情感的凝聚,找到了社会关系网络中的个人定位与价值。元宵节则呈现为"破忌"与"开放"的结构,所谓"不破不立",通过打破固有的禁忌氛围,从家庭小圈子走向社会,帮助人们从神圣紧张的过年空间中走出来,实现心理、精神与行动的过渡,积极参与到新一年的生活生产中。而中秋节体现为"聚"的结构,其充满着丰富的聚合仪式,在年中月圆之夜将分散各地的家人亲族聚集起来,赏圆月、食月饼、吃团圆饭,无一不是朝向团圆状态聚合的仪式,以"月圆"象征"人圆",生产出"团圆"的理念。还有清明节,作为祭祀的大节,它极为独特地形成了"生—死"的过渡与切换的模式,扫墓与踏青,阴界与阳界,死的哀戚与生的欢欣,形成鲜明对比却又在墓前趋于边界模糊,一旦祭扫完毕人们又度过了边缘期立即投入活者生机勃勃的世界中。在此由"生"入"死"再到"生"的仪式结构中,人们接受了死亡观教育、生命观教育、家庭观教育,更容易形成慎终追远的文化心理。其余像在季节转换时冬至节"藏"的结构,与先前世界的分隔礼仪,有助于培养人们养生护体、韬光养晦的意识等等。

可以说,节日的功能是理解节日结构的重要突破口,节日往往能够基于某种功能而不断延续壮大。例如,通过年节、清明、中元、冬至等节日多种严肃祭祖仪式,在各类节日仪式过程中强化长幼尊卑、职责角色、规范仪礼,使得民众自觉遵守纲常伦纪。每逢节日场合,这些社会规范都被放大凸显,潜移默化地渗透到民众的观念中,如过年时幼者要给长者敬酒、祝寿、拜贺,凡礼节以长者先,有助于培养敬老尊老文化;所谓"男不拜月,女不祭灶",在节日拜祭过程中对性别有着相应约定俗成的规定。还有过年时妇女们在"破五"之后才能出门,七夕、端午、重阳因较为偏重女性习俗,都有"女儿节"之称,而在诸多重大节日仪礼中,男性通常占据主导地位,可见这些都无形中都塑造着性别规范与职责角色意识。另在节日有着诸多语言、行为禁忌,讲究人与人之间交往的礼节,对于约束人们的言行举止,树立统一的礼治秩序都有着重要作用。节日仪式既有表征性,也有生产性,正如有学者指出:"过渡礼仪不仅是社会控制的一种特殊形式,也是社会再生产的一种原初动力之所在。"[1]恰是在节日仪式的过程中,节日实现了各种关系的生产、符号意义的生产、共同体的生产,不断发挥着整合社会、维护秩序、强化情感的重要作用。

第二节 结构稳定性:传统节日传承的基础

从传统节日体系的形成来说,其并非由设计而得来,也不是短时间成型的,而是经历了一个漫长的发展过程。从汉魏之际的初步形成,到唐宋的发展成熟以及明清时期的定型,传统节日体系历经朝代更迭,融合了诸多不同类型、层面与地域的文化,很多节日的节俗内容也在不断改写、增减,遭遇节俗流变。那么,若纵向视之,上文所说的节日的"结构",包括"大结构"与"小结构",仅是一时之"结构"还是贯穿始终具有相对稳定性呢?现先以《荆楚岁时记》《东京梦华录》《宛署杂记》分别代表汉魏、唐宋、明清三个重要阶段,其中间基本上都差了几百年,足以拉开

---

① 宋靖野:《从仪式理论到社会理论:过渡礼仪的概念系谱》,《民间文化论坛》2016年第1期,第36页。

时间距离观察节日变化,通过比较其所记载的主干节日来比较节日体系的结构。

著作名称(时间段)	主干节日内容
《荆楚岁时记》(汉魏)	正月一日(元旦)、正月七日(人日)、立春、正月十五(元宵节)、春分日、社日、寒食节、三月三日(上巳节)、五月五日、夏至节、伏日、七月七日(七夕节)、七月十五日、八月一日、九月九日(重阳节)、十月朔日(秦岁首)、十二月八日(腊日)、除夕
《东京梦华录》(唐宋)	元旦、立春、元宵节、清明节、端午节、六月六、七夕节、中元节、立秋、秋社、中秋节、重阳节、十月一日、立冬、冬至、腊日、除夕
《宛署杂记》(明清)	元旦、元宵节、二月二(龙抬头)、清明节、端午节、六月六日、七夕节、中元节、中秋节、重阳节、寒衣节(十月一日)、腊日、除夕

从表格中可以看到,自《荆楚岁时记》确立了传统节日框架之后,除了中秋节尚未在汉魏之际形成,其余的节日在魏晋后仅做了少数的增减。在汉魏到唐宋的八百年间,不过增加了中秋节,减掉了人日、夏至节、八月一日,用清明节替换并合并了寒食节。从唐宋至明清阶段,传统节日体系的结构更加稳固,节日基本上没有大的变化,即使表格中的变动节日"二月二日"在唐宋也受到官方关注,比如唐德宗时在二月二设立了"中和节",宋代宫廷在此日有"挑菜"的御宴活动,①到了元以后才逐渐成为民间的"龙抬头"节日②。可见,在两千多年间,传统节日框架不过是小修小补,并未

---

① [宋]周密,[明]朱廷焕著:《武林旧事》附《增补武林旧事》,郑州:中州古籍出版社 2019 年版,第 104 页。

② 到了元时期,在文献上,阴历二月二就明确作为"龙抬头"了。《析津志》在描述大都城的风俗时提到,"二月二,谓之龙抬头"。这天北方地区人们盛行吃面条,称为"龙须面";还要烙饼,叫作"龙鳞";若包饺子,则称为"龙牙"。总之所吃的食物都要以龙体部位命名。

出现大的结构性变化,民众的节日生活基本较为稳定。

对于传统的重要节日来说,其节日仪式结构的也具有相对的"稳定性"。以最为重要的年节来讲,首次较为完整的过年仪式记载出现在《四民月令》。"正月之旦,是谓正日,躬率妻孥,洁祀祖祢。前期三日,家长及执事,皆致齐焉。及祀日,进酒降神。毕,乃室家尊卑,无大无小,以次列于先祖之前;子、妇、孙、曾,各上椒酒于其家长,称觞举寿,欣欣如也。谒贺君、师、故将、宗人父兄、父友、友亲、乡党耆老",①就形成了祭祖、吃团圆饭、拜贺的核心节俗。汉魏之际的"过年"习俗跟现在基本无异,除夕之夜要吃年夜饭,"家家具肴蔌,诣宿岁之位,以迎新年。相聚酣饮。留宿岁饭,至新年十二日,则弃之街衢,以为去故纳新也",②还要通宵达旦"守岁"。正月初一放鞭炮、拜贺,"鸡鸣而起,先于庭前爆竹","长幼悉正衣冠,以次拜贺"。③ 可见,已经形成了极其完备的过渡礼仪,凸显出"辞旧迎新"的仪式结构,并持续了长达近两千年,未有明显的变化。

其他的节日也具有类似稳定的结构。比如,古老的上巳节最早可追溯到先秦时期的春季水边祭祀节日,人们蛰居冬天在春暖花开之际融入新的世界,需要举行祓除仪式来去掉身上的污秽、晦气,迎接新的一年。这种以"净化"为核心的典型边缘仪式构成了上巳节的主要节俗。尽管后世对此节日的继承出现日期、名称的变化,更偏向于娱乐性,但是基本上没有改动上巳节的仪式结构,也延续了祓除对于上巳节的重要意义。中秋节亦如此,其在唐代文人群体中兴起时就一定程度上被赋予了思亲感怀的文化意义,

① [汉]崔寔撰,石汉声校注:《四民月令校注》,北京:中华书局 2013 年版,第 1 页。

② [梁]宗懔撰,[隋]杜公瞻注,姜彦稚辑校:《荆楚岁时记》,北京:中华书局 2018 年版,第 77 页。

③ [梁]宗懔撰,[隋]杜公瞻注,姜彦稚辑校:《荆楚岁时记》,北京:中华书局 2018 年版,第 2 页。

如诗人王建就写道:"今夜月明人尽望,不知秋思落谁家"(《十五夜望月》)。到了宋代正式形成"团圆"的节日观念,"至如铺席之家,亦登小小月台,安排家宴,团子女,以酬佳节"。^①基本上节俗仪式都围绕阖家团圆开展开,后历经元明清至今,中秋节的"团圆"仪式结构也几乎没有变动。冬至节更不必说。作为古代最重要的节气节日,冬至节从先秦两汉时期就受到官方重视,民间一般将其当作年节一样过。汉代《四民月令》就称祭祀拜贺"如正月",^②宋代冬至也是"庆贺往来,一如年节"^③。祭祖、备饮食、拜贺的节俗从东汉时就已形成,属于仅次于年节的迎岁仪式。这种自古流传下来的冬至过渡礼仪模式至今仍在发挥作用,其结构一如年节之稳固。可以说,诸多重要节日的仪式结构的稳定性是普遍的,并不是偶然的现象。

不过,尽管节日的结构是相对稳定的,但是节俗是变异的。《易·乾》曰:"乾道变化,各正性命"。风俗流变是一个持续的过程,并不存在完全一成不变的节日,总是处于诠释、流变与创新之中。节日作为一种空间或载体,虽然其框架体系、仪式过程的结构形式是相对确定、稳固的,较好地传承下来,但是节俗的内容却是可以增添、删减、合并、填充或改写的,或是从"无"到"有",或是从"甲"到"乙"。传统的"发明"伴随着传统的形成,节日的进化史亦即节日的诠释史、节日的发明史与节日的遗忘史。在历史长河中,节日的变异性几乎无可避免,总体来说,节俗的变异状况基本可以分为以下几种类型。

---

① ［宋］吴自牧:《梦粱录》,杭州:浙江人民出版社1980年版,第26页。

② ［汉］崔寔撰,石汉声校注:《四民月令校注》,北京:中华书局2013年版,第71页。

③ ［宋］孟元老撰,王永宽译:《东京梦华录》,郑州:中州古籍出版社2010年版,第175页。

一、名存实亡型

这类节日的典型代表即是元宵节。作为正月第一个月圆之夜,正月十五日很早就受到人们的关注,在早期民俗文献记载中也往往会在介绍正月习俗特意提及十五日的节俗仪式。尽管元宵节的起源众说纷纭,不过根据史料记载,至少在魏晋时期,正月十五日只是被称为"正月十五""正月半"或"月望",还是个祭祀紫姑的日子。《荆楚岁时记》载:"正月十五日,作豆糜,加油膏其上,以祠门户。先以杨枝插门,随杨枝所指,仍以酒脯饮食及豆粥插箸而祭之。其夕,迎紫姑,以卜将来蚕桑,并占众事"。[①] 厕神紫姑身世凄惨,能卜蚕事,受到民间妇女的欢迎。进而言之,在汉魏之际,"正月十五"虽具备了大致的节日框架,确定了节期、节称,但是这一节日到了唐宋时期基本就是"名存实亡"了。从唐宋的主流民俗文献来看,正月十五的名称得以保留,但节俗却大不同,已经基本变异为"灯节"。京城张灯结彩,灯会热闹非凡,发展出一系列燃灯、赏灯的节俗。从唐朝元夕金吾弛禁的"盛饰灯影之会"[②]到宋代持续数天的灯会"灯山上彩,金碧相射,锦绣交辉"[③],闹花灯、耍龙灯、送花灯,再加之灯会上的百戏表演,灯俗大放异彩,灯会空间构成了元宵节的重要场域。元宵节在唐宋时期不仅蜕变为独立节日,而且以闹元宵的节俗凸显出开禁的文化意义,这种仪式结构也逐渐固定下来,构成了我们现在较为熟悉的节日状态。过去的迎紫姑节俗逐渐边缘化,虽在民间仍有延续,不过世人皆知正月十五为

---

① [梁]宗懔撰,[隋]杜公瞻注,姜彦稚辑校:《荆楚岁时记》,北京:中华书局 2018 年版,第 22 页。

② [唐]刘肃,许德楠、李鼎霞点校:《大唐新语》卷八,中华书局 1984 年版,第 128 页。

③ [宋]孟元老撰,王永宽译:《东京梦华录》,郑州:中州古籍出版社 2010 年版,第 107 页。

灯节。清代《清嘉录》称："是夜,俗又呼为'灯节'",①人们要逛灯市,安排灯宴,造桥灯等等。在某种程度上,这实际上意味着原来的正月十五日已经被内容置换,除了留下了时间形式,差不多已经是另外一个新的节日了。

二、节俗合并型

这种节俗变异也并非罕见,如清明节、端午节都有此现象。作为节气的"清明"与后来的传统大节"清明节"并不能等同。如今为人所悉的清明节形成迟至唐宋时期,历经了一个节俗合并重构的过程。事实上,先出现的是寒食节,在中古及之前人们热衷于过寒食节,魏晋即有"去冬节一百五日,即有疾风甚雨,谓之寒食。禁火三日,造饧大麦粥"。② 这里点明了寒食节的时间及其禁火、祭祀的习俗,清明节还未独立成节。直到唐代初期仍将寒食节视为一个重要节日,"清明"在寒食节的系统中不过是一个标志性日子"清明日"。在时间上,寒食与清明只相隔一二日,清明换新火的重要节俗是作为寒食节的重要组成部分而存在。唐人也基本将寒食清明连用,如白居易诗曰"乌啼鹊噪昏乔木,清明寒食谁家哭"(《寒食野望吟》),连在官方放假通告中也称"(元和年间)寒食清明休假七日"。③ 不过清明的意义却开始凸显并趋向于独立了。在春季,上巳、寒食、清明三个节日节期相近,前后承接,唐代除了过寒食节,还追捧上巳节。在娱乐风气盛行的唐朝,人们在三月三举行"曲水流觞",宴饮郊游,基本以郊游、踏青、祓禊为主要节俗。由于节日挨得近,寒食上巳连过的情况在诗歌中也有反映,唐诗人沈佺期曾在题为《和上巳连寒食有怀京洛》的诗篇中写道"行乐光辉寒食借,

---

　　①　[清]顾禄:《清嘉录》,南京:江苏凤凰文艺出版社 2019 年版,第 61 页。

　　②　[梁]宗懔撰,[隋]杜公瞻注,姜彦稚辑校:《荆楚岁时记》,北京:中华书局 2018 年版,第 29 页。

　　③　[唐]郑余庆:《大唐新定吉凶书仪》,周一良、赵和平:《唐五代书仪研究》,北京:中国社会科学出版社 1995 年版,第 185 页。

太平歌舞晚春饶"。这种节期的相近性使得清明节逐渐吸纳了寒食扫墓祭祀与上巳郊游踏青的节俗传统,将其整合到清明节的节日框架中了。到了宋代,基本上将寒食视为清明节的一部分,普遍以"清明节"统一称呼。《梦粱录》载:"清明交三月,节前两日谓之'寒食'……寒食第三日,即清明节","官员士庶,俱出郊省坟,以尽思时之敬。车马往来繁盛,填塞都门。宴于郊者,则就名园芳圃,奇花异木之处;宴于湖者,则彩舟画舫,款款撑驾,随处行乐"。[①]可见清明节早已蜕变为融合寒食、上巳节俗的祭祀大节,以双重节日传统基调重构了自身,在明清以后更得以扩张,如今寒食、上巳基本都已湮没甚至在不少地方失传了。此外,端午节的发展与吸收了夏至节的节俗也有很大关系。"端午"又称"端阳""端五""重午"或"五月节""天中节"等等,即"阴阳争,死生分"(《礼记·月令》)的日子,其与夏至相隔几日,夏至的阴阳观念构成了端午节俗演变的基础。从《四民月令》来看,东汉五月五日还处于夏至节的框架中,基本可以说端午乃发源于古之夏至。但随着汉魏之际夏至节俗向端午节的转移,端午也逐渐整合了夏至而成为夏季最大的节日。因此,有学者指出:"定型后的端午很大程度上吸收了夏至的内容"。[②] 这个说法是很有道理的。

三、主题改写型

这类节日的节俗变异影响甚远,甚至一定程度上影响到节日的主题及其发展走向,比如七夕、重阳与端午。这三个节日的节俗都经过魏晋时期节日传说的诠释而发生较大的转变。这种所谓的"改写"并非是完全取代,而是节俗经由诠释、增添明显使得节日的主题发生转向。这种节日的发展动荡在历史上也是屡见不鲜,使

---

① [宋]吴自牧:《梦粱录》,杭州:浙江人民出版社1980年版,第12页。

② 刘晓峰:《论重数节日序列及其阐释系统的形成》,《民俗研究》2005年第3期,第223页。

得节日的源头、节俗内涵及意义都扑朔迷离。从七夕的节俗流变来说,作为传统古老节日的七夕不仅历史悠久,而且内涵多样复杂、几经变迁,融星宿崇拜、爱情传说、手工技艺等多重文化于一体。东汉的七月七延续了《诗经·豳风·七月》中的生活情形,与民众的周期性年节变化密切相关,"七月七作麴,合蓝丸及蜀漆丸,暴经书及衣裳",[①]有晒衣裳、晒书的习俗。随着汉代牛女故事的成型,七月七乃"牵牛织女聚会之夜"[②]的说法就深入人心,经过传说重新诠释的七夕节从"晒衣节""晒书节"变成了"乞巧节",人们将织女视为祭拜的对象,妇女们对月穿针乞巧,并开展一系列赛巧、斗巧的活动。从汉魏至明清,漫长的历史发展中七夕节属于名副其实的"乞巧节""女儿节"。"乞巧"乃是七夕节俗的核心,比拼手艺,祈求好手艺是妇女们的共同追求。除此之外受爱情传说的影响,七夕也饱含着女子们乞求吉祥、福寿、好郎君的愿望,也生发出"乞子""乞美""乞爱"的习俗。如宋代的七夕节就显得与众不同。尽管宋代乞巧风俗兴盛,但是民众特别痴迷一种"磨喝乐"的泥偶。《岁时广记》称:"磨喝乐,南人目为巧儿",这种节物被用来传达妇女们"宜男"的祈愿。当时有俗语"捏塑彩画一团泥,妆点金珠配华衣;小儿把玩得笑乐,少妇供养盼良嗣",这种铺陈"磨喝乐"以乞巧早生贵子、多子多福的节俗不仅成为乞巧仪式的一部分,甚至一定程度上展现出不亚于"乞巧"的重要性。若将眼光投向现代,牛郎织女传说中的两情相悦元素被不断放大,年轻人在七夕节表达爱意成为新节俗,七夕节蜕变为与西方情人节相对应的中国情人节,古老的乞巧节俗又渐趋淹没在历史的尘埃中。可以说,汉魏及现代以来的七夕节俗变异是相当大的,几乎改写了七夕节的主题。

---

① [汉]崔寔撰,石汉声校注:《四民月令校注》,北京:中华书局2013年版,第55页。

② [梁]宗懍撰,[隋]杜公瞻注,姜彦稚辑校:《荆楚岁时记》,北京:中华书局2018年版,第56页。

对于重阳节而言，人们习以为常的登高、插茱萸、饮菊花酒以避忌禳灾的节俗也是节俗变异的结果。从源头上来说，重阳节可追溯至先秦时期的秋祭与尊老文化，《礼记·月令》载："季秋之月，……乃命冢宰，农事备收，举五种之要。藏帝籍之收于神仓，祗敬必饬。是月也，大飨帝，尝，牺牲告备于天子"，①于九月举行秋尝之祭以祀天帝、感恩祖先乃上古时期的四时祭之例行活动。秋祭活动一般包括祭祀祖先、宴饮歌舞及祝寿祈寿等内容。《诗经·小雅》曰："济济跄跄，絜尔牛羊，以往烝尝。或剥或亨，或肆或将。祝祭于祊，祀事孔明。先祖是皇，神保是飨。孝孙有庆，报以介福，万寿无疆！"②其所描述的即是祭祖祈寿的仪式过程。此外，先秦两汉时期都将尊老作为早期重阳节的重要内容，无论是《月令》中的"养衰老，授几杖，行糜粥饮食"③还是《后汉书》中的"年始七十者，授之以王杖，铺之糜弱。八十九十，礼有加赐。……是月也，祀老人星于国都南郊老人庙"，④皆将将九月作为养老活动的布施时期，并举行了老人星祭祀仪式以祈求长寿。不过，联系魏晋时期出现的恒景登高避灾传说以及当时重九灾异说的流行，道家文化的成熟，可推测在道术思想的影响下，重阳节被改造成避灾的节日，对此有学者分析道"将'阳九之厄'灾异说与九月九日结合的，极有可能便是当时大肆宣扬修习道教经典便可度过'阳九百六'灾期的道士，上述《续齐谐记》中的九月九日起源故事，指导桓景避祸的费长房正是东汉时期的神仙方士，其事迹见载于《后汉书·方术列传》。"⑤端午节亦类似，同样也在魏晋南北朝屈原传说的流行之后出现节俗的变异，主要表现为原本早就存在的食粽子（角黍）、划龙舟的习俗都被"征用"过来，统统诠释为祭祀屈原，这种附会性的解

① 《礼记》，北京：中华书局 2017 年版，第 339－340 页。
② 程俊英、蒋见元：《诗经注析》（下），第 655－663 页。
③ 《礼记》，北京：中华书局 2017 年版，第 334 页。
④ ［宋］范晔：《后汉书》，北京：中华书局 2007 年版，第 930 页。
⑤ 郭佳：《九月九日重阳节探源》，《文化遗产》2017 年第 5 期，第 119 页。

释形成之后致使端午节俗发生较大变异，并为端午节增添了新的主题，演变为人物纪念的节日。不过，值得一提的是，端午节的整体结构并未遭到破坏，其本质上仍是避忌的节日，即使是划龙舟、吃粽子仍具有调和阴阳的重要意义。

四、文化转译型

比如，"七月半"在经过道教、佛教的文化注入与转译之后，从民间的祭祖节变成了道教的"中元节"、佛教的"盂兰盆节"，增添了很多佛道的节俗。《武林旧事》记载："七月十五日，道家谓之'中元节'，各有斋醮等会；僧寺则于此日作盂兰盆斋；而人家亦以此日祀先"。① 不仅有祭祖、放河灯、祀亡魂等世俗节俗，还有斋醮、盂兰盆斋等宗教仪式，其节俗呈现出世俗与神圣相融合的杂糅性。但这种宗教扩张渗透的策略并没有影响到七月十五"敬祖孝亲"的文化核心。

至于其他的节俗变异更是随处可见。以上对节俗变异的分析尚未考虑到地域性、民俗性的差异，仅作笼统的标志节俗讨论，若加上在地化的影响则节日的异化情况则更加复杂。此外，从整体来说，节俗的变异还受到娱乐化与消费化的影响，这也是不能忽视的一个重要因素。自唐宋以来，娱乐消费对节日的影响广泛且深远，不仅许多节俗的禁忌紧张色彩减弱，而且也增添了不少娱乐放松的节俗。

总而言之，在节日的发展过程中，伴随着结构稳定性的乃是节俗变异性。实际上，二者并不矛盾，恰恰是结构的稳定性与节俗的变异性构成了节日的常态。究其原因，节日的结构"稳定"，相对而言主要是有两点：

---

① ［宋］周密，［明］朱廷焕著：《武林旧事》附《增补武林旧事》，郑州：中州古籍出版社 2019 年版，第 147 页。

一是节日的历法体系没变。

对节日的理解既需要体会其所蕴含的人文精神与社会内容，也不能忽略其所依托的时间制度。从根本而言，节日是一种自然时间的人文化创造，表达着人们对时间的理解，体现着天人合一的精神。几千年来传统中国人的节日生活并没有脱离春耕、夏种、秋收、冬藏的自然节律，从最早发展的四时祭祀，到后来一年之中错落有致的节日分布，节日的稳定性根植于中国人的时间节奏感。而真正促使传统节日体系形成并基本固定下来乃是由于历法体系的完善，对此刘晓峰有过深入而详细的考察。他指出："节日的产生和节日体系的出现，一定有赖于完整历法的出现。因为历法是皮，而节日是附着于皮的毛。"①这种"皮毛论"形象比喻了历法与节日之间的紧密关系。在历史上，至少有两次历法的关键发展时期，第一次是殷商时代早期历法的出现，将上古时期的祭祀活动纳入历法中，构成了早期节日的雏形，形成了原始节日体系；第二次是发生于汉武帝时期太初历的颁布，通过确定正月初一为岁首，实行阴阳合历，使得传统节日有了固定的节期，更贴合人们的生产生活节奏。这一历法体系的施行，不仅使得传统节日体系在汉魏之际初步形成，而且也直接奠定了后世的传统节日体系，在长达两千多年的历史发展中传统节日体系没有发生大的变动，基本上是在此基础上的修补增减，主干节日保持了一如既往的稳定。所谓"天不变，道亦不变"，自汉以后后世基本沿用这种阴阳合历，传统历法体系没有大的变化，传统节日体系相应也维持了较强的稳定性。而传统节日体系在现代以来趋于衰落，发生文化断裂，除了社会文化环境的变化，跟中华民国成立以后开始采用西历，也有着一定的关系。

---

① 刘晓峰：《从节俗的历史演进看传统与创新》，《民间文化论坛》2007 年第 3 期，第 7 页。

　　二是节日的功能与性质没变。

　　除了历法稳定的原因,节日的定位与功能也一定程度上决定着结构的稳定。按照功能主义的看法,"一物品之成为文化的一部分,只是在人类用得着它的地方,只是在它能满足人类需要的地方","所有的意义都是依它在人类活动的体系中所处的地位,它所关联的思想,及所有的价值而定"。① 节日也不例外,节日作为代表性的民间文化系统也发挥着重要的文化功能。进言之,传统节日因其能满足人们的特定需求而得以延续发展。从大的节日框架来说,贯穿一年始终的节日将人们的农业生活、社会交往、祭祖祭神、生育繁衍等串联起来,人们依据岁时节日来安排、构建物质精神生活秩序。东汉《四民月令》即提供了一个早期生活秩序的文本,交织着物质生产、家族交往、精神信仰等多重内容。对于老百姓来说,生活的节律感与秩序感是极为重要的,其意味着可供参考、遵守与适应的生活模式。例如,正月祭祀、祈年、鞭春;元宵节开禁,男女交往;上巳节游玩踏青、调理身心,约婚生育;清明节祭祀,扫墓;入夏后,炎热暑毒滋生,端午辟邪驱瘟,七夕拜星乞巧;秋高气爽,团聚赏月,饮酒登高,新谷登场,瓜果成熟,欢庆秋社;入冬后,农事告竣,闲暇增多,冬至腊月此起彼伏,小年大年接连不断,开始辞旧迎新。而且,这种节日框架对社会维持也有非同寻常的意义,正如有的学者指出:"节日一旦形成,并成为一种传统,它就能成为构建社会秩序的模式。……传统节日正是将时间、周期重复的言语和身体姿势等这些标记集合组织进人们的特定话语之中,而这种话语又构建起了现实与其具体内容和象征意义的关连,从而强化个体身体对自己所属群体的记忆,使得人们产生一种传统延续的体验、维持社会现状的意识。在此过程中,传统也得以延

---

　　① [英]马凌诺斯基著,费孝通译:《文化论》,北京:华夏出版社 2002 年版,第 17 页。

续"。① 这种在规律性节日生活中所培养出来的文化认同感也会反过来强化维持社会的秩序,延续社会历史记忆与文化传统。

从具体节日的功能来看,几乎所有的节日都有特定的文化功用,如宣扬伦理观念、传递社会规范、维系家族情感、调节人际关系等。前文已分析过单个节日,其基本都具备稳定的仪式结构,且具有相对确定的内核精神与反复操演的特点,一旦形成之后往往就构成了一个象征文本,通过形式化语言来固定表达节日的内容,比如重复性的祭拜仪式、口头语言、身体动作等等。尽管在历史变迁中,可能出现对象征意义理解的多样性,但相对来说人们能在重复性的仪式过程中形成一定的群体记忆,凭借体验来感受把握节日的象征意涵,接受以节日为载体的观念教育、知识教育与情感教育。可以说,在某种程度上节日实际上是将一些复杂的文化内容凝化为一种仪式,变成老百姓喜闻乐见的民间文化。在古代社会,作为"小传统"的节日文化通常是对接"大传统"文化价值观、知识系统并使之下沉的一种重要形式。例如,年节乃是一个辞旧迎新、祭祖团圆的日子,其以严肃的祭祖仪式,形塑了敬祖追思的文化传统,定义并维护的家族观念,加强家族凝聚力与团结力,培育民众重亲情、重家族的人伦观念。年节的这种功能不变,其基本的仪式结构也不会有较大变化。端午节的主要功能在于避忌禳灾,用现代的话来说,乃是卫生防疫,这是面临炎热夏季的一种防疫措施。所以,在卫生条件较差的古代,即便增加了纪念屈原的主题,但是避忌的节俗仪式始终未曾摒弃,而是始终延续下来。直到近现代以来,随着公共卫生防疫水平提高,这些巫术性质的避忌手段才逐渐弱化。因此,节日的基本性质、定位与功能不变,单个节日的仪式结构也相对较为稳定。尽管时代变迁,节俗变异,但是传统节日所发挥的构建生活节律、维护社会秩序、强化文化认同、传承民族

---

① 李峰:《节日的功能及其社会学隐喻》,《河南社会科学》2008 年第 4 期,第 110 页。

文化与群体记忆等统一性、整合性功能没变,故而也能保持长久的稳定。

　　而节俗之所以"变异",则是由特定的社会文化结构决定的,社会文化的变迁基本上都会反映到节日中。不同的时代有不同的节日特点,虽然传统节日的文化体系是统一的,但各个朝代对节日的侧重不同,比如唐代重视元宵节,宋代推崇七夕节,在唐宋时期地位较弱的中秋节,反而在明清时期成为与除夕、端午节并列的三大节,人们在这三大节"按节索欠,谓之'三节账'",①可谓新节俗。节日作为一种复合性文化,融汇着物质文化、语言系统文化、精神信仰文化、社会组织文化等多重内容,属于世俗与神圣的交汇空间,上接精英文化,下通民间文化,外融外来文化,不时与不同层面的文化展开交流互动,基本上在饮食、语言、工艺、戏曲、歌舞、商业、信仰等多方面的变化都或多或少渗入节日中。例如,唐代热衷"胡风"与崇拜外来事物,于是胡饼、胡旋舞等饮食、舞蹈都融入唐代节日文化中;唐宋时期"百戏"发展繁盛,娱乐场所众多,百戏表演就成为节日空间中的亮丽风景;明清时期商业文化发达,节日中增加了诸如正月"接财神"、喝"财神酒""送元宝鱼"、玩"升官图"游戏等祈愿升官发财的节俗内容;佛道文化的发展与扩张直接促使了宗教节俗的增加以及宗教节日的增多。从节俗变异的整体趋势来看,从汉魏到唐宋、明清主要表现为显著的娱乐化、商业化倾向,节俗更为热闹、活泼、欢愉,除了人们对"佳节"的偏好心理,显然这跟物质生活的富庶、城市商业文化的发展所提供的强大支撑有关。而相较于明清,唐宋的节俗变异展现出更多的外来文化色彩,更具有浪漫华丽的风格,这与唐宋时期对外交流频繁,对外政策宽松,特别是唐代不拘一格吸取多元文化有着莫大的关系。可见,要将节日置于社会文化结构中去理解,节俗的变异是多种文化合力作用的结果,是应对社会文化变迁的自身调适。

---

① ［清］顾禄:《清嘉录》,南京:江苏凤凰文艺出版社2019年版,第360页。

第三节　结构性传承：传承与创新的辩证法

从上文的讨论可知,传统节日的结构具有较强的稳定性,其中首先最为稳定的是传统节日体系的外在框架,也即基于农耕生活节奏而形成的一年四时的节日体系,其次较为稳定的则是节日的内在结构,尽管伴随着节俗的变异而发展,但基本上变动较小。这种节日的稳定性不仅昭示着节日本身具有内在的精神、规律与发展逻辑,也使得节日成为一种"传统",绵延不绝、深入人心,具有传承民族文化、凝聚族群力量、增强文化认同的重要作用。

进入近现代以后,随着时间制度的变革、经济全球化时代下的社会变迁,传统节日遭遇着多重危机:作为时间提示作用的失灵、脱离农耕生活环境的无所适从、革命话语人为的阻断、直面外来节日文化冲击的脆弱……归根结底,正如萧放所说,传统节日是"农业社会的生活节奏与农业时代伦理文化的产物……在工业文明与信息化的时代,传统节日已经不是人们生活紧密依赖的时间坐标,人们对传统节日更多的是文化欣赏与精神留恋,享受传统节日是对生活的丰富而不是必需"。[①] 传统节日在现代生活的地位下降已然是不争的事实,这意味着节日的传承从传统社会的习俗、风俗变成一个"问题"。在农耕文化语境中,节日即是老百姓生活必不可分的一部分,而在现代社会中,传统节日虽不至于消亡,却一定程度上"悬浮"于人们的生活,过节的重要性、节俗的神圣性与仪式性都大大降低。如果说传统社会的节日传承是一种自然而然的习俗性传承,那么现代环境中的节日传承却需要依赖于"文化自觉"。

事实上,近二十年的节日保护、振兴工程就是在新语境下的一种文化自觉实践。如 2006 年第一批国家级非物质文化遗产名录

---

① 萧放:《传统节日的复兴与重建之路》,《河南社会科学》2010 年第 2 期,第 45 页。

就将包括春节、清明节、端午节、七夕节、中秋节、重阳节等 7 个传统节日,以及其他 26 个少数民族传统节日等纳入保护的对象;在 2008 年第二批、2011 年第三批、2014 年第四批等国家级非遗名录中,传统节日皆有上榜,如元宵节、中元节、中和节以及畲族三月三、土家年、彝族年、望果节等 20 多个传统节日、地方节会等;在 2009 年端午节入选联合国教科文组织人类非物质文化遗产代表作名录,2016 年二十四节气同样入选,成为世界级非物质文化遗产;2017 年中共中央办公厅、国务院办公厅印发《关于实施中华优秀传统文化传承发展工程的意见》,明确提出:"深入开展'我们的节日'主题活动,实施中国传统节日振兴工程,丰富春节、元宵、清明、端午、七夕、中秋、重阳等传统节日文化内涵,形成新的节日习俗。加强对传统历法、节气、生肖和饮食、医药等的研究阐释、活态利用,使其有益的文化价值深度嵌入百姓生活",[①]正式实施中国传统节日振兴工程。此外,国家法定假期逐渐向传统节日倾斜,2007 年 12 月国务院公布《关于修改〈全国年节及纪念日放假办法〉的决定》,规定清明、端午、中秋与春节一样都成为法定假日。各类媒体也制作播放节日相关专题片,如央视从 2005 年开始播放《我们的节日》系列专题片,陆续播放各类元宵节晚会、中秋节晚会等。围绕传统节日的保护、传承与发展,一系列国家文件的出台与遍布各地的节日文化活动都在将节日视为一种优秀的文化传统而予以自觉地传承,显然,传统节日传承成为自上而下的重要文化工程,这也是民族国家面临多元文化冲击意识到传统的重要性与珍贵性,试图通过重建节日传统以筑造文化认同,增强文化竞争力的举措。

进一步来说,通过文化自觉来传承节日即主动、自觉地吸纳各种力量,使之进入传统节日的当代场域。除了政府的提倡与主导,

---

① 中共中央办公厅、国务院办公厅印发《关于实施中华优秀传统文化传承发展工程的意见》http://www.gov.cn/gongbao/content/2017/content_5171322.htm

还包括其他一系列外部主体,如资本、商家、社区、社会组织、学者等,"使得当代中国节日传统的生产成为了一个多元主体共同参与建构的集体性活动"。① 虽然这种多元主体参与的格局对于节日的当代传承起到了积极促进作用,唤起了人们对传统节日的重视,但是这种靠着文化自觉的节日传承也意味着一种文化干预。

这种外部势力介入传统节日发展的状况在历史上是不多见的。一般来说,传统节日是具有自发的属性的,是融入、渗透进老百姓的生活,在日月推移、日积月累的过程中以自然的状态流传、发展与变迁的,并不需要外力的扶持或设计。尽管在节日历史上也出现过官方对民间过节的干预,比如汉魏时期官方发布的寒食节禁令等,但总体来说传统节日仍处于一个相对自在、自为、自由的发展状态。但是,现代社会将传统"对象化",传统成为需要被建构的东西,传统节日的衰落处境也使其自身依赖于政策、文化的扶持。对此,张勃指出传统节日进入"建构时代",意指"节日处于人为积极干预的非自然发展阶段,人为积极干预不同于抑旧扬新、破旧立新的干预模式,其重点在于节日建设,以扬旧创新、新旧并举为行动取向"。② 不过,节日的传承、建构与更新并不是任意的、毫无基础的,而是有条件、有限度的。很多时候,节日的发展并不以人的意志为转移,而是具有自身的内在自为发展逻辑。

基于上述语境,在多元外力介入传统节日的传承、更新的大环境下,为更深入探究节日的传统与创新、内部与外部的关系,本文提出"结构性传承"的概念来予以解释、讨论如何在当代社会处理好节日传承的"变"与"不变"、坚守传统与鼓励创新的问题。所谓"结构性传承",乃是针对外力干预传统节日更新与发展而提出的一种传承方式,其提倡深入理解节日的结构,领悟节日的主题与精

---

① 张青仁:《节日日常化与日常节日化:当代中国的节日生态——以 2015 年为案例》,《北京社会科学》2019 年第 1 期,第 10 页。

② 张勃:《建构时代的中国节日建设》,《民俗研究》2015 年第 1 期,第 64 页。

神,秉持结构不随意动、节俗能因时更新的原则,以多种方式创新节俗,使之在古老的节日结构形式中长出新的内容,以此来活化传统节日的精神。也就是说,基于传统、利用传统来进行节日的更新,在延续既有的节日结构框架的前提下去进行节俗的创新发展。具体来说,"结构性传承"主要包括三层"递进"的含义。

首先,"结构性传承"是外力介入节日传承而划定的一种"红线"尺度、底线框架。节日更新的多方参与具有显而易见的优势,如激活传统节日的活力,最大程度释放节日的政治、经济、文化功能,创造出更多新鲜活泼的节日新民俗……不过,正如现实所呈现的那样,政治话语、革命话语、经济话语对传统节日的过分强力"捆绑"与"挤压",却往往只能适得其反,造成节日的异化与节日的乱象。"结构性传承"就是力图为节日的传承创新划定一条"红线",要求在振兴节日的过程中要小心谨慎地对待节日的精神主题、时间节奏、仪式结构等,不能擅自更改节日的结构。

实际上,进入现代社会后,包括春节、清明节、中秋节等在内的传统节日都遭遇过人为力量的过分干预与更改。早在20世纪初期,传统节日就被视为落后的、旧时代的文化象征从而成为改造的对象。例如春节,作为中国最重要的传统节日也在现代性政治话语中遭遇最强烈的抵制与改造。春节被视为集聚封建文化的重要空间,旧王朝的文化遗产,为凸显现代性、进步性的革命精神,辛亥革命后在1912年1月1日孙中山就任南京国民政府临时大总统时就宣布"中华民国改用阳历,以黄帝纪元四千六百零九年十一月十三日,为中华民国元年元旦",紧接着又下令"阳历正月十五日,补祝新年"。[①] 这里就做出了一个重大的改动,以格里高利历(西历,也叫"公历")的1912年1月1日为中华民国的新年,相当于将

---

① 孙中山:《临时大总统改历改元通电(一九一二年一月二日)》,广东省社会科学院历史研究室、中国社会科学院近代史研究所中华民国史研究室、中山大学历史系孙中山研究室合编:《孙中山全集》第二卷,中华书局2006年版,第5页。

传统新年的"元旦"（农历正月初一）称呼给了公历的新年，放弃了传统的农历，把阳历的1月当作"正月"。在1914年1月的《四时节假呈》又获批准，里面提到"拟请定阴历元旦为春节，端午为夏节，中秋为秋节，冬至为冬节。凡我国民均得休息，在公人员亦准给假一日"。①就此农历新年就被迫放弃了延续千年的"元旦"称呼，被冠之以"春节"的新名称。然而，法律、政令的规定并没能改变老百姓的过年习惯。尽管人们接受了"春节"的说法，但还是在家举行传统新年的节俗活动，这就造成了一年之内两个"新年"的格局。到了1928年国民政府继续立意推进"移风易俗"，彻底改造旧历节日，"净化"社会风气，声称"考社会日常状况，十余年来，依然沿用旧历，罔知改正……如不根本改革，早正新元，非惟贻笑列邦，抵牾国体，核与吾人革命之旨，亦属极端背驰"，因此要"拟办法八条，冀从根本上谋彻底之改造"，②严禁私自售卖旧历，还要求将传统阴历年的拜年庆祝都挪至阳历年的元月内举行。当然，春节的现代化改造结果是失败的，对接了西历、注入了新政权意志的国家公历新年没有得到民众的认同，也始终没有推行下去。元旦之时冷冷清清，全无过农历年的热闹氛围，甚至政府派警察在大街上劝阻民众在旧历拜年也无济于事，民众依然对过传统新年热情高涨，商人们依然在农历年底结账，没有人真正把元旦当"年"过。

年节改造的失败折射出政治话语在移风易俗中的限度。就其失败的原因而言，这种提升至革命高度的节日改造并不是简单的节俗变异，而是"伤筋动骨"式的大改动，不顾民众生活的自然节律擅自更改过年的时间，动及年节的根基，完全忽视了传统新年"辞旧迎新"的文化结构。过年之所以重要、特别，对中国人具有根本性的意义，主要在于传统新年是"三元之日"，即年、月、日的开始，

① 朱启钤：《蠖园文存·四季假呈》，贵州省文史研究馆编：《民国贵州文献大系》第三辑上册，贵阳：贵州人民出版社2015年版，第40页。
② 中国第二历史档案馆：《中华民国档案资料汇编（第五辑第一编文化类）》，南京：江苏古籍出版社1991年，第424-426页。

标志着一年的开端,这个特殊的时间点并不是任意人为确定的,而是古人结合太阳与月亮的周期变化测定下来的,具有强烈的"新生"象征性。前文说过,中国的传统节日依托于历法而存在,许多节日都与天体运动周期紧密相连,如"春节(初一是新月初生)、中秋节(十五是月满)等与月相联系在一起,清明、夏至、冬至等与太阳在回归线上的位置联系在一起。综合太阳和月亮与人和自然的关系来确定节日的时间,能够更鲜明地体现人与天(自然)的关系",[①]人们既将传统新年时间的开端,也作为生产生活活动的最重要节点,这是符合天人合一的文化深层意义的。新年礼仪是在几千年的文化积习中形成的,其节俗的仪式结构既表达国人在时间、文化心理上的"辞旧迎新"的过渡意义,也承载着祭祀、宗教、娱乐、交际等多方面的内容。这种"积习"有着顽强的生命力,是"难返"的,阳历元旦即便"篡改"了年终岁首的节点时间,也不符合传统生活的节律,强行将过去的节俗都转移过去的做法自然也无法为百姓所接受。可见,更改传统新年的时间无疑就是碰到了"红线",一旦时间变了,过年的结构也就变了,节俗仪式也难以名正言顺了。类似的节日革命化、政治化现象在 20 世纪现代国家政权建设中屡见不鲜。

此外,随着经济文化的蓬勃发展,消费化的逻辑全面渗入传统节日中。几乎每个节日都跟经济消费有着密切的联系,除了节日本身自带的消费属性,节日的过度消费化显然跟资本的介入有着重要关系。从节日礼品、节日用品到节日出行,各大节日成为商家争夺的战场,铺天盖地的广告、打折、促销活动层出不穷,节日被改造成"购物节","买买买"成为节日的主题。尤其是在商家大肆的渲染中,节日与某些特定的消费品建构了直接的关系,如七夕节送玫瑰、珠宝等等在资本的操纵下被神话为新节俗,反而关系节日

---

① 高丙中:《作为一个过渡礼仪的两个庆典——对元旦与春节关系的表述》,《中国人民大学学报》2007 年第 1 期,第 51 页。

精神与文化内涵的节俗却渐趋失落。这种经济话语侵蚀下的节日异化现象不仅造成现代人忽视节日的情感内涵,也在潜移默化地偏离了节日的本质文化结构。

因此,在传统节日振兴的当代社会,更要意识到节日是有着自身的传统的,节日的结构具有较强的稳定性,节日创新是有限度的,不能过多地以政治、经济话语去干预节日的发展,更不能随意触碰或改变节日的内在结构。结构性传承的提出实际上即是作为一种底线框架而存在,提醒着各种外力对节日的强力介入与无底线的更新。

其次,"结构性传承"是基于节日的核心主题、发展规律与特点而进行的合理创新与理性调适。节日的结构稳定性与节俗的变异性在阐释一个事实,即节日的更新发展要以节日的结构为基础,不能脱离节日本身的传统与框架。事实上,任何节日在现代社会的更新成功都不是无基础的创新,都一定程度上把握到创新的限度与调适的边界。

以节日发展变动较大的两个节日重阳节、七夕节为例。从魏晋以来,重阳节在古代一直都是一个辟邪禳灾的日子,但到了现代社会后才被改造、定为成"老年节"。从 20 世纪 80 年代以来,关于将农历九月九日定为老年节的讨论越来越多,随着北京在 1987 年率先通过重九日为"敬老日"的决议,甘肃、山西、上海等地也纷纷在本地施行老年节。直到 2012 年《中华人民共和国老年人权益保障法》规定:"每年农历九月初九为老年节",重阳节被命名为"老年节"正式入法。这种国家层面的承认在后来的发展中,收到了较好的成效,各地都将重阳节视为敬老、尊老的日子,开展不同类型的敬老活动,"在重阳节的传承过程中,民众逐渐形成了'祈福感恩'、'娱乐身心'、'孝老敬老'的多维心理特点",[①]这也使得重阳节被

---

① 邓清源、黄永林:《要素传承与功能重构:中国传统节日重阳节的当代变迁》,《节日研究》2021 年第 1 期,第 42 页。

注入了公益文化的性质。悉数重阳节现代调适的逻辑，就可以发现重阳节成功变成"老年节"并不是偶然的，而是有迹可循的。从重阳节的文化结构来说，魏晋时期恒景传说对重阳节的避灾主题诠释并不是重阳节的原始义，其源头要追溯到先秦两汉时期的秋季敬老尊老文化。《礼记·月令》早就有养老文化记载，汉代以"孝"治天下，敬老养老文化更盛行，在仲秋之月优抚老人，给七十以上的老人赐鸠杖、羊酒、糜粥、布帛是典型做法。鸠杖是汉代敬老养老制度的象征物，持有鸠杖的老人拥有一系列经济、政治、文化方面的特权。持杖之人可以自由出入官府，见官还不用"趋"，外出时可以走驰道，做买卖还减免租税……假如有冒犯持杖之人，还有相应的法律处罚，仅仅是殴打或侮辱了老人，就以大逆不道的罪行斩首弃市，甚至有的罪人还连累到亭长、乡官们被"弃市"。[①] 甘肃威武出土的鸠杖可谓汉代敬老的最权威实物证据，专门性尊老法典《王杖诏令册》相当于古代的老年人保护法。因此，重阳节的源头应为上古的养老节。从重阳节的节俗来说，"九"有"长久"之意，重九阳气最盛，重阳日登高能使得阳气衰弱之人补阳气，菊花又名"延寿客"，都跟祈寿有关，是很符合养老节的主题的。一定程度上来说，敬老养老才应是重阳节始终不变的主题。现代社会重新在重阳节中注入了敬老的内涵，"实际上是剥离了节日中儒家灾异论与神仙方士思想的因素，将早已遗忘的'养老祈老'之观念习俗重新拉回当代人们的视线之中"。[②] 特别是在老龄化日益加重的社会，空巢老人的快速增加，养老问题的日益突出，更需要一种敬老文化来加深全社会对老人的重视，形成关爱老人的良好氛围。

七夕节在当代社会的更新与重构也再次证明，"在传统复兴的情境中，往往具有历史合法性和现实合理性的再次命名才能获得

---

①　张从军：《鸠杖与汉代敬老习俗》，《民俗研究》2005 年第 1 期，第 57 页。

②　郭佳：《九月九日重阳节探源》，《文化遗产》2017 年第 5 期，第 122 页。

成功"。① 七夕节在现代的流行是作为"中国情人节"而非"乞巧节"。从"乞巧"到"乞爱"的跨度看似横亘着千山万水,但这种有着资本商家推动,民众广泛参与的节日蜕变也并非全是一种"无中生有"。七夕节在民间成为"情人节""爱情节"是一件相当晚近的事,可以说是进入 21 世纪所发生的一项重要的传统发明现象。七夕节的神秘、浪漫之处在于其始终萦绕着牛郎织女星宿神话传说,汉魏之后这个神话故事结构深嵌至七夕节之中,提供了七夕拜星的时间框架、祭拜缘由,不过不同时代所"乞"的内容有一定差异,从魏晋到唐朝是"乞巧",到了宋代"乞子"与"乞巧"并行,后来还有"乞美"等等。古代民间对牛女爱情虽充满想象,但主要还是妇女斗巧的节日,爱情的元素并不突出,相比较而言婚姻生育的分量要比爱情重得多。不过,七夕的爱情元素最发挥出魅力的还是在文人的笔下,从汉代以来关于七夕爱情诗词就绵延不断,"金风玉露一相逢,便胜却人间无数"(《鹊桥仙》)几成爱情诗词绝唱。从民俗来说,乞巧是传统;从文学来说,爱情才是七夕的动人主题。对于接受"大传统"文化教育的现代民众来说,七夕与爱情自然更深入人心,以牛郎织女的爱情故事为内核,借用西方情人节的文化符号来改造七夕节,这种"发明"实则是在发扬了七月七的爱情元素、对抗西方情人节、填补中国情人节空白的多重结构中获得了再生的活力。就其本质而言,尽管发生了七夕主题的转移,但未脱离传统七夕的文化范围,是结合时代需求对节日结构合理引导而发生的转变。

再次,"结构性传承"是一种尊重传统却不泥守传统、鼓励因时因地创新节俗的框架式传承。节日的现代传承不必过分执着于本真传统,节俗的变异性决定了"传统"乃是层累的、屡次自我创新的结果。要对现代节日的进行结构性传承,意味着兼顾传统性与创

① 张勃、王改凌:《再次命名与传统节日的现代转换——基于重阳节当代变迁的思考》,《西北民族研究》2015 年第 4 期,第 142 页。

新性的辩证原则,可以对传统节日予以更新,但是一定是要有条件、有保留的创新,不能任意更改节日结构,因时、因地创新节俗,满足人民群众与社会的需求。现代节俗的创新与变异可以分为多个层次、多种状况,具体来说可分为以下几种。

一、形式"微调"

无一节日不被打上时代的烙印,即使是结构与内容都最为稳定的除夕、清明节等也难免有着节俗呈现形式上的"微调",尤其是网络信息技术、通信技术的发展使得许多节俗都表现出"电子化"的特征。从过年来看,"压岁钱"变成了"电子红包","抢红包"成为新节俗;"放鞭炮"只能以"电子鞭炮"的形式出现;"守岁"在过去一般是"家人围炉团坐,小儿嬉戏,通夕不眠",①近二十年来融入了"看春晚"的习俗,家家户户守着电视机看晚会,等待着午夜的降临,同全国的观众一起倒计时,成为最激动人心的时刻。在守岁关键的几分钟过渡仪式中,春节晚会的倒计时"钟声"拥有了一席之地;"拜年"的电子形式多种多样,古人有登门拜年、"飞贴"拜年等形式,如今短信拜年、语音拜年、视频拜年、网络拜年等等占据了主流,极大突破了年节人际互动的时空限制。这些新变化不过是技术加之于传统的正常表现,在技术世界中建构民俗的秩序实属于"微调",并未影响到节日的结构。

在"互联网+"时代,以核心节俗为依托的"替代性"节俗形式也越来越多。清明节"云祭扫"就是典型,在 2020 年新冠疫情的影响下,为规避人群聚集的风险,线上的网络祭扫成为新方式,在"云祭扫"空间里,民众能以网络花圈、鲜花、蜡烛、音乐、寄语等网络仪式来表达慎终追远的情感。除了疫情之下的特殊情况,"云过节"的现象也越来越多,"云上过清明""云上过中元""云上过端午"等,如湖北宜昌就在 2020 年举办了"云上端午·诗意宜昌"2020 屈原

---

① 〔清〕顾禄:《清嘉录》,南京:江苏凤凰文艺出版社 2019 年版,第 339 页。

故里端午诗会、屈原故里 VR 云上端午习俗馆等系列活动。这既是技术神话嵌入节日世界的重要表现,也是节日文化合理利用技术调适自身的重要内容,两者在互构中引起节日空间的拓展,而在其中蕴意深远又维持不变的则是古老的节日情感与节日观念。基本来说,这种与时俱进的节俗变异乃是表层形式的"微调",这种更新不仅未曾触及节日的结构,而且一定程度上有利于"活化"节日的精神,聚合节日中的情感关系。

二、传统"翻新"

前述七夕节、重阳节都属此类,所谓"老年节""情人节"虽皆是进入 21 世纪才出现的新节日,但实际上是对古老的"重阳节""七夕节"所进行的"翻新"。这种传统"翻新"有两层意思:一是形式的"翻新"。如以命名的方式来使之具有新节日的形式。高丙中曾指出:"多名制是连接今昔和彼此的一种文化机制……从功利上说,多名能够让一个人或者一个机构左右逢源;从认同上说,它是人们应对骤变社会的方式:今日之我与昨日之我既前后接替(新命名),又同时并存(保留原名)"。① 一个节日拥有多个名称乃常态,节日的现代命名既是构建认同,也是在更新传统。通过将重阳节命名为"老年节"不仅对接上悠久的养老文化传统,也挖掘出重阳节之于现代社会的核心价值。可以说,在维持古老的重阳节内在结构不变的情况下,以赋新名的方式连接传统与现代,这种"老房翻新"式改造使得节日焕发出新的活力。而七夕节的现代之名"情人节"虽未得到法律承认,但民间将其当作"情人节"来过,无疑使得所谓的"伪民俗"具有了较强的现实功能。当七夕以"爱情"之名容纳了民众对爱情的渴求、永葆情感并获得了现代新生,这种事实上的节日"翻新"可被称之为"老树开新花"。二是内容的"翻新"。通过增

---

① 高丙中:《一座博物馆:庙宇建筑的民族志——论成为政治艺术的双名制》,《社会学研究》2006 年第 1 期,第 167 页。

添新的节俗内容来更新节日的内涵。被更新为"老人节"的重阳节在现代社会被赋予了更多的节日内容,除了传统的登高、赏菊,社会各界所共同参与的重阳节"生产"出各种新节俗,比如就个人、家庭来说,重阳节送父母礼物、请父母吃大餐、表达孝敬之意的做法较多,不过有着较为广泛影响的重阳新节俗即由政府、各类企事业单位组织的公益性敬老活动,到敬老院慰问老人、给老人们进行眼健康义诊、免费给老人们发放物资、为老人们集体庆生、举办老年节健步活动、老年节书法展,还有一些旅游企业针对老年人推出免费的游览项目等。当代重阳节俗的一大变化即是从"家庭"走向"社会",在公共空间所举行的公益活动成为主流,以社会公益诠释了重阳节关爱老人的节日意义。七夕节则与传统中华优秀爱情文化和家庭美德,培育正确的爱情观、婚姻观、家庭观结合起来。

三、内容"嫁接"

节日的结构并不排斥多重内容、主题与功能,因时、因地汲取多种文化因素来发展自身是节日流变中的常见现象。即使节日的主题发生一定转变,也并不意味着传统节俗就因此而消失,事实上传统仍有顽强的生命力,发挥着重要影响力。比如,端午节发生纪念的主题转向后,避忌禳灾的节俗依然兴盛;七夕节成为"乞巧节"之后,晒衣、晒书的习俗直到清代仍有留存。这种兼容性、共生性是节日作为载体、框架、平台的重要特点,能对接多形式、多地域的文化。现代节日的传承创新在这方面表现得更为突出、集中,文化的"嫁接"现象屡见不鲜。例如,不同类型文化的嫁接。在各地举办的端午节文化活动中,往往将卫生防疫文化、爱国主义文化、诗词文化、体育文化及非遗文化等都"嫁接"并融入端午民俗文化之中,端午民俗文化并不是唯一的表现对象,而是各类文化呈现的载体;端午空间也不仅是由端午核心意象构建的,而是融入了多元文化意象。以"端午"之名,串联聚集起诸多中国传统优秀文化。这种"杂合性"节日文化构建特点同样出现在中秋节、七夕节、元宵节等节日中。再如,不同地方性文化的嫁接。在福鼎龙安开发区,从2016年起每年元宵节都由龙安商会牵头,在龙安步行街举办"百家宴",主办方会邀请龙安、店下及附近其他乡镇的百姓聚会吃饭,围坐喝酒,观看筹办的元宵文艺演出,大家共同欢度元宵。而这种并不久远的元宵新俗,并非本地的节日文化传统。来自7省37个县的龙安百姓,有些人在老家参加过类似活动,来到龙安后就组织百家宴活动,此即将家乡的百家宴节俗"嫁接"到当地的风俗中,自然而然地与当地百姓的风俗习惯交流融合,每年的元宵百家宴变体现了这样一种文化融合的民俗。可以看出,节日的结构是有张力的,结构性传承能够"有选择性"地吸收不同风俗、文化,归根结底这些细枝末节的节俗变异与融合并未影响到节日本身的性质。

可见,节日的结构性传承有多种形式——可以"微调",可以"翻新",也可以"嫁接",将现代内容填充、融入既有的传统节日框架之中。从理想的状态来看,应是立足于节日的结构进行节俗的更新与增添。一般来说,仪式内容越复合,节日的功能也越具有复合性,包括经济的、政治的、文化的、社会的等等。传统节俗通常来说主要基于三种目的而形成,"一是服务于农时,二是维护身体健康,三是调节人伦秩序"。[①] 对于节俗的现代形成与传承而言,前两种作用效力已不大,除了节日作为人伦秩序调节机制仍发挥重要作用之外,节日的经济功能往往成为外力介入的主要诱因。根据刘铁梁对民俗文化的内、外价值划分,"内价值是指民俗文化在其存在的社会与历史的时空中所发生的作用,也就是局内的民众所认可和在生活中实际使用的价值。外价值是指作为局外人的学者、社会活动家、文化产业人士等附加给这些文化的观念、评论,或者商品化包装所获得的经济效益的价值……最重要的任务,应该

---

① 熊海英:《中秋节及其节俗内涵在唐宋时期的兴起与流变》,《复旦大学学报》(社会科学版)2005年第6期,第138页。

是关注民俗文化扎根于生活的内价值是不是得到了保持与新生"。
①传统节日在自为发展时所体现的主要是内价值,而如今对节日
的保护、策划与利用经常是以外价值替换甚至取代了内价值。事
实上,节日的外价值只有立足于内价值才能真正持续存在,结构性
传承对节日的内在结构、核心精神的重视正是意识到外力过分干
预节日发展对内价值的损耗,致力于在传承更新节日的同时提升
节日的内价值。

　　总而言之,结构性传承对节日的内在结构、核心精神的重视正
是意识到外力过分干预节日发展对内价值的损耗,致力于在传承
更新节日的同时提升节日的内价值。只有真正尊重节日自身的结
构,尊重节日的文化传统,尊重百姓过节的习俗逻辑,基于节日的
内价值合理更新节俗,才能使得传统节日传承实现良性的发展。

---

① 刘铁梁:《民俗文化的内价值与外价值》,《民俗研究》2011 年第 4 期,第 37 页。

第四章

传统节日振兴与城市生活

在人们印象中,中国传统节日来自农耕生活,具有乡土性,它与城市生活不太兼容。尤其在当代,城市化以及随之而来的乡村人口大量流失,这是传统节日危机的重要原因。然而,历史研究表明,这个"常识"是不准确的。事实上,元宵节、清明节、七夕节、中秋节等重要节日的起源与发展都与城市生活密切相关。这也就是说,城市生活的发展,不仅不会给传统节日传承带来危机,相反,它应该是传统节日当代振兴的重要契机。

第一节 传统节日的发展与城市生活

在古希腊、古罗马,诸多节日都兴起于城市,而在古代中国,城市是政治军事中心,居民主要是贵族,"从历史民俗资料看,城市早期没有自己的节日,城市贵族依靠传统农业时令生活,他们的生活资源都来源于农村,他们只是城居的领主"。[①] 到了唐宋时期,情况发生了变化,工商阶层等一般平民成了城市居民的主体,城市开始有了自己的生活文化,甚而兴起了一些来自城市生活需求的节日。我们发现,在传统四大节日中,至少有两大节日的形成与城市生活密切相关,一是清明节,二是中秋节。

清明节从唐代开始之所以能逐渐取代寒食节,是源于城里人

---

① 萧放:《城市节日与城市文化空间的营造——以宋明以来都市节日为例》,《西北民族研究》2010 年第 4 期,第 100 页。

的郊游、踏青需求。《唐会要》记载:"开元二十年四月二十四日敕。寒食上墓。礼经无文。近世相传。浸以成俗。士庶有不合庙享。何以用展孝思。宜许上墓。用拜埽礼。于茔南门外奠祭撤馔讫。泣辞。食余于他所。不得作乐。"①这则材料说明,唐玄宗时才有寒食上墓习俗,而且上墓后有饮食作乐行为。由此可进一步推论,一般乡民没有春日郊游内在需求,也没有野餐作乐条件,有此需求与条件的,应该是生活在城里的官宦、士人与商人、手工业者等。

到了宋代,清明节作为城里人的踏青、郊游节日就比较明晰了。《东京梦华录》如是描述北宋都城的清明节:

> 寒食第三日,即清明节矣。凡新坟皆用此日拜扫。都城人出郊。禁中前半月发宫人车马朝陵,宗室南班近亲,亦分遣诣诸陵坟享祀,从人皆紫衫,白绢三角子,青行缠,皆系官给。节日亦禁中出车马,诣奉先寺、道者院祀诸宫人坟,莫非金装绀幰,锦额珠帘、绣扇双遮、纱笼前导。士庶阗塞。诸门纸马铺,皆于当街用纸衮叠成楼阁之状。四野如市,往往就芳树之下,或园囿之间,罗列杯盘,互相劝酬。都城之歌儿舞女,遍满园亭,抵暮而归。各携枣䭅、炊饼、黄胖、掉刀,名花异果,山亭戏具,鸭卵鸡雏,谓之"门外土"。轿子即以杨柳杂花装簇顶上,四垂遮映。自此三日,皆出城上坟,但一百五日最盛。节日坊市卖稠饧、麦糕、乳酪、乳饼之类。缓入都门,斜阳御柳;醉归院落,明月梨花。②

从这则材料来看,北宋城里人清明节不仅连续三日"皆出城上

---

① [宋]王溥:《唐会要·寒食拜埽》卷二十三,北京:中华书局1955年版,第439页。
② [宋]孟元老:《东京梦华录》第七卷,上海:上海三联书店2014年版,第178页。

坟",而且还消费各种乡土特产,如给孩子买"黄胖"等泥人玩具,甚至买几只小鸡、小鸭带回给孩子做宠物。

到了晚明时期,随着城市商品经济的发展,城里人更为重视清明节的踏青、郊游功能。且看张岱描述的扬州清明节:

> 扬州清明日,城中男女毕出,家家展墓。虽家有数墓,日必展之。故轻车骏马,箫鼓画船,转折再三,不辞往复。监门小户亦携肴核纸钱,走至墓所,祭毕,则席地饮胙。自钞关南门、古渡桥、天宁寺、平山堂一带,靓妆藻野,袨服缛川。随有货郎,路旁摆设骨董古玩并小儿器具。博徒持小机坐空地,左右铺袒衫半臂、纱裙汗帨、铜炉锡注、瓷瓯漆奁,及肩毳鲜鱼、秋梨福橘之属。呼朋引类,以钱掷地,谓之"跌成",或六或八或十,谓之"六成""八成""十成"焉。百十其处,人环观之。是日,四方流寓及徽商西贾、曲中名妓,一切好事之徒,无不咸集。长塘丰草,走马放鹰;高阜平冈,斗鸡蹴鞠;茂林清樾,劈阮弹筝。浪子相扑,童稚纸鸢,老僧因果,瞽者说书。立者林林,蹲者蛰蛰。日暮霞生,车马纷沓。宦门淑秀,车幕尽开,婢媵倦归,山花斜插,臻臻簇簇,夺门而入。①

由此可见,清明节不仅源于城里人的文化生活需求,而且随着城市生活的发展而不断发展。

有人认为,中秋节起源于古老的月亮天体崇拜,②但这只是民俗学的推论,缺乏史料的支撑。从历史研究角度来看,中秋节源于唐宋时期城里人的赏月习俗,而且直到北宋中期,只有在都城等大

---

① [明]张岱:《扬州清明》,《陶庵梦忆 西湖梦寻》,郑州:中州古籍出版社 2012 年版,第 132 页。

② 萧放:《中秋节的历史流传、变化及当代意义》,《民间文化论坛》2004 年第 5 期,第 29—35 页。

城市,中秋才成为一个节日。在孟元老的《东京梦华录》中,中秋的节俗没有吃月饼,也没有祭月、拜月:

> 中秋节前,诸店皆卖新酒,重新结络门面彩楼。花头画竿,醉仙锦旆。市人争饮,至午未间。家家无酒,拽下望子。是时螃蟹新出,石榴、榅勃、梨、枣、栗、孛萄、弄色桘橘,皆新上市。中秋夜,贵家结饰台榭,民间争占酒楼玩月。丝篁鼎沸,近内庭居民,夜深遥闻笙竽之声,宛若云外。闾里儿童,连宵嬉戏。夜市骈阗,至于通晓。①

很显然,在北宋刚刚形成的中秋节中,"玩月"是核心节俗。与孟元老同时代的金盈之在《醉翁谈录》中提到了中秋拜月习俗,但是,他强调此俗仅限于京师:

> 京师赏月之会,异于他乡。倾城人家,不以贫富,自能行至十二、三,皆以成人之服饰之,登楼或于庭中焚香拜月,各有所期。男则愿早步蟾宫,高攀仙桂……女则愿貌似嫦娥,圆如洁月。②

到了南宋时期,周密在《武林旧事》中,又提到了杭州特有的一个中秋节俗——放河灯:"此夕浙江放'一点红'羊皮小水灯数十万盏,浮满水面,烂如繁星,有足观者。或谓此乃江神所喜,非徒事观美也。"③此习俗后世不见,说明除了赏月之外,此时中秋节尚未形成相对稳定的其他节俗。值得注意的是,在《梦粱录》中,中秋节出现了"团圆子女"之说:

---

① [宋]孟元老:《东京梦华录》第七卷,上海:上海三联书店 2014 年版,第178 页。
② [宋]金盈之:《新编醉翁谈录》,沈阳:辽宁教育出版社 1998 年版。
③ [宋]周密:《武林旧事》,杭州:浙江古籍出版社 2011 年版,第 58 页。

八月十五日中秋节,此日三秋恰半,故谓之"中秋"。此夜月色倍明于常时,又谓之"月夕"。此际金风荐爽,玉露生凉,丹桂香飘,银蟾光满,王孙公子,富家巨室,莫不登危楼,临轩玩月,或开广榭,玳筵罗列,琴瑟铿锵,酌酒高歌,以卜竟夕之欢。至如铺席之家,亦登小小月台,安排家宴,团围子女,以酬佳节。虽陋巷贫窭之人,解衣市酒,勉强迎欢,不肯虚度。此夜天街卖买,直到五鼓,玩月游人,婆娑于市,至晚不绝。盖金吾不禁故也。①

"家庭团圆"这一核心内涵的加入是中秋节的节日性质与地位确定之关键,②也是中秋节由大都市节日成为全国性节日之关键。但是,至少在北宋时期,人们并不强调中秋节的团圆之意。③ 事实上,从元代的《至顺镇江志》来看,镇江地区元代尚无中秋节。④ 这也说明,宋代虽然有中秋节,但是,仅限于大都市。

明清之后,家庭团圆成为中秋节俗的主题,但在都市中,聚会、宴饮、赏月仍是重要节俗。张岱记述了晚明时期苏州的中秋夜:

> 虎丘八月半,土著流寓、士夫眷属、女乐声伎、曲中名妓戏婆、民间少妇好女、崽子娈童及游冶恶少、清客帮闲、傒僮走空之辈,无不鳞集。自生公台、千人石、鹅涧、剑

---

① [宋]吴自牧:《梦粱录》卷四,杭州:浙江人民出版社1984年版,第26-27页。

② 熊海英:《中秋节及其节俗内涵在唐宋时期的兴起与流变》,《复旦大学学报》(社会科学版)2005年第6期,第145-150页。

③ 熊海英发现,"梅尧臣于庆历四年七月七日丧妻,庆历六年即续娶,其间一年所作悼亡诗达十首之多。庆历四年除夕、庆历五年上元、七夕均有诗怀念妻子,又有《秋夜感怀》云:'独宿不成寐,起坐心屏营。哀哉齐体人,魂气今何征。'而中秋照例参加玩月宴饮的聚会,作诗二首,题为《依韵和通判八月十五夜招玩月二章》,这大概能确定仁宗时中秋节俗尚不强调阖家团圆的涵义。"[熊海英:《中秋节及其节俗内涵在唐宋时期的兴起与流变》,《复旦大学学报》(社会科学版)2005年第6期。]

④ 《至顺镇江志》详细记录了一年中所有节日,唯独未提中秋节。

池、申文定祠下,至试剑石、一二山门,皆铺毡席地坐,登
高望之,如雁落平沙,霞铺江上。

　　天暝月上,鼓吹百十处,大吹大擂,十番铙钹,渔阳掺
挝,动地翻天,雷轰鼎沸,呼叫不闻。更定,鼓铙渐歇,丝
管繁兴,杂以歌唱,皆"锦帆开,澄湖万顷"同场大曲,蹲踏
和锣丝竹肉声,不辨拍煞。①

　　到了清代,少有记述中秋聚会、宴饮、赏月盛事了,但都市仍然
重视户外活动,如苏州"妇女盛装出游,互相往还,或随喜尼庵,鸡
声喔喔,犹婆娑月下,谓之'走月亮'蔡云《吴歈》云:'木犀球压鬓丝
香,两两三三姊妹行。行冷不嫌罗袖薄,路遥翻恨绣裙长'",②叫
"走月亮";北京"灯火荧辉,游人络绎,焦包炉炙,浑酒樽筛,烤羊
肉,热烧刀,此又为游人之酌具也"。③

　　清明节与中秋节不仅发端于城市生活,而且在成为全国性节
日之后,在节俗方面仍有城乡差异。如乡村的清明节就没有踏青
一说,乡村的中秋节也罕见超越家庭之外的聚会、宴饮、赏月活动。

　　除了清明节与中秋节起源于城市生活,我们发现,还有两个重
要节日之节俗的急剧变革与城市生活密切相关:一是元宵节,二是
七夕节。

　　在《荆楚岁时记》中,元宵节的核心节俗是祭蚕神、"拜紫姑":

　　正月十五日,作豆糜,加油膏其上,以祠门户。
　　《续齐谐记》曰:"吴县张成夜起,忽见一妇人立于宅

---

　　①　[明]张岱:《虎丘中秋夜》,《陶庵梦忆　西湖梦寻》,郑州:中州古籍出版社 2012
年版,第 129 页。
　　②　[清]顾禄:《清嘉录》,《吴门风土丛刊》,王稼句点校,苏州:古吴轩出版社 2019
年版,第 164 页。
　　③　[清]潘荣陛:《帝京岁时纪胜》,《燕京岁时记:外六种》,北京:北京出版社 2018
年版,第 52 页。

东南角,谓成曰:'此地是君家蚕室,我即此地之神。明年正月半,宜作白粥,泛膏其上以祭我,当令君家蚕桑百倍。'言绝而失之。成如言作膏粥,自此后年年大得蚕。"今世人正月半作粥祷之,加肉覆其上,登屋食之,咒曰:"登高糜,挟鼠脑,欲来不来,待我三蚕老。"则是为蚕逐鼠矣。《石虎邺中记》:"正月十五日,有登高之会。"则登高又非今世而然者也。

其夕,迎紫姑,以卜将来蚕桑,并占众事。

按刘敬叔《异苑》云:"紫姑本人家妾,为大妇所妒,正月十五日感激而死。故世人作其形迎之,咒云:'子胥不在(云是其婿),曹夫人已行(云是其姑),小姑可出。'于厕边或猪栏边迎之,捉之觉重,是神来也。平昌孟氏恒不信,尝以此日迎之,遂穿屋而去。自尔厕中着以败衣,盖为此也。"《洞览》云:"是帝喾女将死,云:'生平好乐,至正月半可以见迎。'"又其事也。俗云溷厕之间必须静,然后能致紫姑。①

到了隋唐时期,城市生活彻底改变了元宵节的节俗。在《隋书·柳彧传》中,隋朝官员柳彧在奏疏中说:近代以来,"窃见京邑,爰及外州,每以正月望夜,充街塞陌,聚戏朋游。鸣鼓聒天,燎炬照地。人戴兽面,男为女服,倡优杂技,诡装异形。以秽嫚为欢娱,用鄙亵为笑乐,内外共观,曾不相避。"②由此可见,城市生活中的元宵节核心节俗是游乐。诗人薛道衡在《和许给事善心戏场转韵》中写道:

---

① [梁]宗懔:《荆楚岁时记》,北京:中华书局2018年版,第18—21页。

② 《隋书》卷十五《音乐志》(下),北京:中华书局1973版,第381页,转引自萧放:《城市节日与城市文化空间的营造——以宋明以来都市节日为例》,《西北民族研究》2010年第4期,第101页。

京洛重新年,复属月轮圆。云间璧独转,空里镜孤悬。万方皆集会,百戏尽来前。临衢车不绝,夹道阁相连。惊鸿出洛水,翔鹤下伊川。艳质回风雪,笙歌韵管弦。佳丽俨成行,相携入戏场。衣类何平叔,人同张子房。高高城里髻,峨峨楼上妆。罗裙飞孔雀,绮带垂鸳鸯。月映班姬扇,风飘韩寿香。竟夕渔父灯,彻夜龙衔烛。欢笑无穷已,歌吹还相续。羌笛陇头吟,胡舞龟兹曲。假面饰金银,盛服摇珠玉。宵深戏未阑,竟为人所谨。卧驰飞玉勒,立骑前银鞍。纵横既跃剑,挥霍复跳丸。抑扬百兽舞,盘跚五禽戏。狻猊弄斑足,巨象垂长鼻。青羊跪复跳,白马回旋驶。忽见罗浮起,俄看郁岛至。峰岭既崔嵬,林丛亦青翠。麋鹿下腾倚,猴猿或蹲跂。金徒列旧刻,玉律动新灰。甲荑垂陌柳,残花散苑梅。繁星渐寥落,斜月尚徘徊。王孙犹劳戏,公子未归来。共酌琼酥酒,同倾鹦鹉杯。普天逢圣日,兆庶喜康哉。①

唐代的元宵节更为热闹,赏灯成为重要节俗。尤其是京师长安,"神龙之际,京城正月望日,盛饰灯彩之会。金吾弛禁,特许夜行。贵游戚属,及下隶工贾,无不夜游。车马骈阗,人不得顾。王主之家,马上作乐以相夸竞。"②诗人苏味道写道:"火树银花合,星桥铁锁开。暗尘随马去,明月逐人来。游伎皆秾李,行歌尽落梅。金吾不禁夜,玉漏莫相催。"受到佛教文化影响,唐代元宵节还会制作巨型灯轮,观灯民众欢乐至极:

① [隋]薛道衡:《文苑英华》卷二百一十三,北京:中华书局 1966 年版,第 1060 页。

② [唐]刘肃,许德楠、李鼎霞点校:《大唐新语》卷八,北京:中华书局 1984 年版,第 128 页。

> 先天二年正月十五、十六夜于京师安福门外作灯轮，高二十丈，衣以锦绮，饰以金玉，燃五万盏灯，簇之如花树，宫女千数，衣罗绮，曳锦绣，耀珠翠，施香粉，一花冠一巾被皆万钱装束，一妓女皆至三百贯，妙简长安、万年少女妇千余人，衣服、花钗，媚子亦称是，于灯轮下踏歌三日夜，欢乐之极，未始有之。[①]

当时的东都洛阳、江南扬州、西北凉州，元宵节同样热闹。[②]

到了宋代，随着城市生活的发展，汴梁、建康（今南京）、鄂州（今武昌）、苏州、扬州、镇江、广州等，都是商业发达、坊市合一的大都会。元宵节也更加丰富多彩，时人孟元老说是都城汴梁的元宵节"奇巧百端，日新耳目"：

> 正月十五日元宵，大内前自岁前冬至后，开封府绞缚山棚，立木正对宣德楼。游人已集御街，两廊下奇术异能，歌舞百戏，鳞鳞相切，乐声嘈杂十余里。击丸蹴鞠，踏索上竿。赵野人倒吃冷淘。张九哥吞铁剑。李外宁药法傀儡。小健儿吐五色水，旋烧泥丸子。大特落灰药。榾柮儿杂剧。温大头、小曹嵇琴。党千箫管。孙四烧炼药方、王十二作剧术。邹遇、田地广杂扮。苏十、孟宣筑球。尹常卖《五代史》。刘百禽虫蚁。杨文秀鼓笛。更有猴呈百戏，鱼跳刀门，使唤蜂蝶，追呼蝼蚁。其余卖药、卖卦、沙书地谜，奇巧百端，日新耳目。至正月七日，人使朝辞出门，灯山上彩，金碧相射，锦绣交辉。面北悉以彩结山沓，上皆画神仙故事。或坊市卖药、卖卦之人，横列三门，

---

① ［唐］张鷟：《朝野佥载》卷三，北京：中华书局1979年版，第69页。

② 萧放：《城市节日与城市文化空间的营造——以宋明以来都市节日为例》，《西北民族研究》2010年第4期，第29－35页。

各有彩结,金书大牌,中曰"都门道",左右曰"左右禁卫之门",上有大牌曰"宣和与民同乐"。彩山左右,以彩结文殊、普贤,跨狮子、白象,各于手指出水五道,其手摇动。用辘轳绞水上灯山尖高处,用木柜贮之,逐时放下,如瀑布状。又于左右门上各以草把缚成戏龙之状,用青幕遮笼,草上密置灯烛数万盏,望之蜿蜒如双龙飞走。自灯山至宣德门楼横大街,约百余丈,用棘刺围绕,谓之"棘盆"。内设两长竿,高数十丈,以缯彩结束,纸糊百戏人物,悬于竿上,风动宛若飞仙。内设乐棚,差衙前乐人作乐杂戏,并左右军百戏,在其中驾坐一时呈拽。宣德楼上皆垂黄缘帘,中一位乃御座。用黄罗设一彩棚,御龙直执黄盖掌扇,列于帘外。两朵楼各挂灯球一枚,约方圆丈余,内燃椽烛。帘内亦作乐,宫嫔嬉笑之声,下闻于外。楼下用枋木垒成露台一所,彩结栏槛,两边皆禁卫排立,锦袍,幞头簪赐花,执骨朵子,面此乐棚。教坊、钩容直、露台弟子,更互杂剧。近门亦有内等子班直排列。百姓皆在露台下观看,乐人时引万姓山呼。①

南宋杭州城的元宵节同样热闹非凡。

　　姑以舞队言之,如清音、遏云、掉刀、鲍老、胡女、刘衮、乔三教、乔迎酒、乔亲事、焦锤架儿、仕女、杵歌、诸国朝、竹马儿、村田乐、神鬼、十斋郎各社,不下数十。更有乔宅眷、汉龙船、踢灯鲍老、驼象社。官巷口、苏家巷二十四家傀儡,衣装鲜丽,细旦戴花朵□肩,珠翠冠儿,腰肢纤袅,宛若妇人。府第中有家乐儿童,亦各动笙簧琴瑟,清

---

① [宋]孟元老:《东京梦华录》卷六,上海:上海三联书店2014年版,第155 – 156页。

音嘹亮,最可人听。拦街嬉耍,竟夕不眠。更兼家家灯
火,处处管弦,如清河坊蒋检阅家,奇茶异汤,随索随应,
点月色大泡灯,光辉满屋,过者莫不驻足而观。及新开门
里牛羊司前,有内侍蒋苑使家,虽曰小小宅院,然装点亭
台,悬挂玉栅,异巧华灯,珠帘低下,笙歌并作,游人玩赏,
不忍舍去。诸酒库亦点灯球,喧天鼓吹,设法大赏,妓女
群坐喧哗,勾引风流子弟买笑追欢。诸营班院于法不得
与夜游,各以竹竿出灯球于半空,远眺若飞星。又有深坊
小巷,绣额珠帘,巧制新装,竞夸华丽。公子王孙,五陵年
少,更以纱笼喝道,将带佳人美女,遍地游赏。人都道玉
漏频催,金鸡屡唱,兴犹未已。①

　　宋代都城元宵节之所以有如此多的活动,一方面与城市经济
发展有关,另一方面,还有政府的支持与赞助。如节日期间,"官放
公私僦屋钱三日",也就是政府补助三日房租,此外,"遇夜,官府支
散钱酒犒之。元夕之时,自十四为始,对支所犒钱酒。十五夜,帅
臣出街弹压,遇舞队照例特犒。街坊买卖之人,并行支钱散给。"②
　　在宋代,在城市生活与中外文化交流的影响下,传统的"七夕"
节俗也发生了巨大变化。东汉魏晋南北朝时期,文献中有了关于
"七夕"的记述,如《四民月令》说:七月七日"曝经书及衣裳";③《西
京杂记》说:"汉彩女常于七月七日穿七孔针于开襟楼",④"至七月
七日,临百子池,作于阗乐。乐毕,以五色缕相羁,谓之相连爱"⑤。
从这两则材料来看,魏晋时期"七夕"节俗似乎尚未稳定,直到南北
朝时期,在《荆楚岁时记》中,"乞巧"才成为"七夕"的主要节俗:"妇

　①　[宋]吴自牧:《梦粱录》卷一,杭州:浙江人民出版社1984年版,第3-4页。
　②　[宋]吴自牧:《梦粱录》卷一,杭州:浙江人民出版社1984年版,第3页。
　③　[汉]崔寔,石声汉校注:《四民月令校注》,北京:中华书局2013年版,第55页。
　④　[东晋]葛洪:《西京杂记》卷一,北京:中华书局1985年版,第3页。
　⑤　[东晋]葛洪:《西京杂记》卷三,北京:中华书局1985年版,第20页。

人结彩缕,穿七孔针,或以金、银、石为针,陈瓜果于庭中以乞巧。有喜子网于瓜上,则以为符应。"①到了隋唐时期,"七夕"的乞巧的节俗逐渐稳定下来。《开元天宝遗事》中说:"各捉蜘蛛于小合中,至晓开视蛛纲稀密,以为得巧之候。密者言巧多,稀者言巧少。民间亦效之";②"嫔妃各以九孔针、五色线向月穿之,过者为得巧之候。动清商之曲,宴乐达旦。士民之家皆效之"③。但是,到了宋朝,"七夕"的内容、时间等均发生了巨变,节事之热烈达到鼎盛。④

宋代非常重视七夕节。⑤ 宋太祖在前线与敌人激烈作战之际,颁布了一道命令:"朕亲提六师,问罪上党云云,未有回日,今七夕节在近,钱三贯与娘娘充作剧钱,千五与皇后,七百与妗子充节料。"⑥宋太祖作战时还记得在七夕节时需专门为女性准备过节礼金,可见七夕节在宋代被重视之程度。在宋代,"七夕节"还是法定节日之一,民众放假一日。政府重视促进了城市中的节日消费,且看《东京梦华录》中北宋开封的"七夕"节日盛况:

> 七月七夕,潘楼街东宋门外瓦子、州西梁门外瓦子、北门外、南朱雀门外街及马行街内,皆卖磨喝乐,乃小塑土偶耳。悉以雕木彩装栏座,或用红纱碧笼,或饰以金珠牙翠,有一对直数千者。禁中及贵家与士庶为时物追陪。又以黄蜡铸为凫、雁、鸳鸯、鸂鶒、龟、鱼之类,彩画金缕,谓之"水上浮"。又以小板上傅土,旋种栗令生苗,置小茅屋花木,作田舍家小人物,皆村落之态,谓之"谷板"。又

---

① [梁]宗懔:《荆楚岁时记》,北京:中华书局 2018 年版,第 59 页。

② [唐]王仁裕:《开元天宝遗事》卷下,北京:中华书局 2006 年版,第 38 页。

③ [唐]王仁裕:《开元天宝遗事》卷下,北京:中华书局 2006 年版,第 50 页。

④ 程民生:《七夕节在宋代汴京的裂变与鼎盛》,《中州学刊》,2016 年第 1 期,第 116 页。

⑤ 程民生认为,"七夕节"一词首见于宋代,并由宋政府在时间上予以规范(程民生:《七夕节在宋代汴京的裂变与鼎盛》,《中州学刊》2016 年第 1 期)。

⑥ [宋]蔡绦:《铁围山丛谈》卷一,北京:中华书局 1983 年版,第 3 页。

以瓜雕刻成花样,谓之"花瓜"。又以油面糖蜜造为笑靥儿,谓之"果食",花样奇巧百端,如捻香方胜之类。若买一斤,数内有一对被介胄者,如门神之像。盖自来风梳,不知其从,谓之"果食将军"。又以菉豆、小豆、小麦、于磁器内以水浸之,生芽数寸,以红蓝彩缕束之,谓之"种生"。皆于街心彩幕帐设出络货卖。七夕前三、五日,军马盈市,罗绮满街,旋折未开荷花,都人善假做双头莲,取玩一时,提携而归,路人往往嗟爱。又小儿须买新荷叶执之,盖效颦磨喝乐。儿童辈特地新妆,竞夸鲜丽。至初六日、七日晚,贵家多结彩楼于庭,谓之"乞巧楼"。铺陈磨喝乐、花瓜、酒炙、笔砚、针线,或儿童裁诗,女郎呈巧,焚香列拜,谓之"乞巧"。妇女望月穿针。或以小蜘蛛安合子内,次日看之,若网圆正,谓之"得巧"。里巷与妓馆,往往列之门首,争以侈靡相尚。[①]

从元宵节、七夕节在唐宋时期节俗的变迁来看,城市生活不仅没有弱化传统节日,相反,城市生活恰恰推动了节日发展。究其原因,有如下几点:一是古代大城市往往是官府所在地,政府会赞助节日活动;二是城市工商业者会赞助各种节日活动;三是唐宋时期,节日经济繁荣,促进了节物与节俗的更新。

与乡村生活中的节日相比,城市生活中的节日有着自己的特质:一是凸显公共性。正如萧放所言,中国传统节日是家庭性节日,节俗一般围绕着家庭伦理与家族生活展开,祖先祭祀与家庭亲人团聚、节日中的亲族往来是主要表现形式,而城市节日因为居民的居住紧密与人际关系的分散性,公共性是其根本特性,因为城居百姓为了公共的利益与兴趣,重视彼此的联系与结合,以实现城市

① [宋]孟元老:《东京梦华录》卷八,上海:上海三联书店 2014 年版,第 224 - 225 页。

社会公共秩序的协调。① 二是娱乐性。不管是唐宋时期，还是明清时期，不管是元宵节、中秋节，还是端午节等其他节日，城市节日无不以扮演、抬阁、演戏等娱乐活动为表现形式。三是消费性。当然，乡村生活中的节日也有一定消费性，但是，由于经济水平的差异，城市生活中节日的消费能力更为突出。

第二节　当代城市生活与传统节日

由历史研究来看，城市生活与传统节日并不相悖，反而可以说是互相促进的。但是，现代城市生活与古代城市生活有着本质性的差异，那么，在现代城市生活中，人们还需要传统节日吗？或者说，在现代城市生活中，传统节日还有振兴与发展的可能性吗？

现代城市是随着工业社会的发展而形成的，城市从周边逐渐地汲取人口、资源，并越来越快的扩建，形成与传统乡土文化差别巨大的城市生活。现代的城市邻里生活与过去前工业时代的乡村社会没有直接的历史延续性，城市并不是地理上紧密相连的乡村集合体。变迁是城市社会的主要属性，人们是根据当下生活需要对传统进行策略性选择，而不是被动地接受历史。② 但是，传统节日对于现代城市生活仍然是有意义的。当人们欢度传统节日时，可以暂时脱离原本的生活和工作节奏，进入富于生活情趣和人文关怀的民俗时空。生活化的节日习俗对于改善人的精神面貌，激发人的工作热情具有积极意义，传统文化在满足个体需求中得到

---

① 萧放：《城市节日与城市文化空间的营造——以宋明以来都市节日为例》，《西北民族研究》2010 年第 4 期，第 29－35 页。

② ［美］西奥多·C. 贝斯特著，国云丹译：《邻里东京》，上海：上海译文出版社 2008 年版。参见徐赣丽：《从乡村到城市：中国民俗学的研究转向》，《民俗研究》2021 年第 4 期。

延续与加强。①

　　钟敬文先生说："节日,是民族社会生活中的创造物和传承物。它是由于生活需要而产生的,是适应社会生活的发展而完善和变更的。"②今天仍然活在我们的现实生活之中的所谓'传统节日',应该被理解为具有传统属性的现代节日。我们生活在现代,我们的一些节日无论多么传统,归根结底都是多少已经'现代'的节日。③ 在当代城市生活中,一些传统节俗得到了很好的传承,如元宵节赏灯、清明节踏青扫墓等,但是,也有一些传统节日习俗发生了很大变化,如七夕节。在历史上,七夕节的主要节俗是晒书或乞巧,但是,在当代都市生活中,七夕节已经演变成了情人节。④ 再如重阳节,历史上主要习俗是登高、插茱萸,如今变成了老人节。很显然,不管是七夕与婚恋,还是重阳与敬老,都是有一定历史关联的,这些传统节俗的变化是文化传统与社会生活相互影响的结果,并非完全是旧瓶装新酒。

　　与乡土社会中传统节日的习俗性传承不同,在城市生活中,传统节日的传承与振兴必须以民众的文化自觉为前提。文化自觉离不开学校教育与社会影响。因而,为了促进传统节日的传承与振兴,一方面,城市里的中小学纷纷开展了节日文化教育;另一方面,很多城市都举办了富有特色的节日公共文化活动。徐赣丽发现,在当代都市语境下,传统节日的传承被紧张的生活节奏挤压,而往往在政府和商家的运作下,转化为公共文化出现在我们身边。如1995 年,豫园商城开始举办豫园新春民俗艺术灯会,2010 年,豫

---

　　①　黄永林、孙佳:《博弈与坚守:在传承与创新中发展——关于中国传统节日中秋节命运的多维思考》,《民俗研究》2018 年第 1 期,第 34 - 41、153 - 154 页。

　　②　钟敬文:《民间节日与民族文化》,《民族艺术》2008 年第 3 期,第 6 页。

　　③　高丙中:《对节日民俗复兴的文化自觉与社会再生产》,《江西社会科学》2006 年第 2 期,第 9 页。

　　④　中国人将"七夕节"视为"情人节",最早出现于台湾地区,是在 20 世纪 70 年代末;而在大陆地区,一般认为,肇始于 2002 年河北省文联、河北省民间文艺家协会、石家庄市文联等单位联合发起的"七月七爱情节"。

园灯会被列为"国家级非物质文化遗产"。2013 年,豫园灯会赏灯客流量突破 300 万人次,成为华东地区新春佳节人流量最大的节庆活动。①

事实上,这样的案例不胜枚举。又如北京的"卢沟晓月"中秋文化节。自 2008 年首届"卢沟晓月"中秋文化节举办来,至今已经持续了 13 年。起初,为了提升文化节的影响力,主要请文化名人出席或明星表演,如今,越来越多的民众参与了节日演出。其实,这些年各大城市都有自己特色的传统节庆活动,如南京的秦淮灯会、杭州的西湖中秋拜月活动、开封的"清明文化节"、西安大唐芙蓉园的"中秋祭月大典"等等。这种节庆只是地方系列文化活动的品牌名称,具体活动内容非常丰富。如"卢沟晓月"中秋文化节,不仅有文艺晚会,有赏灯、赏月活动,还包括丰台区近 60 个社区(村)组织制作月饼、猜灯谜、文艺演出等多种形式的节日文化活动。② 西安大唐芙蓉园的"中秋祭月大典"结束之后,一系列中秋活动才刚刚开始:河灯祈福、水中捞月、中秋灯谜会、挑灯邀月、十五夜望月、吟诗颂团圆、中秋大型焰火晚会等。

不管在古代城市生活中,还是在现代城市生活中,都并不过分在意节日文化的地方性,大多奉行"拿来主义"。比如北宋的七夕节,诸多节俗都不是本土传承下来的,而是受到了外来文化的影响。有人批评这是"民俗主义",其实,这是城市节日传承与发展的特点,这个特点在现代表现得更为突出。但是,如果在城市节庆活动中,多"挪用"一些传统节日文化元素,事实上不仅能丰富民众的节日体验,也有助于建构文化品牌形象。如台北市的"七夕节"就"挪用"了诸多民俗文化元素:

---

① 徐赣丽:《当代城市空间中的民俗变异:以传统节日为对象》,《杭州师范大学学报》(社会科学版)2020 第 3 期,第 98－105 页。

② 孙颖:《园博园上演"卢沟晓月"》,《北京日报》2019 年 9 月 15 日,第 1 版。

1. 喜迎众神：本年的七夕在阳历 8 月 20 日，因此在此前的 8 月 16 日，邀请城隍老爷、城隍夫人、月老、魁星爷及临水夫人五尊神明出巡驻驾在林家花园，让游园民众膜拜及祈福。城隍老爷、城隍夫人、月老驻驾在开轩一笑，供民众自由参拜祈求姻缘及家庭和睦；临水夫人供奉于定静堂，于供桌前放置红枣、花生、桂圆与瓜子，象征"早生贵子"；将魁星爷供奉于汲古书屋，于供桌前放置芹菜及青葱，象征勤学及聪明以及提供祈福卡给参加考试的学子祈求金榜题名，或是上班族祈求升官运。

2. 七夕夜间特别活动与表演：特别活动指的是以民间俗谚"偷挽葱，嫁好尪"，而设计在星期五夜间开放时间，规划此体验活动；夜间表演则有歌仔戏、民谣演唱等。

3. 传统女红工艺展：以"林园七夕【怀旧手作·新脉络】"为主题，在园区举办传统女红工艺美术展览暨体验活动，以此呼应七夕祭拜织女，向织女乞求手艺的"乞巧"传统。

4. 林园"爱之船"旅游活动：本活动为结合板桥林家花园与台北大稻埕老街走踏的活动，参加者上午先至林园参拜月老及体验传统灯笼制作，中午享用府中商圈及黄石市场美食，下午搭乘水上巴士至大稻埕，参访相亲圣地台湾最老的西餐厅"波丽路"、食安尖兵台湾老字号第一家"义美食品"、茶香飘然的"王有记茶行"与求子成功秘境"瞿公真人庙"等充满怀旧感的景点。

5. 扮装体验活动：开放一般民众尝试穿着传统婚俗服饰，以凤冠霞帔、长袍马褂的装扮体验传统婚仪的氛围，加上"月老大仙尪仔"在旁牵线，祝福有情人终成眷属。此外，民众也可以自行装扮为霞海城隍庙的月老、城隍爷、魁星爷等神明，报名参加扮装比赛；而情侣则可以两人为一组，以古今中外之知名情侣为主要装扮对象之人物,例如:牛郎和织女、罗密欧与朱丽叶、周杰伦和昆凌、布莱德彼特和安洁莉娜裘莉、小龙女和杨过、周瑜和小乔等,报名参加比赛。

6. 新式抓周古礼:仿古代孩童周岁时举行的抓周仪式,为1—3岁的儿童举行新式的仪式。活动命名为"抓周古礼新玩意",指的是抓周的物品更换为现代抓周物品,与林家花园有关的当代或历史人物作结合,以呈现新意。[①]

在一般人印象中,当代城市节日氛围很淡,传统节日面临着消亡的危险。其实,如果将上海的豫园灯会、南京的秦淮灯会、广州的春节花市与北宋的开封、南宋的杭州、明清时期的北京节日活动相比,其热闹与丰富程度并不逊色。有些专家认为,当代这些节日活动主要是政府或商家做起来的,不是民众自发的,算不上真正的民俗文化。其实,古代的诸多节日活动也往往是在政府支持、赞助下做起来的。与乡村节日相比,在城市节日传统中,公共性是其根本特性,[②]因而,城市节日活动从来就离不开政府支持与商家参与。

在现代城市生活中,传统节日的传承与振兴离不开如下三方的努力:

一是政府的提倡、支持与赞助。上文指出,古代城市中节日活动丰富多彩,往往得到了政府的支持与赞助,如南宋都城元宵节补助房租、补贴小生意人、犒劳演出人员等。在现代社会,具有公共性的传统节日活动不仅耗资巨大,个人与民间组织很难承担得起,而且要协调各方面关系,也非个人与民间组织完全能够胜任。如

---

①　洪淑苓:《城市、创意与传统节日文化——台北、仙台的七夕活动观察与比较》,《文化遗产》2016年第1期,第3页。

②　萧放:《城市节日与城市文化空间的营造——以宋明以来都市节日为例》,《西北民族研究》2010年第4期,第100页。

南京秦淮灯会,每年有上百万游客,如果没有政府组织与管理,这样的灯会是无法想象的。还有节日城市空间营造也离不开政府组织与管理,如春节到来之前,元旦前后,南京各个社区会在辖区范围内各个路灯下、路两旁的梧桐树上,挂上中国结、大红灯笼、鞭炮装饰等春节符号,各个小区也会通过物业打造一个"春节空间":大扫除、装饰、横幅,市委宣传部还会统一在各大城门挂上春联,等等。

二是商家的积极支持与赞助。在过去,城镇传统节日之所以活动非常丰富,大多离不开商家赞助。不仅很多节日活动是商家集资做起来的,商家往往还会捐赠各种节物,如青团、月饼、酒酿元宵、腊八粥等。商家不仅要赞助节日活动,更为重要的是,要抓住节日商机,开发节日产品,推动节日消费。如宋代"七夕节",之所以格外热闹,离不开商家开发的"磨喝乐""谷板""种生"等新奇的节物。在现代社会中,不仅节日中的传统食物,如粽子、月饼、青团是重要的商机,而且如中国结、花灯,甚至鲜花都成了富有文化意味的节物,更需要商家进行创意开发。

三是民众的文化自觉、文化认同与积极参与。很多人都说年味淡了,所谓"年味淡了"就是传统节日缺乏仪式感了,不再令人留恋了。其实,与其说"年味"淡了是因为城市化,不如说是因为在现代社会中习俗的力量弱了,而人们对传统节日的现代意义又没有普遍自觉,潜意识中就觉得过节不是件很要紧的事。一旦漠视传统节日成为普遍的社会意识,"年味"自然就越来越淡了。因而,要振兴传统节日,重新找回"年味",首要得认识到传统节日在当代社会的重要性。传统节日不仅是祖先留给我们的"非物质文化遗产",更为重要的是,它是一种超越时代的时间制度,它让自然时间有了节奏,有了文化意味,可以让平凡的家庭生活、社会生活在特定时刻变得"非凡"。在任何时代,人们都需要一些"非凡"时刻,来超越平淡无味的"日常"。只要在节日气氛中,人们就会不自觉地换一种方式来对待生活,就会窥见生活的另一种面目与意义。只有当人们意识到过年很重要的时候,才会普遍参与其中,才会营造出过年气氛,才会有"年味"。

总而言之,政府倡导、商家赞助都只是城市生活中传统节日传承与振兴的外部力量,关键还是民众的文化自觉。当然,这种自觉又离不开政府倡导、专家引导以及商家的积极推动。

第三节　城市节日的当代传承与振兴个案

从古至今,城市都是传承节日的重要空间,对节日的发展起着重要的促进作用。尽管在进入近代以后,传统节日遭遇衰落困境,但随着人们对传统优秀文化的重视,自觉、主动地推动节日在城市空间的落地生根成为现代社会传承节日的重要举措。近年来,在北京、上海、广州等各大中心城市都有意识地打造节日文化,为传承与振兴城市节日做出了一些重要的探索。现主要选取北京"卢沟晓月"中秋文化节、上海豫园灯会、广州春节花市三个案例进行个案分析。

一、北京"卢沟晓月"中秋文化节

"卢沟晓月"是古代著名的燕京八景之一。"八景"名称最早出自金代的《明昌遗事》,包括太液秋风、琼岛春阴、金台(道陵)夕照、蓟门飞雨、西山积雪、玉泉垂虹、卢沟晓月、居庸叠翠等。"卢沟晓月"因其盛景而远近闻名,成为古都北京的一张名片。卢沟桥,也叫芦沟桥,位于北京丰台区永定河,因横跨卢沟河而得名,乃是北京现存最为古老的石造联拱桥。金大定二十九年,即南宋淳熙十六年(1189年)卢沟桥始建,后历经岁月变迁始终屹立,清康熙三十七年(1698年),卢沟桥重修,康熙帝命在桥西头立碑,记述重修卢沟桥事。清乾隆十六年(1751年),卢沟桥建亭刻碑,将乾隆帝手书"卢沟晓月"四字刻碑立于桥头。"卢沟晓月"自古以来是一处宜人的景点,河水潺潺、西山如黛、斜月西沉、月色如水,皎洁的月光轻洒在卢沟桥上,笼罩着朦胧的诗意。历来"卢沟晓月"就是文人雅士吟诵的对象,金代赵秉文诗云:"落日卢沟桥上柳,送人几度出京华";元代陈孚有诗曰:"远鸡数声灯火杳,残蟾犹映长庚月";明代林环形容道:"疏星寥落晓寒凄,月色波光入望迷";乾隆也作有《卢沟晓月》诗篇:"半钩留照三秋淡,一蜍分波夹镜明"。立于卢沟桥上,人们或有机会欣赏到"一天三月"的奇景。在岁月的积淀中,卢沟桥经历过重修、立碑、战争,见证了一代代人的欣赏与吟咏,"卢沟晓月"渐渐成为北京民众共同的文化记忆。这种不可多得的风景文化成为振兴地方性中秋节日的重要资源。

正是借助于"卢沟晓月"的文化积淀性与广泛知名度,北京市围绕卢沟之"月"来做出中秋文章,依托"卢沟晓月"的强大文化魅力开展系列中秋活动。早在2008年,北京市委宣传部、市文化局联合丰台区就于9月10日至12日举办以"欢乐・祥和・团圆"为主题的首届北京"卢沟晓月"中秋文化节,将"卢沟晓月"打造成大型传统节日活动。自此,"卢沟晓月"中秋文化节成为新的节日传统,现已连续举办14届,逐渐融入地方性中秋节的脉络中,成为民众共享的节日空间。尽管每年的主题不同,但"卢沟晓月"作为标志性的文化品牌被保留下来,以充满民俗记忆与文化情感的地方性人文盛景为基础,融合多种文化元素创造出新时代的中秋节俗。现以首届、第三届、第六届、第十四届中秋文化节为例,探究其北京中秋节的现代振兴。

首届北京"卢沟晓月"中秋文化节内容包括:1."卢沟晓月"中秋文化论坛。文化学者畅谈传统中秋文化与和谐文化;2."卢沟晓月"中秋大型文艺晚会;3.卢沟桥桥史博物馆。基本做到将卢沟桥的历史文化记忆、中秋美景与中秋文化、文艺演出相融合,塑造以史、景、文互映的节日文化空间,其中卢沟桥的景观园林式博物馆颇有韵味,除了卢沟桥的文物如残损狮子等构造的实体空间,以多媒体演示的卢沟桥月升月落美景,以石碑展现的卢沟晓月美景诗词都为中秋节庆注入了深远悠长的文化底蕴。[①]

　　第三届北京"卢沟晓月"中秋文化节内容包括：1. "月圆、家园、团圆"中秋晚会。晚会分为《千里婵娟》《中秋情思》《卢沟晓月》三个篇章,讲述了明月、中秋、景观,既然有中国歌剧舞剧院舞剧团表演的舞蹈《琼楼玉宇》、雅乐诗朗诵《明月千古寄相思》、王志昕的《望月》、情景舞蹈《拜兔爷》、北京京剧院杨丹阳、宋昊宇的京剧《游龙戏凤》、中国歌剧舞剧院舞剧团表演的舞蹈《月下水莲》,也有古筝独奏《渔舟唱晚》、独唱《小河淌水》、韩延文演唱的《相约在月圆时节》、童谣《卢沟谣》、孙媛演唱的主题歌舞《卢沟晓月》、刘和刚演唱的《儿行千里》和《欢聚一堂》、歌舞《我的家园》。晚会充分体现了"诗""歌""乐""舞"的交融,表达出中华大家庭欢乐、团圆、祥和的中秋主题。2. 大枣采摘节。在中秋文化节期间,丰台区长辛店镇接待游客采摘大枣,并伴有特色民俗表演与农产品展卖活动。3. 千灵山风景区登山节活动。在"卢沟晓月"中秋文化节开展期间,千灵山风景区积极宣传非遗文化,组织开展登山健身活动,让游客在登山健身、赏红叶、赏野菊花的同时俯瞰北京城,通过借用中秋文化节平台来增强与游客的互动。

　　第六届北京"卢沟晓月"中秋文化节内容包括：1. "忆童趣,乐中秋"活动,设置抖空竹、推铁环、抽汉奸等多个活动区域;2. "中秋故事会"活动,故事会分为民俗知识、历史文化、团圆述说和圆梦故事四个板块,以茶话会形式邀请民俗专家、评书艺人、航天功臣、新北京人代表、老年及少年儿童等不同群体,通过讲解、评书、述说、吟诗等方式与大家共享;3. "踏月"活动,通过全市征集组织金婚、银婚和新婚夫妇各 10 对,以传统的"踏月"形式融入湖、桥、月的美景之中;4. 民俗和非物质文化遗产展览展示;5. "彩蝶追月"群众活动,组织风筝爱好者放飞彩色灯风筝。活动形式多样,在区

---

　　① 《首届"卢沟晓月"中秋文化节开幕 卢沟桥历史博物馆邀游人看桥品史》,《北京日报》2008 年 9 月 11 日,第 12 版。

域各大公园、主题文化广场、生活社区组织各类活动 20 余场。

第十四届北京"卢沟晓月"中秋文化节以"月圆京城 情系中华"为主题,在永定河畔园博园举行,共有 12 个节目,由序章、第一篇章《明月几时有》、第二篇章《月是故乡明》、第三篇章《举杯邀明月》和尾声五部分组成,包括新编京剧《明月几时有》、非遗怪村太平鼓《月圆丰收享太平》、原创戏歌《丰景如画》、快板《妙笔生花看丰台》、情景舞剧《烽烟卢沟桥》、二重唱《明月升》、儿童合唱《卢沟谣》等。① 晚会紧跟时代,融入了现代航天元素、奥运元素、抗疫元素,2022 年北京申奥形象大使李妮娜也现身晚会现场领唱《相约北京》,丰台区抗疫先进代表、模范人物与观众合唱《国家》,呼应了"卢沟月,家国情"的主题。

作为丰台区重点打造的特色文化品牌,"卢沟晓月"中秋文化活动自 2011 年就被纳入北京市"我们的节日"系列传统节日重点活动。从形式上,"卢沟晓月"中秋文化节以"海纳百川"的姿态融入不同的元素,对接不同的文化形式,与时俱进,将时代的精神汇聚到文化节活动之中,强调民众的参与。因此,可以看到"卢沟晓月"文化节并非仅是单一"中秋"文化活动,而是充分展现了载体作用,将采摘、登山、赏景、游戏、美食、民俗、文艺、故事等都汇聚于中秋时空中,不仅延长了中秋节的时段,也拓展了中秋节的容量,完成了现代语境下的聚集、热闹的节日本义;在主题上,"卢沟晓月"中秋文化节展现出对传统文化价值的深入挖掘性,从中秋对"家庭"团圆的传统意涵拓展至对祖国团圆、强盛、繁荣的意义强调,以家国一体重新诠释了"卢沟晓月"的现代文化意义,展现出节日对于塑造文化认同的重要作用,使得中秋文化节成为家国叙事的共享盛会。

事实上,自古以来,城市的节日更为热闹,乃是与其更强的人

---

① 《中秋月下 丰台献上一场园林间的"卢沟晓月"》," https://baijiahao. baidu. com/s? id=1711520157024702749&wfr=spider&for=pc.

群聚集性相关,便于依托城市景点开展系列节日活动有关。例如,在宋代的时候,每逢佳节城市就会有各类百戏活动、游艺活动,并形成了北宋金明池与南宋杭州西湖两大娱乐游艺综合区,人们会在清明节去金明池游玩,在西湖游览,在中秋节去钱塘江观潮等等。节日期间市民们总需要有个去处,而具有优美风景、人文积淀、热闹活动的地方就自然成为人们的首选。这些大型游乐场所离不开政府的组织、赞助与管理,甚至唐宋时期政府总会在节日期间安排各类演艺活动。"卢沟晓月"中秋文化节无疑是现代城市节日振兴的典型,其不仅符合上述城市节日发展的逻辑与条件,而且以时代内容重新诠释了家国精神。

二、上海豫园灯会

豫园灯会作为国家级非物质文化遗产项目,乃是上海最负有盛名、影响力最为广泛,也是年味最浓、参与度最高的春节活动之一。元宵灯俗兴于汉代,吴王刘濞将扬州灯会引入松江,由此,元宵灯会就在上海地区流行,人们呼朋唤友纷至沓来赏灯蔚然成风,各色灯彩争奇斗艳,熠熠生辉。明代以后,朱元璋封秦裕伯为上海城隍神,在老城厢中心方浜边修立了城隍庙,万历年间豫园在城隍庙旁落成。因城隍庙西园内设有各业公所,周边商铺鳞次栉比,故而此地甚是热闹。明清时期,上海地区的元宵灯会已经十分普遍,不过最热闹、最精彩的场所就在松江府上海县城的城隍庙、豫园一带。元宵之夜,不论老少男女,各色人等蜂拥而来,赏灯观戏,吃美食,已成传统。

清末上海思想家王韬在《瀛壖杂记》(1849年)中就对灯会盛况有着记载:

> 城隍庙内园,以及萃秀、点春诸胜处,……正月初旬
> 以来,重门洞启。嬉春士女,鞭丝帽影,钏韵衣香,报往踅
> 来,几于踵趾相错,肩背交摩。上元之夕,罗绮成群,管弦

如沸,火树银花,异常璀璨。园中茗寮重敞,游人毕集。斯如月明如昼,蹀躞街前,惟见往还者如织,尘随马去。影逐人来,未足喻也。远近亭台,灯火多于繁星,爆竹之声,累累如贯珠不绝,借以争奇角胜。①

到了民国,尽管社会环境动荡,人们生活并不太平,但俨然已成习俗的城隍庙灯会仍受到老百姓推崇,成为人们节日所盼,故而灯会也未停息,元宵灯会热闹不减。当时的《申报》对此亦有谈及:

大后日始为旧历元宵,此在元宵前之三日中,灯之市况尤将不恶。自癸亥元旦起,邑庙前街即福佑路一带,售灯者日众,引目一眺,但见五色斑斓,美丽而又热闹。……据邑庙前售灯者言,沪人之以制灯为业者,亦不下数百人,购灯者亦各有特殊之意兴。甚至有甫至元旦,即欣然购灯者。元旦至元宵销数逐渐旺盛。②

后受战乱影响,灯会一度衰落,停办。1979 年豫园恢复了元宵灯会,发展至今。2010 年,"豫园灯会"被列为"国家级非物质文化遗产项目",并于 2010 年 8 月正式被国家文化部授牌。

作为城市空间的一项典型节日盛事,上海豫园灯会并非民间自发兴起的,从明清时期就具有政府主导、民众参与的特色。像这种大型的节日文化活动,极其依赖于组织性、管理性,并需要耗费大量人力物力,单纯凭借个体或松散的组织难以有效开展,所以传统灯会多是由政府来倡导、操办,直到 20 世纪初仍延续着官方的组织主体性。但是,到了 21 世纪上海豫园灯会再次大规模兴起之

---

① 转引自:上海市文化传播影视管理局编著:《豫园灯会》,上海:上海人民出版社2014 年版,第 29 - 30 页。

② 转引自:上海市文化传播影视管理局编著:《豫园灯会》,上海:上海人民出版社2014 年版,第 30 页。

时，举办的主体发生了重构，从传统社会的政府主体转变为社会经营组织。从 1995 年起豫园旅游商城有限公司专门成立机构以筹备举办一年一度的豫园新春元宵灯会。也就是说，豫园灯会的承办主体乃是追求经济效益的现代公司，"灯会不再像以前那样只是本地人为了庆祝元宵节的集体聚会活动，而更多的附加了经济功能和商业目的，并成为覆盖上海市和周边地区的公共文化大事件和旅游机会"①。

目前，以旅游公司为承办主体的豫园新春民俗艺术灯会已经举办了 26 届，发展为上海最具有符号性与影响力的年节民俗文化活动。整个灯会以十二生肖为主题，根据当年生肖制作动物形象，如大白猪、巨型雄鸡灯彩等，醒目惊艳，如 2017 年有九米高的雄鸡造型，相当于三层楼高，重量达 1 吨，身披 2017 片五彩羽毛，光焊点就将近二万个，全是人工制作而成。主题灯组与四周灯组遥相呼应，演绎了"一唱雄鸡天下白，励精图治谋发展"的主题，从声、光、电等，配以现代技术，生动、形象、艺术地予以展现。同时，灯会在坚持传承传统民俗制灯工艺的基础上，融入现代科技理念，利用九曲桥、九曲长龙形状和特有水面条件，以湖心亭与东方明珠遥相呼应为背景，创造大型主题灯彩，尝试利用现代灯光和节能灯源，打造更为炫目耀眼的灯彩文化。2021 年，豫园商城在三大广场以"牛转乾坤·潮起东方""焕彩·江南百景游春图""五牛积福·牛运亨通"为主题，打造了沉浸式的节日场景体验，经典与现代结合，演绎中华优秀传统文化。除了看花灯之外，还有美美的打卡场景、好吃的美食、主题乐园活动以及聚焦于上海元素的书局文化、中医药文化活动等。游客可在豫园中移步换景，欣赏着流光溢彩的灯彩文化，吃喝玩乐照一体化，无论是本地人、外来务工者还是特意来上海体验年味的游客都共享都市中的新春氛围。

① 　徐赣丽：《当代城市空间中的民俗变异——以传统节日为对象》，《杭州师范大学学报》2020 年第 3 期，第 103 页。

进而言之,豫园灯会的传承与振兴在现代社会经历了一个重构与再生产的过程。而这种重构无疑受到上海作为超大都市空间的影响,其不仅是一个文化事件,也是一个经济事件、公共事件,既是本地人的节日文化,也是慕名而来的游客共同享有的节日盛会。在多年来文化旅游的实践过程中,豫园灯会无论是从举办方、参与者还是活动目的都出现"变异",多元性的参与群体与多重功能目的都使之超越了固有的地域范围、交流人群,在朝向当代都市空间的超级文化盛会的方向越走越远。据统计,从 2016 年至 2018 年,豫园灯会的参与人数都以百万计,且日益攀高,"2016 年,为期 31 天的灯会,累计客流 396 万人次;2017 年,为期 31 天的灯会,累计客流 450 万人次;2018 年,为期 33 天的灯会,累计客流 561 万人次"。① 在此,豫园新春民俗艺术灯会的传承主体实际上扩展到本地人、海内外的游客,他们浸入年味浓厚的灯会中,并在赏花灯、观看演出、开展消费的过程中接受、认同了元宵灯会的民俗文化。这一文化图景得益于上海独特的聚合空间,缺少了城市环境基本上也就难以存在,即便有类似的效应,但也很难具有如此之大的规模。事实上,即使在上海,其他区域想搞出如此具有影响力的节日盛会,也并不容易实现。学者顾晓舟曾指出,灯会是城市风景的再造,而城市的风景,不仅需要昔日的风情,也需要有不相识的人和善地汇聚在一起。豫园灯会的价值之一,就在于人山人海,人的聚集。比起看灯,更多是看人。豫园提供了很好的经验——好的城市风景,必须和风情连在一起,和人们的活动连在一起。民俗的热就是"大家乐",大家乐不起来,所有措施都是无效。② 换言之,豫园灯会之所以能得以振兴,不仅恢复甚至超越了过去的荣光,在于尽管其具有复合性的文化形式与功能目的,但是其保留了传统元

---

① 吴仲庆、张健、周敏、张艳:《传承民俗文化的豫园灯会》,《上海党史与党建》2018 年第 8 期,第 39 页。

② 《灯会是城市风景的再造》,《解放日报》2014 年 2 月 17 日。

宵灯会的活动性,以汇聚多类型的民俗文化与民俗活动突出了灯会"热闹"的特质,给予都市人群及来自四海八方的游人以体验节日民俗的空间。从根本来说,豫园灯会的文化内涵并没有大的改变,以传统活动为核心实现了人群的聚集,也迎合了城市节日的聚会逻辑。

三、广州春节花市

广州花市作为"粤东四市"(廉州珠市、东莞香市、罗浮药市、广州花市)之最,历史悠久,影响深远。追溯广州的花卉业,至少有一千多年的历史,早在南汉时代就出现大量以种花为业的花农,所谓诗句"三十三乡人不少,相逢多半是花农"①就是对花卉从业者甚众的形容。早期的广州花市,多以特有的花卉品种素馨花为主,迟至晚明形成了专业性的素馨花市场,清初屈大均《广东新语》有载:"所卖止素馨,无别花,亦犹洛阳但称牡丹曰花也"②。素馨花卉市场的兴盛进一步推动了专门的种植产区,"珠江南岸,有村曰庄头,周里许,悉种素馨,亦曰花田",③"花田者,河南有三十二村,旧多素馨,花时弥望如雪,故云"④。通过珠江北岸的五仙门码头素馨花被送到花市,因此五仙门又有"花渡头"之称。

早期的花市主要是由民间的专业性销售市场。清中期以后,随着广州的商业贸易的发达、市井生活的进一步发展,民众的休闲娱乐生活也得到了拓展。这种常年性花卉销售市场开始成为民众欣赏娱乐、休闲消遣的好去处,夜间花市也逐渐出现,所售卖花卉不仅有传统名产素馨花,还增加许多其他品种,如水仙、吊钟、紫薇、玫瑰等等,更强调观赏性与寓意性。在当时,广州的夜间花市

---

① 转引自叶春生:《广州的花市与花卉文化》,《中山大学学报》(社会科学版),1992年第3期,第120页。

② [清]屈大均:《广东新语》卷二,北京:中华书局2006年版,第48页。

③ [清]屈大均:《广东新语》卷二十七,北京:中华书局2006年版,第695页。

④ [清]屈大均:《广东新语》卷二,北京:中华书局2006年版,第42-43页。

主要集中在两地——藩署前与花地大策。这两个花市较为有名，文献中亦有记载，如《续修南海县志》载藩署前花市"灯月交辉，花香袭人，炎敲夜尤称丽景"。[①] 沈复在《浮生六记》中也描绘了花地的花卉盛景，"对渡名花地，花木甚繁，广州卖花处也。余以为无花不识，至此仅识十之六七，询其名有《群芳谱》所未载者，可见花地花事之盛"。[②] 而影响广州花市发展的一个重要因素即是晚清时期夜间花市与节日的结合，使得花市从专业销售场所逐渐蜕变为一种民俗文化空间，逛花市也成为一种节日民俗活动。

一般来说，花卉具有装点节日空间、烘托节日气氛的重要作用，节日期间购买鲜花顺理成章，同时也能增添节日的喜庆氛围。不过，对于广州花市来说，集聚于春节期间的花市形成也有着自然气候与花卉期的因素，早春的鲜花不仅开得盛，而且品种多，形成规模花卉市场更有利于开展销售活动。因此，利用传统春节、元宵节等节日空间来开展经济活动，并使之成为一项民俗活动，无疑是有着民间的智慧融入其中的，既顺应了民众的鲜花消费需求，又充分利用了节日资源。从春节前至元宵，乃是花市的旺季，络绎不绝的市民都前往花地大策、藩署前等逛花市，热闹非凡。清末期间，藩署前已经形成了岁末花市。《番禺县续志》称："在布政使署前，岁除尤甚"。[③]《粤海小识》也载："每届年暮，广州城内卖吊钟花与水仙花成市，如云如霞，大家小户，售供共几，以娱岁华"。[④] 也就是说，藩署前花市在年末的花市甚于平时的夜市，体现出岁暮花事兴旺的特点，且品种也多于平日，充满着年节的节日氛围。基本上到了民国年间，广州花市就比较固定了，通常设在农历十二月

---

① [清]郑梦玉等：《续修南海县志》卷五"花市"条，同治十一年刊本。

② 陈国康、邓广彪：《广州花市》，《广州文史资料》第三十五辑，广州：广东人民出版社1986年版。

③ 梁鼎芬等：《番禺县续志》卷六"花市"条，民国二十年刊本。

④ 转引自叶春生：《广州的花市与花卉文化》，《中山大学学报》(社会科学版)，1992年第3期，第121页。

二十八日到除夕深夜举行。随着花市朝向民俗活动转变,普通民众的逛花市与文人雅士的雅集、咏花作诗活动相映成趣,都与节日有着密切的关系。当时的文人包括康有为、张维屏等人也参与其中,组织诗社,逢正月初七"人日"、正月十五、天后诞、端午节、七夕节、中秋节等传统节日,也往往要设"花局",布置花展,邀请诗友吟诗,这种习气在文人群体中较为普遍。正月期间,广州的花卉正是盛开之际,民众呼朋唤友相邀在人日成群到花市游览,也成为较为独特的新春习俗。

可见,在新中国成立之前,广州花市具有较强的自发性,多是与花农、商家、民众的组织与参与有关,官方色彩并不浓厚。到了新中国成立之后,为了进一步发扬花市传统,政府开始对花市活动进行统一管理,1956年将分散于各街巷的花铺集中到太平路,以竹竿搭成牌楼花架,命名为"迎春花市"。每逢迎春花市开放之时,花农们成群而来,繁花涌街,人头攒动。自此,官方对花市的管理、组织与举办成为主流,花市的举办主体发生了较大变化。到了1990年代,正式形成了每区一花市的格局,后又拓展至番禺、花都、从化、增城,形成百花齐放的局面。同时,文人参与花市活动也被纳入政府的组织之中,花街诗文成为特色,例如1978—1979年海珠区的迎春花市就组织了本土的诗人、画家进行花市创作,也增添了书写董必武、朱德、陈毅、郭沫若等领导人的诗词,市政府领导人也参与到花市诗词的创作中。从花市的运作机制来看,官方介入已经成为广州花市的重要展现形式,在新时代的环境下,人们赏花咏春表达对新春、祖国的祝福也成为花市文化的重要内容。

在现代的广州市民生活中,春节逛花市是必备的项目。"大年三十行花街",已然是广州的重要年俗活动。人们通过鲜花来表达新年祝福,春节家家户户爱插桃花,所谓"一树桃花满庭春",将桃花插在客厅,不仅是装饰厅堂,更是在讨个好喜头,广州话的"桃"与"图"同音,"红桃"即意为"鸿图",有"鸿图大展"之意,迎红桃回家乃期盼来年转鸿运,男青年来年会有桃花运。可见,迎春花市完全融入广州本地的民俗生活之中。对于本地人来说，"迎春花市提醒人们春节将至，是时候为除旧迎新做准备了，例如置办年货、大扫除等，同时也通过搭建花市牌楼、摆卖年花等营造过年的欢乐气氛。年年有新花样，也开阔了市民的眼界。市民在花市上既能看到国内外的各色花卉，又能品尝到各种地方特色小食，观看文艺表演"，①是过年非常重要的一部分。

如今的广州花市凸显出全民节庆的效果，不仅参与群体众多，而且活动形式多样，持续时间也较长。以 2020 年迎春花市的活动为例，"广州过年 花城看花"系列活动从 2020 年 1 月 21 日延续至 2 月 8 日，即从腊月二十七一直到正月十五，贯穿整个春节。从内容上来说，主要有以下看点：

> 1. AI 花市升级嘉年华，科技范儿十足。AI 花市升级为嘉年华活动，融合传统和现代元素，科技味道更加浓郁。AI 花市海心沙"旗舰店"内除了延续鲜花线上销售，还将有书香角、5G 终端设备互动区及智能机器人体验区。
>
> 2. 首次设电竞专区，"粤潮粤好玩"。以"国潮花开"为主题，引入各大"国潮"企业加入"粤潮粤好玩"AI 花市嘉年华集市。在集市现场，著名纸雕师将结合非遗技艺和游戏文创，为 AI 花市嘉年华打造高约 3 米、宽约 6 米的纸雕灯光作品。新设的电竞区将引入全球首款 MR 全息竞技游戏《全息战场（Blaster）》。另一款游戏《MR 儿童博物馆》则十分适合亲子娱乐
>
> 3. 看非遗"听见花开"，"新花城"助力花市飘书香。海心沙的 AI 花市嘉年华将以"非遗过大年 文化进万家"

---

① 《广州迎春花市：年年羊城花似锦 岁岁观花人如潮》，《南方都市报》2010 年 1 月 21 日 http://news. yuanlin. com/View/61879/4. htm.

为主题,引入"新时代·新民艺"——"花城看花"非遗新
造物特展,邀请市民游客到 AI 花市了解中国、粤港澳与
广州非遗文化。

4."大湾区家园"与"岭南之美"交相辉映。以 2019
年中国北京世界园艺博览会驻场演出《美丽家园》为主
体,结合光影艺术与歌舞表演,是一场展现了"绿色生活
美丽家园"办会主题的国际水准演出盛会。

5.见证"花开新时代",携手"一起幸福"。《一起幸
福》和《花开新时代》这两首同获广东省第十一届精神文
明建设"五个一"工程奖的曲目。开幕式以充满岭南特色
的醒狮与巨龙开始。醒狮巨龙在穿着花饰配饰的舞蹈演
员与歌曲《花开新时代》的表演中向人们献上新一年的
祝福。

6."声入人心"天籁送祝福。以具有广州风情与美
声演绎的歌曲在新春时节为来穗游客献上祝福,以年轻
时尚的演唱方式将音乐剧、歌剧、美声送到广州市民的
面前。

7.全城"动起来"喜迎四方客。以"绽放"为主题,
增设首届大学生园博会设计竞赛作品展、月季新品种展
等 6 个综合展览,布展面积达到 10 万平方米。

8."花城很 Idol(爱抖)"掀全城互动热潮。短视频
挑战大赛掀起线上与线下的互动狂欢。大赛定制具备魔
性调性的花城专属"广州过年"的新春主题曲,在知名社
交媒体平台邀请多位知名人士、网络红人使用主题曲带
动粉丝模仿挑战赛,掀起"粤潮崛起,花城很 idol"的热
话题。

9."广州过年 花城看花"连续 19 天,天天有新意。
邀请城内知名书画艺术家在 AI 花市为市民写"福"和春
联送书画作品。大年初一,抖音网红将对 AI 花市新春

佳节第一天进行直播,当晚文艺专场抖音红人和粤语好
声音双重加料陪伴市民,迎来"嘻哈之夜"。大年初二,广
州文艺展演活动将迎来广州粤剧院专场。

从这些活动设置可以看出,迎春花市融入了不少科技、年轻、
网络元素,涉及 AI、电竞、阅读、非遗、演出、园博会、书画、嘻哈等
诸多内容,贴近年轻群体,采用人民群众喜闻乐见的新媒体网络传
播技术,注重线上与线下的互动,本质上亦是以花市为载体来创办
全民共享的节庆空间。这些活泼新颖、多彩多样的活动在北京"卢
沟晓月"中秋文化节、上海豫园灯会都有体现,基本上每个群体都
能在节庆空间中找到感兴趣的内容。而且,迎春花市活动还展现
出"点—面"的铺展特点,既有海心沙这样的新春文艺嘉年华据点,
也有分布在 11 个区的花市,如越秀花市、海珠花市、荔湾花市、天
河花市、白云花市、黄埔花市、花都花市、番禺花市、南沙花市、从化
花市、增城花市等,相当于以花市带动起了全市的节日氛围。在长
达半个多月的时间段内,"花市"的出现不仅释放出新春的信号,也
预示着全城进入"非常态"的节日空间。对于生活在都市的人们来
说,这种打破日常庸常的节庆状态是极其必要的,不仅能让人们感
受到热闹欢庆的氛围,而且也有利于放松身心,沉浸到节庆的一体
化状态中。

以上城市节日振兴的不同个案,尽管在形式、内容上存在一定
的差异,但还是具有一些共同点,如:(一)突出节日的载体意义。
无论是中秋文化节、豫园灯会还是迎春花市,其内容都不局限于单
一的节日民俗文化,而是汇聚多类型的文化,打造人人共享的节日
空间,尽可能吸引更多人群的聚集。人群成为城市节日的重要风
景。(二)强调活动的新鲜性、有趣性、展示性。"传统"在现代社
会有了新的理解,过去社会的过节强调一以贯之的做法,但现代社
会无疑是在超越、突破既有表现形式的基础上来传承传统,如花灯
的主题、内容、系列活动都要求新、求趣,不能千篇一律,广州花市

也是"年年岁岁过新春,今年花市又不同"。显然,这是迎合了"喜新厌旧"的现代市民的需求,所传承的是节庆文化的内核,而年年岁岁不同的则是节庆活动形式。(三)注重民俗非遗文化与家国情怀的结合。在具体文化形式与内涵的表达上,各地的城市节日都将非遗、民俗对接了新时代的价值内核,家国情怀的表达占据了节日内容的重要位置,节日作为塑造文化认同的功能得到大大体现;四、发挥官方引导、组织与管理作用。官方的介入成为城市大型节日的普遍现象,体现出传统节日的传承从民众的生活传承走向"文化自觉"的传承,官方扮演着重要角色,起着引导、协调各方力量,提供各类人员、物资与管理的重要作用。这既是举办城市大型节日活动的内在需求,也是政府为振兴节日、利用节日增强城市竞争力,塑造城市文化影响力的重要表现。

第五章

传统节日振兴与乡村发展

在乡土中国,节日文化与乡村有着历史的、内在的关联,重视田野的民俗学者往往把节日文化研究放置在村落语境中,明显意识到了乡村是承载节日文化的重要"场域"。然而,在节日研究领域,传统节日文化传承与振兴对于当代乡村发展的意义问题却被忽略了。我们认为,传统节日不仅重视家庭伦理,也重视公共性,具有促进社区团结的功能,这个功能对于当代乡村振兴有着重要意义。

第一节 研究视角:公共性与社会资本

从本质上来说,节日有公共性的一面,因为,节日总是意味着人们的聚集。所有的节日都有聚集性,孤独的个人无所谓节日。人们之所以需要节日,就形而上而言,是因为人类内在的需要体验众生一体。

尼采曾借用希勒诺斯的话说,可怜的浮生都是无常与苦难之子,存在毫无意义。解救之道要么通过日神艺术暂时遮蔽这个真理,要么在酒神节庆中忘却个体,像古希腊人那样,将个体化原理的崩溃化为一种艺术现象。尼采由此发现了古老节庆的聚集性,他描述道:"此刻,在世界大同的福音中,每个人感到自己同邻人团结、和解、融洽,甚至融为一体了……人轻歌曼舞,俨然是一更高共同体的成员,他陶然忘步忘言,飘飘然乘风飞扬。他的神态表明他

162

着了魔。"①受到尼采的影响,伽达默尔甚至认为,聚集是节日最根本的特性。他说:"假如有什么东西同所有的节日经验紧密相联的话,那就是拒绝人与人之间的隔绝状态。"②

葛兰言指出,中国上古时期的节庆是"结合的节庆",人们"集合到一起重新构造他们与之休戚相关的共同体"。③ 当代社会,人们尤其需要节日的聚集。社会分工将人们隔绝。互联网技术的发展、虚拟空间、宅文化,加剧了人与人之间的隔绝。人们在内心深处需要节日的聚集。

传统节日的聚集是一种不自觉的、惯性的聚集,内在的、习俗的力量可以轻易打破人与人之间的隔离。然而,在现代社会中,传统节日的公共性正在急剧萎缩。尤其是乡村,传统节日越来越趋向于小家庭的聚集,过去节日期间的宗族祭祀、社区活动等都不再受到重视。事实上,传统节日中的聚会、祭祀、娱乐活动等可以有效加强人与人之间的联系,增强相互信任感。也就是说,可以提升乡村的社会资本存量,这对于乡村发展是有着重要意义的。

研究社会发展的理论与范畴很多,社会资本是其中比较重要的一个概念。这个概念强调了社会组织与文化对于社会发展的重要意义,把社会网络、人与人之间的信任以及属于文化范畴的象征体系、认知模式、道德规范与价值观念视为社会发展的要素与资源,因而尤为适合用于分析传统节日文化与乡村发展之间的关系。

资本显然是一个经济学概念,社会资本起初也是一个经济学概念。在经济学领域,提出社会资本概念旨在通过强调社会与文化维度来反思追求收益最大化的"经济人"假设。20 世纪 80 年代

---

① [德]尼采著,周国平译:《悲剧的诞生》,北京:生活·读书·新知三联书店1986 年版,第 6 页。

② [德]H·G.伽达默尔著,张志扬等译:《美的现实性——作为游戏、象征、节日的艺术》,北京:生活·读书·新知三联书店 1991 年版,第 65 页。

③ [法]葛兰言著,赵丙祥、张宏明译:《古代中国的节庆与歌谣》,桂林:广西师范大学出版社 2005 年版,第 161 页。

之后,在布迪厄、科尔曼与普特南等人的推动下,社会资本概念在社会学、政治学领域产生了深刻影响,成为一个多学科共用的概念。由于社会资本这个概念具有多学科背景,不同学科对其有不同的界定,因而其定义较多。有人认为社会资本就是个人获取资源的能力,如美国普林斯顿大学社会学教授亚历山德罗·波茨说:"社会资本指的是,处在网络或更广泛的社会结构中的个人动员稀有资源的能力。"①有人强调社会资本是社会组织或共同体的结构性特征,如美国哈佛大学社会学教授普特南认为:"社会资本……指的是社会组织的特征,例如信任、规范和网络,它们能够通过推动协调的行动来提高社会的效率。"②不管对于个人,③还是社会组织或共同体而言,社会资本都是一个积极的概念,拥有丰厚社会资本,就意味着有更多利于发展的资源。普特南指出:"在一个拥有大量社会资本存量的共同体中,生活是比较顺心的。"④科尔曼也认为:"社会组织构成社会资本,社会资本为人们实现特定目标提供便利。如果没有社会资本,目标难以实现或必得付出极高的代价。"⑤对于乡村社区而言,良好的社会资本存量有利于其发展。比如,一个乡村社区如果基层组织有威信,有良好的社会动员能

---

① 转引自杨雪冬:《社会资本:对一种新解释范式的探索》,见李惠斌、杨雪冬主编《社会资本与社会发展》,北京:社会科学文献出版社 2000 年版,第 31－32 页。

② Robert Putnam. 1993. *Making Democracy Work*. Princeton:Princeton University Press. p. 167.

③ 在一个制度不健全,规则意识不强的社会中,个人注重"找关系""走后门",这往往会损害社会组织或共同体的社会资本,这种所谓的个人资源并非社会资本。正如科尔曼所言,社会资本"由构成社会结构的各个要素所组成,它们为结构内部的个人行动提供便利",社会资本具有公共物品性质,它不是一种私有财产,具有不可转让性。([美]詹姆斯·S·科尔曼著,邓方译:《社会理论的基础》(上),北京:社会科学文献出版社 1999 年版,第 354、369 页。)

④ [美]罗伯特·D.普特南:《独自打保龄球:美国下降的社会资本》,见李惠斌、杨雪冬主编《社会资本与社会发展》,北京:社会科学文献出版社 2000 年版,第 167 页。

⑤ [美]詹姆斯·S.科尔曼著,邓方译:《社会理论的基础》(上),北京:社会科学文献出版社 1999 年版,第 356 页。

力,在争取外来投资方面就往往有优势;如果村落共同体内有良好的人际关系,离乡的村民往往回报家乡的意愿更为强烈,更愿意与同乡分享发展机遇。相反,大多数贫困、落后的乡村社区,其社会资本存量也往往较低,不仅组织涣散,而且人际联系较少。

由于社会资本主要表现为人与人之间的关系,是无形的,不可量化的,甚至不易辨识,我们如何来衡量乡村社区的社会资本存量呢?进而言之,我们可以从哪几个维度评估节日文化对乡村社区社会资本的影响呢?

普特南认为:"社会资本一般包括联系、惯例和信任"。[①] 具体而言,包括客观的社会网络、组织与一系列相对主观的道德规范和价值观念。[②] 因而,可以从两个方面来衡量社会资本,一是社会成员对各种社会组织的参与程度,二是社会成员的相互信任程度与道德规范水准。在这两个基本维度上,我们可以通过问卷或访谈来衡量乡村社区的社会资本,但是,就节日文化对乡村社区社会资本影响这个具体问题而言,则有必要对这两个基本维度进一步细化。本文设计了六个维度来衡量乡村社区的社会资本,此处先对这六个维度略作申述,下文将结合个案进行具体研究。

一是乡村社会网络以及村民对乡村公共活动的参与程度。普特南认为,"社会网络非常重要"是社会资本理论的核心观点。[③] 他发现,社会网络有利于人与人之间的协调与交流,促进了社会信

---

① 李惠斌 杨雪冬主编:《社会资本与社会发展》,北京:社会科学文献出版社 2000 年版,第 160 页。

② 卢春龙:《罗伯特·帕特南:社会资本理论的主要倡导者》,见罗伯特·D.帕特南主编,李筠等译:《流动中的民主政体——当代社会中社会资本的演变》,北京:社会科学文献出版社 2014 年版,第 4 页。

③ [美]罗伯特·D·帕特南、克里斯丁·高斯:《流动中的民主政体·导论》,见罗伯特·D·帕特南主编,李筠等译:《流动中的民主政体——当代社会中社会资本的演变》,北京:社会科学文献出版社 2014 年版,第 5 页。

任的产生,有利于解决集体行动的困境。① 在传统乡村社会,由于血缘、地缘、业缘关系,社会网络是非常稠密的。在 1980 年代之后,由于家族文化衰落、集体经济解体以及外出打工热潮的涌现,不仅传统的社会网络遭到了破坏,基层政权的组织、动员能力也严重弱化,村民出现了"原子化"倾向,对乡村公共活动漠不关心。对此,社会学家忧心忡忡。然而,民俗学研究者却发现,村民对传统节日活动的组织与参与仍然是充满热情的,②这为修复、重构乡村社会网络带来了希望。

二是村民对乡村共同体的认同程度。社会资本研究的焦点问题是社会网络以及个人对社会网络的利用,很少关注文化认同问题。对于外出打工的村民来说,"老乡"关系可能是其最重要的社会资本之一;对于乡村发展而言,乡贤的"乡愁"也是极其重要的社会资本。"老乡"关系的建构以及"乡愁"的生成,固然依赖于地缘关系,但其亲密性则主要来自日常交往或节日、婚丧嫁娶、庙会等非日常的交往。在"左邻右舍""前后三庄"地理空间之外,非日常交往对于人际关系网络的意义显然更为重要,它建构、巩固了村落认同。③

三是村民之间的相互信任程度。在社会生活中,相互信任可以节约成本。比如,基于相互信任,村民在经济交往中很少签订正式合同,这大大提高了经济活动的效率。相反,由于信任缺乏,中产阶层不信任农产品与小饭店饮食的安全,这已经影响了农民的收入。此外,人与人之间知根知底,相互信任,是乡村生活吸引人

---

① [美]罗伯特·D. 普特南:《独自打保龄球:美国下降的社会资本》,见李惠斌、杨雪冬主编《社会资本与社会发展》,北京:社会科学文献出版社 2000 年版,第 167 页。

② 从民俗学者的田野资料以及相关研究来看,晚近十来年,庙会与传统节日活动正在复兴。

③ 可参考张士闪对鲁中淄博市洼子村在莲花庵庙会上"献轿"仪式的研究与昌邑市东永安村"烧大牛"习俗的研究(张士闪、张佳:《"常"与"非常":一个鲁中村落的信仰秩序》,《民俗研究》2009 年第 4 期;张士闪:《非物质文化遗产保护与当代乡村社区发展——以鲁中地区"惠民泥塑""昌邑烧大牛"为实例》,《思想战线》2017 年第 1 期。

的重要方面,也是村民幸福感的重要来源。毫无疑问,相互信任离不开密切的社会交往,社会网络可以说是相互信任的基础。

四是村民之间的互助与合作程度。村民是有互助合作传统的,比如农具、耕牛共用,农忙时互助,建房时相互"打清工",①"红白事"时本家族人一起来"忙事"等等。互助合作不仅提高了农民生产生活能力,也密切了人际关系,提升了幸福指数。由于种种因素,上述这些互助合作形式在大多数乡村都逐渐消失了,但在传统节日活动中,互助合作关系还有所保留,甚至衍生出了一些新的形态。

五是村民的道德水准。人们大都乐于跟有德之人交往,期望在民风淳厚的地方投资、生活,就此而言,村民的道德水准无疑是乡村社区极其重要的社会资本形式。在乡土社会中,基于"礼""俗"的力量,村民的道德水准总体来看一直比较高,虽然难免有个别"刁民",但大多数乡村都民风淳厚。然而,在现代社会中,越来越多的村民成了"无公德的个人",这已经成为制约乡村发展的重要因素。节日文化是否有利于修复传统"礼""俗",推动传统"礼""俗"与现代文明的融合呢?这是值得关注的一个重要问题。

六是村落文化符号的影响力。大多数社会资本研究者都比较重视社会网络,以及基于社会交往而确立的信任关系、道德理念与价值观念,很少把村落文化符号影响力视为社会资本。② 但是,在乡村旅游已经成为乡村发展的重要路径的社会背景下,显然是不该忽视村落文化符号影响力的。尤为值得注意的是,传统节日文化活动在村落文化符号的塑造与增值过程中有着非常重要的作用。

上述六个维度虽然都是社会资本的重要表现形式,但并非无

---

① 建房主家只提供烟酒、茶水、午餐,不给工钱。

② 文化符号的影响力应该是布迪厄所谓的文化资本,但是,在社会学界一般很少使用文化资本概念,而是把文化资本视为社会资本的一种形态。

差别的并列关系。与大多数社会资本研究者的观点一致,本文也认为社会网络是中心,"老乡"关系、"乡愁"、信任、互助合作、道德等,都是在紧密的社会交往中产生的。与前五种社区内的"黏合性社会资本"形式不同,村落文化符号属于对外的"桥联性社会资本",①村民从其传播与对外影响力中获益。

第二节　皖南伏岭村过年习俗传承——个案之一

伏岭村是安徽省绩溪县的一个行政村,②2003 年由原伏岭上、伏岭下、卓溪、半坑、新桥等 5 个行政村合并而成,本文主要调研了其中的伏岭上与伏岭下村。2003 年之前,伏岭上与伏岭下村既是行政村,同时也是边界较为清晰的自然村,村民基本上都姓邵。之所以选择这个村,主要因为这个村的春节习俗保留了较为丰富的传统的村落公共活动。具体而言,主要有如下几个方面。

一、舞狗

所谓舞狗,当地人也叫舞狮。表演者一般是正好年满三十周岁的人,当地人称之为"值年的人"。表演时,一人舞狮头,一人舞狮尾,相互配合,腾挪跳跃,做出各种动作。此外,还有一人挑着扁担,扁担前面挂一面锣,后面挂一个大鼓,挑担的人自己负责敲锣,后面跟一个人负责打鼓,另有一人打钹,一人打小镲,还有两人负责收取"狮金"。大年初一这天,在一位老年人带领下,按照一定路

---

①　帕特南与克里斯丁·高斯把社会资本分为黏合性社会资本与桥联性社会资本两种基本类型。([美]罗伯特·D. 帕特南、克里斯丁·高斯:《流动中的民主政体·导论》,见罗伯特·D. 帕特南主编,李筠等译:《流动中的民主政体——当代社会中社会资本的演变》,北京:社会科学文献出版社 2014 年版,第 9 页。)

②　伏岭村位于绩溪县东部,距县城 23 千米。伏岭村文化底蕴深厚,是徽文化的核心区,2008 年被文化部命名为"中国民间文化艺术之乡",2016 年被住房与城乡建设部等部门列入"第四批中国传统村落名录"。

线,挨家挨户在人家院子里表演,每家都要到。在伏岭村,狐进门意味着祛邪除害,主人家多多少少会拿出一些钱给收取狮金的人,少则几块,多则上百,收取狮金的人会记下主人家的名字和金额。最后,"三十值年"的人把每家每户的狮金数额写在大红纸上,张贴在村里公告栏中。这天,年满三十周岁的人都要跟着去舞狐,若有特殊情况,则要请其亲人代表自己跟着。由于村子比较大,一般要表演一整天,甚至两天,演员和乐队的人都要不断更换,整个队伍多达几十人。据村里老人所言,"狐"其实并非狮子,而是一种传说中的神兽,比狮子老虎都要凶猛。北宋末年邵姓先祖迁居此地时人丁不旺,风水先生认为对面山上有石狮火虎作祟,就生造了一个"狐"字,并画了一个"狐"的图像,让邵氏贴在家中进行供奉。明朝中叶之后,邵氏人丁兴旺,伏岭村已成绩溪县第一大村,邵氏后人遂于每年正月十五敲锣打鼓祭祀狐神。是日,用布做成一只狐。狐身涂上五颜六色,显示其勇猛。"村民们准备松明火把,齐集村头,同时敲锣打鼓,放三门铳、爆竹,并由两个年轻人套入狐身,表演跳跃、猛扑等动作,群众齐声呐喊,向石狮火虎示威、斗猛,并绕村游行一圈驱赶一切邪气。"①由此可见,伏岭村的舞狐可能是古老的傩舞的遗留。

二、游灯

游灯、演戏过去都在正月十四日,现在为了方便在外工作的人回去上班,改在正月初四举行。过去邵氏分为上中下"三门",②三门队伍各自出发,会合后一起游灯,现在是伏岭上、伏岭下两村同时开始游灯。2018年正月初四下午,我们跟随村民来到伏岭下村祠堂。祠堂的橱窗里摆放着许多清朝流传至今的戏服和盔头。③

---

① 邵茂深著:《伏岭舞狐》,合肥:黄山书社2016年版,第3页。
② 三门,即三个支族。
③ 演戏时,武将演员带的头盔。

祠堂里许多老旧的纸灯都被摆放出来供人选择,造型各异,有羊、马、鸡,还有各种小灯。傍晚 5 点,"值年的人"来齐之后,便开始点起松明火篮,[①]由一个人挑着,走在队伍的最前面,敲锣打鼓的人跟在其后。放完礼炮,队伍便在锣鼓声中开始行进了。游灯的队伍由专人带队,以保证村中每一条街道都可以被走过。每走一段距离,"值年的人"就会在路边放起烟花、礼炮,经过的每一户人家,门口都站着观灯的人,还有许多小孩手里拿着自家做的纸灯,在家长的带领下,窜进队伍中间,和队伍一起前进。就这样,天色越来越暗,队伍越来越长,越来越亮,就像一条游走在街巷里的长龙。村民邵茂深的记述更为动情:"游灯队伍按照规定路线,绕着村中的主要街道游行一圈。这时锣鼓声惊天动地,爆竹声震耳欲聋。看游灯者拥挤在街道两旁,形成一条人流夹道。……看着这种热闹的场面,真可说是一种幸福的享受。"[②]

三、演戏

晚上六七点左右,伏岭上、伏岭下两村游灯的队伍在戏台前汇合。戏台背后的操场上摆满了烟花,点燃后半边天空都是明亮的。台下的人个个抬头看烟花,人头攒动。烟花足足燃放了十多分钟。据了解,今年的烟花花费大约六千元。燃放烟花之后,主持人就把"值年的人"依次请上台。"值年的人"上台后先向台下乡亲鞠躬,再回头上香,做自我介绍,然后"值年的人"在台上站成一排,再向台下鞠躬。今年"值年的人"有二十八人,其中伏岭上村 13 人,伏岭下村 15 人,有男有女。这个仪式之后,演出正式开始。先是表演了一通舞狮,然后是伏岭中心小学徽剧班和锣鼓班表演"美女引凤"和"战鼓雷鸣"两出戏,最后两位老艺人表演了"张飞祭马"与

---

① "火篮用铁打成,安上木柄,燃烧松明,由人扛着照明。"(邵茂深著:《伏岭舞狮》,合肥:黄山书社 2016 年版,第 29 页。)

② 邵茂深著:《伏岭舞狮》,合肥:黄山书社 2016 年版,第 29 页。

"龙虎斗"。演出虽然很普通,但村民热情很高。由于下着小雨,村民们都打着伞观看演出。据邵茂深在《伏岭舞狮》一书中所记,伏岭村自1830年就开始组班演戏,其演员都是本村十五岁以下男童,一般从七八岁开始学戏,几年下来,演出水平有的甚至不亚于专业演员,能演的剧目也很多,邵茂深统计出了200多出。伏岭村的演戏过去一般从正月十四开始连演三晚,由于节目丰富,演出精彩,十里八村的人都来看戏,很多人根本挤不进场子。"这几天,伏岭村成了集市,街上行人往来不绝,小贩摊子很多"。①

　　伏岭村传统的村落公共活动之所以能够很好地传承下来,主要得益于这个村有一个重要的习俗——"三十值年"。所谓"三十值年"就是当年年满三十周岁人②的自发组织起来,成为志愿者团队,负责组织当年村里过年时的公共活动,包括舞狮、游灯、演戏、接茶等。其中演戏、接茶任务最为繁重。演戏要从二十九岁那年正月十八(现在是正月初五)开始接手,这天,要从值年者手中接下戏服和道具等。③ 到了农历十月十五,来年值年者聚到一起会餐,商议曲目,安排教习人员。演出期间,值年者还要负责维持秩序、后台服务和安排演出人员饮食等。所谓接茶,就是请本门中所有男子吃一顿鸡蛋茶面。如果当年值年的人比较多,往往从正月初三一直吃到十三。当然,接茶难免有攀比现象。起初,有的人家会在鸡蛋茶面之外增加一些自制的糖果,后来,有的值年者开始大摆宴席。据说,1950年,村民邵之通"三十值年"时宴席标准是"六拼盘、两干果、两水果、六热炒、两点心、六大菜吃饭,八十四桌一起

---

　　①　邵茂深著:《伏岭舞狮》,合肥:黄山书社2016年版,第35页。
　　②　据伏岭中心小学校长邵宗惠所言,1949年以前,"三十值年"仅限于伏岭上、伏岭下两村邵姓男子,1949年以后扩展为村里男子,不限于邵姓。20世纪90年代之后,女子也可以参与"三十值年"了。
　　③　由于有值年者请专人负责保管戏服,伏岭村保存了大量晚清、民国年间的戏服。据1958年的一次统计,服装道具等有1500多件,装了24只箱子。(邵茂深著:《伏岭舞狮》,合肥:黄山书社2016年版,第240页。)

开,帮忙的就有一百多人"。^① 现在,这种大摆宴席的现象已经很少见了,但是,值年的人至少还是要请参加演出人员和部分村里人吃面的,做面、洗碗等杂活都由值年者家属来做。我们访问了几位值年者家属,都说很忙,很累,但看到这么多人聚到一起,觉得很高兴。

毫无疑问,对于伏岭村来说,"三十值年"是一个极其重要的社会网络。它维系、活化了诸多村里原初的社会网络,包括家族、邻里、亲戚、同学、朋友等。它通过挨家逐户地舞狗,仪式化地建构了村落共同体形象;通过组织集体游灯、放烟花、看戏,在一种狂欢化的气氛中消解了村民之间的陌生感,恢复了血缘、地缘的亲密联系;通过接茶,重建了诸多亲密关系。很显然,舞狗、游灯、放烟花、演戏、接茶等等,都是一个个社会网络。此外,村中还有负责桥梁维修的"桥会"、文艺爱好者自发组织的"鸡鸣寻声社"。丰富的社会网络促进了村民参与乡村公共事务的热情,伏岭村的水井、河道、村中的石板小路、戏台都是村民自发商议、集资修建的。我们在调研时听闻,2004 年到 2007 年的三十岁值年者,主动提出承担村内全年的路灯费用。

社会学家维克多·佩雷斯-迪亚兹就认为,节日庆典本身就是一种社会网络形式,他称之为社会交往的软形式。^② 村民借此增加了交往,增进了相互之间的了解与信任,培育了对村落公共事务的参与意识。比如,挨家逐户舞狗时,每家都会交付一定的"狮金"^③来赞助演出活动,这种无契约的出资体现了村民对活动组织者的充分信任。另一方面,这也表现了村民对村里集体活动的支

---

① 邵茂深著:《伏岭舞狗》,合肥:黄山书社 2016 年版,第 61 页。

② [美]维克多·佩雷斯-迪亚兹:《西班牙:从内战到公民社会——20 世纪 30—90 年代的社会资本》,见罗伯特·D. 帕特南主编,李筠等译:《流动中的民主政体——当代社会中社会资本的演变》,北京:社会科学文献出版社 2014 年版,第 234 页。

③ 我们在伏岭下村里的布告栏中看到,2018 年春节,伏岭下半个村一共收到了4350 元"狮金"。

持和间接参与。再如,2018 年春节,值年者有 28 人,来自两个行政村,相互之间并不完全熟悉,其中出生月日最早者为总负责人,其他人把所有分摊的钱物,约 4 万余元,都交给他支配。此间的信任感显然是陌生人社会中所无法想象的。福山认为,信任这种社会资本是人们长期社会互动的产物,一个社会的相互信任程度取决于这个社会的文化传统。[①] 伏岭村的春节习俗巩固了社区内相互信任这种原生的村落社会资本,这种社会资本不仅可以让村民觉得生活顺心,而且有利于村落获取更多外部资源。

　　"三十值年"并非是一个固定的社会组织,而是一种组织原则。基于这种组织原则,全村每一个人都有机会成为村落最重要的公共活动的组织者,这一方面培育了村民对村落公共事务的参与意识,使得伏岭村不仅没有出现"无公德的个人"现象,相反,伏岭村的公共物品能够得到村民自发的、有组织的维护。例如,为了保护桥梁,村里有自发组织的"桥会"。另一方面,这也增强了村民对村落共同体的认同度。我们访问了十多个村民,是否有人不愿参与"三十值年"活动? 回答是一致的:每个人都会参与的,否则,村里人就议论他,认为他不算这个村里人了。据说,以前只要不参加"三十值年",就不能进邵氏祠堂。其实,"三十值年"也是每个村民在村里露脸的难得机会,可以到村里每户人家去舞狗,在演戏前可以在所有村民面前郑重其事地自我介绍,他们都很珍视这种展示自我的机会。所以,不管他现在生活在哪里,都会回来参加"三十值年"的。甚至有的不在这里出生、成长,只要他的父母,或爷爷奶奶是这里人,还有外地来这里经商、工作的人,也会参与"三十值年"。只有参加了"三十值年",才能成为村里人。例如,今年村里就来了一个女孩,从小在武汉生长,很少到伏岭来,但她请求明年参加"三十值年"。因为他爸爸说,尽管是女孩,也要参加,这样她

---

　　①　Fukuyama,F,1996,*Trust:the Social Virtues and the Creation of Prosperity*,New York:Free Press.

才算伏岭村人。这种强烈的村落认同感对于村落发展是有重要意义的。众所周知,皖南山多地少,明清时期就有大量村民外出经商、打工,但是,并没有出现"空心村""荒村"现象,所有外出村民都会在腊月二十四回来过小年,当地人称为"烧年",在外发迹的人一般都会想着回报村里。伏岭中心小学校长邵宗惠说:"以前我们伏岭人在上海开徽菜馆,成功的很多,上海几大最著名的徽菜馆,如大中华、大富贵、鸿运楼,都是我们伏岭人开的。这些人成功了,就回报家乡,最直接的就是捐赠戏服,做戏台,还有做好事,如修桥铺路之类的,做祠堂。"①我们在村里公告栏中就看到了一个布告,内容是工作于北京的村民邵宗有博士委托 6 位村民成立了一个"远方助老金"理事会,本村每位贫困老人都可以自愿申请生活补助。据其中一位理事说,每位老人可以申请 1000 元,特别困难的可以申请 2 000 元。

游灯、演戏、接茶都是全村人参与的大型公共活动,其组织协调的难度是可想而知的。伏岭村人仅仅通过"三十值年"这样一个临时的、松散的组织就可以运转起来,可见村民内部是有长期协作习惯的。在现代社会,这种协作精神无疑是一种极其珍贵的社会资本,尤其是对于个体力量较弱的村民来说,协作这种社会资本存量丰富,是其获得成功的重要资源,这也可以解释为什么有那么多伏岭人在上海等地开餐馆大获成功,而不是各干各的营生。我们在调研中发现,伏岭村人这种协作精神已经借助"三十值年"这种组织形式产生了一种新的互助协作关系。1980 年代之后,村民家的孩子一般都是一个或两个。一旦外出打工,父母就成了"空巢老人"。"三十值年"的人就约定,他们是同年出生的异姓兄弟姐妹,有责任、有义务照顾对方的父母,他们由此结成了"养老互助联

---

① 访谈人:南京农业大学社会学系 2015 级祝文敏、梁玥、常江涛;被访谈人:伏岭中心小学校长邵宗惠;访谈时间:2018 年 2 月 18 日下午(农历正月初三);地点:伏岭镇伏岭中心小学。

盟",不仅解决了父母养老问题,还构建了一种极其亲密的拟亲属关系圈。这一点为今年伏岭上村值年的负责人所证实,他说:"值年的人基本上都是小学、中学同学,初中毕业之后,相互联系就不多了,但到了三十岁之后,相互之间的关系就变得密切起来,就比如说谁家结婚了,有红白喜事,都有相互之间的来往,平常也会互相帮忙照顾老人。"[①]

在一个有着深度集体认同的村落里,人们热衷于村落公共事务,人与人之间相互信任,能够互助协作,其公共道德水准一般都相对较高。当然,我们很难对伏岭村人公共道德水准进行量化评估,但是,我们访谈中了解到一个细节,很能定性地说明问题。当地派出所的一位民警说,他来伏岭村十多年了,很少遇到打架斗殴和其他民事纠纷,只处理过一起自行车失窃案件,更没有刑事案件。如果承认乡村社区发展并非仅仅指经济发展,还有文化、文明的维度,那么,伏岭村有如此丰富的社会资本存量,显然是一个高度发展的、宜居的村落。

社区内部社会网络丰富,人际联系密切,人与人之间关系和谐,这只是意味着社区内部"黏合性社会资本"存量较高,乡村发展还需要与外部建立复杂关系的"桥联性社会资本"。[②] 基于"全域旅游"观念,绩溪县已经把伏岭村的春节习俗列入"最火绩溪年·最浓徽州味"活动之中。在乡村旅游背景下,伏岭村如何基于现有社会资本,创造出更多"桥联性社会资本",还有待于进一步观察。事实上,伏岭村的春节习俗,尤其是演戏、舞狮,早已成为伏岭村的

---

① 访谈人:南京农业大学社会学系 2015 级祝文敏、梁玥、常江涛;被访谈人:伏岭上村值年负责人邵某;访谈时间:2018 年 2 月 19 日下午(农历正月初四);地点:伏岭村戏台附近。

② 帕特南与克里斯丁·高斯把社会资本分为黏合性社会资本与桥联性社会资本两种基本类型。([美]罗伯特·D.帕特南、克里斯丁·高斯:《流动中的民主政体·导论》,见罗伯特·D.帕特南主编,李筠等译:《流动中的民主政体——当代社会中社会资本的演变》,北京:社会科学文献出版社 2014 年版,第 9 页。)

一张名片。在 1962 年台湾版的《重印绩溪县志》中,就有对伏岭村演戏、舞狗的生动描述,①据说是出自胡适手笔。2000 年之后,伏岭中心小学徽剧童子班还多次应邀去北京等地演出。文化遗产既是一种不可复制的文化资本,又是一种潜在的"桥联性社会资本",社会成员如何利用这种社会资本,推动乡村现代变革,这是一个值得深入研究的新课题。

综上所述,只有乡村生活成为现代文明不可或缺的一种生活方式,乡村文化成为现代文化的重要组成部分,乡村文明成为生态文明的发展方向,乡村才具有战略意义。伏岭村基于传统节日习俗的现代传承,拥有了较为罕见的社会资本存量,让我们看到了一个宜居的、令人留恋不舍的乡村。这个村并不富裕,但有自己的文化传承,有一种文明的力量。由此可见,乡村发展不仅需要经济资本、人力资本,还需要社会资本。更多情况下,社会资本甚至比经济资本、人力资本更具有根本性意义。

第三节　福建溇城村端午节习俗传承——个案之二

溇城村位于太姥山东麓纱帽峰下,三面环山,一面临海,下辖六个自然村,分别为:溇城城内、缸窑、小窑、西门外、南山、横塘。其中,"溇城城内"为人口主要聚集区,也是溇城重要的社会文化空间。

溇城村,古名蓝溪村,因蓝溪一脉流经溇城地区,因此得名。唐大历年间(766—799 年),溇城主姓之一杨氏始祖卜居于此,时年溇城称"蓝溪",为长溪县管辖。根据灵峰寺宋代嘉定四年(1211 年)杨氏族人杨楫撰写,碑文《重修灵峰寺宝殿立碑》内容记载,

---

① 邵茂深著:《伏岭舞狗》,合肥:黄山书社 2016 年版,第 253－254 页。

"……考杨氏族谱,盖唐代宗大历年间,杨氏之祖卜居激溪"。[①] 此为激城村文字可考的最早的居记载,后激城陆续有叶、王、刘等姓氏在此开基。明嘉靖年间(1522—1566 年),激城叶、王、杨、刘等家族为抗倭,共同修筑激城城堡,后"蓝溪"改名为"激城"。

堡中按地形划分为四境,分别为东麓境、庆云境、金鳌境、东牙境。当地人至民国年间地契文书中依旧以四境记载出售房屋所在位置。激城城堡同时也是红色革命"激城暴动"的发生地。"激城暴动"是福鼎最早的红色暴动,在解放战争时期,也是闽东时间最早、规模最大的一次农民武装暴动。

如今激城城堡被重新修复,2021 年初笔者前往激城村进行为期一月的调研时,在激城城堡上还有人不断进行翻修,激城村城堡2009 年 11 月 16 日公布为福建省级第七批文物保护单位。如今的激城,城堡与村庄庙宇、祠堂、旧居等共同形成激城特色旅游景点,春节期间及双端午时吸引了大批游客前往参观。尤其是"双端午",非常有地方特色,即当地农历五月初四、五月初五两天过端午。

2012 年,《秦屿激城宋代进士杨察院的传说》列入第二批福鼎市级非物质文化遗产。有关"进士杨察院"的传说是广泛流传于福鼎民间。在秦屿激城、屯头、礼澳、日澳、官村、佳墩、斗门,店下三佛塔、岚亭、清溪、安福等地均有相关传说。以上乡村均以草堂山为中心,向邻村辐射传播。《福鼎县乡土志》记载:"草堂山东由大磨湖章安福山,右至大筼筜海,左由三十六坡、牛头山、叠石、交椅坪至黄岐海止,绵延四十里。"[②]草堂山同时也是唐代金州刺史林嵩入仕前读书之处,林嵩早年间还曾主持修建激城蓝溪桥。

传说主人公叫"杨惇礼",或称"杨国显"。查阅弘治时期《八闽

---

① 张先清、董思思编著:《太姥石刻文书》,厦门:厦门大学出版社 2016 年版,第112 页。

② [清]黄鼎翰:《福鼎县乡土志》,福鼎市地方志编纂委员会编:《福鼎旧志集·上》,福州:福建人民出版社 2013 年版,第 271 页。

通志》、崇祯《闽书》、万历及乾隆年间《福宁州志》、嘉庆年间《福鼎县志》等相关地方志，都未曾出现有"杨国显"这一人物及其有关事迹。但历史上确有杨惇礼其人，地方志也有据可考。明万历四十四年《福宁府志·卷十一》刻本中有关于杨惇礼的详细记载：

> 杨惇礼，字穆仲，州潋城人，与兄定国俱中三舍，选徽宗丙戌进士，调兴国军司法，改陕彭泉宿四州教授，转太学录太学博士，时与乡人黄荐可、林介卿并命，有"北乡三博"之语，蔡党有为中丞者，欲援其力，谢却之。匀外出，判秀州乞休。建炎元年(1127)，以司勋员外郎召，以疾辞，踰年，再以监察御史召，与赵鼎、黎确、沈与求同命。惇礼曰："艰难无从卫之劳，时平享丰盈之乐，吾不敢也。"力辞，得旨以朝请郎守本官致仕，许在家言事，时未六十。众称惇礼有三奇：有田不买、有官不做、有子不荫。其后三谏臣皆大用。独惇礼不起，士论惜之。①

潋城杨氏自杨惇礼始，宗族因接连入仕进入迅速发展时期，其子杨缜、孙辈杨兴宗、杨楫等在万历四十四年《福宁府志》刻本中均有所记载。朱熹因"庆元党禁"事件，"避地于闽，至长溪，主黄干、杨楫家。皆有遗墨。"②杨楫又从学于朱熹，在众多的门人学子之中，与黄干、杨复、林湜等人名望最高，潋城也因此一时风光无限，名儒备出。但可惜的是，杨氏宗族自杨楫之后，后继乏人，至清末时期再不复往日荣光。

传说的形式除口耳相传外，也有"好事者"搜集整理形成文字

---

① ［万历］《福宁府志·十一》，明万历四十四年刻本，爱如生方志数据库藏。
② ［万历］《福宁府志·十一》，明万历四十四年刻本，爱如生方志数据库藏。

稿,收入地方传说集成中。如《杨国显抄芭蕉寺》①《神秘的鲤鱼钟》和《白云寺与摩霄庵》②等相关作品。除此以外,在口头传说基础上,当地民间木偶戏、布袋戏表演也有《杨察院打草王埕》的相关戏目。传说大致内容如下:

> 从前在溆城东南方有一座山叫作"灵山",后因唐人林嵩改称"草堂山",村民称呼其为"草王埕"。其时正值南宋时期,溆城中一进士,得到皇上的器重,任命为十三省巡按,人称"杨察院"。福建沿海寇乱,有一山匪占山为王,霸占山寺,抢劫过往行人,无恶不作,民无不恐慌。杨察院返乡,百姓纷纷投诉,说草王埕顶有野和尚带一班喽啰占山为王,抢劫民女和过往路人财物。第二天,杨察院上草王埕以到山寺进香为名,实为探看寺中情况,无意撞钟后,发现被囚禁在山洞中的妇女以钟声为信号,纷纷出来吃饭。山寺头人恶和尚见事已败露,下令将杨察院关在一个靠近厨房的暗室,等到三更天后用火烟熏死。幸好得到一个火夫的同情与帮助,设计让杨逃离,到半山一炭窑,又得到七个炭夫的帮助,方回到溆城。杨察院一面上报朝廷,一面招集乡勇,于五月初四提前做"五月节",引兵马上山抄寺。攻打一天,没有进展。杨察院设下一计,待到天暗,以五百山羊头挂五百灯笼从西南山坡上山,以惑山匪。果然,山匪不知是计,认为杨察院上山,调集大量喽啰在西南防守。哪晓得杨察院已从东溪东北方向上山,一举攻下草王埕。乡勇得胜归来,再做五月节,

---

① 《杨国显抄芭蕉寺》的故事于1989年由福鼎县民间文学集成编委会收集,入编在《中国民间故事集成·福建卷·福鼎县分卷》的"史事传说"。1987年8月于秦屿地区采录,由秦屿屯头人黄宗盈整理,57岁渔民江阿民讲述。

② 由刘松年、钟龄、薛宗碧搜集整理,编入福建民间丛书《太姥山民间传说》一书,于1982年由福建人民出版社出版。

> 于是，草王埕山下的激城等地一直沿用过两个五月节的
> 习俗，称为"双端午"。①

当地民众大多了解这个传说，一位村民告诉我们：

> 以前时候，我们对面有一个山寨。山寨就是劫人家
> 嘛，劫农民的吃的。以前的时候去福州必须要经过那条
> 路，以前担着大米、茶叶到那里都要被劫掉。我们城里有
> 一个姓杨的，他文武双才，假扮书生去山寨查探，被山寨
> 土匪发现，就把他抓起来，用烟一直折磨他，但后来让他
> 偷跑了。到我们城里来后买了一千只羊放在山下，放到
> 山上走来走去。到初四晚上时候，对人家说："我们初四
> 时候去打山寨。"这个山寨上抓去很多很多女的，初四晚
> 上我们去抓，所以初四晚上我们过端午，如果赢了，那我
> 们初五再做。②

另外一位村民口中讲述内容大体相似，但杨察院故事终了时，
提到了杨察院被害，赐金头银脖，设多个棺椁，后人不知其所葬之
处。同时村民解释，杨察院生前杀生罪孽深重，也是导致杨家没落
的原因所在。

值得注意的是，由中国民间文艺研究会福建分会主编，1982
年出版的《太姥山民间传说》中一篇《白云寺与摩霄庵》讲到杨察院
传说故事时，和其他文本差别甚远。杨察院火烧国兴寺的故事增
添了许多神魔鬼怪的神秘力量，故事讲述增添了许多想象色彩。
这里节选相关内容如下：

---

① 主体内容来自冯文喜所整理的文本。
② 被访谈人：王先传；访谈人：王静；访谈时间：2021 年 2 月 5 日；地点：王先传家
附近小卖铺。

……到了南宋时候，太姥山国兴寺出了妖僧，专门干坏事。鲛鲤精见时机已到，便化作云游和尚，与妖僧狼狈为奸，为非作歹，用机关把朝山进香的妇女抓紧葫芦洞，恣意淫乐。后钦旨察院杨国显前来查访，被妖僧识破。当妖僧正要杀害杨察院时，白云禅师"显圣"，搭救了他。杨察院回到京城，奏明天子，率大兵烧剿国兴寺。鲛鲤精竟大施妖术，扯起云雾罩住太姥山，使大兵难于前进。白云禅师一见，架起祥云，轻掸仙拂，扫尽云雾，鲛鲤精怒气冲天，仗剑向禅师杀来。禅师口念真言，喝声"疾"，半天空飞起两块巨石，一下把鲛鲤精夹住。妖精拼命挣扎，才露出一个脑袋；后来成为太姥山一景——"鲛鲤出洞"。

再说杨国显，云开雾散，便率兵打上山去，大获全胜，杀了妖僧，烧了国兴寺。因为摩霄庵和尚没有做坏事，他特传令兵士加以保护。香客们感激万分，就把摩霄庵叫作"冇烧庵"（冇，没有的意思）。①

《白云寺与摩霄庵》似乎增加了更多的玄幻色彩，情节着重神怪之间的斗争，而忽视了杨国显作为主人公的重要性。另外在这一传说中也丝毫未曾提到滶城做两天端午的故事情节。赵世瑜界定了传说、历史与历史记忆三者在史学研究中的关系。他认为，在现代语境、科学实证的历史研究中，往往将传说与历史二元对立，二者是虚构与事实之间的差别。而在后现代语境中的史学，则将虚构与事实之间是否有边界本身当作一种"虚构"。历史与传说，其本质都是历史记忆。这也代表了史学在认知层面由认识论到本体论的转变。② 在双端午传说中，所指涉的地方人物、提及的事物

---

① 薛宗碧整理：《白云寺与摩霄庵》，中国民间文艺研究会福建分会主编：《太姥山民间传说》，福州：福建人民出版社1982年版，第47页。

② 赵世瑜：《传说·历史·历史记忆——从20世纪的新史学到后现代史学》，《中国社会科学》2003年第2期，第175-188、208页。

等都有迹可循,客观存在。双端午传说将故事发生时间确定为南宋代时期,《芭蕉寺》的文本甚至将时间确定至南宋绍熙年间。因为南宋时期潋城杨家开始接连有人入仕,自杨惇礼至杨楫,接触到政治中心,宗族势力逐渐发展至顶峰。同时,传说主人公有称"杨国显",有的直接将"杨惇礼"当作传说主人公。实际上,传说中的一系列对于"杨察院"的种种叙述部分指向的还是杨家杨惇礼。地方志中有对杨惇礼、杨缜、杨兴宗、杨楫的个人生平的介绍。杨惇礼于徽宗崇宁丙戌中进士,为人刚介有才气,不受蔡党贿赂。但关于杨惇礼的介绍中并未提及任何关于其组织乡民智斗土匪坏和尚的内容。但恰恰是地方对于文人的尊重崇敬,杨惇礼在传说中就成了"箭垛式的人物形象"①。

除此以外,当地传说提到的太姥山国兴寺,在《福鼎县志》记载:"国兴寺,在八都一名兴国寺,州志在太姥山东。唐乾符四年僧师待建,今废。石柱、石塔、石池尚存。《三山志》国兴院朱大中祥符四年置误。"②传说以国兴寺作为事件发生地点的口述文本,最后提到国兴寺被杨察院一把火烧毁,对国兴寺的废弃提供了民间的解释。笔者听到的版本中,民众又提到山匪专门在运输茶叶、大米,通往福州的古道上拦路抢劫,这也与当地"潋城古道"③的地点暗合。潋城一带因三面环山、一面临海,同时又是富庶之地,宋代潋城杨家盛极一时,2012 年潋城村出土,现藏于福鼎市博物馆的青铜器——元青铜狮形熏香,长 22.20 厘米,宽 12.10 厘米,高 15.40 厘米,重 1 410 克,狮头为盖,开盖将香料置于狮腹中燃烧,香气可从狮口中吐出。从出土文物可见,当地至元代时仍有富庶之家,香炉不是仅能果腹的普通百姓家庭所享受的物什。同时潋

---

① 胡适:《〈三侠五气〉序》,见曹伯言、曹杨编《胡适书话》,杭州:浙江人民出版社 1998 年版,第 150 页。

② 《(嘉庆)福鼎县志》卷七,清嘉庆十一年刊本,爱如生方志库藏。

③ 明代时期,从八尺门左上到瓦窑岗,越车头山,下吉坑,过佳阳,抵潋城。

城在过去就分布有一个贸易集市,与附近"秦屿市"并存。① 地理位置及村落状况使得当地民众饱受山匪、倭寇的侵扰。传说也是民众对于曾经过往的自发反抗的历史记忆的方式之一,凝聚了地方历史的叙事。

　　潋城双端午传说民众增加的真实地点、真实人物、真实事迹部分,一是传说的特征所决定的。"民间传说总是与一定的纪念物相关联,围绕客观实在物进行叙事",②即"传说核"。传说功能一是在传说讲述时,听众获得一种真实的、沉浸式的体验,故事就发生于熟悉的地点、人物又指向乡民的祖辈。二是不断被建构起的传说,也在不断形塑乡民成为想象的共同体,而传说成为共同体的重要象征体系。传说作为地方公共文化之中的一部分,是当地人所共享的地方性知识。从传说文本比较来看,当地人讲述的传说基本情节、故事结构基本上是相似的。包括杨察院返乡,发现寺庙因禁妇女——烧烟欲加害杨察院,危难关头获得帮助——返回潋城集结民众,初四提前做端午——放山羊声东击西,大胜后再做端午。这种地方性知识的形成,有赖于村民居住于同一村落,也依赖于传说的可信性,即文本涉及的真实人物、真实地点等,传说文本包裹着民众耳熟能详、目知眼见的事物,与传奇的情节交织勾连,形成一种共享、开放的文化空间。

　　除讨论传说文本的真实性外,我们更应该注意到传说的传承、流传过程是真实事件发生的过程,是整合地方社会,建构地方公共文化的过程。传说事先划定了故事讲述、流传的范围,构成一个相对封闭的地方文化空间,进一步形成流传范围内的村庄、乡民对于族群的认同,是区别于其他族群的显在的文化表征。传说不断在形塑着民众对于地方的自我认同与族群认同,民众又享有对于传

---

① ［清］谭抡修纂:《(嘉庆)福鼎县志》卷一,清嘉庆十一年刊本,爱如生数据库藏。

② 刘守华、陈建宪主编:《民间文学教程》,武汉:华中师范大学出版社 2009 年第二版,第 55 页。

说口述的话语权力和权威,也在世代传承、口耳相传之间形塑地方传统,同时民间形成了不同版本的传说故事。

"记忆本身也是一个历史,是一个不断传承、延续的过程,这个过程本身也构成历史。"①激城双端午节传说在活态传承过程中,不断被演绎,其内容虽然是指向过去的历史记忆,乡民记忆的过程是在建构当下的公共文化。此时,杨察院传说就成为地方公共文化建设的工具之一,叙述者与听众是互动的,又处于一个开放的公共文化空间,共享地方性知识,同时叙述的过程是主体参与、建构公共文化的过程。

节庆总是与传说、故事、民间信仰仪式、民间游艺等共同组成一套稳定的知识系统。杨察院传说所创造的公共文化,是激城一带关于族群的社会动荡的记忆,但黏附于传统节日之中的传说,"成为一种社会记忆的时候,人们必须为此创造出可以共享的资源,获得形成社会记忆的契机。"②激城双端午的节俗活动是传说传播的重要场域,不断强化传说的社会记忆的功能、形塑地方公共文化,同时端午传说也为节俗活动提供了文化符号方面的价值意义。

激城双端午节的准备要从五月初一开始,家家户户在门外悬挂艾草、菖蒲,至五月初五摘掉。当地人认为"艾草就像令一样,菖蒲就像武术里舞的那个剑。令箭挂在门口,起到辟邪的作用。"③五月初四激城民众会摆两桌到五桌菜,邀请自家亲戚、朋友傍晚时赴席做客。客人一般邀请家庭中女性的娘家,及家中已出嫁的女儿一家。如嫁出去的女儿、女婿、外孙、媳妇及儿媳妇娘家。时间也有讲究,当地传统是端午来激城做客赴宴,需要连续至少来3

① 赵世瑜:《传说·历史·历史记忆——从20世纪的新史学到后现代史学》,《中国社会科学》2003年第2期,第184页。

② 赵世瑜:《祖先记忆、家园象征与族群历史——山西洪洞大槐树传说解析》,《历史研究》2006年第1期,第64页。

③ 被访谈人:王雪平,访谈人:王静,访谈时间:2021年8月10日;微信电话访谈。

年。至于来做客时是否携带礼物,则全凭客人自己做主,不做硬性规定。但若主家家中有小孩,则通常客人会购买两箱牛奶或饮料作为礼物。

初四晚上,主家在家中宴请宾客,当地菜肴以海鲜为主,数量过去有所讲究,一般每户人家都烧九道或十二道菜,烧香祭祖。但笔者询问当地人是否有祭祖或菜品数量上是否有所讲究时,她谈到没这种习俗。当天晚上餐桌上必须有三样菜品,一是端午粽子,二是当地特有的春卷,三是太平蛋。其中太平蛋的做法,是将鸡蛋煮熟剥壳后,放入油锅中炸至表皮金黄,寓意平平安安。大概也与当地传说初四晚上,家家户户置酒设宴壮行,祈求勇士得以平安归来有关。当地节俗,除初四晚上宴请客人外,初五中午则要做一桌家宴,仅供家中人享用。

当地人对于五月初五端午正午时分的时间观念格外看重。这种五月五日午时在其他地区的端午也有所体现。端午时间原本为仲夏月(即午月)的第一个午日,黄石则主张,端午节时刻应该精确到午月午日午时,即太阳运行至午时方位。[①] 而民间对于端午的午时的重视也可以佐证这一论点。周星在《端午与"宇宙药"》中提到,台湾地区的"午时水",即将端午正午的井水储存起来,认为午时水最纯净,久存不变质,可以用于泡茶、酿酒。有意思的是,而与重视午时的井水带来的"力量"所相并行的是:部分地区存在对于午时的"污秽"的避忌行为,如过去北京、天津等地忌讳在端午打井水,避"井毒"。[②] 后数字纪年法取代天干地支纪年法后,"午"与"五"通,由此端午节的时间也被固定到了每年的农历五月初五。

村民在端午时会吃"午时蛋",喝"午时水"。"午时蛋"是村民根据家中成员人数,一般一人一个,鸡蛋煮熟后,于正午时分立于扁担之上。待立完扁担后,鸡蛋分发给家中成员。"午时水"则是

---

① 黄石:《端午礼俗考》,香港:嘉兴书局 1963 年版,第 215－216 页。
② 周星:《端午节和"宇宙药"》,《节日研究》2014 年第 1 期,第 109－110 页。

提前到家中平日惯用的水井边,等待正午时刻打水。待时间刚好到达正午时分,村民打上一桶,直接在井边饮下井水。"这个就说明能够把身体的脏东西全部刷洗掉的意思"。① 除了饮午时井水清洁外,当地人还要在中午时洗头。他们认为在端午中午洗头,可以将"脏东西清洗掉",头上不会长虱子,头皮也不会发烂。同时,在屋外一圈撒上雄黄酒,驱虫辟邪。

午饭后,当地民众还会炒蚕豆。临近几家合作,一家专门负责炒制蚕豆,其他家庭只需提供蚕豆即可。端午时节正值蚕豆收成,蚕豆晒干备用。海边取沙,反复揉搓清洗,用米筛筛出杂质,留下细软的沙粒。先倒入沙粒,在锅中加热,待温度足够,将蚕豆放进,反复翻炒,用沙子热量将蚕豆炒熟,不加任何调料,直至蚕豆裂口即可,掰开即可食用。

端午摆酒的习俗虽延续至今,但"午时水"、炒蚕豆等习俗已然消失在村民的节俗活动之中。但从 2019 年开始,端午从家庭庆祝开始走向公共空间,形成以村民为主体、福头组织、村委策划、政府监管的多重主体协商,共商共建共享,重组了地方文化传统,形成新的双端午节俗活动。

当地大型双端午民俗文化活动从 2019 年开始举办第一届,2020 年因疫情停办,2021 年为第二届"双端午"节,同时也是太姥山镇第三届乡村旅游文化节。以 2021 年为例,双端午节举办时间设在 6 月 13 日,即农历五月初四一天。潋城村委从四月份开始预备策划双端午活动,而在其中村中福头起到了重要的组织作用。

当地福头人员是流动的,一年换一次,抽到福头的乡民组成今年的福头群体,福头是村落自组织群体。抽到福头的村民群体负责一年的关于村中节庆活动、庙会游神的组织。福头数量保持在30 人左右。按照生产队划定出福头的职责范围。村中按自然村划分成六个生产队,后三峡移民部分群体搬迁至潋城自然村缸窑,

---

① 被访谈人:王雪平,访谈人:王静,访谈时间:2021 年 8 月 10 日;微信电话访谈。

被划为第六生产队。陆续从外村搬至城外新村居住的人员,自动编户至第七生产队。因此激城目前有七个福头小组。福头的遴选带有随机性,据顺懿庙负责人,同时也是福头的固定成员林尔是讲,当地在正月初三至正月十五之间,位于南门的顺懿庙(临水宫),顺天圣母陈靖姑神诞日,当地会分两次"抬菩萨",每次持续两三天。前者菩萨只抬到村中去年有嫁娶、生子、[①]老人祝寿[②]的乡民家中。后者则需要经过全部激城自然村居民家中。至正月十五时,顺懿庙当中会支起桌椅做福、吃福酒。以前报名的村民前往吃福酒,同时这一天也是新任福头遴选的时间。将写有福头的纸张混入纸堆中,放于盆中。村民挨个抽取,抽取到福头纸张的,今年就需担任所在生产队的福头。[③]

福头负责宫庙内的一切事宜,包括宫庙的修缮。过去旧临水宫狭窄拥挤,吃福酒桌椅需要摆放到街上,因台风彻底垮塌,时任福头的陈光玉,因年龄最大,名望最高,成为福头代表,主持重新修缮宫庙。福头代表需要带头出资,其出资钱数默认为最高数额。"我们做头的出资2万,保证后面的人可以出1万。"[④]福头要挨个去问村民是否愿意出资,愿意出资数额也一般不会高于福头代表。陈光玉当年出资2万,但当年有外地做生意的老板愿意出资3万元,打破了秩序。资金最后筹措至接近百万,盖起二层宫庙小楼,预留厨房的功能空间,可至少容纳二十多桌福酒宴席。

顺懿庙"抬菩萨"基本都是由福头们前后负责操办。福头需要询问村民是否要在正月十五吃福酒,登记名册,统计最终人数,与村民分摊钱款。同时需要登记村中有喜事的家庭,以便于第一次巡游。在巡游时,福头也需要参与其中,负责全程物资补给、村民

① 生男生女通过抬菩萨时赠送给主家的白玉兰、红玉兰区别。
② 菩萨祝寿只庆祝五十、六十、七十、八十等这些年龄关键节点的老人。
③ 被访谈人:林尔是;访谈人:王静;访谈时间:2021年2月15日;地点:顺懿庙门口。
④ 被访谈人:陈光玉;访谈人:王静;访谈时间:2021年2月2日;地点:陈光玉家中。

随喜、抬菩萨、拿灯牌等诸多事宜。除此以外,当地在农历七月二十五日有齐天大圣神诞庆祝,当地会邀请戏班演出,吃福酒等活动,都由同一班福头负责。

在端午节庆中,福头组织并不是被动地接受村委的指挥与领导。据村委会书记王雪平介绍,福头们每个生产队派出两名代表,主动要求与村委碰头,与村委商量关于端午的具体活动事宜。福头需要事先统计五月初四晚预定百家宴的人家,因 2019 年曾出现分配不均而导致部分村民未能预定到百家宴。于是 2021 年百家宴预定,每家只能预定 1—2 桌百家宴,一桌 800 元,由福头收款,负责登记报名、菜品采买、桌椅出租等。2021 年统计百家宴预定了 350 多桌,至五月初四桌椅摆放整齐后,按照生产队顺序进行编号,每家分领到自家百家宴编号。

福头是在原有的因地缘、血缘关系形成的村落社会关系网络基础上,所形成的新的组织关系。遴选成为福头的村民,对乡村公共活动的参与程度高。村民缪加收的经历可以佐证,缪加收选为 2021 年福头之一,常日他在武汉打工,但在农历七月二十五齐天大圣神诞日前,他提前赶回村中负责齐天大圣圣诞的诸多事宜。他告诉笔者,自己在七月二十五日时必须回去。村民的这种参与并非迫不得已、形势所迫的消极参与,相反村民乐于成为福头一员,认为成为福头可以趋吉避凶,一年内好运连连。因此原本宗族势力衰落所产生的村民"原子化"的倾向,又因福头的组织传统,村民得以有秩序的、持续稳定的参与乡村公共活动。

除五月初四晚百家宴外,还在当天举办特色美食展销会、第二节激城双端午民俗文化旅游节文艺演出。当地太姥山党委、激城村委对激城村独有的"双端午"民间习俗及其传统民俗民风与文化资源进行深度挖掘,以举办"激城双端午民俗文化旅游节"为载体,对激城现有旅游文化资源进行有效整合利用。活动内容如下:

时　间	活动内容
08：00—12：00	美食展销会：展销当地特色美食。
08：00—15：00	"古城寻宝"互动游戏、古堡网红打卡点微信晒图"集赞"比赛（拟 8 个点位）开赛。
15：30—17：30	暖场活动：盛世锣鼓 传统民俗：拾锦乐队表演、肩膀戏表演、旗袍秀表演、木偶戏表演、太极拳表演、太极剑表演等。
18：30—21：00	民俗百家宴

　　除此以外，在策展布置方面，也融入了多种文化符号。如在老人会路口的拾锦表演区，悬挂"蓝印花布"，古堡的东、南、西门城顶炮台插挂明代抗倭战旗等等。

　　从传统端午节俗到双端午百家宴，是村民由私性文化空间走向公共文化空间的重要转变。传统端午在初四晚上虽然也会宴请宾客，但宾客所涉及的社会关系网络仍旧是以姻亲为主。通过端午设宴款待，村民个人的社会关系网络得以重新梳理。活化村民原初社会网络，村民在过去生产生活主要依靠亲属、宗族、邻里，通过端午节的宾客做客需来满三年的方式，在初五午饭后邻里合作炒蚕豆，也是一种对于日常生活互助合作关系的模拟。因此，通过人情往来、节日参与增进情感交流，村民在困难时能够依靠个人社交网络形成相对稳定的互助关系。

　　至 2019 年起，当地民众初四夜晚招待客人的习俗虽未曾改变，但由原本的家庭为主的私性空间转入地方社会公共文化空间中。在互赠互馈之间保持稳定的社会关系的同时，宴请宾客被置于开放的社区文化空间之中，地方文化在这一过程中成为显在的再生产的对象，多样的民俗文化符号在端午节中被挖掘、重组，建构形成地方标志性文化。

　　端午成为开放的文化空间，又通过"古城寻宝""网红点打卡"等将古城堡内其他文化空间容纳进来，外地来访的客人在端午前一天,通过游戏进入不同的文化空间内。设置"宜业漱城"(南门附近顺懿庙)、"宜游漱城"(西门大榕树)、"文化漱城"(东门儒学文化广场)、"红色漱城"(漱城暴动遗址)等 6 个打卡点,拍照上传朋友圈,按照点赞多少颁发奖品奖状。

在双端午活动中,除太极拳、太极剑、旗袍秀等一些同质化的传统民俗展演外,融入地方特色文化的肩膀戏及打拾锦、犁石作为地方文化符号,重新被纳入、整合进端午节庆活动之中。

肩膀戏也称肩头坪,端午节时村委专门请了外地肩膀戏班(村中肩膀戏已然失传),按照一天 6 500 元的价格结算。传统肩膀戏与打拾锦的民俗活动一般在正月十五前的顺懿庙临水夫人巡游时进行集中展演。肩膀戏是由儿童装扮后,站在大人肩膀上,类似于"铁枝",配有锣、鼓板配合演出,至村民家门口表演保平安。当地村史记载:"外都各境如有头人前来要求才去表演。古代肩头坪小孩会唱戏曲和表演剧情,有鼓板、玄、笛等乐器配合演唱,演出大体有:打四门、穿五门、鲤鱼跳龙门、长、圆篱笆、蛟云、回龙等。"①儿童站在肩膀上,没有任何的支撑保护措施。也不需要日常训练,当地人认为儿童只需在表演前,去城南顺懿庙中诚心敬拜过临水娘娘陈靖姑,就会获得临水娘娘的保护,也就自然不会在表演中摔倒。但事实上在过去也曾有过儿童不慎摔下磕破头的实例,老人陈光玉回忆在儿童时期就有过两次肩膀戏的经历,其中一次自己的伙伴就因下雨后地面湿滑,而不慎摔下。传统肩膀戏的展演是地方民众临水宫信仰的外在表征,临水宫信仰又是肩膀戏习俗的精神支撑。但在肩膀戏离开民间俗信,成为独立展示的民俗表演时,其内价值系统又发生了转变,成为端午节民俗的重要组成。

福鼎桐山打拾锦 2010 年被收录进第三批市级非物质文化遗产民间音乐类,但桐山外,漱城打拾锦的传统也由来已久。拾锦起源于西汉时期,以昆曲作为蓝本,吸收民间曲调而成。以横笛为

---

① 毛维书:《冷城村史》(未刊稿),2002 年,第 52 页。

主,辅以板胡、二胡、中胡、高胡、三弦、月琴、琵琶、撞铃、木鱼、夹板、鼓、大罗、小罗、大钹、小钹。锣鼓配套,奏八音卸八方邪风,以祝福平安。桐山拾锦盛行于清乾隆年间,至于激城拾锦何时源起,又从何处传袭而来现已无从考证。但笔者询问八十四岁的陈光玉老人,年轻时他跟随当地打拾锦的长辈学习,平日参加生产队,只有在"抬菩萨"的正月晚上才有时间教他们。学习的都是传袭下来的老曲目。至"文革"时期被禁,拾锦只能用来宣传毛泽东思想,有语录歌等新曲新词。但目前村中拾锦艺人年龄普遍偏大,后继无人,老人提到"村里会拾锦的总共有十几个,年龄一般都是五十到六十岁,大的就算我八十四岁,还有一个八十五岁,最小的也有五十多岁了。"①笔者 2021 年春节调研期间,还看到顺懿庙门口张贴有免费教习拾锦的公告,若村中有意向学习的村民可联系老人会陈光玉,但询问年轻一些的会打拾锦的村民王长元,开班时有几位年轻人学习,但拾锦需要耐心,最后都没有坚持下来,索性教习班也就停办了。但 2021 年端午时,当地打拾锦班子又重新组成,其中还不乏新的年轻面孔,村中有三名妇女嫁到本村后,开始尝试在打拾锦期间,跟随老师傅学习拾锦。

　　端午作为激城集中对外展示的文化的途径,地方文化由逐渐式微到复兴,文化技艺的传承也因节日的重组整合获得了新生。端午节作为公共文化建设的平台,虽容纳了旧有的民俗文化符号,但并不是不加选择的,选择的过程也是不断协商、调适的过程。2019 年端午节活动,除上述传统民俗活动外,还有"犁石"这一民间游戏,但在 2021 年第二届的策划中未曾出现,初四活动当天也曾进行。传统"犁石"一般选在八月仲秋进行,当地犁石传统起源于明嘉靖年间里人建堡自卫起,至 1949 年后才废止。嘉靖年间福建倭寇肆虐,激城王、杨、叶、刘等姓里人合力修筑城堡抗倭。同时

---

①　被访谈人:陈光玉;访谈人:王静,访谈时间:2021 年 2 月 13 日;地点:陈光玉家中。

发明"犁石"传统游戏,城堡内,石块选剃刀石,重量在 70—100 斤,四人一组,一人站在石块之上,有人负责扶稳石块上的人,另外有力大者负责拖石。过去城堡内都是参差不平的石头路,石头与石头相撞发出声音,如城内有军马在操练之声,城外倭寇因此不敢靠近。至 2019 年"犁石"传统游戏再次兴起,彼时城堡之内因大力整治村容村貌,堡内主路已然变成了平整的石板路,"犁石"石头在石板路上划过,对石板路损伤严重,后续还要反复维护。因此,在 2021 年第二届双端午活动时,一方面百家宴一直持续至深夜,餐桌未来得及收拾,另一方面又因 2019 年的"犁石"损坏路面的教训,遂取消了该活动。

漱城双端午以传说凝结形成地方历史记忆,传统的漱城双端午节俗是在以家庭为中心的私性文化空间活动,促进个人社会网络内的情感交流及互助合作。自 2019 年开始,由福头负责、村委策划、民众参与的多主体协商形成的新的双端午,将地方文化传统符号进行重组,整合形成新的节俗传统。村民在成为福头,百家宴庆祝、打拾锦等多个节俗活动中,进入公共文化空间,参与乡村公共文化活动,在公共文化空间之中,对外展示的过程也是村民内在不断形塑地方文化认同的过程,进而形成对于乡村共同体的认同。

第六章

传统节日当代振兴的
"南京实践"

随着我国经济、社会与文化的不断发展,国家和各级政府对于传统节日文化的创新性传承、发展工作越来越重视。但不可否认的是,如何促使传统节日在现代社会彰显生机活力,始终是摆在政府和学界面前的一道现实"难题"。一方面,从社会认知层面看,诸如春节、端午节、中秋节等传统节日习俗在现代社会已经发生了不少变化,人们对于传统节日文化的感知度有所降低,这往往表现为对传统春节习俗中"年味"越来越淡的"抱怨",或者是端午节、中秋节俗在民间社会传承过程中的"力不从心"等等。另一方面,从政策导引层面看,国家和地方政府始终高度重视传统节日的传承与发展问题,国家已经出台了诸多传统节日文化保护传承的政策性文件,地方政府也在积极探索传统节日当代振兴的实践路径和发展机制。南京作为国家传统节日振兴工程的重要试点城市之一,近年来当地政府围绕传统节日振兴核心议题,依托"我们的节日"南京实践平台,积极引导商家、普通民众和社会力量深度参与传统节日当代振兴工作,创新发展出一套相对稳定、成熟的"我们的节日·南京"工作机制,形成了独具特色的"南京传统节日振兴实践"模式,呈现出"聚焦高校节日文化研究智库、丰富传统节日振兴载体、创新节日传承平台、设立节日工作室"等新特征,这一推动传统节日当代振兴的内在逻辑及其现代意义值得关注。

第一节　南京传统节日振兴的实践目标

回应和解决传统节日当代振兴的"时代命题",不仅是推动中国传统节日文化创新性发展的必然方向,也是传承中华优秀传统文化,实现文化强国的重要支撑力量。传统节日作为保障民族绵延的文化资源与前进动力,保存节日传统的目的是为了传承中华文化中古老的精神文明,其根本目的是为了保存民族的文化特色,只有保存了文化之根,文化的呈现才会变得繁荣。[①]但这并非意味着我们要找寻传统节日的原汁原味,而是要积极地面对时代和民众的情感与新需求,对传统节日中的内容进行现代性的创新。换言之,传统节日文化作为中华优秀传统文化的重要组成部分,探索当代传统节日振兴的路径与模式,在实现中华民族的伟大复兴进程中具有重要的文化战略意义。传统节日根植于以农耕为主的小农经济社会,产生于民众一年四季的岁时生产活动过程中,并且带有浓厚的原始崇拜,而在以商品经济为主的当代,传统节日面临着许多发展与传承的困境。王崟屾认为,传统与现代的巨大张力,对传统节日的生存空间不断进行着挤压。[②]一方面西方文化的全面冲击导致了对民族传统的质疑与边缘化;另一方面,作为丈量传统节日标尺的农历历法为公历所替代,人们的生活与传统节日在日期上的共鸣遭遇缺失。在内忧与外患之中,传统节日在当代面临着巨大的传承危机。在此背景下,传统节日的当代振兴工作显得十分迫切,学界纷纷对传统文化的当代传承问题建言献策,目前比较常见的方式是政府引导,并以强有力的手段推进传统节日文化的当代振兴;或者以加强节日相关理论研究、设立专门研究机构等

[①]　萧放:《端午节俗的传统要素与当代意义》,《民俗研究》2009 第 4 期,第 229 - 238 页。

[②]　王崟屾:《传统节日列为法定假日的文化意义与传承发展——以春节、清明、端午、中秋等四大传统节日为例》,《浙江学刊》2010 第 4 期,第 169 - 173 页。

方式,为传统节日的当代振兴提供了诸多建设性思路,这在一定程度上产生了比较积极的传统节日振兴效果。

首先,在现代社会发展进程中,推进传统节日文化传承的当代实践工作不仅有助于培育和践行文明、和谐的社会主义核心价值观,亦有利于营造家庭幸福、社会融洽、民族团结、国家进步的浓厚氛围,发挥传统节日文化的精神滋养功能,进而助推形成一种春风化雨、润物无声的良好社会风尚。苗瑞丹在讨论以传统节日推动社会主义核心价值观实践路径时提出,传统节日是推动社会价值观获得认同与普及的载体。第一,传统节日因其参与体验性,可以增强民众的认知认同;第二,传统节日的周期反复性有利于强化民众的内化认同;第三,传统节日教化方式的内隐性有利于提升民众从情感认同转变为行为认同。[1]节日之"节",本是指竹子上一个又一个的节点,后用以形容年岁中的一段又一段的时间,具有周期性、循环性等的特点。[2]时间性对于传统节日而言有两方面的内涵,一方面是时间的单向线性,即单个日期的不可重复性,但在另一方面,周期重复性为传统节日的传承与发展提供了条件,正如《仪式思维》中指出:"在年历上,仪式永远会回归,而且即使它们无法同前一年的有所区分,或者同未来各年中的有什么不同,然而它们永远都不相同。这是一种从同一走向同一的过程,它化解了时间上的分别。"[3]传统节日与仪式一样,在年复一年的重复中不断展演,不断地有新人参与,不断地在传承中融入以时代的内涵与新兴的内容,并且在此过程中完成了文化的传播乃至身份的认同。

其次,实施传统节日文化的当代振兴与传承发展工作,还与城

---

① 苗瑞丹:《论社会主义核心价值观融入传统节日的理论意蕴与实践路径》,《内蒙古社会科学》(汉文版)2016 第 5 期,第 33 - 38 页。

② 王加华:《传统节日的时间节点性与坐标性重建——基于社会时间视角的考察》,《文化遗产》2016 第 1 期,第 23 - 31 页。

③ 马里奥·佩尔里奥拉著,吕捷译:《仪式思维》,北京:商务印书馆 2006 年版,第 81 页。

乡民众的日常节日生活实践密切相关。一定程度上而言,如果没有普通民众的积极参与,传统节日文化便无法保持鲜活的生命力与传承动力。朱振华指出:"作为一种公众交往实践与话语形式,节日生活的主体无疑是民众。节日期间,个人、家庭、熟人、社区等经由某种组织机制复合成了一种与日常生活水乳交融的关系网络。"①传统节日产生于小农经济时代,背后的原因是复杂多样的,但最重要的原因是人们对于传统节日的需要。黄永林在对中秋节的分析中也发现,人的需求是推动传统节俗产生的内在动力。他以马斯洛的需求理论为视角,认为主要是人类生存的需要、家庭团圆和睦的需要、群体归属的需要和身心愉悦的需求等诸多需求,推动了中秋节成为中国最为重要的传统节日之一。②传统节日产生于人们的需要,壮大于人们的参与,在个体不断的传承创新中得到发展,因此,要想振兴我国传统节日文化,传承发展传统节日习俗,需要更加注重提升城乡广大民众的"节日参与感"。

最后,围绕"我们的节日"主题开展形式多样的传统节日文化振兴实践活动,是促进传统节日当代振兴的重要路径之一。党的十八大以来,随着国家对传承、发展中华优秀传统文化的政策性引导,一系列与中华优秀传统文化相关的重大工程得以开展实施,作为中华优秀传统文化重要组成部分的传统节日文化,也备受国家和学界的持续关注。2017 年 1 月,由中共中央办公厅、国务院办公厅印发的《关于实施中华优秀传统文化传承发展工程的意见》中指出,深入开展"我们的节日"主题活动,实施中国传统节日振兴工程,丰富春节、元宵、清明、端午、七夕、中秋、重阳等传统节日文化内涵,形成新的节日习俗。由此诞生出一批具有时代特色的节日活动,如七夕夜跑、中秋森林音乐会等,吸引了许多年轻群体的参

---

① 朱振华:《以民众为本位:当代节日志的价值旨归与实践追求——以"传统节庆文化论坛"相关讨论为核心》,《民俗研究》2018 年第 1 期,第 52 页。
② 黄永林、孙佳:《博弈与坚守:在传承与创新中发展——关于中国传统节日中秋节命运的多维思考》,《民俗研究》2018 年第 1 期,第 34－41、153－154 页。

与。正如林慧所言:"所谓节日民俗的传承,主要是节日的核心行为和核心意义的传承,而所谓节日民俗的变迁,主要是节日的附加行为和附加意义的变迁。因此,在传统中生活,并不意味着保持原生态,而是指在保持节日内涵和传统的基础上,呈现一种动态的文化演变。"①旧的节日习俗产生于特定的历史时代,面对当下,传统节日为了适应时代的发展,必然也会发生变化,但总会引发一些异样的声音。对此,李松指出:"一方面是节日风俗不断变化和更新,另一方面是社会对昔日浓浓节味的怀恋,部分节日文化建构中过度商业化倾向受到诟病,传统节日文化面临考验。这些都提示我们,既要深刻理解我国节日文化传统中可持续性文化要素及其运行规律,也要理性看待我们面临的节日文化变迁,客观审视传统节日现代化转型。"②传统节日的表现形式会随着时代的发展而变化,但其核心内涵与价值却一直代代传承,面对新兴节俗有违传统的质疑时,霍布斯鲍姆在《传统的发明》一书中则表示:"那些表面看来或者声称是古老的'传统',其起源的时间往往是相当晚近的,而且又是被发明出来的。"③南京作为六朝古都,不仅具有十分深厚的历史文化,也是传统节日振兴工程的重要试点城市之一。无论是在发挥传统节日文化的精神滋养功能方面,或者是城乡民众的日常节日生活实践方面,以及对于传统节日核心内涵与价值的弘扬方面,这些都是南京传统节日振兴的重要实践目标。

---

① 林慧:《生活在传统中——论节日遗产在当代的传承与保护》,《文化遗产》2017第2期,第54页。

② 李松:《以节日文化凝聚精神力量》,《政工学刊》2021年第2期,第93页。

③ [英]霍布斯鲍姆著,顾杭、庞冠群译:《传统的发明》,南京:译林出版社2004年版,第1页。

第二节　南京传统节日振兴的实践路径

具体而言,针对每一个代表性传统节日,近年来南京市重点围绕"我们的节日"核心议题,深挖传统节日文化内涵,结合城市节日发展特色,丰富节日文化振兴方式,积极开展了大量的传统节日当代振兴探索实践工作,主要体现在如下几个方面。

一、南京春节:尊重城乡节日文化传统

对于春节这一传统节日,南京尤其重视城乡节日文化传统的挖掘和传承工作。历经数千年传承发展,春节已经成为中国传统节日中最为盛大的节日之一,也是中华优秀传统文化的典型代表。在春节期间,人们从离家万里的他乡迁徙,只为在年三十吃一顿团圆饭;天南海北的人们在春节期间相互祝福庆贺,祈盼来年风调雨顺,国泰民安,热闹、喜庆、团圆、陪伴、吉祥、祈愿、祝福等都成为春节这一传统大节的关键词。穿过历史的沧桑,时至今日,此类习俗依旧是当下南京春节文化中不可或缺的一部分。最近几年的春节期间,"我们的节日·南京工作室"以文化传承、节日创新为目标,积极开展了一系列如"城墙挂春联"、非遗展示、春节民俗、文博游园、线上演出等数百余场"我们的节日·春节"系列文化主题活动,为百姓营造了充满幸福喜庆的"年味"。此外,南京还在春节主题活动的基础之上,推出了更多节日系列原创新媒体产品,如有《传世名著·我们的节日》系列纪录片、《我们的节日》沉浸式话剧、《我们的节日》阿槑口袋书等。通过丰富多彩的节日活动形式,传统节日的新变化吸引了广大青年群体的追捧,并且获得了中央、省、市级主流媒体的高度关注,进一步向更多国人展现了南京传统节日的历史与文化形象。

（一）聚焦春节习俗,塑造南京春节文化符号

"千门万户曈曈日,总把新桃换旧符。"春联是春节最为重要的

代表符号之一,集书法、文学、节庆、祝福等多重元素为一体,千百年来受到人们的关注。无论是财商巨贾抑或是一般民众,在春节期间书写、张贴春联,都是节日期间必不可少的节俗活动之一。南京立足于"世界文学之都"名号,大力推进春节期间的春联文化,开展了一系列以春联为主题的节气活动,不仅吸引了许多民众前来参加,更引发国内外媒体的纷纷报道,获得一致好评,经过多年来的成功实践,广泛开展"撰春联、写春联、送春联、挂春联",如今已经成为南京春节期间一项重要的节日品牌活动。

"城门挂春联,南京开门红"作为"我们的节日"南京行动文化品牌活动,至今已延续六年,成为南京人每至岁末的文化盛事、新春必备的时尚年俗,同时也向全世界展示南京这座六朝古都的城市文化和独特内涵。南京城墙承载着一代代南京人的美好记忆,在春节来临之际,南京各城门挂上了巨幅春联,还在九座城门上挂上"福"字,市民可参与扫福、集福活动,在喜乐融融的春节氛围中感受传统文化的魅力。该项活动经过六年的发展,已成为独具南京特色的春节活动品牌,影响力远播海内外,传播平台覆盖传统纸媒、网站、微博、微信、客户端等,如学习强国报道《江苏南京:城墙上新"百福强"扫码可领"南京福"》、环球网报道《"城门挂春联,南京开门红"——南京城,贴春联啦!》、新华日报报道《15米巨幅春联亮相中华门》、新华网报道《江苏南京:第五季"城门挂春联,南京开门红"揭联仪式举行》、人民网报道《江苏中行第五季"城门挂春联,南京开门红"活动启动》等。此外,南京日报、南京晨报等多家媒体,也通过报、微、网、端等渠道共同发力,传递节日喜庆氛围,彰显浓浓城门文化和家国情怀。除了悬挂春联,向市民们发亲手撰写的春联,也成为一项重要的新民俗活动。春节期间,南京市文联书法家协会组织近600位书法家创作、书写四万个福字和两万副对联,向各社区、困难群众、留宁过年企业职工、医务人员、公安干警等发放,送去节日祝福。

(二)发挥南京文博资源优势,搭建春节文化展演平台

南京作为六朝古都,保留了大量的历史文化资源,而在春节这样一个特殊的时间节点,可谓是展示中华优秀传统文化的绝佳平台。如果从腊八开始算起,春节节期前后约持续有一个月之久,其间也会组织丰富多样的春节民俗活动。南京主要通过发挥文博资源优势,挖掘春节文化内涵,为传承发展中华优秀传统文化专门搭建春节文化的展演平台。传统节日是中华优秀文化的瑰宝,也是文化遗产中一道独特的风景线。一般情况下,南京市有关部门会在临近新春佳节之际,依托南京市博物总馆、南京市民俗博物馆、南京市博物馆、明孝陵博物馆、南京大报恩寺博物馆等文博资源,提前策划举办春节主题展览活动,聚焦博物馆资源"文化中枢"的角色定位,倡导以高质量的春节文化供给,增进城乡民众对于传统节日文化的认同感和归属感。

南京市着力整合节庆资源,围绕塑造"我们的节日"南京文化品牌,推动传统节日文博活动规模化、品牌化和特色化开展,切实提高"我们的节日"南京品牌知名度和市场影响力。"我们的节日"南京工作室整体联动各区各部门、各类行业协会、吸引品牌商家企业共同参与,通过集合社会文博资源,共同打造全民参与的节日文化氛围。为更好吸引游客前来,南京各类博物场馆部门积极创新展览主题,丰富南京特色春节文化展演平台。例如在春节期间,结合当年生肖文化主题,为城乡民众奉献一场春节文化盛宴。2020年鼠年春节前夕,南京各文博场馆组织的春节展演活动就受到了媒体的广泛关注,其中《人民日报》报道了《南京市民俗博物馆办庚子年迎春特展》、江苏国际在线报道了《"鼠"不胜数,在文物里找"瑞福鼠"》等专题文章。"南京市博物总馆"公众号还专门推出《骨笛、锦绣、皇家精品……总馆新春展览天团重磅来袭!》线上平台,在烘托喜庆节日氛围的同时,向广大市民致以诚挚的新春祝愿,展示了南京传统鼠年春节民俗的别样魅力。而在2021年牛年春节期间,南京市博物总馆、"我们的节日"南京工作室主办的"非遗过

大年——'我们的节日'主题艺术精品展"在南京市民俗博物馆开展,展览也受到媒体界的普遍关注。如学习强国《江苏南京:一展看遍"我们的节日"非遗艺术精品》、交汇点新闻《"非遗过大年——'我们的节日'主题艺术精品展"在南京市民俗博物馆开展》、紫牛新闻《刺绣"闹春节"、面塑"拓荒牛"、绒花"富贵灯"……牛年"气氛王"接通年俗记忆》等。南京通过发挥各类文博场馆、景区、剧场等春节文化展演的阵地支撑作用,策划开展了诸多具有春节传统习俗和南京地域文化特色的展演活动。

(三)创新线上传播载体,营造温情节日文化氛围

2020年南京春节,正值新冠疫情肆虐,古老的南京城也按下了暂停键,南京数以万计的基层工作者坚守各自岗位,在阖家团圆之时为城市健康保驾护航,同时也催生出了一种全新的节日传承方式,即依托互联网创新线上节日传播新模式。南京充分发挥电视、广播、报纸和融媒体平台的传播特色,做好春节节目策划、活动组织和内容编排,充分体现全市"迎新春、开新局"的良好氛围。为减少人员流动,让更多人留在南京过年,享受到家一样的温暖,南京报业传媒集团融媒体中心推出《此心安处是吾乡,留在南京过大年》大型直播行动,探访留在南京过新年的春节故事;同时策划"乡音祝宁好"拜年祝福,征集在南京过春节的市民,用天南海北家乡话,向远方的亲人送去一份祝福,传达一份安心。此外,南京各区市还通过视频、海报、直播等丰富的方式,传播"南京年味"民俗文化。如浦口区打造"我们的节日"浦口系列年俗小视频,打造线上年味;江宁区、玄武区、雨花台区推出系列节日海报,在过年期间展示特色年俗;江宁区在正月初一到正月初八期间推出春节民俗文化系列直播活动,打造"跟着非遗大师过大年"文化品牌,并且邀请非遗大师开展线上直播课程。2021年春节,为响应疫情防控就地过年的号召,工作室联合南京市商务局、南京市总工会、南京餐饮商会共同举办"年夜饭在家吃,浓浓年味带回家"推介会,号召市民留在南京过年,号召餐饮企业推出可以拎回家的年夜饭;联合支付

宝全年最大品牌活动"集五福"除夕分 5 亿红包,定制"我们的节日"南京专属福字,搭载支付宝线上 500 万流量,向全国推广"我们的节日"南京品牌,推荐南京城墙文化故事。"我们的节日·南京工作室"策划展示了《传世名著·我们的节日》系列纪录片、沉浸式话剧、阿槑口袋书、原创歌曲、专家访谈等线上新媒体产品,并结合春节画展、图片展、春节民俗展、非遗项目展览等活动,将南京本地的庆祝活动、研究成果变得鲜活多彩。中央、省、市主流媒体以及商业媒体、新媒体等共同发力,深入挖掘和弘扬春节、辞旧迎新、团圆平安的节日文化内涵。通过策划春节、元宵节航拍视频、快闪活动、公益宣传、系列报道、专题采访以及大量原创新媒体产品,在南京本地节庆活动中传承和弘扬中华优秀传统文化,传播文明和谐、平安喜乐的节日氛围,让越来越多的人喜爱传统节日、过好传统节日,向更多国人展现南京历史与文化品牌,进一步增强南京节日文化的软实力与影响力,提升城市文化首位度。通过一系列线上的春节文化活动,既营造了温情的春节文化氛围,丰富了城乡民众节日文化生活,还促进了南京春节习俗的创新性传承,进一步拓展提升了"我们的节日·南京"线上传播媒介的影响力。

二、南京端午:厚值家国情怀节日内涵

端午节又称端阳节、重五、重午、女儿节等,是中国自古以来最为重要的传统节日之一。其历史起源众说纷纭,主要有拜图腾、度夏至、避"恶日"、吊屈原、颂曹娥、迎涛神等不同的说法。[①] 端午习俗在全国各地大同小异,普遍常见有赛龙舟、吃粽子、挂艾叶菖蒲、喝雄黄酒等。端午节因其历史悠久、文化内涵丰富、影响范围巨大,于 2009 年跻身于世界非物质文化遗产名录,这也是首个获此殊荣的中国传统节日。"南京的端午民俗源远流长,既汇聚了普遍意义上的端午民俗事项,又在节物、节俗、节信等方面展现出本地

---

① 李耀宗编纂:《中华节日名典》,西安:陕西师范大学出版社 2018 年版,第 215 页。

的特点。"①南京作为地处南北交界处的一座历史名城,自古以来的风土人情便杂糅南北,既有北方的豪迈奔放,又有南方的温婉细腻,端午节在这里的发展同样也有了独特的南京印记。"南京端午民俗是由精神信仰体系与物质体系构成的文化系统,大致可以将其民俗传统分为卫生防疫、节日饮食、竞技娱乐三大类,其中避瘟消灾乃是南京端午节俗体系的核心思想……端午节的节俗诠释始终处于动态的发展过程之中。从原先的辟邪禳灾到后来的爱国情怀,端午文化在诠释重构中释放出强大的精神力量。"②为深入挖掘端午节的节日内涵,激发民众对于端午节的认同与热爱,"我们的节日·南京工作室"在南京市委及区委宣传部门的指导下,以"深挖家国情怀、弘扬爱国精神"为宗旨,与全市文明办、文体局、社科联、文联、部分街道、社区、学校等积极组织开展了"我们的节日·端午"主题系列活动。通过板块聚焦、市区联动、全社会参与,围绕四史学习、美丽乡村建设、弘扬优秀传统文化、倡导社会新风尚等方面开展"我们的节日·端午"主题系列活动,着重在卫生防疫、龙舟竞渡、端午饮食服饰、传承诗词文化等多个方面挖掘和继承端午节日精神,为南京市民提供丰富多彩的节日互动和文旅服务,以满足多样文化需求,共同营造有端午安康、有家国情怀、有文化传承的节日氛围。

（一）根植南京红色基因,弘扬端午爱国主义

作为著名的爱国主义诗人,屈原报国无门愤而投江的故事在南京地区广为流传。在端午节当天,为纪念诗人屈原的爱国主义情怀,弘扬中国传统文化,南京依托丰富的古建筑资源,举办了独具特色的"金陵吟"端午吟诵快闪活动,重温屈原的拳拳爱国之心。活动现场不仅有美丽沉稳的古建筑、悠扬动人的诗词吟诵、翩翩起

---

① 张娜:《南京端午节俗的演变与意义生成——从避瘟消灾到嘉年盛会》,《节日研究》2020年第2期,第267页。

② 张娜:《南京端午节俗的演变与意义生成——从避瘟消灾到嘉年盛会》,《节日研究》2020年第2期,第272页。

舞的汉服女子,还有龙舟绳结、艾叶香包、葫芦画、绒花等具有南京特色的端午非遗民俗手艺表演。用年轻人喜闻乐见的"快闪"方式与历经岁月苍苍的非遗相遇,碰撞出独特的节日火花。端午的爱国主义精神发端于过往,弘扬于当下。2021年是中国共产党成立100周年,南京全市基层纷纷将"四史"学习、为民办实事融入传统习俗。"四史"学习教育成为今年党员群众过节的"新潮"和"主流",始终贯彻于传统节日主题活动中。江宁区"我们的节日·端午情·家国梦"——经典诵读活动走进淳化街道青山社区,传承中华优秀传统文化,弘扬社会主义核心价值观。在南京全市的中小学中,也开展了"百年建党少年志,端午浓情永相传"端午诗会,缅怀爱国诗人,培养爱国主义情怀,并通过民俗体验活动弘扬民族传统美德。两年多来,每逢端午节,南京总会依托丰富的城市河网资源,大力开展龙舟竞渡活动,让平淡的传统节日增添了一抹激情的色彩。如举办第三届两岸城市龙舟文化交流活动暨第二届南京秦淮河龙舟竞渡大赛、2019"工行杯"南京市外商投资企业龙舟赛、玄武湖端午节龙舟比赛、南京市龙舟公开赛等等,分别在南京石头城遗址公园河段、玄武湖、小江河等水域开幕。引起新华网、环球网、中央广电总台国际在线、中国报道网、《中国旅游报》等众央媒及《新华日报》、ZAKER、《江苏工人报》、扬子晚报网、南京广播电视台、《南京日报》、龙虎网等省市属广泛聚焦报道。龙舟竞渡百家湖,尽显"速度与激情",众多龙舟赛与端午节紧密结合,让市民感受到了浓郁的节日氛围。

(二)香囊粽叶民俗表演,古老非遗焕发新生

端午节自古以来就是全民防疫、避瘟驱毒、祈求健康的节日,由此发展出许多如吃粽子、挂艾草、戴香囊、划龙舟的习俗,其中便有诸多非物质文化遗产。为增加节日趣味性,吸引更多人参与其中,同时也为了更好地传承和发展非物质文化遗产,南京依托地区内的博物馆、文化馆和传统节日文化传承基地等文化空间,立足端午习俗,广泛开展各类非遗系列活动,增加了节日的互动性与趣味

性,致力于打造出一个多层次、立体化的端午民俗空间,再通过龙舟竞渡、包裹粽子、投壶诵读、缝制香囊等各种传统与现代相结合的形式,使得南京端午节从古老避瘟消灾的民俗记忆走向大众更乐于接受与参与的嘉年盛会。节日内涵文化的挖掘与全新阐释、节日活动的现代改造、非物质文化遗产的呈现与参与、新媒体创新式的宣传、商家引领的活动促销等多重手段,都让市民在了解端午、体验端午、喜爱端午的同时,也激发了大家对传统民俗的兴趣,进一步继承和弘扬华夏千年的传统文化,培育和践行了社会主义核心价值观。从 2019—2021 年的三年时间里,南京全市共围绕端午主题举办了近 200 场活动,形式丰富多样,内容生动有趣,取得了较大的社会影响力。如在端午节当天,由南京市文化和旅游局、南京市财政局、南京报业传媒集团主办,溧水区文化和旅游局承办的"'秦淮源头过端午'2019 溧水美丽乡村欢乐汇暨非遗文化旅游月"开幕,活动重现了溧水传统端午民俗"水秋千",吸引了广大市民、游客及网友的广泛关注。端午期间,浦口区文旅局、文化馆、图书馆等三家单位在浦口区不老村联合举办了"浦口粽动员,粽情过端午"活动,借端午假期之东风,通过非遗展示、展览,培养了民众热爱民间文化艺术的思想理念与人文情怀,为非物质文化遗产的传承与保护提供了新思路。汉服是中国传统的服饰之一,近年来在年轻人群体中受到了广泛追捧,形成了一股"汉服热"。为吸引更多年轻人参与到传统节日的传承与创新中来,南京市共青团玄武区委员会、玄武区文化和旅游局、玄武湖管理处在玄武湖联合主办了"美丽古都·礼韵玄武"青年华服节,将传统端午习俗、文化礼仪、街市场景等融为一体,分为"正行、尚礼、华裳、同乐"四个篇章,场面庄严而隆重,引来了吸引了数万名游客关注。并引起了人民网、国际在线、中国新闻网、中青看点、《新华日报》《现代快报》、扬子晚报网、ZAKER、中国江苏网、荔枝网、龙虎网、今日头条、网易、新浪网、百家号等大量媒体关注报道。

三、南京七夕：打造面向青年的浪漫节日

南京地区年轻群体人数较多，对于七夕这一传统节日，南京注重传统节日的当代价值，着力将七夕打造为面向青年群体的浪漫节日。农历七月初七为七夕节，又名乞巧节、女儿节、女节、少女节、小儿节、重七、香日等。其主要参与者为少女，内容以乞巧为主，有关于节日的起源，有天文、吉时、数字、情结诸崇拜等多种说法，其中以"天文"说为最，并因此在民间产生牛郎、织女七夕鹊桥相会的神话传说故事。[①]七夕节因其悠久的历史与深刻的文化内涵，令牛郎织女的故事在全国都有见到，甚至流传于东亚地区，故而被国务院列入第一批国家级非物质文化遗产名录。发展至今日，伴随着社会的快速变化，七夕节乞巧的习俗逐渐消失，在商家有意地推动下，近年来逐渐发展成"中国的传统情人节"，因而受到了许多年轻人的响应与追捧。七夕节前后，以"我们的节日·七夕"为主题的活动缤纷呈现，活动形式立足传统进行创新，发展出了包含千人夜跑、主题诗会、文艺演出、手工制作、文学讲座、相亲大会等多种形式在内的七夕活动，受众人群涵盖儿童、青年到中老年人群，群众参与度高，活动场次多、辐射范围大。这些活动立足传统节日内涵，结合现代生活，特别是强调年轻人参与，把传统节日的内涵融入南京市民喜闻乐见的节日活动中去。在七夕节前后，南京开展了一系列以七夕为主题的活动，其中以紫金山·七夕荧光跑、诗意七夕——莫愁音乐诗会、大报恩寺博物馆奇妙夜之"浪漫夜"、爱情地铁线等活动受关注度高、影响力大，获得南京地区年轻人的热情追捧与一致好评。

（一）荧光夜跑千人共度，博物馆内浪漫之夜

为吸引年轻人群的参与，南京立足于传统，创新节日活动新形

---

① 李耀宗编纂：《中华节日名典》，西安：陕西师范大学出版社 2018 年版，第302 页。

式,引入当下受到热捧的"马拉松""夜跑"等喜闻乐见的群众性活动,打造了"紫金山·中国七夕文化节""紫金山七夕荧光跑"等活动。为充分体现南京人文绿都的景观特点,彰显初秋时节梧桐金黄之美,荧光跑的赛道设计十分用心。全长5.20千米的跑道,将钟山体育运动公园、灵谷寺、行健亭、美龄宫、紫金文化广场等南京地区的地标性、人文性建筑贯穿起来。精心策划的活动与近乎完美的跑道,吸引了数千人报名参与,因此也被誉为南京地区"最青春、最浪漫、最闪亮"的千人夜跑活动。南京地区地铁线路交错,道路覆盖面广,每天运输了大量的乘客通勤,为营造七夕节的爱情氛围,南京地铁策划并开启了爱情地铁专线,以"七夕节"为主题,让爱心布满地铁沿线。地铁专线的内部图案风格时尚欢快、充满爱意,吸引了许多情侣甚至已婚人士前来乘坐打卡,通过互联网的传播,进一步扩大了七夕节作为爱情主题节日的影响,引发市民的情感共鸣,让市民感受到我们的节日就在身边,深受群众好评。除了现代化的夜跑、旅游节之外,南京地区还依托丰富的文博场馆和历史文化名村资源,打造独属浪漫七夕的传统节日活动。大报恩寺博物馆丰富的灯光设施为举办"博物馆奇妙夜之浪漫夜"提供了先决条件,将传统节日活动在博物馆展现,突出南京城市的文化底蕴。在活动现场,复原七夕古礼,开展盥洗、参拜魁星、魁星点斗等古礼表演,通过展示乞巧节的传统习俗,再现原汁原味、完完整整的七夕民俗之美。同时提倡与鼓励年轻人身着汉服前往,参与当晚的活动,并在全城征集汉服"七仙女",以体验古礼,传承中国传统文化,带动更多年轻人参与其中,为游客展现中国传统文化博大精深的魅力。

(二)七夕诗会彰显特色,大美金陵缘定终身

自古以来,与七夕有关的诗词层出不穷,而南京是历史文化名城,更是"世界文学之都",古往今来,文人墨客对真情有着自己的表达方式,或写成诗,或谱成歌,用浅唱低吟寄托浓浓深情。为体现南京"世界文学之都"的特色,传承宝贵的诗词文化,在七夕节当

天，"诗意七夕——莫愁音乐诗会"活动在南京莫愁湖举行，整场活动以诗歌贯穿始终，用文字表达节日的欢乐，突出了南京地区的城市品位和文化气息。在江宁横溪街道，当地结合"甜美瓜乡"的地域特色，开展了"我们的节日"之"甜美七夕·浓情瓜乡"活动，通过舞蹈、原创七夕主题诗词朗诵、趣味抢答题，打造有地方特色的主题活动，共度我们的节日。为了推动年轻人扩大交友圈，寻找到合适的人生伴侣，七夕期间，江北新区举办了"葡萄架下的紫色情缘"七夕文化节，活动形式多样，根据不同年龄段人群开展定制活动，真正深入群众生活当中。通过"爱情忠贞·幸福一生"分享婚姻心得、"爱在盛夏·情定七夕"白领相亲联谊会、非遗传承乞巧手工艺课、"传承文化，彰显'华'美"主题文艺演出等活动展开了为期一天的主题文化节。

在七夕及七夕前夕，南京全市精心策划了一系列主题鲜明、形式新颖、创意十足的主题活动，以打造浪漫七夕为目标，营造了浓厚的节日文化氛围，增强了"我们的节日"文化品牌的传播影响力，受到了社会各界好评。从"我们的节日·七夕"活动影响力看，七夕期间的相关活动吸引了更多青年群体的参与，并通过互联网的传播在群体中扩大了影响力，如"紫金山·中国七夕文化节""大报恩寺博物馆奇妙夜之浪漫夜"等相关主题活动，参与人群中的大部分都是青年人。南京是青年群体集聚的大学之城，用年轻人喜欢的方式创新传统节日的表达方式，弘扬丰富传统节日的时代内涵，同时利用各类新媒体平台的网络传播，为扩大传统节日在南京青年群体中的影响力起到了显著作用。从"我们的节日"七夕系列活动的举办场次、现场效果以及群众反应上来看，在全市范围内都举办了或大或小的相关主题活动，突出了七夕的节日仪式感，让节日氛围无处不在，营造出了浓厚的七夕浪漫节日文化氛围。

四、南京中秋：相聚赏月庆团圆

中秋节为农历八月十五，亦称仲秋、仲秋节、秋节、秋夕、月夕、八月节、八月会,八月半等,是中国最重要的传统节日之一,有着悠久的历史。面对这一古老的节日,南京地区在保护好这一节日的传承时,也十分注重中秋节时代内涵的挖掘与弘扬。古人以为七、八、九三月为秋季,八月十五居其中,故名。据考,节源于先秦帝王因"天事"之祭月,唐代民间兴起拜月、赏月;宋以降,始以中秋为节。①悠久的历史与深刻的文化内涵,使其于 2006 年被国务院列为第一批国家级非物质文化遗产名录。赏月是中秋节最为重要的节俗之一,作为"世界文学之都"的南京,与文学意向中的月亮有着天生难以割舍的联系,因此在中秋节期间,南京围绕月亮主题,积极组织开展了一大批"我们的节日·中秋"主题活动,包括森林音乐会、主题诗会、送家书、文艺演出等各类主题活动近百场,并非常注重年轻人的参与感,致力于将传统节日的内涵融入南京市民喜闻乐见的节日活动中。

(一)南京森林音乐节,年轻血液新活力

在中秋节期间,"我们的节日"文化品牌活动之一"森林音乐节"活动形式得到创新,除在中秋当晚组织南京大型"森林音乐会"活动,为年轻听众提供独特的视听盛宴之外,还衍生出了一系列相关活动,如"音乐夜游"新模式、中秋主题暖场曲目、"超级月亮"节日主题装置等既能营造浓厚节日气氛,又能体现时代特色的新兴活动模式,并推出传统节日"新习俗",打造具有全国影响的特色传统节日活动。此外,工作室还围绕"月"之媒介,以当下年轻人喜闻乐见的中秋趣味为切入点,进行中秋主题活动策划,突出节俗活动重点,注重并引导年轻人的中秋"参与感",策划组织了中秋秦淮诗会、校园主题班会、校园联欢会等符合年轻人需求的文化体验活动,这些渐成风气的中秋"新民俗",引导广大青年人群体知月、赏月、懂月,感受浓厚的中秋文化氛围,激发传统节日的青年活力,是

---

① 李耀宗编纂:《中华节日名典》,西安:陕西师范大学出版社 2018 年版,第340 页。

一次探寻年轻人中秋趣味的有益尝试。

（二）主题活动不间断，强化节日仪式感

中秋期间，各种围绕中秋的主体活动不断举办，主要体现月亮、团圆、相思等关键词，手段途径多样，立足文学、非遗、博物馆等，创新各类活动形式，充满了家国情及文化味，体现南京特色，强调节日仪式感，进一步升华传统节日文化内涵。如有"我们的节日·中秋家书"活动，家书纸张特别运用南京非遗花笺纸，邀请知名书法家现场书写家书并赠与前来参加活动的旅客。在南京市各中小学，"皓月映家国情怀，金菊展敬老美德"等节日主题活动相继举办，通过主题微班会、情景剧展示、庆祝活动等形式，将传统文化的丰富内涵与学校特色相结合，进一步增强师生的文化自觉和文化自信，提升优秀传统文化在青少年群体中的影响力和感召力。

"我们的节日·中秋"系列活动与其他几大传统节日相比，受媒体关注较少，可创新空间较小，但却紧密结合了南京地区特色，致力于打造"少而精"的主题活动，传播亮点颇多，报道内容丰富、宣传形式新颖、宣传覆盖面广，创新了宣传理念、宣传形式和宣传载体，积极利用各类平台，全方位、多角度发挥各平台优势，满足不同受众人群。工作室的一系列活动得到全市大部分单位的热烈响应，各单位按照指导意见举办系列活动，充分挖掘了中秋节的内涵，让全市各部门用心体会我国传统节日中蕴含的意义，引导市民进一步了解传统节日、认同传统节日、喜欢传统节日、过好传统节日，增强全市人民的爱国情感和凝聚力。

五、南京重阳：弘扬尊老敬贤社会风气

南京地区以重阳节为切入点，致力于在全市推动形成尊老敬贤的社会风气。重阳节作为中国最重要的七大传统节日之一，古人将数字分为阴数和阳数，九为阳数之极，"九月九日"之中有两个"九"，因而称"重九"，也称"重阳"，最早起源秦汉时期，至今已有近两千多年的历史。相传九九与"久久"谐音，加之古代有采集药物

服用、追求长生的习惯，因此自汉朝起，便有了重阳之日登高祈求长寿的风俗。[①] 九月又是茱萸、菊花盛放的时节，菊花被赋予高傲、自强、吉祥、长寿的含义，每逢重阳，人们便会赏菊、饮菊，开展一系列与菊花有关的雅集活动，菊花入菜、入酒、入画、做装饰等等，由此形成了独特的重阳菊花文化。时至今日，重阳节的文化内涵不仅延续了古人登高祈福的美好愿景，更延伸出尊老敬贤的美好品德，成为社会主义核心价值观重要的理论基础来源。可以说，登高赏秋与感恩敬老已成为当代重阳节日活动的两大重要主题。在重阳节期间，为弘扬中华民族传统美德，倡树节日文明新风尚，南京市广泛开展以尊老、爱老、敬老、助老、孝亲等为主题的"我们的节日"系列品牌文化活动，传承中华民族孝老、爱老传统美德，树立节日文明新风尚。一系列内涵丰富、形式多样的重阳节主题活动，让更多市民了解、喜爱传统文化，进一步继承和弘扬中华民族优秀传统文化，培育和践行了社会主义核心价值观。

（一）登高览胜，赏菊祈愿

"一览江山，九望金陵。"重阳节自古就有登高望远的习俗，南京城亦是如此。重阳节的"辞青"是冬季前最后一次出游，与三月"踏青"相对应，清明踏青是为春天接风，重阳辞青是为秋天饯行。在重阳节期间，南京充分围绕登高主题，立足南京市所拥有的景观资源，如南京古城墙、大报恩寺塔、紫金山、中山陵等。尤其是把清代金陵四十八景之一的"幕府登高"打造成国际登高节，将重阳打造成融文化性、时尚感和国际化的全龄户外文体盛事，吸引南京市民与外地游客在重阳当天举家出游，扶老携幼，登高远眺。南京拥有丰富的古城墙资源，尤其是中华门和解放门等古迹保护较好、地理位置较高、周围风景较美的城墙，也是南京人重阳登高的选择之地。每逢重阳佳节，登上城墙的人流总是绵延数公里，场面蔚为壮

---

① 徐潜、张克、崔博华著：《中国传统节日》，长春：吉林文史出版社 2014 年版，第120 页。

观,营造出浓厚的南京传统节日文化氛围。大报恩寺遗址不仅充分发挥景区特色,还别出心裁地呈现了一场重阳古礼,以古礼过重阳,在传统节日里感受浓浓的文化味儿。南京日报《社区敬老、赏菊登高……南京迎重阳活动丰富多彩》、龙虎网《重阳习古礼 大报恩寺遗址景区举办传统文化活动》等媒体进行报道。登高节在延续"登高览胜、吟诗作赋、赏花饮酒、遍插茱萸"四大传统仪式的基础上,邀请一些文化名人从全新的角度解读重阳文化。

(二)尊老敬老,礼敬重阳

"老吾老,以及人之老。"尊老敬老一直是中华民族的传统美德,以重阳节为契机,南京在街道、社区内开展多场重阳节主题活动,给百岁老人庆生、金婚夫妇再拍婚纱照、开展趣味活动等,几十余场特色活动,丰富老年人的晚年生活,让老年人感受到社会的关爱,并在潜移默化中,倡导敬老爱老的社会氛围,让敬老之风、家国情怀进一步弘扬。2020年重阳节期间,由江宁区委宣传部、南京农业大学人文与社会发展学院、"我们的节日"南京工作室共同主办的"尊老敬贤,礼敬重阳——'我们的节日'·重阳"主题活动在江宁区湖熟菊花园举行。在400亩菊之花海中,10名青年学子向德高望重的退休教授行重阳礼,敬菊花茶,展现尊老敬贤的节日新习俗。重阳敬茶是尊老传统,在"尊老"基础上,活动主办方加以提炼出"敬贤"理念,对传统节日文化进行再创新。建邺区江心洲白鹭社区开展"悦享夕阳,情满社区"重阳节主题文化活动。借着九九重阳节,邀请60余位老人重回社区,重温乡情。高淳区漆桥街道民政办、妇联、团委、派出所在漆桥敬老院共同举办2020年重阳节敬老活动,为老人们送上浓浓温情。在校园内,重阳习俗体验、为老人制作贺卡、给长辈写信……多彩的校园活动,让学生与长辈亲近互动,传承孝亲敬老的传统美德。在重阳节前后,"南京""老年人""爱心""敬老",成为社会媒体的热点,人们将更多的目光聚焦于老人身上,聆听他们的故事,了解他们的需求,陪伴他们的生活,这也深度契合重阳节敬老爱老的主题,敬老爱老的社会价值正成为主流,孝亲敬老的氛围愈加浓厚。此外,南京全市在重阳节期间,也举办了包括敬老爱老志愿服务、敬老模范评选表彰、传统民俗体验等在内的节日活动,充分彰显出重阳节尊老敬老的节日风气。

（三）融入非遗,文创先行

重阳节因尊老爱老而被认为是老人家的节日,但社会的风气需要年轻一代是实践与传承,重阳节期间,街道、校园、社区等地纷纷提倡更多年轻人参与重阳节的一系列主题活动,营造浓厚的尊老、敬老、爱老氛围。南京市民俗博物馆携手光华东街小学开展非遗定制课堂学习,非传承人专门设计"重阳节"面塑、木雕版画体验课件,学生亲手制作,将作品送给家中的老人。同时,书画名家现场书写"寿""福"赠与游客,充分利用南京文博场馆,保护和传承文化遗产,打造传统节日民俗体验基地。南京市江宁科学园小学举办了南京市"薪火相传——我们的节日·重阳节"主题课程,校园内充满节日氛围。围绕节日主题,举办快闪、集体金婚婚礼、节日英语角、志愿服务活动等,将传统民俗推陈出新,把个性化、有创意的形式与时代特征相结合,激活现代人重体验、求分享的文化心态,使节日的文化传承更有活力,形成节日新习俗。2020年重阳节期间,"我们的节日"重阳文创产品发布,这款产品包括菊花茶、菊花糕、菊花洗发水,以及近期风靡全国的菊花口红,系列产品均由南京农业大学开发研制。由"我们的节日"南京工作室联合紫金山新闻出品的"随园食单"节日手绘海报和手绘节日科普视频受到读者喜爱,以传统节日民俗为素材,制作不同形态的新闻产品,并分发在人民日报、头条号等平台,进一步扩大了宣传声量。在重阳节期间,"我们的节日"推出了第一首属于南京人的节日主题歌,并同步发布了主题曲MV,在内容制作方面,主题歌与MV融入了南京白局和现代说唱RAP等元素,将传统与时尚相结合,通过青年人喜闻乐见的传播形式彰显节日文化的丰富内涵和价值理念。由栖霞区委宣传部出品的"漫说我们的节日·重阳",用漫画长图的方式将习俗、美文、活动集锦综合进行传播,创新了宣传形式,吸引了年轻人和新媒体的目光,提升南京"我们的节日"网络传播影响力。

第三节　南京传统节日振兴实践的主要特征

　　时至今日,传统节日在当代社会的传承价值已成为学界的普遍共识,因此,做好传统节日传承与振兴的相关工作,成为当下十分重要的社会任务之一。对此,有学者指出,传统节日的当代传承可以从三个层面入手,才能起到较好的作用,分别是精神文化系统、社会文化系统和物质文化系统。①由此可见,传统节日的当代价值主要可以分为精神文化方面、社会文化方面和物质文化方面。因为在振兴实践的具体落实中,需要重点关注以上三个方面。就精神文化系统而言,萧放认为,在当代社会,传统节日有着其独特的文化功用,主要因为传统节日是传承民族文化的有效方式、是提高民族自信心的重要途径、是发展民族新文化的基础与凭借、是造就和谐社会的文化动力。②这些传统节日历经千年的发展,发展出丰富多彩的节日文化,是先人追求天人和谐的产物,体现着热爱生命、追求健康的人本精神;敬祖孝先、尊老爱幼的传统美德;勤劳勇敢、刚健有为的自强精神;忧国忧民的爱国情怀和贵和尚美、团结和睦及平安吉祥的心理追求。③在社会文化系统层面,苗瑞丹以默顿的中层功能分析范式对传统节日的文化内涵进行了分析,指出传统节日可分为外在的物化表征和内在的文化隐喻两个部分,前者包括时间节点与特定仪式,是"社会成员在特定的时间节点以特

---

　　①　萧放、贺少雅:《仪式节庆类非遗保护的经验、问题与对策》,《中国非物质文化遗产》2020 第 1 期,第 100－110 页。

　　②　萧放:《传统节日与非物质文化遗产》,《艺术评论》2012 第 7 期,第 22－26 页。

　　③　王文章、李荣启:《中国传统节日的文化内涵》,《艺术百家》2012 年第 3 期,第 5－10 页。

定的仪式进行的纪念或庆祝活动",后者拥有"传统节日所具有的承载文化传统、塑造民族精神与强化民族文化认同的价值功能"。[①]近年来,节日的外在物化表征如衣食住行和节庆仪式受到关注和传承,却忽视了传统节日重要的内在价值,从而导致传统节日变得单调无趣、缺少内涵,发展成"吃喝玩乐"的假期周末,以至于逐渐远离了人们的生活,消失在历史的长河之中。学界对于传统节日当代价值的评价,大多是从增强国家认同、改善社会风气、提升民族自信、复兴传统文化等社会、文化角度出发,如"联结历史与未来,蕴涵民众生活行为、言说方式的平等观念,具有构筑民族共同体意识、塑造地域文化身份的特质",[②]却少有关注传统节日在当代与商业、经济的关系,即传统节日当代传承过程中的物质和精神文化系统。

　　传统节日的当代振兴,必然离不开振兴主体的选择问题。有学者指出,在中国,官方政府介入民间节日的管理与运作的方式十分常见,大多以旅游节的形式举办,在早期启动经费不足、市场认可度不高的情况下,政府的介入与强势干预一定层面上起到了积极的作用。[③]对节日内涵的价值、功能及特性的认识不足,在推动部分节日活动运作成功的同时,也带来了许多弊端,导致了政府主导下的节日文化活动呈现出过度商业化的特征,[④]让传统节日失去了自身丰富的文化价值内涵,过度的商业化与市场化会导致节日内涵的异化,从而使得传统节日流于肤浅。对此,徐赣丽认为,

---

　　① 苗瑞丹:《传统节日的文化价值与功能探究》,《中国特色社会主义研究》2016年第 2 期,第 67 页。

　　② 王丹:《传统节日研究的三个维度——基于文化记忆理论的视角》,《中国人民大学学报》2020 第 1 期,第 164 页。

　　③ 徐赣丽:《体验经济时代的节日遗产旅游:问题与经验》,《青海社会科学》2014年第 5 期,第 173 - 180 页。

　　④ 萧放、贺少雅:《仪式节庆类非遗保护的经验、问题与对策》,《中国非物质文化遗产》2020 第 1 期,第 100 - 110 页。

在传统节日的当代振兴实践中,政府应该是服务者,而非是介入者。①民间团体是当代传统节日振兴的另一支重要力量,传统节日产生于民众的生活,发端于民众的需求,依靠民众的代代相传而得以传承,因此必须"放手让民间社会经营自己的民俗文化,努力培育城乡社区的民间自组织,启发民众用自己的智慧传承、创新和发展民俗文化,只有做到了民间节日民间办,将传统节日文化融入民众的日常生活,中国传统节日文化才能真正复苏、传承与发展。"②

作为中华优秀文化中重要的一部分,传统节日不仅受到了学界的广泛关注,同时也得到了党和国家的高度重视,如何挖掘传统节日的当代内涵,发展并传承传统节日文化,也成为各地政府必须要面对的问题之一。在党的十九大报告中,习近平总书记指出:"深入挖掘中华传统文化蕴含的思想观念、人文精神、道德规范,结合时代要求继承创新,让中华文化展现出永久魅力和时代风采。"近年来,由中共中央、国务院相继印发的《新时代公民道德建设实施纲要》和《新时代爱国主义教育实施纲要》等指导性文件中,均提出了要充分发挥传统节日的文化资源优势,加强培育我国民众的道德情感与家国情怀。早在 2017 年 1 月,中共中央办公厅、国务院办公厅就印发了《关于实施中华优秀传统文化传承发展工程的意见》,并在文件中提出了深入开展"我们的节日"主题活动,推动实施中国传统节日振兴工程,这是"我们的节日"品牌首次与公众见面,也为接下来传承和发展传统节日文化提供了全新思路与道路指引。此后,江苏省委办公厅、省政府办公厅印发了《江苏省实施中华优秀传统文化传承发展工程工作方案》,其中也强调了要深化"我们的节日"主题活动,注重传统节日文化与现代文明的有机结合,实现传统节日文化的当代振兴。2019 年以来,根据中宣部

---

① 陈昌茂:《试论民族节日文化旅游开发中的政府行为》,《理论月刊》2003 年第 9 期,第 73 - 74 页。

② 黄永林、孙佳:《博弈与坚守:在传承与创新中发展——关于中国传统节日中秋节命运的多维思考》,《民俗研究》2018 年第 1 期,第 41 页。

和江苏省委宣传部关于传统节日振兴的工作指示精神,南京市全面启动了"我们的节日"——传承弘扬优秀传统文化南京行动,紧紧围绕中央、省委省政府等有关部门对于传统节日振兴的五项"工作要求",结合南京传统节日传承的实际情况制定了"我们的节日"南京行动五大工作任务。在具体工作开展过程中,南京市委宣传部以春节、元宵节、清明节、端午节、七夕节、中秋节、重阳节等七大传统节日的当代振兴为重点工作内容,坚持贴近实际、贴近生活、贴近群众的方针;注重热在基层、热在青年、热在氛围的方法,积极创新节日传承的载体、形式和内容;在提升节日文化内涵,丰富节日文化生活,倡导形成新的节日习俗等方面,取得了一定的社会成效,主要概括为以下几个方面。

一、从政府引导到官方让位,开创节日工作室新模式

近年来,为深入贯彻落实中央和江苏省委省政府有关传统节日振兴工程的指导性工作意见,结合南京当地传统节日传承实际情况,南京市委宣传部全面开展实施了传统节日振兴工作的前期探索。首先,在邀请行业专家、民俗学者、各界民众进行充分论证的基础之上,专门制定出台了《"我们的节日"——传承弘扬中华优秀传统文化南京行动方案》,这为南京传统节日的创造性转化与创新性发展提供了政策性支持与操作化指引。行动方案的制定立足传统节日当代振兴,设定了近期与中长期南京节日行动计划目标,紧紧围绕深入开展"我们的节日"主题活动的目标,重点对丰富春节、元宵、清明、端午、七夕、中秋、重阳等七大传统节日以及二十四节气的文化内涵,形成新的节日习俗等方面进行了全面工作布局。值得注意的是,南京政府一改政府主导的政策方针,探索传统节日文化传承的新模式。其次,面对当前传统节日传承的困境,有学者指出"知识的代际传承断层是困扰当前传统节日传承的关键问

题。"①面对日新月异的现代社会,根植于传统农业社会的节日已经失去了其生存的空间,大多数人已经无法理解传统节日真正的文化价值与内涵。为解决这一传承困境,扎实做好传统节日的当代振兴工作,充分挖掘南京传统节日中新的时代内涵,必须不断加强"我们的节日"相关理论研究工作。为此,南京市委宣传部牵头,依托南京地区丰富的科教资源优势,探索成立了"我们的节日·南京工作室",通过引入驻宁高校和南京文化系统等专家智力资源,采用定期召开"节日例会"制度,策划传统节日文化活动等方式,主要侧重于关注理顺传统节日和现代生活的关系、全国节日和城市特点的关系、习俗传承和形式创新的关系,教育普及与自觉参与的关系,既有习俗和引导新习俗的关系,传承和发展之间的关系等多方面内容。旨在引导南京民众进一步了解传统节日、认同传统节日、喜欢传统节日、过好传统节日,增强全市人民的爱国情感和凝聚力。为了更好地对传统节日进行理论挖掘与成果展示,南京市委宣传部在广泛征集驻宁高校节日研究智库意见的基础上,又专门成立了以南京农业大学民俗学研究所季中扬教授领衔的"我们的节日"人才工作室,将"我们的节日"工作室模式变得更加具象化。该人才工作室主要聚焦于南京传统节日文化内涵的深挖及其当代振兴的机制探索,重点培养南京节日研究青年骨干力量,依托多渠道助力深化"我们的节日·南京"理论研究。"我们的节日"季中扬人才工作室自 2019 年创立以来,逐渐在探索中形成了"一二三五七"工作模式,即每逢一个重要传统节日,组织学界专家学者撰写一批节日主旨性理论文章,深刻阐述传统节日的当代内涵,并在当地重要媒体平台进行权威发布;每年至少举办两次节日文化专题学术会议,研讨、交流海内外传统节日研究的最新进展,搭建南京节日文化研究的学术交流平台;每年至少申报三项与南京传

---

① 萧放、贺少雅:《仪式节庆类非遗保护的经验、问题与对策》,《中国非物质文化遗产》2020 第 1 期,第 105 页。

统节日文化相关的研究课题,凝聚驻宁高校智库资源,培养南京传统节日研究的青年骨干力量;每年在南京下辖各区市挂牌成立五个传统节日文化研究基地,构建城乡共享的节日文化公共空间;每年根据南京重要传统节日的工作开展实际情况,形成"7＋1"节日工作报告制度,定期完成并提交七份传统节日传承状况分报告和全年工作总报告。这一为加强节日理论研究层面而创设的人才工作室模式,强调人才与研究本位,注重工作实效,在推进过程中得到了学界的广泛认可与一致好评。

　　为了充分发挥节日工作室模式的优势,整合南京市传统节日的丰厚文化资源,在节日工作室模式的基础之上,南京市委宣传部又不断探索"双工作室"融合驱动发展,逐渐形成了"我们的节日·南京工作室"与"我们的节日·季中扬工作室"的长效有益的双向互动,为传统节日的当代振兴提供了全新思路与有效路径。"我们的节日·南京工作室"作为总体品牌,负责统筹与传统节日振兴有关的各项工作,力求构建南京传统节日振兴的长效机制。例如,以"我们的节日"为中心,利用高校资源广泛引智,吸引学界关注;多部门联动,策划组织节日主题活动,在全国范围内打响"我们的节日·南京"品牌,提升传统节日在青年群体中的认知度和认同感。而在具体落地、内涵挖掘与理论研究层面,则全面依托"我们的节日·季中扬工作室",深挖南京传统节日底蕴,借助全新的多媒体方式,通过不同形式的载体进行呈现,将民间社会的节日传统与现代市民生活相结合。这种传统节日振兴工作机制,不仅契合了以工作室带动传统节日文化传承与振兴的初衷,有助于借助多部门联动模式形成保护传统节日的共识,更有利于两个工作室在开展传统节日振兴工作过程中有机互融,实现双轮驱动,更好地推动社会资源整合。简而言之,"我们的节日"南京工作模式的落地,其要旨不仅仅是以行政手段推进传统节日振兴工作,更重要的是政府在其中扮演着"勤务员"的关键角色,坚持以人民为中心,通过以"工作室"带活动,以"人才"带活力,以"热闹"带影响力,倡导建立

"政府引导、学界主脑、民众主体"的南京传统节日振兴工作机制，探索形成了"我们的节日"南京工作新模式。接下来，将继续坚持国家政策导向与学术力量、民众生活有机结合，不断完善"我们的节日·南京工作室"的运作模式，并探索工作室的适时"退场"机制，充分发挥民众节日文化传承的主体地位，进一步激发民间社团群体的传统节日自组织活力。

二、建设南京地区高校智库，传统节日振兴理论先行

传统节日的当代振兴过程中，必须着力于其历史悠久、内涵丰富的理论挖掘与阐释，一方面，传统节日在当代不可做"无根之木、无本之源"，挖掘历史与内涵，有利于理清传统节日发展的脉络变迁；另一方面，对传统节日文化的当代阐释，离不开对其历史与内涵的深刻理解，因此，传统节日振兴的首要工作，就是要做好南京传统节日文化的内涵挖掘与理论成果展示。

首先，以中国民俗学会为依托，策划组织成立南京传统节日文化研究专委会，推动节日饮食、节日服饰、节日礼俗等内容研究，倡导形成节日文化理论研究高地。中国民俗学会是由中华人民共和国教育部主管，由"中国民俗学之父"钟敬文先生发起，是中国民俗学工作者自愿结成的群众性的和非营利性的民俗学专业学术团体，其领导班子及会员分布于全国各高校、研究院、专业协会等研究机构，多年来在传统节日、文化遗产、岁时节令等民俗文化等方面研究成果颇丰，聘请顶尖节日理论研究专家，在《节日研究》等专业期刊上发表节日理论研究成果，就南京传统节日工作开展给与指导和点评，同时依托紫金山新闻"我们的节日"频道推出"节日·理论"专题，围绕春节、元宵、清明、端午、七夕、中秋、重阳、冬至等传统节日撰写理论文章，厘清节日本源，阐发现代意义，对全市各单位"我们的节日"庆祝活动开展和节日主题提炼给予指导和借鉴。2019年及2020年，工作室先后共聘请了16位学界著名学者作为"我们的节日·南京工作室"特聘专家，共筹备召开了"2019

中日韩传统节日振兴"国际学术研讨会、"2019 我们的节日·南京"首届高端论坛、"我们的节日"南京专家研讨会、高淳东坝村：传统节日民俗研讨会、溧水骆山村：传统节日民俗研讨会、句容古村落："新时代古村落文旅融合与传统节日文化传承与创新"研讨会、溧阳："我们的节日"优秀策划案例交流会、贵州镇远："传统节日的现代化传承表达"研讨会、贵州西江："黔东南州传统节日文化传承与创新"研讨会、南京江宁："节日餐饮文化"研讨会、"2020 我们的节日·南京"第二届高端论坛等学术研讨会，汇集了国内节日研究学术共同体的研究力量，凝聚东亚地区传统节日研究资源，有力推动南京市传统节日前沿理论成果的学术海内外交流与相互借鉴。

其次，在聘请海内外顶尖民俗学者、节日研究专家的基础之上，立足"我们的节日·南京工作室"和"我们的节日·季中扬工作室"，注重南京本土节日文化人才的挖掘与培养工作，按系统研究、理论研究、活动策划、新闻传播、文创设计等五大不同方向进行培养，目前已有数十人在相关领域初露头角。

最后，充分利用南京文化系统的人才优势，依托国内顶级民俗学者及南京本土传统节日文化研究人才，深入挖掘、梳理南京传统节日的文化内涵，形成了一批节日理论研究成果，并通过"我们的节日"等融媒体专栏频道予以发布。如围绕传统节气主题进行舞蹈剧、周末讲堂文艺创作，出版了南京传统节日研究系列丛书。依托传统二十四节气与江南美景，南京艺术学院创作了大型民族舞蹈剧《节气江南》，在江苏大剧院公演后备受好评；建邺区、江宁区开设二十四节气周末讲堂，传播传统节气文化知识；出版《珍藏中国节》丛书，系统梳理了传统节日习俗、诗词及楹联等内容，注重对南京地域节日历史文化的挖掘；出版发行《我们的节日——小学生读本》，提升传统节日在小学生群体的认知度。经过两年多的努力，紫金山新闻客户端"我们的节日"频道已经成为南京"我们的节日"行动宣传和理论研究主阵地，另外，每个传统节日前夕，在南京日报推出《我们的节日》专版，以理论文章＋活动展示＋专家点评的形式,连续整版刊发南京节日理论研究的最新成果,提高南京节日理论研究的社会影响力。2020年,南京在国内节日文化专门期刊《节日研究》第十六辑出版南京特辑,就南京市"我们的节日"传承与践行路径等问题进行深入探讨。

三、丰富传统节日振兴载体,焕发金陵城市活力

传统节日立足农耕社会,以岁时节令为准绳,在家庭生活中得到稳定传承,随着现代社会方方面面的巨大变化,日新月异的城市生活对传统节日生存的环境进行着冲击,而作为节日传承主体的家庭,因受到生产方式转变、思想观念变化、政策法规等影响,传统节日的传承变得不再稳定。这对"我们的节日·南京工作室"提出了全新的挑战,传统节日所赖以生存的社会空间发生了变化,其传承形式同样也改变,因此必须创新传统节日的传承形式、丰富传统节日的振兴载体,才能真正地实现传统节日在当代振兴这一宏大目标。在近几年的实践中,工作室充分结合南京地区传统节日文化特色,深挖南京悠久古老的城市历史,结合全新的多媒体方式,运用多种宣传渠道与载体,积极创新形式,取得了较大的成功。

一是创新运用南京传统节日的地域文化要素,组织开展了一系列传统节日振兴主题活动。在七大传统节日的每个节日之前,"我们的节日·南京工作室"会根据南京市"创新名城、美丽古都"的文化品牌总体要求,提前部署传统节日传承工作方案,重点打造符合南京传统节日主题特色的节日文化符号。以2019年全年为例,"我们的节日·南京工作室"活动分为节日主题策划、常设活动和特别策划等几类,全年自主策划主题活动近20场,指导协调各类节日活动近百场。这些由工作室牵头开创的节日文化活动品牌,形式多样、内容丰富、呈现有趣,吸引了许多民众前来参与,海内外多家权威媒体进行广泛宣传,在国内形成了较大的社会影响力。

二是创造性传承传统节日文化,创新发展新兴节日习俗,依托

新媒体进行传播与宣传。秦淮元宵灯会、正月十六爬城墙祈福、七夕乞巧等是一直为南京地区民众所代代传承的节日习俗,虽然历史悠久,但近年来却很少为年轻人所延续,更多人选择将传统节日变成"吃喝玩乐"的休闲日。针对此现象,南京市先后打造了建邺区青奥艺术灯会、正月十六爬城头、七夕爱情地铁线等新兴节日主题活动,在促进传统节日框架性传承的基础上,倡导形成新习俗,不断丰富创新南京民众喜闻乐见的新兴节日习俗内容。此外,为吸引更多不同层次的人群参与其中,工作室鼓励、支持文字类、声音类及舞台表演类综合节日主题文艺精品的创作,增强传统节日文化符号的感知力。主题活动的实时动态通过前期所组建的"新媒体宁盟"进行传播,综合运用自媒体账号、新媒体海报、短视频、漫画书、手绘本及口袋书等年轻人喜闻乐见的新媒体传播形式,推动传统节日跨领域、多平台传播;在南京开放性城市公园、商业空间、各类文化公共场所加强新媒体平台的互动传播。节日期间,利用南京 500 多块户外商业大屏,发起"我们的节日"宣传活动,在南京地铁全线站点营造"我们的节日"氛围;把握互联网传播特点,组建新媒体宁盟内容团队,构建传统节日新媒体传播数据库,增强南京传统节日的传播影响力。

三是鼓励年轻人参与传统节日习俗传承工作,青年是未来的人才,也是传统节日当代振兴的重要力量,提升传统节日文化品牌在青年群体中的认知度和认同感,激发传统节日的现代活力,是传统节日当代振兴的重要路径之一。面对中小学生群体,南京有关教育部门统一安排的寒暑假作业中出现传统节日文化因素,"我们的节日·南京工作室"也在南京 80 余万中小学生群体中推广普及"薪火相传——我们的节日"主题教育活动和发放《我们的节日——青少年读本》,带动"我们的节日"系列活动进课堂,进校园。通过班会课、情景剧、创意园内社团活动等形式,宣传展示传统节日的历史渊源与礼仪习俗,将传承传统节日文化入心入脑。对于大学生青年群体,通过组织春节青奥艺术灯会、清明诗会、中秋音乐节等多种方式吸引年轻人参与传统节日传承活动;推出传统节日新习俗"南京青年计划",鼓励用年轻人喜欢的方式创新传统节日表达渠道,吸引大学生群体参与传统节日文化主题活动,扩大传统节日在青年群体中的影响力,受到了青年群体的普遍欢迎。

四、构建节日传承多元平台,非遗文化助力节日传承

为了真正在实践中将传统节日文化转化与落地,南京依托地区内丰富的文化机构,打造多种形式的节日文化传承基地,构建节日传承的多元化平台,以更加方便、更加巧妙的手段对节日文化遗产进行传承创新发展。

一是充分利用南京文博场馆和历史文化名村众多的优势,结合非物质文化遗产传承与保护经验,发挥博物馆群的文化集聚效应,创新非物质文化遗产的呈现方式。例如"我们的节日·南京工作室"专门在南京市民俗博物馆挂牌成立,便于集中开展传统节日文化遗产的宣传保护工作,特别强调营造传统节日的体验感、文化感和仪式感;春节与元宵节期间,南京博物馆、南京科举博物馆、六朝博物馆等文博场馆相继开设"我们的节日"主题体验活动,感受"博物馆里过大年"的年节气氛,注重将非遗展演与传统节日文化体验相结合,凸显了浓郁的人文南京韵味。

二是立足于节日研究学术团队的综合评估意见的基础之上,发挥"我们的节日·季中扬工作室"的学术支撑作用,组织南京农业大学民俗学节日研究团队力量,针对南京传统节日当代传承状况启动大型田野调查活动,对南京地区节日传承进行"摸家底",为政府部门制定相关政策给出建设性的指导意见。2020年,受市委宣传部委托工作室深入高淳、溧水、六合等田间和社区,聚焦乡村传统节日习俗传承,先后形成了七份内容详实、史料扎实的田野调查报告。在前期深入调研基础上,由工作室牵头对老门东、夫子庙、高淳东坝和江宁董家村等地区及传统村落开展南京传统节日文化研究基地挂牌工作,最终在南京城乡考察并设立了10处传统

节日文化共建基地。打造传统节日振兴工作的公共实践空间,构建南京传统节日文化传承多元平台,并在未来依托传统节日文化共建基地。结合基地条件与特色,设计打造节日文化的共享空间,让传统节日文化融入民众的日常生活。

三是调动商家和社会团体参与"我们的节日"主题活动的积极性,不仅能够扩大宣传的途径与平台,更能够吸引更多商业资本的介入,通过商业模式的运作,能使得"我们的节日"品牌为商家带来实打实的经济效益,形成文化搭台、经济唱戏的新模式。传统节日七夕被看成中国的情人节,至今不过十多年,而这背后正是商家的主动参与,通过各种商业促销、商业活动的推波助澜,逐渐使得这一观念成为人们的共识。在南京,通过全方位的社会动员,经南京市商业协会与餐饮商会牵头,包括苏宁易购、苏果、德基在内的南京数十家主要商业体和数百家连锁店都参与了"我们的节日"2019年度主题宣传活动。基于南京传统节日饮食(《随园食单》《白门食谱》《冶城蔬谱》等)、节日服饰(传统节日礼服)、节日礼俗(特色文创)等专题,鼓励商家主动参与"我们的节日"南京元素系列文创产品研发,形成"课题研究+产品开发"综合研究成果,进一步拓展了传统节日振兴的市场化传播路径。

第七章

南京传统节日当代振兴的
行动主体

　　传统节日作为中华传统文化的重要内容,每逢岁时节日,举国上下、大江南北都为这种氛围所笼罩。不同阶层、民族、地域都有其自成体系的节日习俗系统,他们拥有不同的饮食、衣着、仪式、组织、禁忌……甚至不同的节期、不同的节日,但同样都是以属于这一群体的特有方式来共庆良时。文化实践历来都是社会诸多元素共同参与的结果,这其中包括了上层阶级的介入和扶持、主流群体在文化方向上的指引、利益相关者的参与和助推、广大民众的呼应和身体力行等等。只有在各种主体力量相互配合,一项社会共同参与的文化形式才能兴起、传承与创新,从而表现出强大的生命力。纵观参与其中的多方主体,大致可以概括出政府、新闻媒体、商家、高校师生、民众等等几股力量,当然其中不乏个别的社会因素的介入和助力。

　　政府作为传统文化振兴工作的发起者和倡议者,旨在为社会文化认同引领风向,为传统文化在当下社会的生存困境寻找出路,为优秀文化的再造创造条件、提供新的可能性。自古以来,传统节日的起源与传承离不开政府的介入与引导。例如在唐代,每逢岁时节日,官方都会举行盛大的庆典,由此可见传统节日的生命力能否长久,政府的引导是关键因素之一。① 近年来,在国家的关注和扶持下,全国各处都兴起了文化自觉性的保护运动。一方面是中央政府对全国传统文化当代振兴的宏观布局,另一方面则是各地政府依托当地的特殊条件,发展有当地特色的振兴之路。黄永林认为,中央在法律层面高屋建瓴,制定了一系列如《中华人民共和国非物质文化遗产法》《关于实施中华优秀传统文化传承发展工程的意见》等法律法规,为传统节日的当代振兴提供了合法性空间,此外,还将部分传统节日确定为国家法定的节假日,让民众能够切身感受到节日的欢乐。② 中共中央办公厅、国务院办公厅曾于2017 年初,以颁发文件的形式推动传统节日当代振兴工程自上而下的进行,其中强调深入开展"我们的节日"主题活动,大力实施中国传统节日振兴工程,提倡丰富春节、元宵、清明、端午、七夕、中秋、重阳等传统节日文化内涵,推动形成新的节日习俗。③ 2021 年4 月,中央宣传部正式印发《中华优秀传统文化传承发展工程"十四五"重点项目规划》,对未来五年传承发展工作提出具体要求,绘就发展蓝图。规划明确了 23 个重点项目,其中包括 15 个原有项目,就明确提到了"中华传统节日振兴工程"。④ 徐赣丽以贵州地区的传统节日保护情况为案例,分析了地方政府在贯彻传统节日当代振兴精神中的作用,认为传统节日的节庆活动达到一种规模和秩序的统一,是政府行为的结果,其中包括人员的组织、经费投

---

① 李欣:《中国传统节日传承和建设中的政府作用》,《人民论坛》2014 年第 29 期,第 181 - 182 页。

② 黄永林、孙佳:《博弈与坚守:在传承与创新中发展——关于中国传统节日中秋节命运的多维思考》,《民俗研究》2018 年第 1 期,第 34 - 41 页、第 153 - 154 页。

③ 中国政府网. 中共中央办公厅 国务院办公厅印发《关于实施中华优秀传统文化传承发展工程的意见》[EB/OL]. http://www. gov. cn/zhengce/2017 - 01/25/content_5163472. htm.

④ 央视网.《中华优秀传统文化传承发展工程"十四五"重点项目规划》印发 推动中华优秀传统文化焕发新时代风采[EB/OL]. https://tv. cctv. com/2021/04/13/VIDEssEeUV75YT4gTOamGnzZ210413. shtml.

入、活动策划、后勤保障等,并且对节日活动的发展进行监督指导。①但是其中也不乏政府力量介入不当,导致原生态文化环境的损害、民众主体地位的缺失等一系列问题的出现。刘晓春指出,过度介入会导致一种文化霸权主义,刻意迎合资本、市场甚至政治话语,导致传统节日的内涵的扭曲,"长期以来,现代性话语对民间的、边缘的、非主流文化的排斥使之赋予了一系列迷信、落后、愚昧的形象,民间的、边缘的、非主流文化的持有者也已经将这一系列迷信、落后、愚昧的形象内化成为自我认同的一个方面成为现代性话语对他者进行压迫最为成功的手段之一。"②因此,在传统节日的当代振兴过程中,以民众为主体的参与亦是不可缺少的。良好政策的有力实施,还需要社会各界的积极响应,形成一呼百应的社会效应。关于社会行动的理论有马克斯·韦伯、帕森斯以及哈贝马斯等学者进行过不同程度的研究和诠释,他们把人的行动引入社会学的视野并开拓了新的领域,形成了包括功利主义、实证主义、经验主义在内的众多阵营的不同探讨。例如帕森斯将微观的个人倾向和宏观的社会结构结合起来探讨有关于社会行动的更为普遍的理论框架。③ 将经典理论运用到当下社会发展中面临的实际问题,分析探讨从而推动各个领域向前迈进具有十分重要的意义,现如今在乡村旅游开发、社会政策实施、社会治理、城乡文化遗产保护等领域都有不同学者结合行动理论做出的深切讨论。人民是文化的创造者和享用者,只有自下而上形成一种自发的文化自觉性、文化认同感,才能真正将传统文化的火苗延续下去。在电子传媒技术快速发展的当下社会,新闻广播和各大媒体平台成为人们接触世界、获得资讯的重要窗口,具有"传播主体多样化发展、传

① 徐赣丽:《当代节日传统的保护与政府管理——以贵州台江姊妹节为例》,《西北民族研究》2005年第2期,第193-200页,第192页。
② 刘晓春:《民俗旅游的意识形态》,《旅游学刊》2002第1期,第75页。
③ 刘少杰著:《国外社会学理论》,北京:高等教育出版社2014年版,第137页。

播内容和传播方式革新、传播交互性显著增强"①等几大特征。善于引导和发挥其在文化振兴中的作用，可以达到耳濡目染、广而告之从而深入人心的良好效果。商业因素力量的注入同样不容小觑，消费行为是人们生活中必备的环节。而吃喝玩乐是传统节日历来的习俗，节日往往是伴随农闲时节产生的，许多节日其最初兴起之时便包括了游乐消遣的意涵在内，体现了古人应时而作、张弛有度的生活智慧，传承千年绵延至今。在物质文明急速发展的现代社会，不断涌现的新兴节俗产品、节俗活动为丰富民众的文化生活提供了可能，同样也是满足民众文化需求的必要手段，为传统文化和新时代融合创新发展做出了一定的探索。传统节日的商业促销，成为当代的一大特征之一，主要体现在"挖掘传统节日的精神物质内涵、营造传统节日的促销氛围、打造合适的节日促销产品和选择诱人的促销方式"②等。

　　南京是中国传统节日振兴工程重要试点城市之一，作为"六朝古都""世界文学之都"，拥有着丰厚的人文底蕴与历史遗产。在传统节日当代振兴的南京实践中，政府作为倡导者为节日文化的新时代转型开辟了道路，从各领域出发推动节日文化与新型社会元素紧密融合，民众主体也将新时代的文化需求融入传统文化的内涵当中，商家的积极参与扩大了商业资本的介入，为传统节日的当代振兴注入一剂"强心针"。此外，舆论媒体、社会组织、热心人士的参与，都为南京地区传统节日的当代传承提供了源源不断的动力，从而构成了节日文化复兴的南京特色实践。

---

　　① 殷冬阳：《新媒体环境下传统节日文化的当代传播》，《大众文艺》2018年第5期，第170页。

　　② 刘静娴：《零售商业传统节日促销策略》，《市场周刊》（理论研究）2008年第5期，第58页。

第一节　政府引导:传统节日振兴的关键力量

一、政府力量有效介入,政策措施多管齐下

南京充分发挥地区文化底蕴深厚、旅游资源丰富的优势,整合各方资源,不断优化文旅环境。南京市人民政府办公厅于 2020 年 11 月 12 日颁布了《市政府办公厅关于培育新业态拓展新消费促进我市文旅产业高质量发展的实施意见》,旨在把南京建设成为设施完善、产品丰富、环境优良、美誉度高的国家文化和旅游消费示范城市、全域旅游示范城市、文化和旅游融合发展示范城市。文件中提到,加强文化和旅游节庆资源整合。提升南京文化旅游节品牌效应和市场活力,支持组织举办文化和旅游消费季、消费月、数字文旅消费体验和特色文化旅游节庆活动,继续办好南京森林音乐会、南京文化艺术节和"我们的节日"等活动。①

近年来,南京地区一直围绕"我们的节日"主题,不断推进建设节日文化的工作。例如在 2020 年 1 月 8 日举办了关于"通报'我们的节日'南京行动春节元宵节期间全市举办的系列文化活动情况"的新闻发布会,市委宣传部、市文旅局、市文联的有关领导出席发布会并介绍春节元宵系列文化活动的总体情况。围绕"我们的节日"主题,深入思考行动主体的角色转变,尝试处理好政府、市场、民众三者之间的关系,"活动发力点由自身策划执行单个活动向发动指导全市活动转变"。活动最大的特色,就是充分调动各方活力,依托原有的物质文化空间、依据不同文化场景结合传统节日

---

① 南京市人民政府.市政府办公厅关于培育新业态拓展新消费促进我市文旅产业高质量发展的实施意见[EB/OL].http://www.nanjing.gov.cn/zdgk/202011/t20201120_2721056.html.

打造特色景观,并加以现代化阐释,突出传统节日南京品牌。①

2021年2月9日,南京政府在春节前夕延续上一年做法,继续通过主体地位带动主流话语,开展"通报春节、元宵节期间我市文化旅游活动安排——'我们的节日——春节元宵'全市系列活动、'春节留宁过大年 文旅惠您大礼包'优惠活动"的公示工作。与上一年相比不同的是,这次通报紧随实事,积极响应国家疫情战略化防控策略,围绕开展好"我们的节日"南京行动,由市委宣传部牵头,市文化和旅游局、市文联、南京报业传媒集团、南京广电集团、市文投集团、"我们的节日"南京工作室就春节期间文化工作进行整合部署。倡导市民"留在南京过年",坚持"非必要不举办,非必要不参加""控制50人以上聚集活动"的原则,取消了各项活动开幕式,以"线上+线下"的展陈模式,组织策划了丰富多彩的展览活动,丰富疫情防控期间群众的节日文化生活,让广大群众度过喜庆安宁祥和的春节。除了延续"城门挂春联""秦淮灯彩"等南京地标式特色春节文化活动外,为充分体现南京博爱之都的热情和关爱,丰富广大外地在宁务工人员和部分外地在宁高校大学生的节日生活,在做好新冠肺炎疫情防控前提下,南京市派发了"文旅惠您大礼包"的活动——27处收费旅游景区(点)和博物馆免费开放,环城游巴士开通春节文旅惠您观光游专线,并且供游客免费乘坐。真正做到结合实际,政策惠民。② 南京市文化和旅游局也与2021年2月7日推出了"春节期间南京文旅市场'不打烊'"的专题报道,出台《南京市文化旅游公共场所及相关文旅活动冬春季疫情防控工作方案》《南京市冬春季疫情文旅重点场所防控要点》,严

---

① 南京市人民政府.通报"我们的节日"南京行动春节元宵节期间全市举办的系列文化活动情况［EB/OL］. http://www. nanjing. gov. cn/hdjl/xwfbh/tbwmdjrnjxdcjyxjqjqsjbdxlwhhdqk/.

② 南京市人民政府.通报春节、元宵节期间我市文化旅游活动安排——"我们的节日——春节元宵"全市系列活动、"春节留宁过大年 文旅惠您大礼包"优惠活动［EB/OL］. http://www. nanjing. gov. cn/zdgk/202102/t20210223_2828903. html.

格落实"限量、预约、错峰"要求,推进网络预约常态化,加强消费现场的疫情防控、秩序管控和疏导服务。①

在市政府领导部署下,各区级单位也结合地方特色,发挥区域优势大力开展传统节日振兴活动。2019 年 2 月 16 日,南京市江宁区汤山街道孟墓社区"七坊村"开展了"我们的节日·传统闹元宵暨新时代文明实践公益志愿行活动",本次活动以新时代文明实践志愿者为主体,明代著名风俗画《上元灯彩图》为蓝本,结合古时汤山区域的明文化以及当代汤山七坊独特的美丽乡村工坊民俗文化,开展了冬日送温暖、七坊特色民间演出、上元集市、"七坊孩童做花灯"小课堂等一系列地方特色文化活动,打造了一场集元宵灯市、民俗表演、乡村集市、公益活动为一体的综合型志愿服务盛会。② 2020 年 10 月 25 日,由南京市文化和旅游局、南京旅游集团、鼓楼区人民政府、栖霞区人民政府主办的 2020 第三届中国南京国际登高节在南京幕燕滨江风貌区开幕。本次届登高节旨在将传统文化元素同时尚感、国际化、全龄向完美融合,不仅在活动设计上对重阳登高的民间习俗进行创意升级,同时还着力传播中国传统文化,首次推出的"幕府登高"体验馆计划,堪称一大亮点。③

值得注意的是,各地在落实相关政策的同时,不仅在节日前期规划完整、部署到位,在节庆期间也推出相应的防风险措施,旨在"管""控"相结合,保障节日活动的顺利开展。2019 年 2 月 22 日,秦淮区朝天宫街道办事处为保障春节文化活动有序进行,社区召开专题会议部署,制定活动方案、应急预案,成立 13 支应急队伍以

---

① 江苏省文化和旅游厅.春节期间南京文旅市场"不打烊"[EB/OL]. http://wlt.jiangsu.gov.cn/art/2021/2/7/art_695_9667950.html.

② 南京市江宁区人民政府."上元乐汤山,迎宵喜团圆"——汤山开展"我们的节日"传统文化元宵喜乐会暨新时代文明实践公益志愿行活动[EB/OL]. http://www.jiangning.gov.cn/jnrmzf/201902/t20190222_1432641.html.

③ 江苏省文化和旅游厅.2020 第三届中国南京国际登高节开幕[EB/OL]. http://wlt.jiangsu.gov.cn/art/2020/10/28/art_695_9550559.html.

应对突发事件。春节期间两天降雪,城管、机关、各社区及部分区域单位的应急队和部分居民党员骨干志愿者 150 多人,昼夜奋战,实现"一夜雪无"。关工委、社教办、共青团、各社区相互配合,五老志愿者积极参与,组织开展画福字、送新春寄语、猜灯谜活动、大手牵小手清洁家园、为老人送新春祝福、节日安全宣讲等活动 10 余场。① 2021 年 6 月 7 日,高淳区固城街道办事处发布公示公告,下达端午节期间安全生产工作通知。强调各村、企事业单位要强化红线意识,加强分析研判,把防范遏制重特大事故摆在突出位置,抓好工作落实。采取有力措施重点加强道路交通运输、游乐设施和设备、人员密集场所、危险化学品、建筑施工等行业领域的安全检查。完善应急预案,提早做好防范应对工作,高度重视节日期间的值班值守工作。②

二、成立节日工作室,创新节日新模式

南京不仅积极响应号召,还依托其优秀的文化资源,在市委宣传部指导下设立"我们的节日"南京工作室,成为节日振兴工作的有效载体。2019 年 5 月 9 日,"我们的节日"南京工作室挂牌暨紫金山"我们的节日"频道上线仪式在南京市民俗博物馆隆重举行。由南京市委宣传部主办,南京报业传媒集团、南京市民俗博物馆承办,引入高校和南京文化系统组成的专家,旨在深入研究阐释传统节日的历史渊源、发展脉络、基本走向,挖掘传统节日的文化价值和当代意义。重点理顺传统节日和现代生活的关系、全国节日和城市特点的关系、习俗传承和形式创新的关系、教育普及与自觉参与的关系,既有习俗和引导新习俗的关系,从而解决好传承和发展

---

① 南京市秦淮区人民政府. 朝天宫街道多举措保障"我们的节日"安全祥和[EB/OL]. http://www. njqh. gov. cn/qhqrmzf/201902/t20190222_1432749. html.

② 南京市高淳区人民政府. 固城街道关于切实做好 2021 年端午节期间安全生产工作 的 通 知 [EB/OL]. http://www. njgc. gov. cn/gcqrmzf/202106/t20210628_2989547. html.

之间的关系。① 自其成立以来策划、参与过众多文化活动,在与政府意识对接、移植高校力量、吸引商家参与、链接群众活力等等方面发挥了十分重要的作用,是传统节日当代振兴的有力载体。

每年的春节、元宵节、端午节、七夕节、中秋节、重阳节等节日到来之际,工作室都会制定特别主题活动方案。目前,主题活动已经形成"策划会＋活动执行＋传播报告"全流程的节日行动开展模式。每个节日主题活动前,都会邀请知名专家学者,对传统节日的文化内涵进行阐释,并结合现代生活对节日活动开展进行指导,活动结束后形成传播报告,年终汇总全年传播报告。从 2020 年下半年开始,工作室运营团队转变思路,不再单独组织具体活动,而是努力达到"做整合、做动员、做影响"的规划模式,联动各区各部门、各类行业协会、中高端品牌企业共同参与,广泛互动,通过各种资源的精准激活,形成共建、共享的节日文化平台,通过主题 IP 的定制化运营,构建可持续可复制的节日文化品牌,通过各种社会资源的广泛动员,打造全民参与的节日文化氛围。不仅如此,2020 年开始,节日主题活动组织方式慢慢由政府指导转向政府引导,将传统节日的传承与实践活动全面推向节日基地建设,实现"我们的节日"南京工作由活动组织和指导向基地建设落地生根的转化。自2019 年市民俗博物馆挂牌成立"我们的节日"南京工作室一年多来,充分发挥自身民俗、非遗资源优势,梳理传统节俗的文化内涵,深度挖掘传统节日的文化价值和当代意义,策划、开展了 20 余场以"我们的节日"为主题的包括春节、元宵节、清明节、端午节、七夕节、中秋节、重阳节在内的非遗展演、展示及体验活动,并且经常组织馆内非遗传承人设计、制作与传统节俗相关的文创作品,以最贴近百姓的方式,诠释、宣传、展示、传承传统文化。②

---

① 紫金山政务."我们的节日"南京工作室正式成立[EB/OL]. http://m. zijinshan. org/news/1240728090900875605.
② 紫金山新闻. 非遗过大年! 一场展览看遍"我们的节日"主题艺术精品[EB/OL]. http://m. zijinshan. org/news/2968396003028979453.

第二节　媒介宣传：传统节日振兴的外在动力

一、传统媒介的当代探索和转型

随着互联网发展节奏的加快，信息传递的途径发生了翻天覆地的变化。如今，人们不仅打破了传统上依靠报纸、书籍、杂志等纸质材料以及电视、收音机、广播等早期媒体技术的局面，甚至不需要通过电脑上网查找信息，单单依靠一部智能手机就可以行走天下。传统主流媒体也紧跟时代步伐，探索着转型升级，例如CCTV 央视新闻在延续电视直播、录播的传统下，进一步研发了电脑网页版、手机客户端等便捷浏览途径，为更加贴近民众，还入驻新浪微博、哔哩哔哩动画、抖音视频等新一代年轻媒体，打破严肃刻板印象，创造幽默亲民的传播形式，满足人民的不同文化需求。这种高速发展的局面打破了一种时空和主客的限制。人们可以随时通过各种媒介搜寻自己想要的信息，地域空间的限制再也无法阻隔人们的视野，普通人不再单纯是信息接受的末端，越来越多的人借助文字、照片、视频等形式将自己的生活记录下来，通过各种平台传播出去，成为一种信息的创造者。搭上新媒体急速发展这辆快车，传统文化的振兴也显现出了更多的可能性。2019 年发布的《抖擞传统：短视频与传统文化研究报告》显示，截至 2019 年 5 月初，抖音平台上与传统文化相关的短视频超过 6500 万条，累计播放量超过 164 亿次。①

南京政府依托主流媒体资源优势，结合国家、省、市等地方新闻媒体、自媒体对传统节日活动进行大力宣传报道。例如在 2021 年春节、元宵节期间的公示公告中提出，充分发挥电视、广播、报纸

---

① 晏青、沈成菊：《从空间赋值到关系嵌入：传统节日文化的传播转向》，《内蒙古社会科学》2020 年第 1 期，第 153－158 页。

和融媒体平台的传播特色,做好春节节目策划、活动组织和内容编排,充分体现全市"迎新春、开新局"的良好氛围。传播"留宁过年"节日画面。推出"留在南京过年"和"我们的节日"两大主题栏目,牛咔视频和LIVE南京直播频道于除夕当日推出12小时特别直播,记录各行各业对留宁过年人员的暖心善举,传递南京"家"的温暖。在抖音、微信视频号制作系列短视频,推出"云直播",通过主播探访的方式,探寻南京各类年味网红点,探访各大主要文博场所、各大景区等,让市民足不出户欣赏美景、领略美食、共享年味。策划"乡音祝宁好"拜年祝福。征集在南京过春节的市民,用天南海北家乡话,共同祝"宁"春节好音频,为自己的"小家"、生活的"城市"、祖国的"大家",献上新春祝福,引导市民线上拜年、云送祝福。①特色节日活动在央视新闻联播、人民日报微博、中国新闻网、中新社、人民网、新华网、南京发布、南京广播电视台、南京日报、紫金山新闻、金陵晚报等多家新闻媒体平台被相继报道,得到了广泛的关注。

二、利用新媒体,丰富新节目

不仅如此,南京立足"我们的节日"南京工作室实践平台,推动紫金山新闻APP与"我们的节日"南京工作室合作,通过开设"我们的节日"频道,集"理论文集+活动报道+专家点评+新媒体产品"为一体,打造南京节日特色展示平台,形成特色品牌产品。针对传统节日文化内涵挖掘,频道内开设"节日·理论"专栏,邀请全国顶尖民俗学家围绕重点节日撰写理论文章,厘清节日本源,阐发现代意义,并针对节日主题活动开展给予指导。同时,专栏形成新

---

① 南京市人民政府.通报春节、元宵节期间我市文化旅游活动安排——"我们的节日——春节元宵"全市系列活动、"春节留宁过大年 文旅惠您大礼包"优惠活动[EB/OL]. http://www.nanjing.gov.cn/zdgk/202102/t20210223_2828903.html.

媒体产品传播矩阵,向央媒及自媒体分发。① 2020 年,针对"我们的节日"南京行动,仅央视平台(包括 CCTV1、CCTV4、CCTV13)就参与报道 10 次,其中《新闻联播》报道三次。"学习强国"平台刊发"我们的节日"南京行动稿件 46 篇。为了给节日文化的保护、传承和交流提供进一步帮助,2021 年工作室发起节日文化大数据平台的建设项目,以互联网大数据作为强而有力的支持,将节日文化、节日传承人的手艺技能、丰富多彩的文化活动,进行大数据端的存储,建成以互联网为媒介的节日文化保护、传承和交流的重要平台,让"无形的文化"变成可视化的数据呈现。

在紫金山新闻客户端"我们的节日"频道内,七大传统节日都分别设置了专题链接,以文字报道和视频放送相结合的方式将历年、各地区的节庆活动进行全方位的保存和展示,动一动手指就可将节日"习俗""资讯""讲堂""理论"等"一网打尽"。以 2019 年春节为例,平台以短视频和短音频的形式开展了众多年味十足的特色网络活动。"守护南京年味:我们都是守护人"的活动,采取网络录像的方式,邀请了南京人民熟悉的剧作家、青年演员、节目主持人、新老戏骨等为大家送上新年祝福;"守护南京年味:年味正浓"系列,以各类影视资料汇总了春节期间极具南京特色的"元素",包括素什锦、大马灯、南京剪纸、春晚、年夜饭、南京白局、跳五猖、南京绒花、南京吃喝、张派相声等,展现南京人的节日文化;"体育大咖来拜年"同样以短视频的方式邀请到南京的运动健将们给大家拜年。不仅如此,还推出了"我们的节日·春节"特别音频系列,以时间顺序介绍了从大年初一至正月十五期间的每日节俗,以老少皆宜的方式普及节日习俗文化。"年味守护人"系列报道邀请非遗传承人讲述自己的手艺人生,诉说南京人的节俗故事,在南京地区引起了广泛的共鸣。

---

① 梁建恕、计青:《新媒体创新与传统节日文化的传播实践——以"我们的节日"南京行动为例》,《节日研究》2020 年第 2 期,第 243－253 页。

文教力量在节日文化的推广振兴中起到了十分重要的作用，平台邀请民俗学界知名学者开展多期线上精品讲座，普及节俗知识，让民众以更加便捷的方式了解传统节日的原貌，探索历史背后的传承脉络。邀请山东大学儒学高等研究院副院长、《节日研究》王加华主编以"节日讲堂：我们的节日·端午"为主题，从节日的基本内涵、节日起源、节日习俗、节日的意义四个篇章讲述端午节的故事。南京农业大学季中扬教授开展了"我们的节日·清明""我们的节日·七夕""我们的节日·冬至"三场线上学术讲座。2020年，"我们的节日"南京工作室携手《新华日报》"新华红"短视频工场，结合新媒体手段，实地探访拍摄制作《传世名著·我们的节日》系列纪录片，以南京故事为核心，以时间为轴纵向延伸，通过实地探访、专家访谈、史料重现、动画包装等形式，在24部传世名著中寻找传统节日元素，展现《后汉书》《红楼梦》《儒林外史》等传世史籍、名著中的节日故事，展现出南京深厚的节日文化底蕴。"学习强国（江苏学习平台）"、新华网、哔哩哔哩等主流媒体、自媒体平台参与报道，聚焦文化研究成果展示，深入研究、阐释、挖掘传统节日的文化价值和当代意义。①

我们的节日文化不仅囊括古今，同样包含中外，展现一派大国气度与风范。不仅有中国人自己的津津乐道，还渗透着国际化元素，工作室推出了四期"我们的节日·老外的中国年"系列报道，以第一次在中国过年的来自不同国家的四名留学生的他者视角展现热热闹闹的中国年。第一期的嘉宾是就读于南京大学的德国留学生Elli，她打卡的年节地点是明故宫的年货街。在这里她知晓了中国人口中的"年货"，见识了吹糖人、虎头鞋、剪纸、对联等年节物件，第一次见到了舞龙队、撑花船，还遇到了文艺演出队热情的阿

---

① 梁建恕、计青：《新媒体创新与传统节日文化的传播实践——以"我们的节日"南京行动为例》，《节日研究》2020年第2期，第243-253页。

姨教她挑花担。^① 第二期嘉宾是来自南非的马杰。对于中国文化十分感兴趣的他和朋友们来到秦淮河畔的夫子庙,领略驰名中外的秦淮灯会的独特魅力。^② 第三、四期的嘉宾是来自尼泊尔的Sabin。第六届南京民俗文化节在熙南里街区精彩亮相,Sabin在这里见到了中式婚礼迎亲队、画年画、投壶等一系列春节活动。金陵美术馆锦鲤主题新春大展拉开帷幕,在这里 Sabin 了解了红色对于中国人而言所寄托的意涵,听南京市民讲解何为"吉祥如意",最后用中文为大家送上了自己的新年祝福。^③

第三节　商家呼应、校园参与和民众认同:
传统节日振兴的催化剂

一、引导节日消费,激发传承新动力

在工业化进程的背景下,丰富的物质生活条件为人们追求更高的生活水平层次提供了基础。在传统节庆时刻里,人民的节庆准备要依托自主劳作和消费购买两方面进行。以年节为例,在北方过去有十分浓重的忙年习俗,流行着"过了腊八就是年"的说法。腊月一到,就代表迈入新一年的门槛了,随着时间慢慢地推移,人们有关于春节的操持也越来越频繁了。除了去集市、商铺里购买一定的原材料和无法自主制作的商品外,大部分节俗物品是通过家里人的手工制作完成的。一方面此时正值农闲时节,人们有自

---

① 紫金山头条. 我们的节日·老外的中国年①啥是年味? 看南京大妈教德国姑娘挑花担喽. [EB/OL]. http://m. zijinshan. org/news/958748300912935985.

② 紫金山头条. 我们的节日·老外的中国年 ②花灯亮啦! 南非小伙也来"凑热闹"[EB/OL]. http://m. zijinshan. org/news/958743696707982839.

③ 紫金山头条. 我们的节日·老外的中国年④遇见锦鲤,新的一年好运相伴! 这次连歪果仁都来打卡了[EB/OL]. http://m. zijinshan. org/news/100027338476055 2688.

主操办的时间。另一方面,人们的经济条件也不足以支撑过多的消费行为。当然其中还有一个十分重要的观念就是,旧时人们普遍认为这样一种亲手制作的过程是对祖先、神明更为虔诚的表达方式,以寄托祈福庇佑,挣得好年头的心愿。而随着生产方式的改变,社会生活的节奏逐步加快,越来越多的人脱离土地。人们一年到头都重复着朝九晚五的工作,越来越没有时间投身在节日的操持当中。由于代际产生了传统节俗知识的断层,年轻人们从自己祖辈父辈那里获得的耳濡目染也日趋微弱。一定程度上看,消费途径同样是现代社会中保存和传承传统节日文化的十分重要的一环。我们已进入了一个文化与消费两者都在社会组织内起着更为关键的作用的新阶段,消费文化在社会结构和文化系统中被赋予了更重要的地位。^① 大量消费行为的涌入虽然有值得探讨商榷之处,但广大商家们的积极响应无疑给传统节日文化的振兴注入了活力。"南京实践"在餐饮文化、文化街区、电子文创以及文旅打造等方面都有十分丰富体现,构成了一道靓丽的风景线。

金陵美食美誉天下,南京的饮食文化是这座城市具有代表性的名片之一。发达的餐饮业不仅在城市宣传中起到了举足轻重的作用,也积极地参与到传统文化振兴中来。冬至既是一个重要节气,也是中国民间传统节日。作为我国二十四节气的一个重要节点,冬至来临意味着进入一年中最寒冷的时节。为了迎接冬至的到来,南京人素有"逢九一只鸡,来年好身体"的说法。工作室首席专家季中扬教授介绍,南京人认为"冬至日"这天要吃饺子,因为饺子有"消寒"之意,正如南京白局唱词里所说:"冬至不端饺子碗,冻掉耳朵没人管。"此外,古代南京人还认为,冬至是阴阳二气的自然转化,是上天赐予的福气,这一天是个吉祥喜庆的日子。饺子因为

---

① 杨秋月:《再造传统与消费文化:一个滇西北古城的非遗实践》,《原生态民族文化学刊》2020 年第 2 期,第 55－63 页。

其形状独特,还被赋予了"弯弯顺"的美好寓意。① 为了弘扬传统节日,营造浓厚节日氛围,2019 年冬至期间,"我们的节日"南京工作室策划开展了一系列活动。12 月 16 日,工作室联合南京餐饮商会,向商会所有会员单位发出"过好中国传统节日"的倡议书。倡议所有餐饮企业冬至期间在门店打出"冬至大如年"标语和"我们的节日"LOGO 营造冬至节日气氛,同时结合传统饮食习俗,统一推出冬至祝福套餐"点一份鸡汤送一份水饺"。倡议发出后,真知味、珍宝舫、香山湖、万家欢、小厨娘、香阳楼、绿杨春、永和园、江苏酒家、四川酒家、老广东菜馆、马祥兴、绿柳居等南京知名餐饮品牌积极响应倡议,在餐厅玻璃幕墙、出入口、收银处全部摆放了"冬至大如年"的标语。截至冬至当天,共有商会 100 多家会员企业总计 1000 余家门店打出冬至标语并推出优惠套餐。不仅如此,工作室还联合本地知名自媒体"硬腿子工作室"向商会之外非会员商户和商业综合体发起号召。12 月 17 日起,知名快餐连锁品牌"老乡鸡"率先响应。"老乡鸡"在宁 107 家门店全部张贴、悬挂"冬至"标语,并且推出"冬至鸡汤节",所有门店鸡汤半价销售。在此之前一周,12 月 12 日工作室在 2020 年南京市第三届"六朝杯"电子竞技城市联赛开幕式,与南京市电子竞技协会达成战略伙伴关系,"我们的节日·冬至"元素布置到了年轻群体热爱的电子竞技比赛现场。以各行业协会作为"桥梁纽带",优化资源配置,实现优势互补,扩大社会面影响,为冬至的节日氛围营造起到了关键性作用。② 2021 年春节,南京市发布冬春季节疫情防控要求,鼓励在宁人员就地过春节,减少人员流动。1 月 20 日,"我们的节日"工作室和南京市商务局、南京市总工会、南京餐饮商会共同举办"年夜

---

① 中国江苏网.冬至喝鸡汤送饺子 南京餐饮发出"过好中国传统节日"倡议[EB/OL]. https://baijiahao. baidu. com/s? id = 16864129113490923218&wfr = spider&for=pc.

② 紫金山政务. 传播报告|2020 年"我们的节日·冬至"[EB/OL]. http://m. zijinshan. org/news/3384131313815575959.

饭在家吃浓浓年味带回家"推介会。在疫情防控常态化下,呼吁大家留在南京过年,号召餐饮企业推出可以拎回家的年夜饭。南京餐饮企业推出了外卖成品、半成品年夜饭套餐,提供线上预定和线下自提、配送、上门烹饪等创新服务,并开展春节让利促销等活动。真知味、古南都、小厨娘、南京大排档等 60 多家知名餐饮企业 300 余家门店推出了不同品种、价位的 200 多种外卖年夜饭套餐组合。许多餐饮企业春节期间保持正常营业,推出"365 天不打烊"服务,随时为消费者提供服务。① 面对新冠疫情的肆虐,广大医护工作者是拼搏在防疫一线中的伟大力量,他们用夜以继日的奋斗守护着一座座城市的健康和安宁。2 月 3 日,工作室联合南京医学会、中国人民银行南京分行、工商银行南京分行举办"谢谢不回家的你——齐心抗疫·致敬医护"的公益活动,省人民医院、省中医院、南京市第一医院等医护人员参加,为白衣天使们送上 2021 份具有节日特色的暖心蔬菜礼包。主办方还为医护代表送上了颇具金陵韵味的泥塑、剪纸等非遗精品,表达南京这座城市对他们的感谢。②

　　除了餐饮行业,"我们的节日"南京工作室还尝试与各行各界品牌商家建立合作关系,探索节日文化当代践行的多种可能性。2021 年 3 月 26 日,由"我们的节日"工作室、江苏省品牌学会、南京都市圈消费联盟联合主办的"大消费 创新思享会暨'我们的节日'品牌发展研讨会"在南京举行。来自江苏省品牌学会、江苏省餐饮协会、苏商发展促进会、南京市餐饮商会等协会和机构,以及苏宁易购、孔雀城、小米等 60 余家品牌企业负责人,共同围绕传统节日与品牌推广主题开展研讨。活动现场,"我们的节日"南京工作室与江苏省品牌学会、南京都市圈消费联盟正式达成战略合作

---

　　① 紫金山政务.南京举办"年夜饭 在家吃 浓浓年味带回家"活动[EB/OL].http://m.zijinshan.org/news/2968396174827683379.

　　② 紫金山新闻.谢谢不回家的你! 2021 份"我们的节日"蔬菜大礼包送给医护人员[EB/OL]. http://m.zijinshan.org/news/3161452206004025945.

伙伴,双方将共同就传统节日振兴工程展开深入合作。工作室还向孔雀城、苏宁易购等 60 余家南京都市圈消费联盟单位颁发"2021 年度战略合作伙伴"证书。此次联动各类行业协会、高端品牌企业共同参与南京节日工作,希望通过各种资源的精准激活,形成共建、共享的节日文化平台,构建可持续可复制的节日文化品牌,通过各种社会资源的广泛动员,打造全民参与的节日文化氛围。①

商圈文化极富活力和影响力,尤其在娱乐休闲成为民众日常生活不可缺少的当下社会,依托原有的商业地标,打造一个优秀的商文旅集合的商圈不仅可以带动经济发展,同样也为传统文化大放异彩提供了都市新载体。2021 年 2 月 6 日,"我们的节日"南京工作室为南京熙南里历史文化街区授牌"我们的节日"文化传承街区。由南京旅游集团、南京市博物总馆、"我们的节日"南京工作室主办,南京市民俗博物馆、南京熙南里历史文化街区、南京市楹联家协会、南京工艺美术行业协会、《金陵瞭望》杂志社共同承办的"云游非遗合家欢楹联送福贺新禧"2021 年第八届南京民俗文化节暨首届南京楹联文化节活动,在南京熙南里历史文化街区以及南京市民俗(非遗)博物馆(甘熙宅第)内精彩呈现。2 月 26 日,元宵佳节,熙南里街区的"笪桥灯市"再次开张,灯摊、花市令人目不暇接。如前所述,在明清时期,南京灯市的"主场"并不在夫子庙,而是在笪桥一带。笪桥就在如今熙南里街区评事街的北端。这里的灯市最早可追溯到六朝时期,明时达至鼎盛。② 而熙南里的传统文化活动并不局限于岁时节日,而逐步趋向一种"常态化"。2020 年 11 月 20 日至 22 日,第二届南京熙南里汉服节在熙南里开展,这是继笪桥灯市之后,文化街区推出的又一文旅融合 IP。

---

① 紫金山政务."我们的节日"品牌发展研讨会在南京举行[EB/OL]. http://m. zijinshan. org/news/3161451896766357140.

② 紫金山新闻. 熙南里灯彩百花齐放"闹元宵"[EB/OL]. http://m. zijinshan. org/news/3161452343442974668.

汉服节上特设的"锦麟市集",特邀南京绒花、缂丝、花丝镶嵌等非遗手艺人,著名汉服品牌商家加入,现场进行非遗展示及品牌特卖。依托其中国传统建筑风格,为国风爱好者提供了"沉浸式环境体验",不仅为传统文化提供了集中展示的平台,还带动了消费热潮。[①]

城市进步不忘乡村,发展成果普惠共享。以结合时代需求的高端设计理念,巧妙利用乡村优越的生态环境优势,因地制宜,打造特色乡村节日文化示范点。2021 年 6 月 12 日,在南京浦口响堂村,"我们的节日"南京·端午系列文化活动启幕仪式暨响堂栀子花大会成功举办。浦口响堂"我们的节日·端午文化传承基地"授牌仪式也在活动中举行。此次响堂栀子花大会从 6 月 12 日到 13 日为期两天,精心打造丰收典礼、民谣歌会、端午市集三个板块,集合了骨笛演奏、丰收仪式、"响堂栀子花"品牌发布,全方位展现响堂乡村产业的发展潜力。新老村民共同构成的端午市集,包含金陵首届斗百草擂台赛、稻田插秧、鲜花套圈、花饰牌、草木印染等多项民俗互动体验,还可现场欣赏黄梅戏《盗仙草》,栀子花雪糕、"想开了"花茶饮、"诸邪退散"花束等特色文创产品也同步亮相。近年来,南京浦口紧扣"都市圈最美花园"定位,深化"都市微度假"主题,将乡村旅游作为重中之重,持续打造、持续提升,乡村旅游已占到全域旅游资源的 80%,接待量已占南京全市的 1/5,位居全市第二。响堂作为浦口重点打造的五个特色田园乡村之一,享有"世外桃源""天然氧吧"的美誉。本次活动以"栀子花开、端午节来"为主题,赋予了三重"不一样"的使命——打造"不一样的响堂""不一样的端午""不一样的乡村"。[②]

文创成为近年来人们越来越熟悉的能够"带走"的特色地标纪

---

① 紫金山新闻. 传统文化赋能历史街区拉动新消费,近十万"粉丝"打卡熙南里汉服节[EB/OL]. http://m.zijinshan.org/news/2799289774647051693.

② 紫金山新闻. 栀子花开,端午节来! 南京开启"我们的节日·端午"系列活动[EB/OL]. http://m.zijinshan.org/news/3384131691772700886.

念品,越来越多的人愿意到文创周边产品店挑选自己喜爱的小物件作为打卡留念或者赠送亲朋好友。各大景点都不断推出具有特色的文创产品,文具用品、摆件挂件、提包衣物、香囊折扇等等。依托厚重的历史文化、精巧的非遗技艺,具备南京特色的文创产品不断升级再创新而独领风骚。2021年春节,不少景区、文创商店和文创商品研发基地内,一些充满巧思,有着浓郁南京地方特色的春节文创商品,为即将到来的牛年增光添彩。这些文创商品,充分深挖中国的传统节日内涵和南京的历史文化资源,把南京的非遗瑰宝、历史人文、地标景致等加以融合、创新、活化,带着满满的"年味儿",唤醒了人们心底最温暖的节日记忆。金箔锻制技艺是南京首批被评为国家级非遗的项目,以往常常因为其繁复的制作技艺和高昂的价格使得民众望而却步。南京金陵金箔集团股份有限公司推出了一款"金箔春联礼包",将年节必备的春联和金箔工艺相结合,配有"金牛贺岁"的红包信封和"福"字,外包装手拎袋上印有南京的市花梅花,还有夫子庙明清古建筑的图案。价格定位在一两百块,十分亲民。如何让非遗走进寻常百姓家,成为他们研发创新产品的首要出发点。秦淮礼物夫子庙店在2019年度被评选为南京特色文旅商店,在牛年春节到来之际,商店推出了一款"状元灯彩书签套装"。书签采用了金属镂空彩漆制作工艺,将秦淮灯彩和江南贡院的元素完美结合。南京国创园的江南丝绸文化博物馆商店推出了一款"吉像——福在眼前"主题丝巾扣。从造型上来看,"葫芦"具有"福禄"之意,"铜钱"通"前"之音,表达"福在眼前"的美好寓意。在材质上,以传统非遗云锦边角料再利用,作为内嵌装饰点缀其中,使每一个丝巾扣都独一无二。①

---

① 紫金山新闻. 春节文创,把"年味儿"随身带回家[EB/OL]. http://m.zijinshan.org/news/2968395968669240552.

二、高校参与节日传承,贡献学术智慧

科教兴国,人才强国。任何领域的发展壮大,蓬勃振兴都离不开科教力量的参与和推动。高校应当依托其厚重的教育资源,以广大师生为主体参与到国家文化软实力发展的队伍当中来,发挥其在各个专业领域的尖端优势,培养以助推国家发展为己任,以学有所成为自豪和荣誉的新时代知识型人才,这是传统节日文化壮大复兴的必要一环。同时,青少年是传统节日的传承主体,是未来文化的创造者,他们对于传统节日文化的认知、态度与行为将直接影响到传统节日文化的传承与发展的前景。政府,尤其是文化和教育部门要有意识地加强对青少年的传统节日文化教育,探索一种以传统节日生活的体验和参与为特征的引导模式,增强他们对传统节日的认知、体验和理解。① 传统节日振兴工程的"南京实践"自启动以来,就注重依托高校力量,发挥教育教学资源优势,同时也注重广泛吸纳社会各界的优秀文化力量。

2019 年 10 月 27 日上午,"我们的节日"南京工作室在山东大学举办"我们的节日·南京"专家研讨会,一批来自全国著名高校、科研院所的民俗学顶尖专家齐聚泉城济南,围绕南京"我们的节日"相关工作展开研讨。与会专家们针对南京"我们的节日"工作室成立以来开展的系列活动表达了自己的看法和观点,通过这场研讨会领略了南京在保护传承优秀传统文化工作上的创新以及"我们的节日"南京行动发挥的示范和引领作用。为更好指导和宣传南京"我们的节日"工作,"我们的节日"南京工作室向全国顶尖专家发出诚挚邀请,叶涛、江帆、萧放等 10 名民俗学专家受聘成为工作室特聘专家。工作室希望进一步依托专家学者的力量,打造全国民俗文化研究的思想高地,共同为南京传统文化保护传承工

---

① 张士闪、马广海、杨文文:《中国传统节日的传承现状与发展策略——以鲁中寒亭地区为核心个案的调查研究》,《山东社会科学》2012 年第 1 期,第 89 - 97 页。

作献计献策。① 2019 年 11 月 1 日至 6 日，由南京市文学艺术界联合会与江苏省民间文艺家协会主办，南京农业大学民俗学研究所承办，《节日研究》编辑部学术支持的"节气、节日、节俗与乡村发展第二届田野工作坊"在南京农业大学民俗学专业校外实践基地、国家级民间文化传承示范基地高淳桠溪成功举办。与会专家、学者以自身常年田野调研实践的收获和经验开展了主题报告，结合自身的研究成果、人生经历等方面，充分展示了学者们对传统节日、节俗文化的关照，同时也为节日研究培养青年人才力量。2019 年 11 月 3 日，"二十四节气文化传承与践行"开班典礼及"江苏省民间文艺家协会学术专委会"成立仪式顺利举办。随后，"江苏省民间文艺家协会学术专委会"成立仪式举行。在工作坊期间，研究团队分成四个小组对高淳的传统古村落展开田野调查。这次工作坊以学界前沿知识为引领，田野调研实践为依托，增强了学员对节日节气、江苏传统村落的直观认知与理解。为其后"我们的节日"活动开展奠定了良好的基调。②

　　2019 年 12 月 21 日至 22 日，"我们的节日·南京"首届高端论坛在南京农业大学召开，来自国内外不同学科的 40 余位专家学者参加了本次学术论坛。与会学者主要围绕"节日理论""传统节日与节气""节日与城市化""节日保护传承""南京节日文化"等专题展开学术研讨，重点讨论了节日文化传承与当代发展之间的历史规律、内在逻辑和运行机制等诸多问题。本次学术论坛邀请到的海内外专家学者开展的集中交流和探讨，实现了跨国家和跨学科的思想碰撞与学术反思，有利于促进节日研究领域学术共同体

---

① 紫金山政务."我们的节日·南京"专家研讨会在济南举办[EB/OL]. http:// m. zijinshan. org/news/1780955743182945035.

② 紫金山政务. 节气、节日、节俗与乡村发展第二届田野工作坊成功举办[EB/ OL]. http://m. zijinshan. org/news/1780955811902416104.

的形成和发展。① 首届论坛后,2020 年 12 月 1 日,"文化遗产与当代社会:节日中的民间文艺"学术研讨会暨"我们的节日·南京"第二届高端论坛在南京市民俗博物馆举行。本次活动由中国社会科学院民族文学研究所、江苏省民间文艺家协会、南京农业大学人文与社会发展学院共同发起主办,南京农业大学民俗学研究所、南京市民俗博物馆、"我们的节日"南京工作室承办。研讨会上,工作室再次聘请田兆元、王晓葵、阿地里·居玛吐尔地等 6 位专家成为"我们的节日·南京"专家委员会成员,同时作为节日理论研究和人才培养师资,为南京传统节日文化保护传承工作提供更多元的智力支持。② 不仅在学术理论界推动节日研究向前发展,南京农业大学还发挥自身的农业技术优势,扶持产业基地开发建设,为节日振兴工作培育优良的承载环境。江宁湖熟菊花园由南京农业大学与江宁区湖熟街道合作建设,有千余菊花品种,种植面积达 400 亩,是国内最大菊花种质基因库。为更好传承重阳赏菊传统文化,"我们的节日"南京工作室联合南京农业大学、湖熟街道共同在此打造节日文化基地。③ 此外,为推动节日文化进校园,使更多的学生进一步了解、参与到节日活动当中来,南京农业大学开展了诸如"我们的节日·中秋"新文创产品设计大赛、"文明就餐,厉行节约"文化创意海报设计比赛等活动,使同学们设身处地感受节日氛围,引发了高校学子的节日参与热情。

不仅面对高校群体推动节日文化传承实践,传统节日弘扬的活动推广也延伸到了学龄前儿童、小初高同学们的课堂上与生活中。如今,端午节保健为生的节日内涵越来越受到人们的关注,尤

---

① 紫金山政务."我们的节日·南京"首届高端论坛在南京农业大学召开[EB/OL]. http://m.zijinshan. org/news/1926489129460027920.

② 紫金山政务."我们的节日·南京"第二届高端论坛举办[EB/OL]. http://m.zijinshan. org/news/2968395453273159526.

③ 搜狐.尊老敬贤 礼敬重阳 |"我们的节日·重阳文化传承基地"落户湖熟菊花园[EB/OL]. https://www.sohu.com/a/427239418_349990.

其是自 2020 年初以来,面对新冠疫情的肆虐,普及公共卫生知识、加强公共卫生体系建设显得尤为重要。2020 年端午节,由"我们的节日"南京工作室主办,南京报业传媒集团、南京市民俗博物馆、南京市中山小学共同承办的"薪火相传——我们的节日"端午节主题活动,在传承端午文化的同时,提醒人们筑牢卫生防疫安全防线。这堂特殊的端午课上,中山小学学生在非遗传承人的指导下,演绎了南京白局《白局娃娃话端午》。来自南京市民俗博物馆的 6 位非遗传承人,带着孩子们亲手设计制作布艺香包、绳结、布贴画、五彩吉缯等,给孩子们带来了精彩的非遗展示与体验。活动当天,"我们的节日"南京工作室向中山小学授牌,"我们的节日·端午文化传承基地"落户该小学。① 2021 年 6 月 11 日上午,南京市光华东街三年级的孩子们在南京市非遗传承人高勇老师的指导下学习制作香囊,拉开了"品传统文化 怀感恩之心"端午节主题活动暨成长礼活动的序幕。高老师向孩子们介绍端午节制作和佩戴香囊所蕴含的避邪驱瘟之意、襟头点缀之风,现场每个孩子都圆满地完成了自己专属的香囊。在下午的成长仪式上,孩子们纷纷把亲手制作的香囊作为"神秘礼物"送给自己的爸爸妈妈。② 2020 年中秋节前夜,南京市第十三中学第九届"月光诗会"在玄武湖畔拉开帷幕。这次诗会的主题为"青春·明月·梦想",800 多名高一学生诵读自己原创诗歌或在众多名家经典诗句的基础上加以改编形成的诗组来迎接团圆中秋夜。同学们既通过吟诗的方式寄托了自己对未来的理想与期望,也在前期的节目创作中培养了班集体凝聚力,还

---

① 紫金山新闻. 刚刚,中山小学的孩子们上了一堂特殊的端午课[EB/OL]. http://m. zijinshan. org/news/2383639847809654010.

② 紫金山新闻. 小学生做香囊,迎端午![EB/OL]. http://m. zijinshan. org/news/3384131932290878464.

成为传统节日文化创新的践行者。① 同样在中秋之夜,南京大学附属中学的校园里主题为"花好月圆,诗意年华"月光诗会现场也一片热闹欢腾。不仅有同学们自己编排的包括朗诵、舞蹈、演奏等元素在内的一系列精彩节目,教师群体、学校领导代表也积极参与其中。诗会是南大附中学生每年的传统活动课程,学校通过这种方式为同学们搭建展示自己的舞台,让每一位同学的才华和能力被看见,被鼓励。②

三、吸引民众积极参与,提升文化主体意识

在探索文化保护振兴初期,政府发挥着相当重要的决策领导作用,给予社会和公众的自主空间是比较有限的。时代发展到当下,社会资源和民众作为文化活动中的"服从者"的角色已经不再适用,在利益主体多元的背景下,保护势必要从单一主体的政府行为转变为由多主体共同参与的社会行动。③ 而这其中,民众作为文化主体的重要性不可忽视。例如在某些城乡旅游开发案例中,早期政府运用产业政策、资金管理和宏观调控等手段推进的方式起到了相当直观的成效,村民的文化自觉意识也被激发,并积极参与到开发活动当中。随着招商引资的推动,外来的行动主体在文旅产业化过程中,渐渐掌控了文化资源和物质资源,起到了主导性的作用。而作为文化的持有者和原著居民,却在此过程中慢慢失去了话语权,昔日的家园在政府过度介入后成为旅游景观,许多人也从参与者变成了"看客"。尽管在各行为主体的努力下为地区带

---

① 现代快报+ZAKER南京. 中秋前夜,这群少年在玄武湖畔"月光诗会"展才情![EB/OL]. https://app. myzaker. com/news/article. php? pk = 5f748df81bc8e07c1f00050a.

② 南京晨报/爱南京. 听,南大附中这群少年的"诗意年华"![EB/OL]. http://inj. pzhkj. cn/h5/#/pages/new-detail/new-detail? id=3900.

③ 顿明明、赵民:《城乡文化遗产保护"行动主体"辨识及政策启示——"利益相关者"视角的探讨》,《城市规划》2016年第6期,第74-81页。

来了一定的社会、文化和经济价值,但对于文化和资源的持有者而言,外来行动主体的加入逐渐导致其主体性不断缺失,部分传统文化的传承亦到受到阻碍。① 这种过度开发的行为的结果必定是背道而驰而不可持续发展的。如何协调各方,发挥民众的主体性力量是重点、难点,也必定是今后文化保护传承活动中持续面对的实际问题。传统节日当代振兴的"南京实践"同样十分注重激发、保护民众作为主体本位的重要价值。

为广泛宣传"我们的节日"南京系列活动,推广好南京传统文化节日,进一步提升公众的参与度,自 2019 年 8 月起"我们的节日"南京工作室面向社会征集"我们的节日·南京"LOGO 设计方案。活动一经推出,就获得了广大市民的积极响应,投稿无数。经过网络投票和专家评审,此次征集大赛诞生了 6 件获奖作品,分别是一等奖一名,二等奖两名,三等奖三名。12 月 20 日,征集大赛颁奖仪式在明故宫举办。从一系列作品中脱颖而出的一等奖 LOGO 提取节日精神内核,将每一个节日都用一个代表性标识来表达,春节的"福字"、元宵节的"汤圆"、清明节的"纸鸢"、端午节的"粽子"、七夕节的"喜鹊"、中秋节的"月饼"、重阳节的"菊花"齐聚一堂,呈圆形围绕一个"节"字排列。图案右侧为"我们的节日""南京"横竖两组艺术字。LOGO 图标整体以红色线条绘制,辅以白色背景,简洁明了,意蕴无穷。② 实际上,由各单位发起并且得到民众热烈响应的征集活动数不胜数。2019 年 1 月 21 日,由紫金山新闻、南京市楹联家协会主办的 2019 己亥猪年春联征对活动正式启动。活动将在除夕夜之前,推出 7 至 8 期春联征对活动《南京"联"味》,组织专家出上联,读者来对下联,每期选出 5 副"南京年味春联",选中者将以精美礼品相送。第一期在 22 日与读者见面,

---

① 李文琪:《旅游发展中的主体性缺失探究——以河西哈尼族双胞文化旅游为例》,《湖北民族学院学报》(哲学社会科学版)2018 年第 2 期,第 106－112 页。

② 紫金山政务."我们的节日·南京"LOGO 出炉[EB/OL]. http://m.zijinshan.org/news/1926489335618463577.

经过两日的征集,收到近 500 条的下联。经过专家评选,来稿中有三位作者达到此次征下联的要求。可见市民们十分踊跃参与活动,尽管有许多民众的作品落选,但是让更多人参与到节日文化创作中来就是活动策划的最初目的。活动并不仅限于对优胜作品的展示,还对春联文化的历史一探究竟,并且细心讲解对春联应当讲究的平仄押韵等一系列技巧方法。优胜作品还附以专家点评,讲解其"为什么好""怎样好",许多市民对于自己的作品落选抱有疑问,专家评审还通过平台与其进行交流解答。从活动策划到评选解答,不流于形式,将文化普及同民众参与相结合,真正发挥了节日文化活动应有的良好作用。①

2021 年春节,新冠疫情的严峻形势成为众多人春节归家的"拦路虎",大批在宁工作人员留宁过年,许多身处外地的南京人也没有归乡。原本的新春佳节是一年中阖家团圆的最重要的时刻,而今年天各一方无法相聚的亲人们只能通过网络来寄托情思。而这其中有许多人,通过自己的方式来欢度佳节。80 后河北籍新建邺人张露创作了一曲《留在南京过年》,歌曲有着欢快流畅的旋律和通俗易懂的歌词,写这首歌的主要目的就是想营造温暖开心的气氛。希望通过视频语音等线上的方式,把年味和祝福搬上"云端",让远在河北的亲人感受不一样的团圆,同时拥有战胜疫情的信念。同时,作为原创音乐工作者,作为新南京人、新建邺人,发挥自身特长为倡导大家留宁过年贡献一份微薄的力量。② 今年,许多儿女在外打拼的空巢老人只能独自过年。92 岁高龄的谢竹如老人,被推荐为南京福的"送福人"。老人家不仅自己可以玩转手机,还主动带领社区几位独居老人通过支付宝线上"云写福"活动,亲手写"福"送给家人子女。疫情虽然阻隔了亲人团聚,但是谢奶

---

① 紫金山新闻.我们的节日·南京"联"味②南京人对春联热情高,第一期征集到近 500 条[EB/OL]. http://m.zijinshan.org/news/958743696707980975.

② 紫金山新闻.新建邺人用原创歌曲寄托思乡情!"原地过年"别有一番风味[EB/OL]. http://m.zijinshan.org/news/3161451999845581898.

奶希望能够通过这种方式来传递幸福。① 还有这样一群人,或者通过自己的一技之长,或者坚守一线岗位,在疫情中将节日的温暖传递下去。2月初,栖霞区文化馆邀请区内多位书法家到馆为大家写春联、送祝福,这一项延续多年的活动即使面临严峻的疫情也没有中断。经过多日的努力,书法家们一共为大家写出了近2000副春联和3000张福字。文化馆派专人将这写春联福字送到九个街道,分发给广大群众。② 一月底,雨花台区梅清苑社区新时代文明实践站开展"为爱启航,暖冬行"主题活动,让居民能够不出门,在家门口就可以迎春到。社区党总支书记和社区工作人员还带着米、油、棉被和寄托着美好祝福的春联,走访了7名耄耋之年的困难党员及独居老人,致以新春慰问。③

　　生计是人们维持生活的计谋或办法,人们在不同的领域内通过某一行业的劳作来挣得生活。最初为了谋生而习得某艺,在后来却将自身变成了一种文化符号的代表,甚至家传几代。有这样的一些普通人,堪称节日饮食文化的守护者,直至现在依然坚守在手工制作的道路上。在南京夫子庙西牌坊瞻园路转盘的角落里,隐藏着一个老南京的冬日限定美食摊——老太叠元宵。"大火滚一分钟,小火闷十五分钟",在忙碌的售卖中还不忘提醒顾客元宵必备的食用"妙招"。王顺英,今年61岁,"老太叠元宵"到自己这里已经家传三代。"老太叠元宵"原本讲的是自己的婆婆陈淑华,从年轻一直做到七十多岁,1952年就开始在夫子庙摆摊。现在的夫子庙街区中心的聚星亭,在原来叫六角亭,王顺英的婆婆当年就是挑着担子在这里摆摊。之前是为了谋生做元宵,后来慢慢得到

---

① 紫金山政务.92岁城墙志愿者带独居老人手机"云写福"[EB/OL]. http://m. zijinshan. org/news/3161452274723496380.

② 紫金山政务. 齐作春联赠乡亲 弘扬传统送祝福[EB/OL]. http://m. zijinshan. org/news/3161451999845587319.

③ 送春联给困难群体,圆困境儿童微心愿,这个社区暖冬行传递爱[EB/OL]. http://m. zijinshan. org/news/2968396243547156350.

了许多南京人的认可,做成了一种品牌,即使要排很长的队,四面八方的人都愿意来尝一尝劲道十足的老太叠元宵。许多市民是从小吃到大,是家里每年元宵节必备的一道食物。后来婆婆年事已高,已经无法操持繁重的工作,王顺英便接手出摊,至今也已经度过十几个年头。元宵并不是常年售卖,而是"季节限定",每年从元旦开始做到正月十八,早上十点钟出摊,卖完为止。自家的元宵讲究"馅儿"和"叠"。馅儿用6种食材做成,包括桂花、黑芝麻、白糖、瓜子仁、松子仁、红绿丝。将食材熬制后加工成一个小方块,然后沾上水在米粉里滚,一层一层的滚,要反复6-7次,这样滚出来的元宵有嚼劲,即所谓的"叠"。叠元宵也是一种力气活,自己和丈夫二人从早忙到晚,非常辛苦。每年到冬天天气转寒,就有很多老顾客电话打到家里来,问"什么时候做元宵啊,今年还做啊,在什么地方摆啊"?自己也慢慢变老,许多工作也感到些许力不从心,但是觉得被好多顾客认可,心里有一种满足感。为了婆婆的一辈子坚守的手艺,而且南京市民非常喜欢,在能力的允许情况下,还是会把这一工作继续做下去。[①] 现代物质食材丰富,元宵、汤圆的品牌、种类也琳琅满目,即使能够在商场中买到更加高端的产品,但是夫子庙这一小小的元宵摊每年依然顾客满满,络绎不绝。卖者、买者,看起来单纯是一方靠此为生,一方讨个吃食习惯。实际上无形之中他们共同成为一种节日习俗的守护者,在这个快节奏发展的时代里,显得弥足珍贵。

与城市相比,乡村社区空间内传统节日文化的保存往往更加完整。乡村民众的日常起居相较于城区市民更加接近土地,土地、农作是孕育传统节日文化的母体。随着现代化进程的推进,原本乡村空间被打破,物理空间的改造、年轻群体的外流、传承主体的老龄化等一系列问题的凸显,使得村落逐渐失去其传承优势。为

---

① 紫金山视频.老太叠元宵:跨越 69 年的坚守[EB/OL]. http://m.zijinshan. org/news/3161452309083242495.

进一步深入了解、挖掘南京城乡传统节日文化传承变迁状况,自2019年11月以来,南京市委宣传部"我们的节日"工作室联合南京农业大学民俗学研究所节日文化研究团队,在高淳、溧水、江宁、六合等村落中组织进行了多次传统节日民俗田野调研活动。课题组主要聚焦南京乡村传统节日的习俗深描,重点关注南京传统节日文化的当下传承样态及其现代转型状况,讨论节日礼俗变迁与乡民日常生活的互动关系等问题。例如高淳东坝村大马灯节日习俗历史悠久,兴于唐,盛于宋,成为一种流传千年的民间舞蹈形式。唐宋以后,东坝已成为太湖流域的重镇。当时,东坝成为中江、下江的枢纽。据传说,一些儒商鉴于本地多船只少车马的缘故,联想到汉代的"骆驼载乐"的形式,由此萌发了编创大马灯舞,通过舞蹈表达崇尚"忠义"传统思想和对"天下太平"和谐社会的向往。2008年,东坝大马灯被列入国家级非物质文化遗产保护名录。东坝大马灯的传承人为汤春山和汤裕道。其中汤春山是东坝大马灯领队、东坝镇东坝村主任,他自小便参加东坝大马灯表演活动,虚心向老艺人学习,积极探索大马灯的舞蹈技艺、起源、竹马制作等,自1985年起成为东坝大马灯表演队的主力队员。一支完整的马队包括7匹马、乐队、随从在内至少需要45人,这样高要求的表演一般需要身体素质较好的年轻人来完成。汤家人有自成一套的马灯装备和表演团队,在最初马灯文化兴起的时候就占据了很大的比重。但即使有这样厚重的传统,当下汤家马灯队的家族传承也面对了相当大的困境。自发组织的队伍、闲暇之余的训练导致表演效果日趋下滑、缺少稳定的活动经费、年轻力量的缺失……即使是在非遗保护的背景下,单凭国家力量的扶持也无法在短时间内摆脱难以为继的局面。汤家大马灯迄今为止传承了五代,家族内以汤春山、汤海头、魏小红、汤黑头、汤秋涛、汤裕道、汤小弟为代表的人员还在马灯制作、表演、组织等事务中各司其职。他们带领队伍先后参加过沈阳秧歌节、广州民俗文化节、上海国际旅游节等省内外大型文艺活动的演出,为东坝大马灯的传承做出巨大了贡献。①虽然境遇窘迫,但是作为东坝村的节日文化之根,依然有一批人坚守传承着马灯节日文化。

第四节　传统节日振兴过程中的多元主体互动

在历史惯性的驱使下,20 世纪扫旧的文化效应在当下社会依然有所留存,加之西方文化的冲击,在相当长的时间里以圣诞节、西洋情人节为代表的诸多外国节日在我国形成一股热潮,以青年为主体的广大人群对其的关注与日俱增,甚至一度超过了本土节日。传统节日遇冷,也可以说是传统文化境遇窘迫。而要在世界民族之林屹立,要作为强大的中华民族为世界所认知,作为国家软实力的文化自觉性是必要的先决条件,唤醒民族自豪的现实需求迫在眉睫。21 世纪以来,我国颁布的与中华优秀传统文化相关的政策文件数量呈现攀升趋势,且高峰屡现。2014 年、2017 年、2019 年,分别出现了三个小高峰,2019 年达到顶峰。② 其中有关于传统节日的相关决定也在与时俱进。2007 年 12 月,国务院出台《关于修改全国年节及纪念日放假办法的决定》,自 2008 年元旦开始施行。这次国家法定假日调整,不仅将几个重要传统节日纳入国家假日体系,也代表着以国家力量为首的扶持传统节日文化振兴工作的新纪元的到来。2010 年 6 月底,文化部、全国艺术科学规划领导小组特别设立了委托项目《弘扬节日文化研究》正式立项。这一委托项目,基于当代中国文化建设大发展大繁荣的社会背景、当下迫切的社会需求以及节日研究的目的,旨在通过实地考察、问卷调查、文献研究等方式呈现中华传统节日现状,聚焦热点、难点、焦

---

① 管哲、王绍鹏、黄孟蓉:《高淳东坝村传统节日传承状况调查报告》,《南京七村传统节日文化田野调查专辑》。

② 张滢:《21 世纪中华优秀传统文化教育政策发展研究——从"三进"的角度考察》,《湖南师范大学教育科学学报》2020 年第 5 期,第 8 - 15、第 25 页。

点问题,以提出有价值的对策性意见。①节日文化的保护弘扬工作至今已经度过了十余载春秋,收获的成效是令人欣喜的。"政府主导""民众主体"实践模式的可能性、可操作性已日益凸现。但是前行的道路并不是一帆风顺的,各种各样的问题仍然是难以避免的凸显出来,例如政府力量过度介入导致民众主体本位的缺失、经济效益过度膨胀挤压节日内核精神的彰显和表达、新媒体夸大性碎片化宣传形成的"快餐性文化"效应等等。实践出真知,也正是在一次次试错、一次次修正的道路上砥砺前行才能够将传统节日文化振兴工程扎实、稳健地推进下去,而这其中收获的宝贵经验与成效就是最好的证明。

一、创新节日民俗,传统现代相结合

打破社会对于传统文化淡漠意识最好方式之一就是唤起民众的文化自觉性。一方面,通过主流力量破除强加于某些旧文化的污名化氛围,例如国家通过非物质文化遗产建构的方式唤起地方民众对于习以为常的当地文化的重视程度和自觉意识。另一方面,推动传统文化积极转型,寻找其与现代社会的密切联系,只有顺应发展需求的文化内容才能在新时代背景下迸发出新的生命力,否则只能是无源之水,无本之木。

2019 年春节,南京地铁 174 座车站张贴了 6 500 多个窗花、500 多对春联,悬挂了 1 400 多个中国结和 500 多对灯笼。随着地铁线路的不断拓展建设,四通八达的地下交通能够在相当大程度上满足人们的出行需要,同时减缓路面交通压力,已经成为民众日常出行必不可少的一种方式。在春节期间,地铁空间常被标语、涂鸦布置得充满节日氛围,这种传统节日元素同现代化交通工具的碰撞结合,使得投身到这一场域的行人不自觉地会感受到或强或

---

① 《弘扬节日文化研究》课题组,李心峰:《中国传统节日的传承现状与发展对策》,《艺术百家》2012 年第 3 期,第 1-4 页。

弱的文化信号,从而发挥一定的文化影响力。在疫情防控常态化背景下,鼓励民众少出门、不聚集,完全打破了以往熙熙攘攘、热热闹闹的节日氛围。为满足民众节日活动需求,"线上拜年""网络等会""清明云祭"等一系列节俗活动的开展也是得益于当下发达的互联网技术提供的一种新的"打开方式"。此举满足了民众的实际需求,得到了积极响应,可以称得上是一种成功的探索实践,推动一种新节俗的形成。例如 2020 年的清明节,省民政厅会同省政务服务办推出江苏清明"云祭扫"服务专栏,方便群众线上追思、网络祭扫。截至 4 月 3 日中午 12 点,全省已有 435.65 万人次通过清明"云祭扫"平台,进行线上祭扫。①

二、文化自觉常态植入,社会行动推动振兴

要使得传统文化深入人心,不仅是在节庆时间节点到来之时有所彰显,还应当成为一种生活常态。把中华文化穿在身上,近年来得到越来越多的群体关注和支持。这一方面得益于汉服相关产业蓬勃发展提供的有力支撑,让更多的人可以通过线下线上等渠道方便的挑选自己心仪的古风服饰。另一方面,汉服节、华服日等一系列关于汉服的新兴节日的兴起以及历史景点、新兴商圈推出的汉服文化活动等都为广大汉服爱好者提供了良好的平台,他们不仅可以展现自己的古风之美,同时也在集体活动中寻找到一种归属感。每逢春节、元宵节、端午节等诸多传统节日,越来越多的汉服人走上街头形成一道亮丽的风景线,甚至一些爱好者会将汉服或者汉元素作为常服来穿着。他们为汉服注入了强大的活力,成为行走的文化宣传者,在各个城市的大街小巷,甚至漂洋过海,让世界看到中华文明之美。

二十四节气作为我国古代历法的重要组成部分,它客观上反

---

① 现代快报.江苏清明"云祭扫"服务专栏上线 435 万人线上追思.[EB/OL].
http://m.zijinshan.org/news/2258998625569268173.

映了四季中天象、物候的变化,成了我国古代农业社会安排生产生活的主要依据。直至现在,二十四节气依然是十分重要的生活文化,流传千年的文明依然指引着当下的生活。紫金山新闻"我们的节日"频道设有"二十四节气"专栏,内有关于每一个节气的气候节律、衣食住行等节俗的普及知识,并展示现代节气的实践活动和南京人自己的节俗。2020年1月18日,在建邺区稻香空间,二十四节气"春·夏·秋·冬"系列原创歌曲正式发布。这是建邺区文明办等单位大力推动的关于"二十四节气"的主题活动的其中一环,旨在深度挖掘传统文化的精神内核,推进知识的普及与价值功能认识,通过开展多种形式的活动,实现其在社区、家庭、学校的落地生根。[①]

三、文化发展覆盖城乡,文化成果反哺民众

吸引更多主体参与到传统节日文化振兴的实践当中来,同时也应当使得文化成果更加惠民、便民。2020年春季,南京在开展"城门挂春联"的活动的同时,市文联还与11个区和江北新区文联两级联动,共同组织140余场"福进万家"写春联送春联活动,动员近400名书法家,深入社区、学校、军营、企业等一线,把"福"送到环卫工人、快递小哥、消防官兵、公安干警、特殊学校师生、社区工作者等最基层的群众手上,让更多人共享优秀的书法艺术成果。另外,新春文化活动不仅聚焦于市区之内,还辐射带动周边郊区。开设访民俗乡村专线特别班次,真正做到文化福利惠及人民主体,城市发展带动农村社区。多部门协调开展"送文化下乡"和"科技文化卫生三下乡"活动,让各类新春文化活动家喻户晓,让农村百

---

① 紫金山政务.建邺区二十四节气系列歌曲正式发布.[EB/OL]. http://m. zijinshan.org/news/2015555687343568701.

姓在热闹浓郁的春节氛围中感受新时代文明实践。①城乡发展统筹规划,城市乡村共同进步。将传统文化展示的舞台引入乡村,激发当地特色文化,形成一种天然的节日生态景观。七仙大福村是董永与七仙女爱情传说的起源地,坐落于苏皖交界处,村内的仙女湖、七仙山、老槐树等众多文化场所都与七仙女传说有着千丝万缕的联系。为开发优秀文化资源,带动当地发展,近年来,当地围绕七夕传统文化,重点打造七仙文化与乡村旅游、养生度假和美丽乡村示范区等,创建江苏省四星级乡村旅游区。2020 年 8 月 23 日上午,七仙大福村·东方情缘地揭牌暨东方情缘爱情文化品牌系列活动新闻发布会在江宁区横溪街道七仙大福村举行,"我们的节日·七夕"文化传承基地现场揭牌,这标志着七夕这一传统佳节固定活动基地的建成,不仅有七夕文化,2021 年"江宁·横溪街道:元宵灯谜游园会"也依托七仙大福村展开。通过这种方式,调动当地文化资本参与文化再创造,给村落文化振兴注入活力。同时,当地居民作为文化资本的创造者和传承者,早已成为乡村文化景观中的一部分,通过"在场"的形式参与文旅发展,成为乡村文化生命力的根本保证。②

---

① 南京市人民政府.通报"我们的节日"南京行动春节元宵节期间全市举办的系列文化活动情况.[EB/OL]. http://www. nanjing. gov. cn/hdjl/xwfbh/tbwmdjrnjxdcjyxjqjqsjbdxlwhhdqk/.

② 郭凌、王志章:《乡村旅游开发与文化空间生产——基于对三圣乡红砂村的个案研究》,《社会科学家》2014 年第 4 期,第 83－86 页。

第八章

南京传统节日当代振兴的
社会空间建设

一般认为,社会空间理论研究主要与城市化浪潮的反思进程密切相关。通常情况下,大众所谓的社会空间主要是指社会活动和社会组织所占据的空间。在日常生活中,社会群体通过其特定的社会空间,反映独特的价值、偏好和期望。① 进一步言之,社会空间的建设、发展过程还容易受到背后其所关联的经济资本、符号资本等因素影响。这种社会空间的建设价值,还与行动者本身在空间中所处的位置存在着一定的关系。传统节日在某种程度上呈现出非常明显的空间属性,因为它作为社会群体成员共同参与的重要时间符号,如何建设好传统节日的"社会空间"问题也得到了政府和学界的持续关注。在"空间"视角下,由于节日文化具有一定的地域性和特殊性,其占据的社会空间具有独特的意义。聚焦于空间的视角,能够更加贴近对于节日本质的探索,更新相关的认识,推动节日研究面对当下的时代语境。② 本章主要围绕南京传统节日当代振兴的社会空间建设问题,重点探讨传统节日中社会空间的运行逻辑与建设机制。

---

① 赵静、高鉴国:《社会空间视阈下的社区文化建设》,《南通大学学报》(社会科学版)2018 年第 2 期。

② 宋颖:《论节日空间的生成机制》,《民俗研究》2017 年第 5 期。

第一节　传统节日社会空间的运行逻辑

学界对于社会空间理论的关注,呼应了经济、社会发展的时代趋势。早期的社会空间理论研究,与地理学、社会学等学科的迅速发展相关。社会空间最早是由法国社会学家涂尔干在 19 世纪末提出,他认为社会空间与社会群体居住的地理环境直接相关。[①]也就是说,涂氏是依托现实存在的地理环境,从社会空间的视角对社会群体进行区分。此后,学术界对于社会空间的概念理解不断走向纵深。在原有的地理学认知基础上,更加凸显出人在社会空间中的主体性,这也成为地理学、社会学等学科公共关注的研究方向之一。法国社会学家亨利·列斐伏尔将社会空间视为一种社会性产品。并对其从四个层面做了界定:第一,社会空间是以自然空间为原材料生产出来的,自然空间正面临着被消耗殆尽的危险;第二,每一种社会形态都生产自己的社会空间;第三,社会空间作为一种产品,既是具体的又是抽象的;第四,如果社会空间是被生产出来的,那么就存在着社会空间生产的历史。[②] 英国人文地理学者 R. J. 约翰斯顿等人则把社会空间定义为"社会群体感知和利用的空间"[③]。索尔更加强调个人对于空间的主观感受,以居住在其中的人们的空间感受来划分区域。洛韦在此基础上区分了社会空间的客观和主观部分:客观部分是指群体居住在其中的空间范围;主观部分则指由特殊群体的成员感知到的空间。[④] 因此,生活在

---

① 王晓磊:《"社会空间"的概念界说与本质特征》,《理论与现代化》2010 年第 1 期,第 49 - 55 页。

② 潘可礼:《亨利·列斐伏尔的社会空间理论》,《南京师范大学学报》(社会科学版)2015 年第 1 期,第 13 - 20 页。

③ Johnston R. J and Gregory D. (eds.), *The Dictionary of Human Geography*. Oxford: Blackwell Publishing,2000.

④ 王晓磊:《"社会空间"的概念界说与本质特征》,《理论与现代化》2010 年第 1 期,第 49 - 55 页。

相近的地理区域和文化背景中,社会群体对于社会空间的感知是趋于一致的,社会群体依托社会空间进行的社会实践活动也呈现出明显的同质性,它同时也不断被群体成员所感知和利用。

具体到节日领域而言,节日通常被看作在相同的空间范围内,社会成员集体参与的盛大活动,这里不仅体现出特定社会时间的含义,也是对社会空间概念的直接回应,其对于处在社会空间中的集体与个人可以产生相应的影响。民俗学者王霄冰曾指出:"节日生活以其公共的时间性、空间性以及独特的行为方式而构成了一种特殊的文化空间,其意义在于建立集体的文化认同和加固文化记忆。"[①]也就是说,节日背后的文化空间和社会空间,是支撑传统节日传承发展的重要平台和关键力量。加强传统节日的社会空间建设,不仅能够深化社会群体对于传统节日文化的集体认同感,也能够将节日体系纳入更为宽泛的社会空间中予以理解、阐释。因为从某种程度上看,节日文化空间中的集体欢腾连接了节俗传统的历史、现在与未来,也将参与其中的个人和传统连接起来。[②] 所以,从传统节日的社会空间视角审视节日文化本身,不仅可以在传统与现代的空间变迁中感受节日的文化魅力,还可以将个体的节日生活融入群体性的节日社会空间中去。

第一,中国传统节日的社会空间具有较强的乡土性。我国作为传统农业大国,许多节日民俗起源于农事劳作,并从中发展演变而来,这也使得中国传统节日的社会空间呈现出鲜明的乡土特色,村落则成为节日社会空间建设的重要载体。"空间是叙事的物质载体,是承载村庄集体记忆和文化认同的情感依托,村落的公共空间与村民个体成长和集体生活具有密不可分的关系,是日常生活

---

① 王霄冰:《节日:一种特殊的公共文化空间》,《河南社会科学》2007年第4期,第8页。

② 黄旭涛:《节日文化的空间特点及其重建意义探讨——基于天津天后宫年俗仪式活动的调查》,《节日研究》2020年第1期,第178–190页。

不可或缺的一部分,体现出一种实用性。"①在一些公共节日举办的特殊时间节点,村落成为具有一定社会意义的节日文化空间。诸如本家族或宗族的祠堂、社庙等要素,在传统节日的庆祝活动中则起到了重要的环境支持作用。在传统节日的社会空间中,"公众集体参与、具有共同建立规则、展开公共仪式表演",社会群体成员对于节日的社会空间产生了相似的节日认同感,一定程度上借助节日仪式、群体参与等方式加强了传统节日社会空间的建设。

第二,传统节日与现代社会生活的交织引发了节日社会空间的变迁。现如今,由于社会经济的飞速发展,许多乡村原有的生活方式发生变化,并逐步向城镇、城市生活方式转向,普通民众所处的节日社会空间也随之出现了新的形式。从乡村节日与城市节日的关系来看,二者的持续互动的节日关系也影响到了节日社会空间的建设。如萧放所言:"城市早期没有自己的节日,城市贵族依靠传统农业时令生活,他们的生活资源都来源于农村,他们只是城居的领主。"②也就是说,随着经济、社会的不断发展,城市中的民众逐渐习惯其所处的新社会空间,并形成了具有城市特色的节日庆祝习俗。因此,不少来源于乡村社会的节日习俗,虽然被保留到城市节日生活领域中,然而由于地理环境的变化,直接影响到社会群体感知和利用新的节日社会空间,进而导致城市与乡村中的民众在具体的节日文化时空产生交织。城市节日传统具有公共性、娱乐性、宗教性及消费性的特点,其中公共性尤为突出。二者的显著区别在于,城市中的节日生活往往更加倾向于私人或个体领域,而城市中的公共空间则成为开展传统节日活动的主要媒介之一。"城市空间最重要的是可供大众使用的活动的内容,城市公共空间的形成是通过承载城市公共活动而实现的,城市习俗文化的表现

---

① 贺少雅:《论乡村公共文化空间的建构与功能——以浙西南平卿村为例》,《东方论坛》2019 年第 3 期,第 126 页。

② 萧放:《城市节日与城市文化空间》,《文史知识》2011 年第 2 期,第 32 页。

就成为城市公共空间重要的文化内涵表现。而节日习俗文化要素在城市形态中的表现成为城市内在凝聚力的重要的一部分。"①换言之,城市民众的节日社会空间既表现为在节日文化层面的普遍性认同,同时也表现为城市社会公共秩序的空间协调能力。

第三,节日社会空间建设还与地方性的节日文化传统关系紧密。有学者指出:"十里不同风,百里不同俗,作为传统习俗的一个重要组成部分,节日的一大特点亦在于'地方性'。同一节日在不同地区往往会有不同的认知与接受程度,在具体节俗上也会存在差异。"②宋颖则采用"节日空间"概念把具体的空间分为四个不同形态,即"绝对空间""概念空间""认知空间"和"事实空间"。"节日出现会伴随着节日空间的产生,空间与时间之间由此产生了基于'节日'的关联,具有了不同于一般时间和空间的独特意义。"③这些节日空间的形塑,实际上与地方性的节日传统密切相关。因为在庆祝节日的同时,进行庆祝活动的空间将被单独划分,使其成为"绝对空间"意义上的新空间。而"'概念空间'承载着的是对这一节日的观念上的界定、认识和想象。"进一步言之,在共享传统节日社会空间的前提下,具有相近文化背景的人群能够对同一个节日达成共识,从而增强了社会群体对于传统节日的认知和接纳能力。节日社会空间还具有非常典型的历史性,因为"节日是整体的社会呈现,它体现着地方民众的历史、经验和象征文化"。④尽管人们在不同时代,或者身处不同地区,却能够共享着同一个节日的文化记忆和社会空间。因此,在特定的时间空间范围之内,社会群体对

---

① 刘恩芳:《习俗文化与公共空间——英国卡迪夫城市公共生活空间与节日习俗场景的分析》,《建筑学报》2009 年第 1 期,第 90 页。

② 王加华:《全面普查与摸底、保持节日传承的"神圣性"——对"我们的节日"传统节日振兴工程的一点思考与看法》,《节日研究》2019 年第 2 期,第 345 页。

③ 宋颖:《论节日空间的生成机制》,《民俗研究》2017 年第 5 期,第 17 页。

④ 关昕:《"文化空间:节日与社会生活的公共性"国际学术研讨会综述》,《民俗研究》2007 年第 2 期,第 270 页。

于节日的认知能够构建出当时当地的节日社会空间,通过关注认知空间,能够将节日的社会空间所发展的历史进行较为详细的阐释,也能够据此展望未来更多样性的表现方式。事实空间是节日活动实行的地理意义上的空间。对于传统节日的节庆活动开展而言,除了依托真实存在的节日活动地理空间之外,还应考虑到每一次传统节日活动的社会时间与社会空间,正是处于节日社会空间中的群体长久以来共同经历着大致相似的节日实践内容,从而塑造了具有地方性特征的节日与节俗。

我们认为,社会空间建设在传统节日振兴过程中发挥着十分重要的空间引导功能。注重传统节日的社会空间建设,不仅可以为继承、发扬传统节日提供丰富的活动场域,同时还能够溯源节日的历史文化空间,进一步丰富传统节日的历史内涵与现代意蕴,从而增强城乡广大民众的节日认同感与集体凝聚力。

第二节 南京传统节日的社会空间建设路径

具体到南京地区的传统节日而言,当地围绕节日的社会空间建设做了大量的实践探索工作。众所周知,南京作为六朝古都,具有深厚的文化底蕴和历史内涵,这也长期影响着南京传统节日社会空间的构建。有学者曾指出:"风土是南京节日所依托的自然与社会环境,金陵有自己的风水讲究,通常说是虎踞龙盘、金陵王气。"[①]基于相对丰富的历史资源与节日文化,南京的传统节日社会空间建设既注重城市与乡村之间的空间互动,也考虑到传统节日文化空间与现代科技手段的营造。这不仅有助于丰富和拓展传统节日社会空间的实践理路,更有助于增强南京城乡民众对于传统节日的文化认同感。

---

① 萧放:《关于南京节日文化建设的讨论》,《节日研究》2019 年第 2 期,第 332 页。

一、传统节日社会空间建设的城乡互动

传统节日之所以在现代社会仍具魅力,很大程度上与传统节日本身所蕴含的内在价值有关。从传统节日社会空间的建设路径来看,南京更加注重城乡之间节日文化空间的构建及其互动。历年来经过撤县设区等行政区划调整,现如今南京共有鼓楼区、玄武区、建邺区、秦淮区、栖霞区、雨花台区、浦口区、六合区、江宁区、溧水区、高淳区等 11 个市辖区和 1 个国家级新区(江北新区)。南京不仅重视城市社区的传统节日社会空间建设,同时还依托传统村落这一重要载体来建设乡村社区的节日文化空间。自 2020 年 4月以来,江苏省住建厅先后四次公布江苏省传统村落名单,南京地区湖熟街道杨柳湖社区前杨柳、江宁街道牌坊村黄龙岘等 39 个传统村先后列入名单,并对其进行统一制定村落保护和发展规划。正是在这种城乡生活空间持续互动的前提下,为传统节日的社会空间建设提供了充分的可能性。

首先,依托传统村落社区等地理空间载体,注重传统节日生活方式和公共文化空间的保护。"南京注重乡村原生态节日文化保护和文旅融合,培育一批传统节日文化体验基地,使之成为弘扬中华优秀传统文化的重要阵地。"[①]通过统一规划,传统村落现如今正逐步融入旅游业态之中。南京当地尤其关注各个传统节日在村落社区的特色节庆活动或节俗美食要素,进行统一规划包装。利用特色节日习俗和村落公共节日空间,带动一些典型村落发展成为新兴的乡村游景区。例如每逢农历二月二,南京溧水区晶桥笪村一带流行"出菩萨"节日习俗,当地村民借助这种乡村公共仪式活动祈求新的一年人丁兴旺、丰收大吉。这种"出菩萨"的地方性节日仪式也被纳入了非物质文化遗产的保护范畴,此类依托村落

---

① 龚冬梅、黄伟清、蒋筱云:《多元合力:"我们的节日"传承与践行路径——以南京市为例》,《节日研究》2020 年第 2 期,第 240 页。

社区传承的特色节俗活动有助于传统节日的社会空间建设。江宁区则在横溪七仙大福村老槐树广场，举办了元宵灯谜游园会，并吸引了周边市民的积极参与。通过组织投壶、夹汤圆、打元宵、猜灯谜、剪窗花等传统民俗活动，在体验和观赏的同时让南京市民感受到了乡村元宵节的独特节日氛围。此外，在游园会中，当地村落组织了横溪手龙和皮老虎表演等具有地方特色的非遗艺术表演，在宣传和发扬传统民间表演艺术的同时，也烘托了乡村公共节日的良好氛围。

端午节期间，溧水区准备了丰富多彩的端午节俗体验活动。例如在凉篷下村，当地举办了一系列民俗活动，让城乡民众感受端午节的文化魅力。除了端午节传统的包粽子、制作艾草虎头香囊习俗之外，当地还组织了打糍粑、磨豆腐、捏面人、糖画等传统民间技艺等体验活动，让这些已经少见甚至即将消失的传统技艺焕发出新的生机。溧水石山下村和红色李巷主打"节日怀旧"主题，分别以经典童年游戏和传统食物制作作为主题开展节日活动，城乡民众在游玩的同时不仅能体验到仿佛"穿越"的感受，同时加深了他们对于传统节日游艺和节日饮食习俗背后内涵的理解。在江宁区汤山七坊，作为少数坚持传统压榨炼油方式的村庄，当地素有"端午到，榨油忙"的地方俗语。2019年端午假期期间，该村组织开展了"汤山孟墓第二届榨油节暨第三届民俗记忆节'圆孟新时代 七彩端午情'新时代文明实践活动"。在活动中，除了具有乡土民情的用百家米包圆孟粽之外，还向市民朋友展现了地方特色的端午炼油习俗。让人们亲身体验菜籽油、芝麻油的制作过程。当地村民把属于村庄内部的特色节俗活动，以统一的节日活动形式进行庆祝，让前来游玩的外地游客领略到七坊端午节俗的独特魅力，同时也能更深入了解和学习传统炼油技艺，促使这一民间手工艺能够更好地推广和传播。江宁旅游产业集团则联合旗下的黄龙岘、溪田、钱家渡等地推出了"粽"情端午·魅力畅游的端午乡村民俗主题活动。聚焦于互动体验，活动以粽子、香囊、五彩绳等端午节庆物品的学习制作为基调，在各乡村举办相应的竞赛或体验，增添端午节庆的趣味性，同时提升传统节庆物件在民众心中的地位。在溪田渔村还有民俗货品及物件展销以及民俗知识我问你答环节，通过一系列的活动交流，让民众在游玩的同时也能够了解更多端午文化。而在芳草园驿站、逢缘驿站等几个用餐点，村民们向前来就餐的市民送去了端午粽，芳草园驿站和逢缘驿站推出了"五红"套餐：烤鸭、苋菜、红油鸭蛋、龙虾、黄鳝，更好地展示了南京本地的端午食俗文化。依托乡村节日旅游平台，将传统节俗活动推广给外地游人，展现出传统节日文化的新鲜活力。浦口区由文旅局主办，开展了"浦口粽动员、粽情过端午"系列活动。在活动中，不仅组织了投壶、射五毒等传统端午节俗游戏，还有指导体验制作五彩绳、香囊、包粽子等节日实践活动。通过自己亲手制作民俗物品，使得人们更能够主动地去了解端午背后的文化意涵。作为"我们的节日"系列活动之一，"楚韵花香，汤泉杯"寻味嘉年华活动带有浓郁的节日气息和汤泉当地的美食文化。例如端午时令的粽子，厨师利用了惠济寺的银杏果和汤泉自产的"涵云注玉"天然泉水，让当地市民体验了一种吃到家乡风味的特别感受。汤泉街道的悠山书店邀请民间工艺大师，在书店中以端午美学为重点进行"五色新丝缠角粽"的活动，以传统布艺来制作粽子、莲花等应和端午节庆的装饰品。前来体验的市民在制作之后可以带回家中，为居室增添节日的气氛。

七夕节期间，南京江宁横溪街道大福村作为《天仙配》的传说故事发生地之一，充分发挥大福村传统村落的节日空间功能，重点打造七夕主题村落。2020年，大福村依托"我们的节日"文化品牌，正式发布了"七仙大福村·东方情源"爱情文化品牌活动建设计划，并举办了项目启动仪式。在七夕节当天，该村不仅在景区步行街内设立了七夕集市，集市中分布着30多个体现传统江宁乡村文化的摊位，布展了刺绣、剪纸、汉服等非遗作品供市民选购。与此同时，在老槐树广场，戏曲版《天仙配》的旋律和桥段得以再次重现,让外来游人能够感受和回味浪漫的七夕神话爱情故事。在政府引导推动下,当地依托七夕文化着力建设特色村庄,不仅最大限度地保留了大福村七夕节日传承的社会空间,在整合营销过程中,这种节日文化空间背后的符号象征更具社会意义。

中秋时节,南京首批特色田园乡村钱家渡举办了"摸秋"习俗活动,当地把原本祈求男婴的含义扩大化,赋予"摸好运"的意义,全民参与摸南瓜、摸藕、摸黄瓜等"摸秋"习俗活动。来此观赏的游客不仅可以亲近自然,同时也能够亲身感受中秋"摸秋"的传统节日习俗。溧水龙吟湾山庄以当地特色农产品为亮点,邀请市民游客体验打板栗,并把自己打下的板栗用来制作中秋板栗月饼,时令美食配上合家参与的节日体验活动,让人们在娱乐的同时感受到中秋节的团圆氛围。在沙河村,以"中秋月圆知多少 品月赏月话团圆"为主题开展的系列活动,邀请了专业老师向孩童科普中秋节的由来及其传统节俗,通过《嫦娥奔月》《吴刚折桂》等中秋相关等神话故事,轻松而又生动地向孩童讲述中秋节的历史背景和文化底蕴,激发孩童对于中秋节文化的兴趣,推进传统中秋节庆文化的代代传承。

其次,重视城镇社区的节日文化互动,突出传统节日社会空间体验感。在城镇化和城市化发展进程中,"社区是每个人日常生活最容易接近的地理区域,在社区创造传统文化节日氛围,体验其中蕴藏的伦理价值,更能让每个个体在超大城市中感受到邻里的温暖与城市的温度。"①城市社区的节日文化空间与乡村有所不同,主要表现为城市社区的节日联动性。例如在春节期间,南京溧水各社区纷纷举办舞龙、马灯、庙会等具有地方特色的节日庆祝活动。舞龙仪式作为春节期间最为常见的传统节日庆祝方式,在南京各个社区比较常见。如洪蓝街道在青峰社区举办的何林坊双龙活动、和凤镇骆山社区骆山大龙等。马灯则是溧水当地春节文化

---

① 李海峰:《用传统节日激活公共文化空间》,《学习时报》2018 年 2 月 5 日。

的独特节日文化景观,如青圩村及塘西村的马灯活动、孔镇社区陡门圩村的喇叭灯、笪村跳马灯等,不仅种类繁多,而且各具特色。庙会作为村民们盛大的集会,在春节期间也吸引了不少民众参与其中,如蒲塘社区祠山庙会、孔家甘戴村甘戴出菩萨、孔家前孔村庙会等。浦口区各街道社区及区行政服务大厅广场举办"送春联进社区"活动,将各个社区居民紧密结合,营造浓郁的春节氛围。同时,为庆祝春节的到来,各社区组织举办极具特色的主题节日活动,采用文艺汇演、舞龙舞狮、民俗表演等多种方式,贴合该区域居民传统习俗,营造出更具有当地色彩的"年味"。六合区的各街道社区也开展了送春联与春节文艺演出的活动,用最直接的方式为民众打造节庆氛围。以竹镇文体中心主办的民俗文化巡回演出在春节期间于六合区各社区、市民广场、敬老院演出,迎合周边市民节庆活动的娱乐需求。此外,龙池街道龙池、四柳毛许、李姚等社区;金牛湖各村居、街道广场也为周边市民送上新春传统民俗文化展演,将市民熟悉的民俗活动进一步统合进行演出,通过民俗活动的演出和观赏,提升了六合城镇社区民众在春节期间的节日体验感和互动感,同时增添了节日气氛。春节期间在城镇社区举办的各种群体性文化娱乐活动,既能够在一定程度上传承我国传统春节文化习俗,也可以起到凝聚民心、推动社会和谐的重要作用。

端午节期间,栖霞区八卦洲小江河光明桥段,利用开阔的河道资源、标准的龙舟码头和龙舟直道赛道,自2013年起每年举办南京市龙舟公开赛,如今已经成为八卦洲一年一度的特色民俗节日体育盛事。比赛队伍分为公开组和本地组,充分考虑到栖霞本地民众端午龙舟竞技的民间风俗。在龙舟公开赛中,主办方还组织了栖霞特色龙舞表演,烘托龙舟竞渡激情昂扬的氛围。溧水区把端午节俗与当地民俗特色相结合,组织了具有鲜明溧水社区特色的节日庆祝活动,重点依托秦淮源头的历史文化传统举办各类节日仪式展演活动。在溧水区万达广场,将杂技表演与溧水传统端午节俗相结合,组织了独具特色的"水秋千"表演活动,同时以情景剧表演的方式,重现了《伍子胥祭贞义女》的历史场景,以历史情境再现的方式宣扬传统端午习俗,缅怀和纪念历史先贤伍子胥。当然,现场还组织了溧水传统非物质文化遗产和民间手工艺品展销活动,一些如虎头鞋等并不多见的传统端午节庆用品引起了不少市民的共鸣。

中秋节是阖家团圆的节日,南京各街道社区组织开展相应节日活动,满足社区民众的节日文化需求,不断丰富中秋节庆仪式活动的社会空间。如在浦口区,当地把中秋节变成了全民联欢艺术节,在市民中心广场,邀请当地居民广为悉知的民间艺术团,以贴近日常生活的独特形式传出对于中秋节的喜爱与赞美,深受当地民众欢迎。在表演过程中,观众们不仅能够观赏到具有当地特色的传统文艺表演,还可以了解到其中蕴含的中秋节俗意义。永宁街道水墨大埝举办了中秋彩灯会,邀请永宁街道及其周边居民参与扎花灯的体验,共同观赏传统民俗表演。继承与发展扎花灯的传统中秋习俗,既凸显的当地特色的节日风俗,同时又将中秋团圆的氛围带给更多的市民。溧水区联民、爱景社区则关注到社区内的少数民族同胞,在节日期间邀请辖区内各族居民共同交流。感受不同民族、不同地区的节日风俗,进一步扩大了中秋节的节日内涵与社会空间。江宁区东山街道和汤山街道,把中秋节与国庆节活动相结合,组织歌舞表演的文艺晚会,极大地丰富了城市民众节假日的休闲娱乐生活,并将中国传统节日与现代节日相结合,增添了中秋节日气氛。

重阳节是一年一度的老年节,关爱老人是这一节日的文化主题。南京市各社区和养老院,往往会在重阳节当日开展关爱老人活动。例如在 2020 年,秦淮区悦华安养院的志愿者们通过合唱、乐器演奏、戏曲表演等方式为老人们庆祝节日。江北新区葛塘街道也举办了重阳节主题公益活动,有的教孩子们写下孝字,也有相濡以沫的金婚夫妇携手合影,在活动现场传播了夫妻和睦、子女孝顺的传统社会风气,契合了重阳节的传统节日意义。

　　不容忽视的是,对于传统节日的社会空间建设,在经济、社会发展进程中,一方面,人们的节日生活方式不可避免地从乡土村落向城市社区转变。此时一些传统村落中的节日文化内涵被保留下来,并被整合成为为特色的乡村节日景观。另一方面,乡村特色节俗传承过程中也会出现异化,我们无法完全保留传统节日社会空间中原汁原味的节日文化要素;而在城镇化和城市化发展过程中,通过社区和街道的不断带动,原本在村落中惯常的节日习俗,经过统一规划,因地制宜,变成了新的节日文化景观。处于不同社会空间的民众,可以观赏到他们最为熟悉的节日文化场景,一些民众可以更好地融入新的节日社会空间,进而增强各社区民众对于传统节日社会空间的认同感和凝聚力。

　　在南京城市社区,不少"老南京"的传统节日记忆得以保留和重现。贴春联是城乡百姓自古以来的传统节俗之一,临近春节,家家户户往往都会精心挑选极富寓意的春联,预示着新的一年一切顺利,饱含了对新年的期待和祝福。贴上春联,不仅是新的一年到来的象征,春联内容中的韵律和措辞,也体现了丰富的节日文化内涵。自 2016 年起,南京市每年春节都会举办"城门挂春联,南京开门红"活动。在春节到来之际,在明城墙 12 座城门之上张贴由市民投稿、书法家书写的春联。号召全民参与,共度春节。不但使得原本肃穆的城墙多了一抹生机,更让民众通过活动的参与而切身感受到新年的到来。在 2021 年春节期间,南京推出了"留宁过大年"系列活动。在南京城墙各城门口,不仅摆放了大型牛雕塑,以庆贺农历"牛"年的到来。玄武门口的牛还被漆成大红色,看着喜庆又富有活力,寓意着牛气冲天;明城墙下的牛则凸显"腾云驾雾",周身被漆成彩色,吸引了不少市民前来驻足观赏。通过大型雕塑,为原本古朴的南京城墙增添了热闹喜庆的"年味"。

　　元宵节作为春节的尾声,相关的庆祝活动一般从春节之初就要开始预热。诸如南京秦淮灯会,在新春伊始便照亮了整个金陵城,装点了春节期间的南京。到了元宵节观赏灯会之时,则更加引人神往。在秦淮河流域及其沿岸地区,起源于六朝时期的秦淮灯会习俗得到了持续传承。近年来秦淮灯会的影响范围不断扩大,内涵更加丰富,秦淮灯组在各个展区以不同的主题为背景被工人师傅提前布局展出,辅之以一系列具有南京地方特色的风俗活动、文艺演出,极大地丰富了秦淮灯会的观赏性和节庆感。不仅如此,着眼于南京民众对于元宵赏灯会活动的热情,南京秦淮灯会的举办范围也在不断扩展,如南京城墙灯会、秦淮源头灯会、青奥艺术灯会等灯展活动。依托于南京不同片区的文化背景及建筑景观,不少南京市民在佳节赏灯的同时,还能从多角度领略南京城的风貌及历史底蕴。例如围绕南京古城墙,通过其地理环境的塑造,串联城内外、河上下,在"水陆空"都能够欣赏到灯会的不同美景。在解放门段城墙还设立的 20 米长的灯谜长廊,通过长廊中悬挂的大红灯笼以及各式多样的灯谜,在整个春节期间,民众在游览的同时,还会参与到传统元宵节猜灯谜的民俗活动之中。此外,还有一些专属元宵节的特色饮食民俗活动也受到市民的青睐。元宵节食元宵的传统食俗文化在古城区各地得以展现。如老太叠元宵、芳婆糕团店等,深受民众喜爱。通过手工制作,世代传承,各具其独特的风味,成为许多市民从小到大的元宵节记忆。通过熟悉的味道,不仅引起了当地市民的共鸣,也加深了加深对于节日的情感。正月"爬墙头"仪式是南京市民元宵节的独特传统民俗之一。其历史悠久,素有"岁正月既望,城头游人如蚁,箫鼓爆竹之声,远近相闻,谓之走百病,又云踏太平"①的说法。近年来"正月十六爬墙头"的节日习俗活动逐渐复现。正月十六当天,南京开放古城墙的八个登城口:解放门、东水关、中山门、集庆门、定淮门、标营门、武定门和中华门,鼓励广大市民积极参与,重拾旧时民俗记忆。并在解放门城墙进行舞狮表演、猜灯谜、品尝蒸糕;在中华门顶层平台设置非遗展示区。通过各种方式,将众多南京特色传统文化结合

---

① 王焕镳编纂:《首都志》(下册),南京:正中书局 1935 年版,第 1144 页。

在同一空间,既丰富了"爬城墙"节俗的趣味性,同时也让更多民众领略到传统节日的独特魅力。

南京传统节日社会空间建设过程中,还会借助城市交通工具营造节日氛围。在城市发展的交通工具中,南京也将空间布景与传统节日振兴相结合,凸显节日特色。作为贯穿南京城东西向的主要公共交通,南京地铁2号线连通建邺区、鼓楼区、秦淮区、玄武区、栖霞区各重要地段,自开通以来客流量巨大。为了使民众更多地了解传统节日,将节日的社会空间建设渗透到民众日常生活中去,2号线各站点被布置成了不同的节日主题:如元通代表"元宵节"、集庆门大街代表"中秋节"、茶亭代表"清明节"、莫愁湖代表"端午节";大行宫代表"春节"、明故宫代表"重阳节"、苜蓿园代表"七夕节"、钟灵街代表"冬至"等。"以绘画、浮雕等大型壁画形式综合展现中国传统节日等文化魅力。借助营造'我们的节日'文化氛围,推进实现传统节日传承的文商旅融合发展。"①在民众日常生活中利用公共交通空间提高社会群体对于传统节日文化的感知度,有利于节日文化的进一步传承与振兴。

二、公共文化景观:传统节日社会空间的营造方式

中国传统节日中的节庆活动使得参与集体聚会的人们产生平日无法体会到的狂欢性生命体验,这样的特点赋予节日文化空间以集体欢腾性,②每逢传统节日,人们总会相聚一堂,共同庆祝节日的到来。在当代,传统节日依旧延续着这一特性,尤其是在现代科技与商业因素的介入下,传统节日资源被吸纳、转化为特色旅游资源,吸引着各地民众的前来,公共文化景观的打造,便是传统节日社会空间营造的最重要方式。

---

① 龚冬梅、黄伟清、蒋筱云:《多元合力:"我们的节日"传承与践行路径——以南京市为例》,《节日研究》2020年第2期,第236页。

② 黄旭涛:《节日文化的空间特点及其重建意义探讨——基于天津天后宫年俗仪式活动的调查》,《节日研究》2020年第1期,第178-190页。

首先是依托传统节日中的民间信仰习俗,构建民众参与的公共文化景观。中国传统节日起源与发展的原动力之一便是各种意义上的原始崇拜与民间信俗,因此传统节日的文化空间也体现出神圣与世俗交融的特点。如腊八的起源与传承与佛教中国化的过程密不可分。一般认为,腊八喝粥的习俗源于佛教,经由民间传承,逐渐扩展定型下来。因此在腊八节当天,寺庙多会熬制腊八粥,布施大众。作为南京历史最为悠久的寺庙之一,鸡鸣寺腊八施粥活动已经持续十几年,寺院将连夜熬制好的腊八粥分装打包,并在腊八当天向市民分发。"南朝四百八十寺,多少楼台烟雨中。"南京作为六朝古都,拥有丰富的寺院资源。在当代,这些寺院每逢传统节日,不仅积极参与到节日的传承中来,还在社会慈善、义工服务等方面回馈社会。在腊八节当天,各寺院慈善团体走进福利院、环卫所、养老院,为他们发放腊八粥及节日慰问礼品,将温暖带给现场的每个人,和他们一起度过温暖祥和的腊八节。除夕撞钟是佛教传统的除夕节俗,每年除夕,各大寺院都敲响 108 下钟,寓意12 个月、二十四节气和七十二候,与民众共同祈福新年。春节期间,栖霞山上的栖霞古寺,举办了感恩祈福法会,以期盼新的一年能够万事如愿,寄托了民众美好的愿望。重阳节时,毗卢寺准备了近万斤精致挂面、一千斤素菜、一百斤小菜和一百斤麻油,精心烹制一万多碗长寿面分发给前来过重阳节的市民和游客,让市民游客在毗卢寺万佛楼通过享用长寿面,来祈求家人健康长寿。与此同时,毗卢寺中陈设的文物,也受到游客的欢迎,游客们在游览参观的同时增长了历史文化知识,同时对于传统文化瑰宝有了更深的了解,有助于传统文化的进一步继承和发扬。游子山作为著名的文化旅游景点,融合了儒、释、道三教文化,具有悠长的历史和文化内涵。"晒霉"是高淳市民元宵节的独特习俗,而游子山就是高淳人民进行"晒霉"活动的空间。每年元宵,高淳市民成群结队,登上游子山,踏青祈福。为了将高淳独特的"晒霉"习俗继续传承发扬,自 2013 年起,当地每年举办"森林生态旅游节暨游子文化节",

充分利用民间节俗活动资源,将民众自发组织形成的游子山踏青晒霉活动转变为特色旅游资源,此外还有跳五猖、东坝大马灯、荡旱船等富有当地特色的民俗表演。为了扩大"晒霉"民俗的影响力,便于高淳市民参与"晒霉"活动,景区还在元宵节当天开设游子山专线。分别从高淳汽车客运站和高淳枢纽站出发,将沿线的乘客接驳至游子山,更有利于民众感受"晒霉"习俗。

　　江宁牛首山景区,依托景区丰富的佛教文化和地理空间环境优势,在各传统节日都举办了各式各样的节日庆祝活动。在新年之际,牛首山历来有纷至沓来的游客前来祈福。2021年,正值传统生肖的牛年,市民朋友对于前往牛首山的热情更是增加。因此,牛首山风景区也开展了"辞旧岁,迎牛年"的主题活动。从2月11—17日,牛首山文化旅游区内供奉的佛顶骨舍利对外公开瞻礼。同时,牛首山还推出了"福在牛首"新春礼盒,礼盒文字由佛顶寺曙光法师题写,将牛首山的文化底蕴和南京传统非遗金箔锻造技艺紧密结合,制作出了金箔春联、红包和福字。礼盒中传承的不仅是对于新年的美好祈愿,同时也在这其中感受到南京及牛首山所蕴含的丰富文化底蕴。在中秋期间,邀请专业演员扮演嫦娥进行舞蹈表演,曼妙的舞姿、动人的音乐、绚丽的灯光,将牛首山打造成现实版的"天上人间"。佛顶宫禅境大观的觉妙阁,为喜爱古典的游客们提供空白团扇,供大家创作出属于自己的手工团扇。在金陵水乡钱家渡,景区重现了赏月、投壶、猜灯谜等中秋传统习俗,同时辅以手工体验、汉服快闪等广受年轻人喜爱的活动,由于影视剧《长安十二时辰》而再次回归大众视野的非物质文化遗产——鱼灯,也在节日期间和游客见面,应和了中秋放花灯的传统习俗,在景区中感受浓浓的中秋味。在春节期间,牛首山景区举办了"南京新民俗·牛首新年俗"特别主题活动。除夕当日,在苑心莲广场的坡形水槽处,与前来游玩的民众共同放莲花灯,以祈求来年风调雨顺、国泰民安。除传统的撞钟点灯之外,禅境大观还提供传统剪纸、年画拓印、春联书写等多样的体验活动,通过除夕相关的节俗活动体验,增添景区的节日氛围。此外,景区还利用全息投影技术,展现珍藏于塔内的舍利全貌。通过瞻礼,让更多人表达对新年的祈愿。

其次,立足城乡图书馆、博物馆等公共文化空间资源,打造节日文化传播渠道,建设传统节日社会空间。因其自身具有的文献储备及科普职责,文化馆、图书馆、博物馆等资源在传统节日当代振兴的社会空间建设中也时常被提及。博物馆在传统节日振兴的社会空间建设过程中"利用南京历史底蕴深厚的文化优势,发挥博物馆集群的节日文化集聚效应",[1]开展丰富多彩的相关活动。南京博物馆在多个节日时节开展"我们的节日"系列活动。重点面向孩童,通过讲座及节庆相关物品的制作学习,使其了解各节日的历史内涵,同时感受传统民间技艺之美。南京民俗博物馆则着重于民间节俗活动的讲解体验。春节期间,展出诸多非遗精品,并开展学做花灯等互动体验活动,让市民能够亲历传统春节的庆祝方式。2019年的"二月二"科普讲座和民俗体验活动,也是传统节日的科普推广活动之一。为营造传统节日的氛围,民俗博物馆的工作人员身穿汉服进行讲解。同时邀请南京民俗博物馆副研究员、民俗专家徐龙梅为大家讲述二月二龙抬头的历史习俗,在馆内形成了良好的节俗氛围。为了进一步了解和加强对于清明节的习俗的传承和发扬,南京市民俗博物馆将清明节与非遗文化相结合,扩大节日的影响力和丰富性。邀请金陵风白局曲艺团、布艺传承人高勇及曹氏风筝传承人曹红,在清明时节通过不同的非遗艺术形式,为民众提供多样的节庆活动选择,加深市民对于清明节俗的理解和认同感。活动中还以互动游戏的方式科普"寒食节""清明节""上巳节"的食俗文化,兼顾各年龄段的市民对于传统节日的了解和学习,寓教于乐,以更好地传播传统节日文化。南京博物馆则以讲座

---

① 龚冬梅、黄伟清、蒋筱云:《多元合力:"我们的节日"传承与践行路径——以南京市为例》,《节日研究》2020年第2期,第236页。

与实践相结合的活动,在特展馆邀请孩子们参与"我们的节日"清明系列活动。除了讲解清明作为节气所反映的物候现象,兼带清明所承载的节俗历史文化之外,还教给孩子们制作风筝的技艺。通过制作风筝,放飞风筝,在实践中对于清明放纸鸢的习俗及其背后的内涵有更深的理解。2018年上巳节,南京市民俗博物馆联合金陵国学堂举办的"祓禊赠兰,曲水流觞"民俗体验活动。邀请了30名儿童,在甘家大院共同还原上巳节水边郊游赋诗的传统节俗。孩子们身穿传统服饰,在工作人员的带领之下在河边互赠香草、游玩嬉戏。在休闲娱乐的同时,能够让小朋友认识和了解上巳节的内涵及其节庆传统节俗,有助于提高孩子们对于上巳节的兴趣和重视程度,使得上巳节能够进一步传承与振兴。在中秋节期间,民俗博物馆也承担起节日科普发展的职责,在馆内结合中秋节的传统文化,开展民俗讲座、诗词诵读、非遗展演、非遗体验等活动。

中国科举博物馆因其馆藏品多与中举历史相关,被民众视为祈福学业的圣地之一,在各节日承担起祈学的职责。在春节期间,科举博物馆创新出新年祈福的全新模式,举办了书写祈福带,拜魁星的活动,寄托市民新的一年对于学业事业的美好祝愿。端午食俗中的粽子,与"高中状元"谐音,端午时节又与现代高考时间临近,因此科举博物馆应时应景,开展了状元巡游活动。"状元郎"头戴金花乌纱帽,身穿大红袍,两旁辅以旗鼓开路,还原了古时高中状元时庆贺的热闹场面。过往游客纷纷驻足照相,以期家中学子也能够金榜题名。七夕节相传是魁星的生日,因此古来也有七夕拜魁星点习俗,以期能够"一举夺魁"。在中国科举博物馆,便着眼于此,开展"七夕乞巧拜魁星"活动。除了为民众提供拜魁星,祈祷学业有成的场所之外,科举博物馆还以传统的智力游戏为主题,开设了投壶体验、九连环、画团扇、穿针乞巧体验、科举成语竞猜等游戏环节。这些趣味的智力游戏,既提升了民众的思维能力,又重现了传统游戏文化中蕴藏的智慧。2019年,中秋诗会也在南京中国科举博物馆拉开帷幕,利用"墨池"原有的深凹地形及建筑顶面的水池设计,配合灯光舞美等现代科技,让古老的建筑焕发新的生机。众多文化名家在"墨池"上,以自己擅长的表演方式和对于诗篇的内涵理解把握,将南京赏月诗词名篇展现在大众的视野。前来观赏的民众不仅能够看到精彩纷呈、各具特色的文艺表演,同时也能从他们所表演的内容中了解到老南京的中秋传统。

江宁区民俗馆则准备了更多具有端午特色的民俗活动。首先,民俗馆与杨柳湖文化风景区共同举办了"杨柳依依,一见'粽'情"江宁区第四届粽王争霸赛暨杨柳湖第七届端午诗歌诵读会。在活动中不仅将包粽子作为竞技项目让全民共同参与比赛,同时在诗词朗诵会的部分,民俗馆利用其资源邀请专家解读端午文化并进行古琴赏析、传统射五毒等端午民俗展演,辅以绳艺、香囊、陶艺技艺的现场展演。通过一系列的体验和展示活动,充分体现出江宁特色的端午文化和传统技艺的魅力。此外,江宁区民俗馆还联合江宁区博物馆,在馆内宣教老师的带领下制作端午香囊、五彩绳等具有传统端午节庆色彩的手工艺品,并且利用博物馆内纷繁众多的展品,了解相关的历史,体验传统民俗。让前来参观的市民尤其是小朋友们也能够对于传统文化产生浓厚的兴趣,激发起对于传统节日文化的喜爱与保护之感。在江宁织造博物馆,以"我们的节日——端午节"为主题,结合江宁织造的丝路文化及戏曲文化,分别进行了云锦织造工艺体验及戏曲文化展览活动,塑造江宁地区特色名片,丰富节庆内涵及地方特色。

此外,还有南京六朝博物馆也以"岁时有约"为主题,在每年冬至开展相应的实践活动。从 2017 年的"九九消寒图"到 2019 年的冬至祈福香囊,再到 2020 年的羊毛毡手工艺品,六朝博物馆力图将冬至传统习俗及传统手工艺品注入新的活力,再次激起大众对于冬至的重视和兴趣。在实践体验的同时将六朝文化结合,制作出带有丰富历史底蕴和地方文化特色的冬至节庆用品,充分展现了南京作为六朝古都的节日文化内涵。

南京市各区图书馆,作为公共文化空间,也为节日振兴提供丰富的活动空间。春节期间,各图书馆依托于馆内丰富史料,以春联、剪纸为主题进行相关节庆物品的展出及制作体验。在元宵节期间,市内各图书馆在元宵节庆活动中承担起主要的活动举办。金陵图书馆、六合区图书馆、江宁区图书馆、建邺区图书馆等多个图书馆利用其场地丰厚的文化底蕴,举办猜灯谜的活动,寓教于乐,让市民能够在游戏的过程中了解中国传统灯谜解法及出题的巧妙内涵。鼓楼区图书馆及金陵图书馆的少儿片区还为小朋友们开辟了自己动手做灯笼的活动。不仅增强了亲子交流互动,同时也将灯笼制作、观赏的习俗,通过实践体验,传承至下一代。

在端午节期间,六合区图书馆将挂艾草、包粽子的传统端午习俗,以及图书馆独特的文化学习氛围相结合,开展出独具风格的庆祝活动。栖霞区图书馆邀请北京中医药大学专家,通过科普的方式,向市民宣传端午节制作佩戴香囊的节俗渊源。在馆内,还邀请了专业老师传授五彩吉缯技艺。老师为大家讲解了五彩吉缯与五行的关系,同时也解释了其更深的文化内涵。通过学习和制作体验,市民朋友不仅能够掌握五彩吉缯的制作方法,同时更能了解其制作背后蕴藏的文化和历史。

江宁图书馆在中秋节开展了"书香雅韵寄乡思·乐享中秋话团圆"中秋节手工月饼亲子体验活动,温馨的制作品食月饼活动,既让每个家庭增加亲子间的互动,培养孩子们的动手能力,同时也能让孩子们了解其背后所蕴藏的丰厚历史文化底蕴。而建邺区在图书馆举办"八礼四仪"建邺四季·悦读节气冬至主题活动。除了有冬至主题的摄影展之外,还提供冬至亲子活动,邀请小朋友和他们的家长共同参与讲座、诗会,了解丰富的节气知识和传统诗词,加强了传统冬至节日在民众心中的地位。

通过借助传统节日社会空间的建设,各种公共文化空间活动的举办,也拓展了传统信仰资源及城乡文化资源的职能,能够进一步增强传统节日与民间社会的互动特性,"让传统节日文化'动'起来,让传统节日历史'活'起来,让城乡民众在多姿多彩的节日活动中吸收、感悟中华优秀传统文化的内在魅力"。①

三、政府引导与景区参与:传统节日社会空间建设的重要动力

地方政府在传统节日社会空间建设过程中起到了十分重要的助力作用。"地方政府部门,在保护与传承地方传统节日的过程中,具有非常重大的影响力,正如'我们的节日·南京'活动,在南京市委宣传部的主导策划下,开展了一系列节日宣传、推广与传承活动。"②2018年的冬至,市委宣传部选择在熙南里大牌楼举行"我们的节日"南京系列活动新闻发布会。传统南京习俗是在冬至这天品食鸡汤,素有"逢九一只鸡,来年好身体"的说法。因此在发布会现场,为市民准备了香浓的鸡汤。共品鸡汤活动,使南京冬至喝鸡汤的独特食俗得以体现。除此之外,会后的妙"布"可言民俗活动,引导小朋友们利用手工贴画,加入自己的创意和对于传统节日的认知,来展现二十四节气各具特色的习俗。聚焦于下一代对于传统节气习俗的认知与兴趣,拓展传统节俗的传承渠道。

自2018年冬至,"我们的节日"新闻发布会成功举办之后,"我们的节日"系列活动正式在各个传统节日时节,于南京各地开展相应活动。政府带动众多南京市民熟知的旅游景点、文体景区进行传统节日相关的活动举办。《我们的节日》——上巳节"三月三"民俗风情活动以三月三为主题,在南京夫子庙地区,依托于秦淮河流域,将传统节日习俗文化与秦淮文化结合,举办文化展览及表演活动。"三月三,荠菜花赛牡丹,女人不戴无钱用,女人一戴粮满仓。"③传统南京民谣寓意在上巳节当天,由女子将荠菜花戴在头

---

① 龚冬梅、黄伟清、蒋筱云:《多元合力:"我们的节日"传承与践行路径——以南京市为例》,《节日研究》2020年第2期,第236页。

② 王加华:《全面普查与摸底、保持节日传承的"神圣性"——对"我们的节日"传统节日振兴工程的一点思考与看法》,《节日研究》2019年第2期,第347页。

③ 王焕镳编纂:《首都志》(下册),南京:正中书局1935年版,第1148页。

上,予以消灾灭难的期望。在活动当天,夫子庙活动现场也进行了"采荠文化"的表演和讲解,将如今已逐渐淡化的传统节俗文化再次强调。除了展出南京特有的采荠文化之外,传统上巳节中的洗浴文化、饮食文化、酒肆文化等也一一进行展出。表演现场将三月三的风俗文化同歌舞表演、诗朗诵、南京吃喝和南京白局相结合,用市民熟知的艺术手法将已渐渐淡忘的传统习俗包装,再次回归大众的视野。辅以当下最受欢迎的汉服秀等元素,吸引相当部分年轻市民的目光。不仅如此,《秦淮文化》还为此次参与活动的市民游客送上艾蒿、荠菜花煮鸡蛋等传统上巳节的节庆用品,以进一步烘托上巳节日的氛围。在"我们的节日"主题活动的带动下,将被人们逐渐淡忘的上巳节重新提及,强调其文化内涵并为其建设相应的节庆活动空间。此举能够在不断发展中重新提高南京市民对于上巳节的重视程度。

在政府引导之下,南京地区各景区也积极响应。比如,夫子庙作为南京的地标性建筑,在相当长的历史时期里,都是南京政治、经济、文化的中心。[1] 在传统节日的振兴活动中,夫子庙也承担了节庆活动开展的社会空间职责,通过各个节日所开展的特色体验活动和创意市集等方式,加深民众对于节日的理解和认同感。元旦时节,传统上巳节的"兰汤被襫"活动在夫子庙景区与元旦的祈福活动结合,把"兰汤被襫"转变为了"兰汤祈福","有新年去除污秽,驱邪灭灾,祈求福祉降临之意"。夫子庙作为祭祀孔子的庙宇,自 2011 年起在每年清明时节于夫子庙大成殿举办传统的祭孔仪式。从最初的上香奉酒,敬献花篮,到祭文论语的诵读和祭祀歌舞的加入,呼吁越来越多的民众通过祭孔仪式,表达对于先贤美德的追思之情。祭孔活动关注到"孝""礼"文化,每年通过诵读诗篇、书写"孝"字等不同方式,传达出对于"孝"和"礼"的重视,为前来参加的小朋友们上了一堂生动的关于"孝"和"礼"的课程,能够进一步

---

① 吉益乐:《南京夫子庙景区节庆活动研究》,南京师范大学,2020 年。

将中华传统美德传承下去。2021年,夫子庙景区将祭孔活动与非遗体验相结合,邀请了南京白局传承人进行白局演出。通过演出,市民能够欣赏到南京传统的演出,感受南京丰厚的文化底蕴。与此同时,在大成殿东侧回廊,景区设立了心愿纸灯的制作点。在这里,市民能够亲自手折一盏心愿纸灯,并通过纸灯寄托祈福的祝愿。一系列的清明节俗活动赋予夫子庙浓厚的节日氛围,承担了南京特色传统文化和清明节庆文化的传播与发扬职责。南京夫子庙在2019年七夕开展"穿越唐代遇见你"活动。依托于夫子庙古朴的建筑,青年男女身着传统汉服,以牵红绳的方式配对,进行巡游及后续活动。以传统的方式,加以传说色彩,让现代人感受到传统婚配情缘的浪漫色彩。除了情人节的意义,七夕节又称乞巧节,素有乞巧的民俗活动。《金陵岁时记》云:"七夕前日,妇女取水一盂,曝烈日中,使水面起油皮,截蟋蟀草,如针泛之,勿令沉下,共观水影中如珠如伞如箭如笔等状,以验吉凶。"①在大成殿,景区重新将穿针乞巧、浮针验巧两项传统民俗活动带回民众的视野,邀请民众体验传统的七夕活动。通过传统的场景和方式,重现了古代七夕节占卜祈祷的活动,实践传承了七夕乞巧的习俗。当然还有贴花黄、染指甲的传统装扮方式以及绣荷包的比赛,让人体验传统的"女红之巧"。端午时节,在夫子庙泮池码头,上演独具魅力的花船民乐表演。通过一系列的活动,将龙舟意象内涵扩大,将传统节俗与现代创新结合,使民众能够更好地了解秦淮的龙舟文化。秦淮赏月是南京人中秋节日的传统习俗。为此,秦淮区借助秦淮河及其周边的地理优势和文化积淀,自2019年起开展"我们的节日·我在秦淮品诗赏月"中秋特色活动。首届中秋活动,景区将节俗活动与直播相结合,对夫子庙秦淮观光带进行12小时的实时转播。在直播中,不仅邀请普通民众亲身讲述属于他们的秦淮故事,同时邀请10名本地文化名家,分别讲述秦淮"最美赏月地"的文化渊

---

① 王焕镳编纂:《首都志》(下册),南京:正中书局1935年版,第1152页。

源、非遗技艺中的月故事等,将秦淮文化、非遗技艺、赏月习俗三者
有机结合,是一次良好的传播秦淮地区特色节庆文化的尝试。
2020年,第二届活动则将地点选在南京夫子庙核心区的秦淮河泮
池中。除了与第一届相似的,以歌舞、朗诵、戏曲等形式展演的传
统诗作名篇之外,还在大照壁邀请小朋友们,还原了传统的拜月仪
式。孩子们在江畔身穿传统服饰,庄重祀月。通过亲身体验,感受
到传统中秋拜月的仪式感,也让孩子们更能理解传统中秋习俗。
并且,每年的夫子庙都于除夕开启花灯市场。荷花灯、菠萝灯、兔
子灯等秦淮古典灯彩一应俱全。市民能够选购心仪的灯彩带回家
中进行装饰,既增添了家中的节日氛围,又在不知不觉中促进了传
统秦淮灯彩的继承与发扬。2021年,为了更好地进行疫情防控,
同时方便市民游客选购灯彩,夫子庙扩大其灯市范围,新增了琵琶
街、大板巷、状元楼边上三处灯市,对于市民营造节日氛围提供
便利。

又如老门东和熙南里,也是建构南京节日文化空间的历史文
化街区。中秋节,老门东举办了"团圆中秋"门东创意妙会。此次
妙会是门东创意妙会的中秋节特别场,依托于老门东平日里创意
妙会的举办,此次妙会以中秋为主题,吸引了30余家新兴手作与
老字号手工艺,将传统中秋节的意象融入文创用品进行售卖,深受
市民的喜爱。2020年中秋,南京熙南里中秋笪桥灯市正式启动,
还原明清时期南京中秋灯市的"主场"。此次笪桥灯市将传统与现
代结合,在古街门口,摆放了一个6米高的时尚萌兔彩灯,与街巷
的古朴建筑相映成趣;同时在摊位中不仅能够选择传统的中秋主
题如嫦娥奔月的民俗灯彩,也能够选购带有现代科技感的彩灯,以
传统和现代的碰撞,使传统中秋节注入新的活力。

除了南京市内带有传统文化意味的历史街区之外,依托于自
然环境建设的景区也同样为传统节日振兴提供广阔的社会空间。
南京莫愁湖景区,趁着清明踏青时节景区的自然风光,在2020年
开展古风清明的活动。市民朋友不仅穿着汉服能够免费入园观

赏,同时景区还专门设立了汉服文化体验区,让更多人通过汉服的试穿和汉服文化盒子的制作,对汉服及传统文化产生兴趣。此外,在抱月楼广场,开辟了海棠茶会雅集。将传统的明式茶艺再次展现在大众眼前,也鼓励市民体验中式茶艺,以亲身体验的方式深入了解传统茶道的文化和内涵,感受别有雅致的传统喝茶艺术。投壶、射箭、击鼓传花飞花令也是古代民间传统的游艺活动。景区提供传统的投壶设施,游客们身着汉服,穿梭于几个游戏体验之间,时而拉弓射箭,时而席地而坐、共同对花令,在不知不觉中加深对于传统文学知识的回忆,感受古人的闲暇娱乐。2021 年,景区又以非遗手作为创意主题,在清明踏青的传统节俗时刻,于景区内开设花漾·春醒市集。陶艺、花艺、手作饰品应有尽有,而非遗文化也不仅停留于博物馆或艺术馆,而是将传统文化融入文创用品,使其更具有实用性。例如,印制有"秦淮八艳"的书签、记事本,或是亲手拓印的"财神图"拓板,将文创用品带入日常的生活中,也是将传统文化的学习和了解融入日常。在节日的氛围中赏花踏青、选购商品,在休闲娱乐的同时进一步丰富了清明踏青的节俗活动。七夕节主题活动,则由演员身着传统服饰,以舞台剧的形式,将《鹊桥仙》《七夕》《牵牛织女》等赞颂七夕佳节的诗词,通过传统民乐、舞蹈、诵唱的方式一一搬上舞台。通过演员们的表演,观众们能够更清晰直白地感受诗词所描写的场景及作者的内心活动,有助于市民对于传统诗词更加深入的理解,也加深了对于七夕节日内涵的理解。在 2019 年中秋节夜,莫愁湖景区又举办"月圆莫愁"中秋庆祝活动。在活动开始前以古琴与焚香烘托祭月仪式的庄重,在活动现场市民能够亲历抱月楼舞台上敬天、礼地的"祭月仪式",分胙饮宴,与家人朋友团圆赏月,将民众置于传统中秋的节庆空间之中。海棠是莫愁湖景区中著名的自然景观之一,此次中秋活动中,还以海棠为主题,进行了《知否知否应是绿肥红瘦》舞蹈快闪。将传统的国风舞蹈与现代的歌曲相结合,通过巧妙的编排剪辑,让人们在短时间内领略到传统歌舞不同风格的魅力,为祭月活动带来新的活力。2020年,南京莫愁湖景区在冬至之日开展"我们的节日 冬至雅集"主题活动。民众身着传统汉服来到古朴典雅的莫愁书院,在院内共同交流冬至文化。莫愁湖景区还为前来的游客带来了精彩的传统艺术表演:昆曲、古琴、琵琶,与莫愁书院内外的自然风光、亭台楼阁相映成趣,在欣赏传统艺术表演的同时,再现了古代冬至浓厚的节日气氛。此外,"舌尖上的冬至"也成为此次雅集重要的活动环节,鸡汤、饺子、元宵、青菜豆腐,或是南方冬至的节令美食,或是北方的冬至口味,结合南京特色的冬至食俗,让游客们通过品尝美食,感受到冬至的独特风味。

玄武湖景区依托于自然景观及其景区中的建筑文化,在不同节日为民众开展相应的活动,庆祝节日提供适合的社会空间。在春节期间景区开展了迎新春游园会,并进行腰鼓、旱船、大头娃娃巡游等传统民俗表演。演职人员身着传统服饰,在景区随处可见的大红灯笼等映衬下显得热闹喜庆。同时,景区还推出"赏春花做花灯 学民俗 习汉礼"活动,通过学习花灯的制作步骤和放花灯的历史背景及文化内涵,引导体验者了解感受春节做花灯放花灯的传统习俗,有助于传统节俗文化进一步传承与发展。玄武湖公园东南湖的阳光码头设立了龙舟运动基地。该基地在平日里作为划艇健身的训练基地,向大众开放。而到了端午节,基地积极承办一系列的龙舟大赛,为赛龙舟的传统庆祝方式提供完备的环境和设施。2021年端午节,南京市"领航杯"龙舟大赛便在此举行。共吸引了18支队伍前来参赛,参赛者们不仅能够欣赏到形态各异、各具特色的龙舟,同时也能够领略玄武湖周边的风格。而他们竞渡的英姿,也能让围观的市民朋友进一步体会到端午龙舟的激情活力。同时开展端午华服节活动,以正行篇、尚礼篇、华裳篇和同乐篇四个篇章,分别聚焦还原古代端午仪礼、传统射礼儿童孝礼、汉服欣赏、非遗体验四类活动,串联起玄武湖景区各分景点。在体验和尝试中,这些民俗活动也展现出传统与现代融合的新的活力。中秋节玄武湖景区则利用其园区的不同景观场景,打造不同的中秋节庆空间。湖中赏月向来是诗情画意，在西南湖畔，景区将自然风光与人文演出相结合，在大型游船二层平台上进行中秋文艺表演。无论是在岸边聆听，抑或是泛舟于湖上，都能感受到中秋月圆之夜的浪漫团圆之情。为了方便市民们更清晰地感受水天一色的美景，景区在节前将翠洲至太平门间的长堤进行彩化改造，更方便人们中秋赏月，享受美景。中秋食蟹的传统食俗于莲花广场得以展现，"赏秋赏蟹"中秋联欢活动，吸引民众在中秋之日，围炉团坐，共食秋蟹，既满足了口腹之欲，又感受到月明人团圆的中秋意义。

大报恩寺遗址公园，在春节期间邀请舞狮、相声等演出团体，将中国传统过年喜闻乐见的表演形式带至景区，营造春节的喜庆氛围。同时结合当下流行的盲盒元素，在天王殿设置"牛气满满"盲盒互动墙，通过抽取盲盒，市民能够获得属于自己的新年祝福。传统与现代的结合，为不同年龄段的游客提供春节的节庆空间。元宵节时，景区致力于还原传统元宵节的古礼，并且进行元宵节由来、发展历程的讲解，让前来观赏的民众在欣赏演出的同时也能对于传统元宵节的礼仪和内涵有更大的学习热情。2021 年"龙抬头"，景区依托于寺庙原本的古朴建筑，结合传统古礼与"开笔礼"，让孩童们身着"国学服"，并在"正衣冠""朱砂启智""击鼓鸣志"等环节中，使其亲身体验到传统节俗文化中蕴藏的礼仪，有助于"龙抬头"习俗活动的进一步传承和振兴。清明时，景区则开展了一系列主题活动。首先，景区将清明节踏青郊游的传统习俗与景区自然环境相结合，举办游园会。在"圣地纳福清明主题文化墙"，游客们可以在游览的同时感受到报恩寺所蕴藏的文化内涵和清明时节的风俗。其次，景区侧重清明节扫墓祭祖习俗，在这个特殊的节日里开展了"感悟回想空间"的特别体验。专门开设的人生轨迹区内，民众们可以观看人生轨迹影片，回忆往昔。区内摆放国学桌、蒲团、花卉、禅香等物品，营造出安静祥和的空间。景区还在空间内设立清明专场感恩礼，民众在空间内感恩过往、回忆过去、憧憬未来，是将传统祭祖的习俗加以现代化的独特表达方式。传统端午祭礼俗活动已开展数年,每年都邀请海内外游客共同参与欣赏。参与者身着汉服进行活动,主礼人沃盥净手,焚香敬天地。而后行献礼,通过颂祝文焚祝文的方式还原古代端午祭祀的过程。对端午古礼的还原,能够使民众更深层地感受到传统礼俗的魅力,帮助传统节庆礼俗进一步推广、继承和振兴。景区同时向民众开放的兰汤祓褉、涂雄黄、刺五毒以及五彩绳和香囊的制作,民众能够亲身体验到传统端午节俗的多样及其背后深厚的内涵。各个传统节日,大报恩寺遗址景区都致力于恢复古礼。营造传统节俗空间,为传统节日保留其历史内涵起到积极作用。

在地方政府制定的传统节日政策引导下,南京各个景区通力合作,以自身的自然、人文环境为挖掘重点,将不同节日属于景区社会空间的特殊的节日记忆和历史内涵凸显出来,既扩大了景区的空间影响力,也增加了内部的运营收入。在满足民众的节日休闲娱乐需求的同时,理解传统节日背后的文化内涵,加深对传统节日社会空间的认同感。

第三节　传统节日社会空间建设的技术介入

近年来,由于科技的不断发展,移动设备与网络的发展迅速,对于传统节日振兴来说则是拓展社会空间的又一重要方式。有学者指出:"以计算机和互联网技术为载体,在创意城市概念探索及其建设和实现的过程中,可能为节日的发生和存续提供广阔虚拟空间。"[1]受到疫情的影响,自 2020 年以来,利用新技术线上组织开展的节日空间建设活动内容逐渐增加。

首先,利用新技术南京各地开展直播、远程互动,降低传统节日社会空间建设中的疏离感。例如,近两年受疫情影响,传统春节庆祝活动搬至线上,在各类游戏活动体验过程中,即使是在家中也

---

[1]　宋颖:《论节日空间的生成机制》,《民俗研究》2017 年第 5 期,第 20 页。

能够感受到春节的热闹氛围。进一步扩大了节俗活动开展的空间建设,增强了市民对于传统春节文化内涵的认知。元宵节期间,南京"我们的节日"工作室推出"云观灯"活动。在各大社交平台上,通过直播、视频讲解、图片配文等方式,更为详细地向市民展现花灯的全貌。虽然未能亲临现场,但通过网络,更多的市民朋友能够参与其中,通过碎片化的时间,了解观赏此次的灯会,更扩大了灯会的传播范围。市民能够足不出户,更便捷地了解到花灯及其背后制作所蕴含的深厚文化积淀。为落实疫情防控,游子山也将以往的踏青晒霉习俗搬至线上,由高淳区融媒体中心开发出线上"晒霉"程序,让市民即使在特殊时刻也能够延续传统的元宵节庆习俗,同时扩大了"晒霉"习俗的传播空间范围。"龙抬头"期间,南京非遗馆将节庆氛围由线下带到线上,邀请国家级非遗传承人张方林老师,透过视频录制的方式,教授市民传统剪纸技艺。南京剪纸作为南京非物质文化遗产之一,在各大节日中都起到了装饰、烘托气氛的作用。通过线上的学习,市民朋友们不仅能够跟着老师的讲解一同学习剪纸,以解疫情带来的烦闷,同时也通过亲身的体验,进一步了解了南京剪纸技艺及其背后所蕴含的深厚文化底蕴。此次活动既是一次寓教于乐的文化推广活动,同时也为"龙抬头"增添了新的节庆魅力。江宁图书馆在端午节开展了"端午我知道"端午节文化线上展览。通过史料记载和图像资料,市民能够利用碎片化的时间学习到更多有关于端午节起源、端午节习俗的知识,同时欣赏端午相关的诗词和俗语,孕育浓厚的端午文化气息。2021年,为响应疫情防控的号召,许多寺庙暂停了腊八奉粥活动。为了使腊八习俗继续保持,各寺庙在各网络社交平台,将腊八粥所需配方及制作步骤,以文字、图片、视频等方式,传授给广大民众。市民们在家自制腊八粥,以食俗活动的延续进行,扩大了传统节日的节庆空间。同样还有除夕的年夜饭,受疫情影响的外乡人,也能够以外卖的形式品食以来自大江南北的家乡味。即使身处他乡也能体会到家的温暖,让在南京的外乡人也能够度过一个圆满的除夕夜。

其次,利用新技术,拓展线上节日庆祝方式,进一步扩展了传统节日的社会空间渠道。它可以使民众即使足不出户也能够感受到节日氛围,了解节日文化,继承节庆传统。在南京,将新兴的科技应用于传统节日振兴的例子比较常见。例如,在溧水无想水镇,景区将元宵传统放花灯的习俗与现代无人机技术相结合,在夜空中营造绚烂的花灯盛景。七夕节大塘金香草谷则将现代无人机技术与传统鹊桥相会的故事结合,以无人机灯光秀表演,将牛郎与织女的形象投射在浩瀚的夜空中,最大限度展现了鹊桥相会的动人场景,加深民众对于七夕传统节日深厚的文化底蕴的理解。自 2018 年起,南京紫金山举办七夕荧光跑活动。灯光与跑道途中的美龄宫景区的"项链"景象相结合,成为一条耀眼的"宝石项链";与烟花相结合,又给予市民极大的视觉冲击,让人一瞬间仿佛置身银河,增添景区的浪漫氛围。通过这样的方式,再一次加深七夕节在人们心中的意义,彰显出属于七夕的独特魅力。此外,科举博物馆还创新性地在魁星堂引进 MR 互动体验科技,举办全球首个博物馆 MR 秀"魁星点斗"。通过虚拟现实技术,不仅能够身临其境地拜魁星祈求好运,同时还能够领略到不同时代学子的各具特色的求学之路。

通过一系列的高科技产品,线上与线下的结合,使"人类可以同时存在于现实空间和虚拟空间",[1]打破现实时间与空间的限制,通过视觉、听觉等多感官体验,穿越历史或展望未来,将传统节日振兴的社会空间不断扩展,增强社会群体的凝聚力。并通过大型的活动现场及视觉冲击,加深民众对于特定节日的记忆,能够进一步更好地传承与发扬。

总而言之,南京作为历史文化名城,对于传统节日振兴的社会空间建设尤为重视。尤其是博物馆、文化馆等资源,为传承节日习俗和节日文化科普提供了充分的场地和文献资料支持。此外,夫子庙、玄武湖等南京著名文化旅游景点在节日振兴的社会空间建

---

[1]　宋颖:《论节日空间的生成机制》,《民俗研究》2017 年第 5 期,第 20 页。

设中也起到不容忽视的带动作用。将时下流行的元素与传统的历史习俗相结合,一方面考虑到"老南京"习惯继承的传统习俗,通过扩大节俗活动开展的场所,统一规划集中管理等方式,加强传统节俗的进一步保留与继承;另一方面吸纳现代技术及流行元素,以无人机、灯光效果等高新技术及线上云传播等方式,扩大节俗文化的传播空间,同时更受到年轻人及"新南京人"对于南京节日文化的了解和学习,使得传统节日习俗在传承发扬的同时更符合当今社会的发展趋势和传播方式。各景区等文化旅游场所在各节日期间都会开设各式各样相应的传统民俗活动体验活动,通过号召市民进行实践体验,身体力行地感受传统民俗活动、游艺文化的精巧技艺及其背后所蕴藏的丰富内涵。尤其关注传统节日习俗和文化内涵向下一代传递,在景区、博物馆等文旅场所开设的讲座或是体验,多邀请孩子或亲子共同参与,寓教于乐,引导孩童在过节的同时能够形成对传统节日的基本认知,引发他们对于传统节日礼仪习俗的兴趣爱好,为传统进一步的传承发扬打下基础。在南京城乡社区,传统节日发展过程中,应当多采纳、吸收当地的特色节日习俗,以表演欣赏、共同联欢的方式,为周边的市民提供传统便利的节日庆祝活动进行场所。注重地方特色节俗,将传统节日振兴的社会空间进行统合整理,在民众熟悉的社会生活空间定期组织举办公共节日庆典活动,既延续、继承了当地民众的节庆活动习俗,也可以使民众感受到完整的节日氛围,在每一次的节日展演中加深民众对乡土节日文化的认识。

不难发现,南京作为六朝古都,自身拥有丰富悠久的历史文化资源,也形成了独具南京特色的节庆习俗与文化空间。通过开展系列活动,将原本各家单独的节庆活动整合成为社区集体活动,加强了节日的仪式感,强调了节日的文化内涵,发掘一些属于地方特色的节俗活动,得以进一步扩大节日的影响力和内涵。对于春节、端午节等重要盛大节日,南京的节日空间更加丰富。在纷繁多样的节庆活动中更应尊重和传承节日本身的内涵,并逐步扩大节的影响范围和深度,成为全民共度的传统节日。与此同时,对于诸如龙抬头、上巳节、腊八节等传统节日,也应当进一步发掘其文化历史,重视南京特色的节日习俗,加以继承与发扬。通过节日文化景观的展演复现如今已慢慢被淡忘的传统节日,建设相应的节庆社会活动空间,丰富和拓展其节日内涵及庆祝礼俗,增强节日的文化影响力,为传统节日振兴打下坚实基础。

　　第三,由于城市发展导致的传统节日的社会空间变化,引起的弊端问题也同样值得反思。传统村落在向节日特色乡村游景区的转变过程中,势必会影响到原本身处村落中居民的节庆活动。将节俗活动进行展示表演,打破了传统节俗的集体性与私密性。同时,由于外来游客及商家的参与,传统节俗活动的传统性会有所改变,使传统的节庆空间变得更加商业化而失去传统淳朴风貌。在城市之中的节日风俗又在愈发繁忙的生活节奏之中逐渐被社会群体忽视,致使许多节日已没有适合发展传承的公共社会空间,因此在人们的观念中逐渐淡忘。而景区自发开展的活动难免添上景区的营销宣传氛围,在传统节日的节俗活动空间沾上消费性的气息。景区或集市中售卖的文创产品有些仍然局限于将各个节日代表的图案印刷在现代文具、饰品上,或只是单纯具有观赏意义的摆设品,长此以往会降低市民对于市集的期待,对于特色集市、摊位的进一步发展有所限制。应当更进一步发掘复制传统的物件,并使之与现代社会生活相结合,激发民众对于传统节俗物件的兴趣和利用能力。而在运用科技打造新型社会空间的时候,则仍应遵从传统节日的历史特性及文化内涵,不能为了迎合年轻人的喜好而肆意更动篡改传统节日设立的空间或是"恶搞"传统节俗文化,破坏了传统节日的神圣性。

　　一言以蔽之,传统节日当代振兴的社会空间建设,应因地制宜,在保留传统节日社会空间的历史与文化内涵的同时,还要注重建设、打造新的节日社会空间载体,辅之以现代科技手段,不断拓展传统节日在当下社会生活空间中的影响力。

第九章

南京传统节日振兴的
理论研究与话语传播

推动传统节日文化的传承发展与当代振兴，离不开有关节日理论研究和节日话语传播的媒介支撑。在全球化、现代化发展浪潮中，我国不仅面临着十分严峻的文化话语挑战，作为中华文化重要传承载体的传统节日，其发展历程也越来越受到社会各界所关注。如民俗学者萧放所言："传统节日是一宗重大的民族文化遗产，它是民族成员情感、知识、智慧、伦理规范的凝聚。它不仅是我们创造民族新文化的凭借与基础，同时它也构成了我们时代生活的一部分。"[1]也有学者提出，思考传统节日的当代意义首先应当弄明白"传统节日是民众的文化遗产，它有助于构建民众的文化认同，且这种认同应当是出于主体的内在需要。只有当民众真正发自内心地意识到传统节日是我们自己的文化遗产，必须通过激发民众对传统节日保护与振兴的内在积极性，才能够将节日内核保留下来并传承下去"[2]。在此背景下，学界不少学者针对南京传统节日的历史发展脉络与现代传承等问题进行了一系列比较深入的探讨。进一步言之，如何保护好传统节日文化遗产，如何引导传统节日有效融入现代生活，此类理论研究成果的不断丰富，对于塑造

---

[1] 萧放：《传统节日：一宗重大的民族文化遗产》，《北京师范大学学报》（社会科学版）2005年第5期，第56页。

[2] 季中扬：《庆祝与聚集：传统节日文化当代意义的美学阐释》，《节日研究》2020年第2期，第20页。

传统节日当代振兴的话语传播起到了非常重要的促进作用。

第一节 南京传统节日当代振兴的理论研究

南京是中国近代史上具有重要影响的城市之一,其社会生活的方方面面可以说是整个中国社会的一个缩影。经济、文化、宗教、艺术、民族意识等社会形态可以通过传统节日民俗表达出来,影响着南京节日文化的发展。每当谈及传统节日,不少人都能感受到传统节日是中国优秀传统文化的重要组成部分,但不可否认的是,随着经济社会的不断发展,加之一些新技术的冲击,在人类文明演变过程中一些节日文化记忆变得模糊不清甚至被遗忘。开展南京传统节日的当代振兴实践,对于这些失落的传统节日文化要素,理应注重加强理论研究工作。近年来,南京主要从挖掘古代岁时文献、组织专题讨论等方面深化南京传统节日的理论研究成果。

一、古籍文献中的南京岁时节日

事实上,记载南京岁时景象的古籍文献颇为浩繁,但往往不为今人所熟知。这也导致南京当地虽然保存了十分丰富的岁时文化古籍文献资料,不少现代南京人却往往对其不甚了解。近年来,南京出版社对南京的地方文献进行了系统的整理出版,出版了《南京稀见文献丛刊》系列图书。在《白下琐言》《首都志》《金陵琐志九种》《金陵岁时记》《秦淮志》《首都计划》《南京概况》等方志与杂记中对于南京岁时民俗皆有记载,从中不难发现关于南京地区的各种岁时民俗的记载情况。其中,对于南京都市岁时民俗的描述,以《金陵岁时记》和《岁华忆语》为典型。这一专门节日文献著述,不仅记载内容翔实,资料丰富,对于研究南京岁时节日民俗变迁具有重要的参考价值。

（一）《金陵岁时记》

《金陵岁时记》由潘宗鼎所著，他曾长期生活在南京，对家乡的风土人情十分熟悉，对南京的岁时节令风俗做了细致的记载。全书共计 87 个条目，详尽地再现了清朝末期南京的岁时风俗景观。有学者指出，《金陵岁时记》的意义在于它是"堪称是研究南京岁时民俗的开山之作"，[①]为后人了解南京民俗的历史渊源和传承变化提供了重要依据。在当时，除了明清时期较为著名的《帝京景物略》《帝京岁时纪胜》等专门的岁时民俗书目外，南京还未出现专门记载岁时节日民俗的著作。在元朝张铉编纂的《至正金陵新志》第八卷《民俗志》中，曾记载南京民俗的内容只有寥寥千字，而与岁时民俗有关的内容几无提及。在明朝刘雨编纂的《正德江宁县志》第二卷《风俗志》中，专门描写南京岁时民俗的内容也只有千字左右。1935 年，正中书局出版了王焕镳编纂的《首都志》一书，在该书第十三卷《礼俗志》中，专门辟有"岁时习俗"一节，以 5 000 多字的篇幅对于南京的岁时民俗进行了详细的描述，其中许多资料直接引自《金陵岁时记》。

（二）《岁华忆语》

《岁华忆语》是夏仁虎根据回忆而记录的民国初期南京地区的节日风俗著作。他在自序中写道："乙卯除夕（1915），索居寡欢，京华尘梦，忽焉已醒。荆楚岁时，是曰可纪。书视儿辈，使知故乡风物。"[②]该书对民俗事项记载详尽和关切除了记载岁时风俗外，对一些社会风俗事项也进行了记载。例如关于画舫的描述："秦淮画舫，自昔艳称。洪杨后，地方长官欲提倡风雅，恢复繁盛，取外江陈旧之红船，改造焉，名曰走舱，以舱大可走也。上为布篷以蔽日，晚则去，悬明角灯，曰抬篷。此为灯船之俑。厥后踵事增华，始作楼

---

① 潘宗鼎、夏仁虎撰：《金陵岁时记·岁华忆语》，南京：南京出版社 2006 年版，第3 页。

② 潘宗鼎、夏仁虎撰：《金陵岁时记·岁华忆语》，南京：南京出版社 2006 年版，第53 页。

船，前容仆从，中延宾客设席，后为密室。湘帘棐几，布置精雅，到者疑坐水榭中"。再如关于水闸的描述："秦淮水道，一曰秦淮，通江流，即由滨江之三汊口，达通济门入城之河流是；一曰肯溪，即诸水灌入，今清溪渡、桃叶渡带汇入淮流者是一曰运渎，即由汉西门之铁窗棂入城，通于南北乾道桥者是四五月中，山水盛时，河水往往西流。旧制各水关，皆有水闸，以资宣泄。"此外，作者还对一些民俗文化事项进行了评析。例如南京的书院文化："书院之制，作育人材，最为美政。金陵文化之盛，盖由书院多也。"再就是南京的出会习俗，"赛会游行，四月为盛。乡间之会，有所谓茅山会者，特肩小亭阁，间以锣鼓而已。城中之会曰东岳会、城隍会。昔时商民富实，物力充牣，一会分若干起。有所谓某某老会者，旗幡灯伞，踵事增华。又饰人家俊秀小儿，扮各种戏装，肩之游行名曰抬阁。迤逦恒至里许，游行数日而毕。所过人家，争设供、放炮竹，曰迎会粉白黛绿，倾城往观。儿童罢读，妇女辍工。其意虽取诸驱疫，然耗费物力，甚无谓也。所可述者，足见民力之盛衰耳。"

二、地方志中的南京传统节日记载

目前，不少有关描述南京地区传统节日文化的地方志著作中，主要以讲述传统节俗习惯和地方风土人情为主。比较常见的《老南京记忆》《南京年鉴》《节日纪念日》《南京方言民俗图典》《纪念节日史料》《南京文化志》等地方文献资料，大多是以中国传统节日为线索，阐述节日风俗在南京地区的独特景观，以及一些南京本土节日的起源、发展脉络、沿袭状况等。其内容虽然可能在某些细节上存在偏差，但在节俗的内容方面并无二致。总的来说，这类书籍语言较为轻松易懂，适合为广大读者普及传统节日知识所用。其中以《江宁街道志》中记载的有关岁时节日的部分为例：

正月初五：农历正月初五旧时称"财神日"。是日，集镇商户祭祀财神菩萨赵公明，焚香、点烛供"三牲"；设酒筵邀请邻舍，大吃大喝，席间宾客开怀畅饮，嗜酒者越醉越"发财"。1949年以后，此俗废止。

正月初七：农历正月初七为"人生日"（意同人口日称"人生节"）。是日，家家户户早餐吃面条，中、晚餐饮食与春节相仿。过去各地都有捏面人、吃糖人的艺人出来沿街叫卖，还有许多传统体育和游戏以示庆贺，此俗新中国成立后已废。

元宵节：农历正月十五日为"元宵节"，又称"正月半""过小年""上元节"或称"灯节"。此节日从正月十三上灯（开始），十五正灯（集中演出），十八落灯（结束）。境内正月十五晨吃元宵，上午起出门观赏灯会。灯彩形式各异：陆郎集镇的滚龙灯、财龙灯；小荷塘、桥西的狮子灯；姚家的皮老虎，后城的采茶灯跑马灯等，铜井与江宁境内还有耍狮子踩高跷、划旱船、扭秧歌、打太平鼓等传统民俗表演。晚间灯会，各种灯舞多姿多彩，争奇斗艳，火光闪烁，锣鼓喧天，管乐齐鸣，尤为热闹；四面八方，人群如潮，男女老少，穿新衣，戴新帽，欢声雷动，笑逐颜开新中国成立以后，灯会逐渐为电影、戏剧所取代。

二月二：旧时，是日各村做土地会，俗称庙会，以猪头、香烛祭祀土地神，祈祷保佑丰收境内以二圣庵庙会最盛，并有"二月二，龙抬头，家家接女儿"之俗。"文化大革命"后土地庙被毁，祭神之俗已废。今"二月二"已形成境内物资交流会，届时人流物流聚集，场面甚是壮观。

清明节：旧时清明是祭扫拜祖之日，各户修理祖坟，并于头插柳枝，挂红白纸焚烧纸钱。妇女发鬓戴柳枝，意为"避邪"。有祠堂的同姓家族于祠内祭拜祖宗，并举行聚餐（限于男性）费用自理无祠的人家于家中设香案祭拜亡人。新中国成立后，修坟习俗尚存，拜祖在 20 世纪 60 年代至 70 年代一度废止，1980 年以后，少数姓氏开始恢复此俗。机关、学校和人民团体，每年清明组织干部、师生开展祭扫革命烈士墓活动，缅怀革命先烈启迪后人。是时，踏青旅游者甚多。

四月八：农历四月初八日，人家有吃乌饭习俗。乌饭是以山间生长的乌饭树叶搓揉捣碎,浸泡后,经过滤与糯米煮成乌饭。其饭乌紫发亮,味清香可口,若加白糖少许,则尤为甜美食之生津、复元,被誉为"仙家服食"。

端午节:农历五月初五,端午节,又称端阳节。为民间传统节日。传两千多年前楚国爱国诗人屈原在这一天投江自尽,后人为了纪念,把这一天定为节日。明、清、民国年间,适逢这日,陆郎河上举行划龙舟竞赛活动,人山人海,锣鼓喧天赛龙舟活动于抗日战争期间告止。端午节,境内家家吃粽子、绿豆糕,吃苋菜、咸鸭蛋、黄鳝、虾、饮雄黄酒等"五红",门前檐下插艾,并以艾蒲煎水洗手、脚,用以"禳灾"。此外,家家堂前悬钟馗画像,驱鬼避邪。小孩项间悬彩色丝络,络中装咸鸭蛋,小手腕和脚、脖系五彩丝线,称"长命缕";身穿老虎图案花衣,脚穿老虎鞋,脑门、脚心涂雄黄酒;以求消灾免难。新中国成立后,此俗迷信意识渐淡,但端午节吃粽子、绿豆糕以及插艾亦仍为部分人所习用。

六月六:境内农谚云:"(六月六)雨湿龙袍边,反早四十天",传说古代皇帝均于农历六月初六曝晒龙袍。是日如天落雨,淋湿龙袍,则皇帝即不准老天在40天内降雨故有此说。

歇夏:农历六月为盛夏,天气炎热,农事渐稀;农娘亲接女儿回来歇,是谓"歇夏"。

七夕:农历七月初七夜,俗称"七夕。传说是夜当勾月西下,星光闪烁,"天门"大开,牛郎织女二星于银河鹊桥之上相会。旧时,境内民间女子多结伴于庭院,焚香供瓜果相祭,并结彩穿针,以求天赐奇巧(指超等缝技艺)若丝线穿进针眼,并有蜘蛛在瓜果上结网,即谓"得巧",因"七夕"又称"乞巧"。此时姑娘们即将凤仙花朵拌入烟草丝末搞烂,以豆叶离于指甲,日晨指甲均染成红,可历数日不退。

七月半:旧时农历七月十五日为"鬼节"。这一天,各家家中设香案,摆酒席,化纸钱、"元宝"(以锡纸折成),全家头礼拜,以祭亡灵。这天午后,村间老结伴,带上纸钱、锡箱,为孤坟烧化"超度"。

1949年后曾一度废止,20世纪90年代初又见恢复,后来祭奠烧的是百元冥钞,纸制的金戒指、金元宝、手机、电视机、电冰箱、别墅、小轿车等。随着时代的进步,观念的更新,那些充满迷信的祭祀形式已渐淡化,人们通常烧一些冥币、黄纸以寄托哀思。

中秋节:农历八月十五中秋节为民间传统节日,也是境内群众视为一年中仅次于春节的一个重要节日。月到中秋分外明。每到这天,月亮最圆,最亮,远在外地的亲属都要回家团聚,故又称"团圆节"。节前,一般晚辈都要给长辈送月饼白糖、水果,以示孝敬。这天中午,大家小户酒菜甚丰,晚间多数人家做米面饼。晚饭后,一家人谈心赏月,共叙天伦。案上的月饼、菱角、嫩藕、鸡头果、柿子、芋子等供品,待拜月后,可自由享用,一饱口福。此俗一直沿袭至今。近年,年轻男女"逛月"之风渐浓。

重阳节:农历九月初九为重阳节。古人认为九是阳数,所以叫重阳旧时这日,民间有登高和吃重阳糕的习俗。此糕多由市上食品坊供应,糕上插彩色三角旗。"九月重阳蟹正肥。"重阳时节吃螃蟹,此俗今日犹盛。改革开放以来,重阳节定为老人节,成了全社会敬老日敬老之风成了境内之新风。

月朝:农历十月初十,谓之十月朝。这天,家家上坟祭墓,插"钱"烧纸,以示念是时,民间开始腌制咸菜。

冬至:冬至"盘坟"(即修理墓)是境内民间极为重视的一件事。旧时迁合穴(夫妻二合,多为老人)也多在此日,以示不忘先祖之德,此俗迄今犹存。

腊八:农历腊月初八,为释尼成道日。佛教盛行时,李庙众僧游行街坊以及大户人家,化"脂八米初八日熬粥,加果供佛,余分送百姓,称送腊八"。后佛教衰落,吃腊八粥之风流入民间,每到月初八,直姓用子白果(银)等干果肉熬粥吃民国开始,民间普遍以花生仁、红枣、黄豆、赤豆、桂圆、胡萝卜、莲仁、藕等八种干鲜果再杂以蔬菜熬粥,香甘味美,营养丰富,老少均爱食之。此俗至今仍存。

送灶:旧时信者认为灶神是天庭来主宰每个家庭锅福的神灵,

农历月二十三或二十四（称"小除夕"）晚，家家于灶前设香案供品，揭下"灶王爷"神像焚之，鸣放鞭炮，即所谓送灶神上西天奏善事，保平安；至除夕晚再礼拜迎接灶神下界，重设新灶神像，是谓"接"。此俗 1949 年后渐废。①

　　通过《江宁街道志》中对于传统岁时节日的细致描述，可以大致窥探出南京地区的传统岁时节日虽然存在细节差异，但整体而言并无太大区别。这些地方志书重点介绍南京传统节日的民俗、饮食、节日起源等内容，并以此来了解南京地区的传统节日文化。

三、南京传统节日当代振兴研究文献综述

　　目前国内关于南京地区传统节日的理论研究成果可以分为以下两类：第一种为南京岁时节日活动与民俗演变的研究，研究对象涉及南京地区的风俗变迁、岁时节日活动演变与社会变迁的关系，以及对南京区域节日文化的研究；第二种是对南京传统节日当代振兴的探讨，主要涉及传统节日民俗的传习与应用、传统民俗存在形式的转变以及一些相关的社会文化问题等。不少学者在如何有效保护传统节日民俗与传统节日文化传承方面进行了深入研究，现将部分学者对于南京地区传统节日的相关理论研究成果梳理如下：

　　（一）传统节日与当代文化建设研究

　　有部分学者从当代文化建设的角度入手，将传统节日放在当下社会环境的语境中，探索它们的传承方式，并寻求振兴的现实路径，为传统元素在现代社会中的转变指引方向，具有重要的参考价值，获得了学界的广泛关注。季中扬（2020）②在探究传统节日文化当代传承与振兴的动因问题时，他认为民众是传统节日文化创

---

　　①　以上岁时节日的记载请见《江宁街道志》编纂委员会：《江宁街道志》，北京：方志出版社 2011 版，第 792－795 页。
　　②　季中扬：《庆祝与聚集：传统节日文化当代意义的美学阐释》，《节日研究》2020年第 2 期，第 18－25 页。

造、想用、传承的主体,所以应当从民众的视角来看待这个问题,民众的需要可以说是传统节日文化传承与振兴的根本动因。萧放(2019)①认为:"节日是特定的时间文化,与历史文化传统、地方风土环境、人们的生计方式以及由此氤氲出来的民众的时间意识都密切相关"。传统文化是民俗文化的重要载体,不仅承载着中华民族的一些核心理念,还能够孕育出丰富多彩的传统民间文艺活动。文化传承不同于文化传播,要实现文化的传承则需要结合社会实践,具体落实到南京地区,则需要根据地域特色及历史背景重新提炼自己本地的节日内涵与主题,通过培育不同的节日主体、拓宽节日消费市场才能使得节日文化传播影响力更加深远。季中扬(2019)②对"传统节日在当代中国社会所遭遇的现实传承难题是什么"以及"传统节日是否具有当代振兴的可能性及有效路径可寻"这两个问题展开了论述,探索传统节日当代振兴的逻辑与机制,并结合南京实践提出具体践行路径。同时,他认为中国社会节日传统是国家与民族生活情感的集中表达,因此应当以尊重传统节日传承的内在规律为前提条件,将举办的各种节日活动作为节日当代振兴的基础,对传统核心节俗以及节日仪式感进行框架性传承,还需引导民众创造性传承传统节日的生活方式。传统节日的当代振兴应当主要源于人们为满足日常生活需求、赋予生活意义的自发性节日创造,而无须受到太多外在力量和因素的侵扰。

(二)传统节日与旅游产业关系研究

有部分学者将传统节日与旅游产业相结合,利用地方典型性推进乡村发展与振兴。在挖掘与再利用地区文化之时,如何将现有乡村文化与旅游业相结合,做到传承与传播地方故事的同时产生更大的影响力,是地方政府、百姓与学者都十分关注的事情。吴

---

① 萧放:《关于南京节日文化建设的讨论》,《节日研究》2019 年第 2 期,第 331 页。

② 季中扬:《传统节日当代振兴的机制、模式及其经验》,《节日研究》2019 年第 2 期,第 350－354 页。

芙蓉（2010）①以南京节日旅游开发为视角，立足南京节日旅游的现状，通过梳理南京市全年开展的各项节庆活动，归纳其基本特征，尤其是以秦淮灯会和国际梅花节最为成功。吴芙蓉通过梳理南京节日旅游开发的现状，发现现存问题并进行分析，同时使得读者能够在节庆活动中感受南京地域文化，是对传统节日文化保护与传承的创新性尝试，为其提供节日旅游开发这一新的视角。此外，通过对南京节日旅游资源条件的分析，将"文化资源"与"文化旅游资源"进行区分，吴芙蓉认为"文化资源"转化为"文化旅游资源"取决于该资源能否对游客产生吸引力、能否产生经济和社会正向效益、能否为特定时期旅游行业所操作，我们在保护传统文化资源的同时也要将传统节日转化为"文化旅游资源"。高鹏程（2020）②认为在乡村振兴战略背景下，需将乡村旅游业的开发作为推动农村发展的内在动力。以南京七夕大福村"七仙女传说"为例，通过探索其背后传统节日传承形式转变的原因及运作机制，呈现中国传统节日与民俗应用在适应市场需求的条件下从遗产转到资源的演变过程。从民俗主义理论视角切入，认为传统节日及其文化在脱离原生态语境下，为推动乡村旅游开发已然经历了文化重构，将民间叙事文化资源转化成为当地特色旅游资源。吴芙蓉（2010）③认为节日中有"意味的形式"，如民间表演艺术要素仍然具有再生力量，发掘其再生力量及其对现代社会生活产生的影响是当前节日旅游发展的灵魂所在。并通过梳理南京立春、张王诞、花台会、妈祖诞、泰山庙会、蒋王庙庙会等这类极具南京地方特色的传统节俗表演艺术，总结出其当下趋势的演变规律：一是带有农

---

① 吴芙蓉：《南京节日旅游开发现状分析》，《江苏商论》2010 年第 12 期，第 102 - 105、117 页。

② 高鹏程：《民俗主义视角下的南京大福村七仙女传说》，《节日研究》2020 年第 2 期，第 331 页。

③ 吴芙蓉：《节日旅游语境下民间表演艺术的再利用——以南京传统节俗表演艺术为例》，《艺术百家》2010 年第 26 期 S2 卷，第 254 - 265 页。

业生产性质的节俗表演艺术逐渐消亡或拘囿于乡村；二是带有祭祀性质的节俗表演艺术趋于娱乐化；三是带有娱乐性质的节俗表演艺术趋于扩大化。此外，吴芙蓉认为节俗表演艺术具有现代资源性质，并提出在节日旅游开发中的可利用模式。

（三）传统节庆活动运作机制研究

传统节日通过各式各样的形态展现与传承，其中，系列节庆活动成为其演绎载体。这类活动通过生动具体的方式表达节日的内涵，有部分学者从节日活动的表现形式、活动内容等角度出发，研究他们在传播与传承节日内核过程中的作用。朱琳（2018）[1]认为中国传统节日仪式承载着人们对于农事、子嗣、福祉和信仰等立世之本方面的厚望与期盼，兼具祈福意义与娱乐意义的节日仪式是更为接近节日的"本初"，传递的是人们对待传统节日的"本心"。陈述知（2018）[2]认为博物馆应当作为传统节日静态展陈与活态传承的平台，传播与传承传统岁时节庆活动，创造更多社会效益，为中华优秀传统文化的传承发展提供新思路。赵丽娜（2012）[3]认为秦淮灯会是南京地区欢度春节与元宵节必不可少的一个环节，是充分展示南京地区传统节日特色的具体变现形式之一，也是南京地区代表性的节日文化传承载体。秦淮灯会现已被列入国家非物质文化遗产保护名录。吉益乐（2020）[4]以南京著名景区夫子庙为例，从节日庆典与区域文化交融式发展视角切入，梳理了夫子庙全年开展的节日节庆活动，运用文化空间与文化传播相关理论对其活动及节庆文化进行系统性研究，以唤醒市民关于文化的记忆，强

① 朱琳：《节日仪式承载的生存重托——以历史时期江苏元宵节为对象的考察》，《遗产与保护研究》2018年第3期第9卷，第54－59页。
② 陈述知：《博物馆开展传统岁时活动实践探索——以南博"我们的节日"系列活动为例》，《江苏地方志》2018年第6期，第29－31页。
③ 赵丽娜：《秦淮灯会的传播研究——以南京报纸媒体为考察点》，硕士学位论文，南京师范大学，2012年。
④ 吉益乐：《南京夫子庙景区节庆活动研究》，硕士学位论文，南京师范大学，2020年。

化人们的文化认同,为文化多样性、区域文化的生存、继承与可持续发展提供鲜活案例。认为节日与节庆的文化符号不仅是独特文化的抽象体现,也是文化内涵的重要载体与具体形式,而景区节庆的文化符号具有鲜明的个性主题,具有强烈的辨识形象与价值理念,是景区节庆能够为游客喜闻乐见的重要基础。边清音(2019)①认为传统节日庆典是海外华侨构建民族认同、调和中华民族与其他国家民族之间内部关系的桥梁,也是体现地域社会政治及经济发展水平的衡量标准之一。

(四)传统节日饮食文化研究

中华饮食文化博大精深,在不同的节日吃什么、为什么吃、怎么吃、有什么寓意等都成为学者们谈论的热点问题。曾军(2019)②认为饮食是传统节日活动的主要表现形式,并因此形成了独特的中国节日饮食文化。其中,南京节日饮食文化呈现出:注重营养搭配、兼顾南北方口味、讲究仪式感等特点,同时通过举行一系列节日仪式,寄托老百姓祈求平安、期盼逢凶化吉的美好愿景。这是能够凸显地域特色、具有传承性的宝贵物质与精神文化财富。

(五)传统节日风俗演变研究

有部分学者通过对节日习俗进行梳理,探究节俗在历史年轮中的演变过程。张娜(2020)③以南京端午节为例,探索中国古老传统节日端午节节俗的演变与意义的重构。认为端午节俗体系中最为核心的思想属避瘟消灾,其节俗诠释始终处于动态发展过程之中,正如在南京地区端午节"新民俗"也融入了更加丰富的时代

---

① 边清音:《饮食文化与唐人街节日庆典之再造——以日本南京町中秋节为例》,《文化遗产》2019 年第 3 期,第 93－101 页。

② 曾军:《南京传统节日饮食文化研究——以春节、端午、中秋为例》,《剧影月报》2019 年第 3 期,第 85－87 页。

③ 张娜:《南京端午节俗的演变与意义生成——从避瘟消灾到嘉年盛会》,《节日研究》2020 年第 2 期,第 266－275 页。

内涵,南京政府以传统节日为契机,为市民塑造了"非遗"展示与体验的活动空间。梁雯雯(2011)①认为节日民俗是体现民情、透视社会、反映时代的标尺,也是体现社会变迁和历史进程轨迹的标尺。通过对近代以来记载南京岁时节日的古籍文献进行整合梳理,研究南京传统节日习俗变迁的历史脉络及变迁的动力原因,反映社会控制对于移风易俗活动的作用。王玫(2018)②认为节日风俗是中国人获得文化认同感的最后一块阵地,"我们的节日进校园"系列主题活动举办的目的在于帮助更多同学了解中国传统节日习俗的意义、探索大自然的规律,了解并知悉传统岁时节日是如何形成的,让越来越多的青年学生关注地域文化,培养他们对中国传统文化的认同感。

(六)传统节日传播媒介研究

有新闻媒体从业人员站在他们自身行业角度,看待传统节日的影响力在社会文化振兴中的重要作用。对新媒体传播内容与传播形式的创新性探索成为融媒体行业关注的焦点问题。南京作为"传统节日振兴工程"试点城市之一,梁建恕、计青(2020)③紧紧围绕"我们的节日"为主题,以"我们的节日·南京行动"为例,深度参与传统节日文化传播实践工作,并作为南京地区的媒体工作者,尝试探讨新媒体时代下传统节日文化传播的创新逻辑和实践路径,总结与归纳传统节日文化传播的地方经验,基于当前传播现状及现有困境、根据南京实践地域特征,阐述创新传统节日文化传播的社会价值,并提出创新策略建议,即需立足南京城市文化形象打造具有地方特色的新媒体运营品牌,创新传统节日增量传播途径,通

---

① 梁雯雯:《近代南京岁时节日民俗变迁研究》,硕士学位论文,南京师范大学,2011 年。

② 王玫:《弘扬传统节俗增强文化自信——南京图书馆"我们的节日进校园"系列主题活动综述》,《新世纪图书馆》2018 年第 12 期,第 95 - 97 页。

③ 梁建恕、计青:《新媒体创新与传统节日文化的传播实践——以"我们的节日"南京行动为例》,《节日研究》2020 年第 2 期,第 243 - 253 页。

过多角度、多维度挖掘节日内涵,与学界民俗专家共同制定宣传计划,并将节日理论于当下环境两者相结合,关注城乡民众节日文化需求,以大众喜闻乐见的创新性方式传播节日文化,为传统节日的传承与发展注入新元素,也为传统节日振兴工程的媒介传播拓展空间。周爱明(2021)[①]从新闻媒体从业人员视角出发,以元宵节报道为例,探索全媒体时代下各大融媒体平台在报道中国传统节日方面的创新与反思。中国传统节日相关的报道是所有媒体平台每年的常态话题,如何能跳脱出固有思维模式,将传统节日报道以新视角、新形式呈现在广大观众与读者面前,成为文章的中心内容。周爱明通过对比新华日报与南京日报两家媒体平台报道的代表性和典型性,采用样本数据统计形式展现当前新闻媒体报道的趋势变化,同时,利用样本数据证明中国传统节日报道在所有新闻报道中的比重,以凸显其重要程度。周爱明在现有问题基础上进行反思,并提出创新性意见:融媒体平台在发布传统节日报道时应当避免报道话题局限于"饮食"的表象——"吃"上面,从而导致产生大量同质性内容,不可将传统节日的文化底蕴简化为在饮食方面的体现,更应当深入饮食表象的背后,挖掘其深层次的文化来源与文化内涵,做到在传播形式与传播内容上的双创新,最后,还应当注重读者思维在传统节日报道中的主体性地位,且报道内容应符合时代背景、体现时代价值。吕海云(2014)[②]则阐述大众媒体于传播与传承传统民俗文化的影响,认为在当前大众传播的时代,需要将传统民俗文化与大众传媒相结合,才可在社会上形成一定的影响力,两者呈双向互动关系,大众传媒在反映民俗生活的同时还可以对其进行干预。反之,民俗文化能够为大众媒体提供更多素材,增强大众媒体的影响力与感染力,使得两者都更加贴近老百

---

① 周爱明:《全媒体时代节日报道的创新与反思——以南京主流媒体元宵节报道为例》,《新闻前哨》2021年第5期,第81—82页。

② 吕海云:《〈金陵晚报〉民俗新闻报道研究》,硕士学位论文,南京师范大学,2014年。

姓生活,是为互利共赢的良性互动。与此同时,大众传媒应当肩负起引导民众增强文化自觉的社会责任,为传承和延续人类宝贵物质精神遗产发挥其不可替代的作用。

综上所述,依据当前学界在传统节日领域研究的热点话题不难发现,一是探究传统节日在传承方式层面的创新,沉浸式体验传统文化、以活态传承的方式使得传统元素融入人民的生活,将成为未来的主要发展方向。二是传统文化的呈现方式将不再局限于单一的饮食文化与文艺演出的形式,而会更加注重构建展示传统节日文化的平台,加深大众的文化记忆、营造更加浓厚的文化氛围,让传统元素不会悄然无声消失在现代社会进程中。三是传统节日文化蕴含着几千年来中国人对美好事物的信仰,也是人们价值观的延续,未来传统节日将注入更多符合时代特征的新理念、新思想,结合时代要求继承创新,让中华文化展现出永久魅力和时代风采,在传承发展过程中重新诠释其现代功能及现代意义。

第二节　南京传统节日当代振兴的话语传播

2018年春节前,南京市全面启动"'我们的节日'——传承弘扬优秀传统文化行动",并于2019年成立了"我们的节日"南京工作室。同时,"我们的节日"南京行动明确了五大任务:注重优秀传统文化的传承和弘扬;注重创新性发展,吸引青少年参与;注重节日文化内涵,倡导形成新的民俗;注重全方位动员,吸引商家主动参与;注重媒体传播,扩大传统文化影响力。作为南京地区传统节日振兴工程的牵头部门,"我们的节日"南京工作室自成立之日起,组织与策划了节日主题活动百余场。尤其注重节日期间民众的广泛参与,使之真正成为"我们的节日",具有高度的社会现实意义。近年来,"我们的节日"南京行动在地方的实践工作受到了国家与学界的持续关注,其在扩大节日传播影响力方面的具体实践路径主要包括以下几个方面。

一、"我们的节日"南京行动节日理论研究

(一)常态化节日理论研究

"我们的节日"南京行动指导南京工作室策划组织节日主题活动,并注重深挖传统节日文化内涵,做好南京节日理论研究工作。首先,充分利用南京宣传文化系统的自身人才优势,深入挖掘、梳理南京传统节日的文化内涵,形成了一批节日理论研究成果,并通过"我们的节日"等融媒体专栏频道予以发布。其次,借助"我们的节日季中扬工作室"、南京报业传媒集团等平台优势,以本地党报为龙头,连续整版刊发南京节日理论研究的最新成果,提高南京节日理论研究的社会影响力。再者,"我们的节日"南京工作室以中国民俗学会为依托,倡导形成节日文化理论研究高地。聘请国内顶尖节日理论研究专家,2020年,工作室在国内节日文化专门期刊《节日研究》第十六辑出版南京特辑。立足行业高起点,以节日研究学术团队的综合评估意见为基础,在南京城乡考察设立了多处"我们的节日"传统文化研究基地。同时,南京工作室在紫金山新闻客户端开设"我们的节日"频道作为宣传和理论研究主阵地,每个节日都会以理论文章+活动展示+专家点评的形式,全方位传播推广节日理论。通过搜索"紫金山新闻"网站首页,发现其中有一整个版面——"节日理论"专栏,收录与刊登了"我们的节日"南京工作室学员们的节日理论文章。该专题广泛邀请国内顶级民俗学专家,围绕春节、元宵、清明、端午、七夕、中秋、重阳、冬至等传统节日撰写理论文章,厘清节日本源,阐发现代意义,以期对全市各单位"我们的节日"庆祝活动开展或节日主题提炼给予指导和借鉴。

其中,围绕中国传统节日主题,南京节日理论研究工作成果众多。涉及"我们的节日"南京行动相关的节日理论文章30余篇,例如:《新媒体创新与传统节日文化的传播实践——以"我们的节日"南京行动为例》《中秋节的月亮》《中秋节的"女人味"》《唐诗中的

"中秋月"《中秋月饼随谈》《中秋节神话传说的源流》《中秋节与宋代都市生活》《中秋艺趣》《中秋节俗 人情味浓》九九重阳:登高望远 怀想思亲》《重阳节的饮食习俗》《重阳节:从辟邪到敬老》《重阳节与菊花》《秋社、老人星与重阳节》《冬至漫谈》《祭灶习俗在民间》《秦淮灯彩闹元宵》《南京年俗琐谈——十朝都会 年味绵长》《"青团"的诱惑》《清明诗词的两幅"面孔"》《祭祖、踏青与清明节》《南京的端午民俗》《端午节与公共卫生》《南京端午节日文化活动点评》《从乞"巧"到传"爱":七夕的文化想象与现代转向》《民俗主义视角下的南京大福村七仙女传说》《南京七夕节日文化活动点评》《庆祝与聚集:传统节日文化当代意义的美学阐释》《丰收的祈愿》《中秋节的团圆和丰收意蕴》。上述文章分别在"紫金山新闻"、《南京日报》《节日研究》第十四辑"我们的节日"专版等多家媒体平台、学术期刊专栏等渠道发布,深化了南京传统节日文化研究的理论成果。以"我们的节日"南京中秋节的研究成果为例,研究人员立足于中秋节文学研究、中秋节传习演变的研究、中秋节神话故事研究、中秋节传统民风习俗研究等不同角度进行理论研析与深度挖掘。关于中秋节习俗的研究,张娜认为,虽然到宋代中秋节才成为最为隆重的节日,但是中秋时节赏月却早已是大唐文人间流行的重要活动。张兴宇认为中秋节是除春节之外,最为重要的沟通感情和增强人际交往的绝佳时机,在此期间形成的一系列礼数与礼俗,是中国传统社会乡土人情味的外在表达。关于中秋节文学研究,李海云提出中秋节是中国诸多传统节日中最具诗情画意的节日,传统中国的什么意识与文化气质与中华民族普遍拥有的"月亮情结"息息相关。关于中秋节传习演变的研究,季中扬认为,在中国传统节日体系中,有三个节日来自对天体的崇敬,"月亮"是由上流社会逐渐下沉至老百姓中并成为民众的节日,并可通过研究不同时期人们敬月的习俗讲究,从历史的角度论证中国人自古以来的对月亮的崇敬与喜爱之情。张帅认为自北宋时期中秋节就已不再是统治阶层和文人的专属,而是逐渐下行,在民间开枝散叶,最终成为"雅俗共赏"的全民性节日。中秋尝新固然与中秋刚好处在物产成熟的时令有关,但也是诞生于农耕文明的"春祈秋报"祭祀仪式在都市文化中的遗留。井长海认为中秋神话传说并非无端而来,现实的真实与想象的神话共同构成了人们对月亮的认识,也为八月十五中秋节赏月提供了有趣的谈资,其背后的文化背景与观念的演变之路正是我们值得探析与深入发掘的关键所在。这些理论文章,在一定程度上丰富了南京节日文化研究成果。

（二）传统节日专项课题研究

南京传统节日振兴过程中,开展了多项传统节日课题研究工作。传统节日与传统仪式皆属于民俗类非物质文化遗产,有些分类亦将食品制作与技术服饰制作技术纳入此范畴,它们都是指那些专门为确认、强化某种关系而举行的认证或纪念活动。[①] 饮食是传统节日活动的主要形式,通过美食取悦神灵,告慰祖先,焕发身心,加强关系,形成了中国特有的节日饮食文化。[②] 丰富多样的节日服饰也是中国岁时节日习俗内容的体现方式,呈现出独特的艺术特征,与相应年代所处的经济、文化、科技、思想等环境的构成息息相关。

例如,在2020年,"我们的节日"南京行动针对节日饮食文化和节日服饰文化两个方面开展专门研究,形成了诸多理论研究成果。其中,以阐述和梳理我国不同地区特色饮食文化习俗、节日演变历程等,形成节日饮食文化理论文章多篇;并依据对中国传统节日不同特点的抽象表达,设计出凸显传统节日元素且符合当代审美的节日服饰文化图册一本。

---

① 顾军、苑利:《民俗类非物质文化遗产保护三议》,《艺术评论》2013年第3期,9－13页。

② 潘东潮、魏峰:《中华年节食观》,武汉:湖北科学技术出版社2012年版,第189页。

1. 节日饮食文化课题研究成果

例如,《徐州"伏羊节"与身份认同建构》一文重点讨论了徐州"伏羊节"的形成和演变历程,研究徐州"伏羊"食俗是如何从一种民间的节气性食俗,转变为一种节庆盛典,同时,他们指出,饮食不仅是人类日常生活的重要组成部分,也与社会的文化体系紧密相连,人们选择吃什么,不仅仅是为了满足内在生理需求,也具有一定的文化性特点。《二十四节气菜·宴》一文研究了节气餐饮文化传承的问题,认为要改变在餐饮研究中只重视烹饪技艺研究的片面性,自觉将自身所掌握的精湛技艺无私地传承下去,做到后继有人、技艺永传,还要做好民间手艺传承人的保护工作,加强餐饮文化研究力量的组合,还应当合理利用信息化技术与国家政策的扶持,推动传统节日饮食文化创新发展。《南宁地区夏至节气饮食与文化认同》一文指出二十四节气是中华民族博大精深历史文化的重要组成部分,富有智慧的中华各族儿女依照节律,结合地理环境和气候特征,创造了具有地域特色节气饮食。例如,广西南宁地区在夏至节气时素有饮用凉茶的传统,从中引申出了南宁特有的"凉茶文化"。对于南宁人来说,饮用凉茶不仅对他们的身体大有裨益,凉茶文化中蕴含的"先苦后甜""众生平等"的思想也深刻影响着他们的日常生活,更建构起作为一个"南宁人"的身份认同。《广西南宁地区壮族米粉饮食变迁研究》一文重点讨论了外来饮食变迁与广西壮族文化之间的关系,指出米粉类食物的传入改善了壮族人民的饮食结构和饮食习惯,成为他们日常饮食中的重要组成部分,在壮族人民的心中,米粉已经不只是单纯的食物,更承载着壮族人民对生活的美好祝愿,是对壮族文化的积极延伸。《清明节前后黄龙岘地区的茶文化旅游开发》一文指出黄龙岘村受地理、气候、文化、节气等影响,在清明节前后拥有传统的品茶和食野菜活动。作者周阳、程启芳指出近年来在建设美丽乡村发展战略的指导下,黄龙岘村可将区域性的生计活动与当地可开发旅游活动相关联,全面开展生态旅游建设和发展,进而促进本村经济持续快速提升。

2. 节日服饰文化课题研究成果

"我们的节日"南京工作室根据中国传统节日与重要节日的内涵、特点、文化寓意、价值观念分别设计了1—2套符合当代审美的节日礼服,兼顾传统元素与时代灵感,是传统内涵与时代诠释的融合与碰撞。每套礼服均分为男款与女款两种。

以中秋节礼服为例,该礼服设计依据则为中秋节的起源、节俗及其寓意,即中秋节源自天象崇拜,由上古时代秋夕祭月演变而来;自古便有祭月、赏月、吃月饼、玩花灯、赏桂花、饮桂花酒等民俗,流传至今。该节日以月之圆兆人之团圆,为寄托思念故乡,表达思念亲人之情。因此,中秋节礼服颜色主色调选取了黄色系,在纹样上,运用了流云纹,纹样相互穿插,互为呼应。整体着装效果清新雅致,得体大方。礼服整体设计主题与其对应的节日主题相呼应,具有典型代表性。将中国节日元素纳入服装设计中,这样的构思本就使人眼前一亮。节日元素与服饰相融合,创新性地将节日文化融入大众生活,使得中国传统节日以独特的方式呈现在我们的身边,激发了国人的消费热情与文化认同感,为传承与弘扬中华传统文化树立旗帜,具有借鉴意义。

3. 南京传统节日传承田野调研成果

作为中宣部指定的传统节日振兴工程试点城市之一,最近几年来,南京市在保护传统节日与传承节日文化过程中积聚了较为丰富的地方经验,并且探索构建了"我们的节日"南京实践模式,这一典型模式引发社会各界关注。与此同时,为进一步深入了解、挖掘南京城乡传统节日文化传承变迁状况,自2019年11月以来,南京市委宣传部"我们的节日"工作室联合南京农业大学民俗学研究所节日文化研究团队,遴选南京市下辖高淳、溧水、江宁、六合等地的代表性农村社区,组织进行了多次扎实、系统的传统节日民俗田野调研活动。记录南京传统节日民俗,讲述南京传统节日故事,传承南京传统节日文化,守护南京传统节日文脉。聚焦南京乡村传统节日习俗深描,重点关注南京传统节日文化的当下传承样态及其现代转型状况,讨论节日礼俗变迁与乡民日常生活的互动关系等问题。《南京七村传统节日文化田野调查专辑》共包括江宁、高淳、溧水等7篇南京乡村传统节日传承状况分报告,从最初的田野研究方案设计,到具体的村落调研实施,再到后期田野报告的撰写,调研团队最终访谈整理了约37万字的田野录音资料,同时拍摄记录了约26G的图片和影像资料。在走进村落过程中我们更加深刻地感受到当下南京城乡传统节日文化的律动与活力。

例如,溧水区石山下村至今传承着许多传统的端午习俗。端午节在溧水区石山下村是盛行的民俗大节,端午所在的夏季也是一个驱除瘟疫的季度,仲夏端午阳气旺盛,万物至此皆盛,是草药一年里药性最强的一天,端午这天采的草药祛病防疫最为灵验、有效。由于端午日天地纯阳正气汇聚最利辟阴邪以及这天的草药神奇特性,因此石山下村自古传承下来的很多端午习俗都有辟阴邪与祛病防疫内容,如放置艾草和菖蒲叶在大门口、拴五色丝线辟邪等习俗。在这一天,石山下人家家户户都会放置艾叶菖蒲,艾叶驱邪、菖蒲作剑,插于门楣,有驱魔法鬼之神效。端午节也是自古相传的"卫生节",石山下人在这一天洒扫庭院,挂艾枝,悬菖蒲,洒雄黄水,饮雄黄酒,激浊除腐,杀菌防病。粽子在石山下村端午节这一天同样是必不可少的。主要材料是糯米、馅料,用芦苇叶包裹而成,形状多样,主要有尖角状、四角状等。石山下人的芦苇叶都不需要购买,全部是在村里的池塘边自由采摘的。在石山下村服饰穿戴方面,村民有穿着背老虎习俗,旧时端午节驱邪辟祟之物,也作装饰品。我国古代视虎为神兽,俗以为可以镇祟辟邪、保佑安宁。而小朋友们还有胸前挂鸭蛋的习俗。相传瘟神嗜睡,直至立夏之日方醒,散瘟布疫,孩童胸前挂蛋者最甚。女娲闻讯,与瘟神辩理,瘟神无奈承认,立夏之日,凡孩童前挂蛋者一律不得伤害。传说虽无从稽考,但这天孩子母亲总要选个头大的鹅蛋、绿壳的鸭蛋、红通通的鸡蛋,煮熟挂于孩子胸前,以求辟邪驱灾。

又如江宁七仙大福村七夕节,作为当地乡村最具浪漫色彩的传统节日,它象征着美好的爱情,"牛郎织女"的民间传说在当地也早已家喻户晓。七仙女与董永的故事在民众中口口相传,成为独特的乡土文化遗产。再如溧水诸家村捕捞习俗,除了传统的节日习俗,在溧水区诸家村有着独具特色的捕捞节,不过它并非是近两年才出现的,而是在当地有很长历史的传统节日——请网菩萨日。旧时,每年冬至的时候,渔民们需要把船只和各种取鱼工具取上岸,进行整修,为来年多打鱼、打大鱼做好准备,辛苦一整年的渔民们也可以在这天休息、狂欢。因此,渔民们把冬至这一节气定为请网菩萨庆丰收日。在这天,一是祭拜妈祖神灵,感恩其赐予渔民一年来平平安安的福运,祈求来年也能平平安安获得好运;二是渔民们一年来辛辛苦苦在风雨中获得了丰收以后,借此请菩萨为由,可以好酒好菜,大吃大喝,尽情享受休闲的时光。但受到 2020 年7 月对于禁渔的新政策影响,石臼湖在未来很长一段时间将不再能够打鱼,捕捞节或会成为周边渔民心中的精神寄托,吸引更多的游客共同感受渔家文化,从而逐步发扬起来,抑或会从此一蹶不振。六合区冶山镇至今传承着比较完整的中秋节俗。中秋节俗称"八月半",人们通常在这一天会吃月饼、赏圆月。而在六合区冶山镇又称"人节",当地人认为在八月十五这天应多行善事。这天,冶山镇居民除了会吃月饼以外,还会早吃桂花糖芋头,中午和家人吃一顿团圆饭,藕夹、山药煨鸭是当天桌上必不可少的一道菜;晚上还会有祭月的风俗,民间谚有"在家不敬月,出门遭雨雪"的说法,是日,出门在外者,都设法赶回家人团聚、敬月。据村民方翠兰说,在当地有着这样的说法:"当天晚上会摆个桌子放在外面,桌子上放着月饼、菱角、柿子、瓜子、花生,月饼,让月亮先吃,不敬月亮会下雨。"①在溧水区石头寨村,当地的乌饭节习俗颇具特色。据村

---

① 被访谈人:方翠兰,女,六合区冶山镇村民;访谈人:喻先萍;访谈时间:2020 年7 月 26 日;访谈地点:六合区冶山镇。

中老人讲述,石头寨村许多人都是咸丰六年大旱的时候,最后的一批从河南迁徙到溧水的。因此,在民间传统上保留了北方民间的一些风俗习惯,如祭灶、正月十五送灯等。但由于长期的共同生活和文化交流,与南方本地文化彼此交融,使得很多民间习俗既有北方民间特征,又有南方的地域文化特点。受客家文化影响,石头寨村在过着诸如春节、元宵节、端午节等节日的同时,也拥有乌饭节这样极富特色的地方传统节日节俗。石头寨的乌饭节是源于二十四孝中《目连救母》的故事。传说目连的母亲由于大开杀戒被阎王打入十八层地狱。孝顺的目连夜夜叩求地藏王,终于得到了如意杖,可以打开地狱之门给母亲送饭。可是目连每次送给母亲的白米饭,都被看守地狱的恶鬼抢去吃了,母亲经常饿肚子。为了不让母亲挨饿,目连翻山越岭,找到了一种汁液发乌的树叶,煮成糯米饭,虽然颜色发黑,却十分可口。目连煮成乌饭,送往狱中,恶鬼见饭乌黑,不敢吃,只好给目连的母亲吃。从此,目连的母亲就不再挨饿了。目连的一片孝心终于感动了佛祖,使母亲得以复活。目连救母亲的故事也打动了千家万户的人,人们便在传言目连第一次为母送饭的农历四月初八这天煮吃乌饭。现在,村民们还会将煮乌饭留下的锅巴保存下来,待到端午节,将乌饭锅巴包进粽子里,增添风味。

"中国人的节日都是从土里长出来的。"传统节日文化承载着数千年来祖辈物质生活和精神生活的厚重积淀。在倡导运用传统节日守护精神家园的同时,传统节日文化习俗依然要与时俱进,强调中国传统节日习俗传承的理念固然重要,但它毕竟只是属于一种物化的载体,只有充分挖掘传统节日的精神文化内涵,才能真正地使其世代流传。就居于城乡之中的年轻一代而言,幼时跟随家中长辈过节,听着他们讲述节日的由来、规矩和讲究,看着他们重复着上一辈人传承下来的礼俗,脑海中想象着逢年过节全家老小为过好节日热闹忙碌的场景。长此以往,在一听、一看、一体悟之间,使得节日记忆在乡民心中凝结为一种独特的文化传统。当我们走进一个个具有鲜明节日个性的村落时,不仅能近距离真切感受到丰富多彩的节日习俗,更加体会到保护传统节日与传承节日文化的重要意义之所在。

二、借助节日文化魅力,推进节日公众话语传播

一种价值观要真正发挥精神纽带与价值力量的作用,就必须立足本国优秀传统文化,让人们在优秀文化传承中感知与领悟,同时也必须着眼于社会实践,让人们在现实生活中培育与践行。南京围绕"我们的节日"创新性地利用本土地域文化要素,策划与组织开展了一系列具有影响力的节日文化主题活动,着力打造符合南京传统节日特色的文化符号,描绘南京传统节日热闹非凡的图景。以政府为主导,为节日文化在南京地区的传承保护与推广工作增添新的方式。通过增强传统节日的群众参与性与文化形式的丰富性,推动传统节日传播方式的革新、提升节日文化活动的影响力。

（一）打造传统节日亮点活动,实现有效传播

"我们的节日"南京行动为传播中华传统节日文化及拓展其影响力,打造了一系列传统节日主题活动,以更贴近大众喜闻乐见的方式传递古老优秀文化精髓,在此期间,形成了一些为大众喜爱、反响强烈的节日活动。例如"我们的节日"之重阳节系列活动成了当时的热门爆款话题,引发网络平台上的诸多关注与讨论,对于传播与扩大节日影响力起到了十分重要的作用。

重阳节是中华民族传统美德的典范,是尊老敬老的最佳传承时机,新时代赋予重阳节新的时代内涵。根据中国发展基金会发布的《中国发展报告2020:中国人口老龄化的发展趋势和政策》测算,2020年中国65岁及以上的老年人约有1.8亿,约占总人口的13%;2025年65岁及以上的老年人将超过2.1亿,占总人口数的约15%;2035年和2050年时,中国65岁及以上的老年人将达到

3.1 亿和接近 3.8 亿,占总人口比例则分别达到 22.3% 和 27.9%。① 毋庸置疑,中国已经进入人口老龄化阶段,2012 年新修改的《老年人权益保障法》明确规定每年农历九月初九为"老人节",也让重阳佳节在新的社会背景下更需焕发新活力,承担新使命。

2020 年重阳节期间,"我们的节日"南京行动在全市范围内开展重阳活动近 70 场,其中,2020 第三届中国南京国际登高节、"尊老敬贤 礼敬重阳——'我们的节日'·重阳"主题活动等活动备受关注。例如,将重阳打造成融文化性、时尚感和国际化的全龄户外文体盛事,开展一系列呈现传统汉服元素文化活动,并获得多家主流媒体平台宣传报道,学习强国《我们的节日·重阳/汉服登高"穿越千年"南京国际登高节点亮重阳》、中国新闻网《江苏南京:重阳节千人着汉服"穿越千年"登高祈福》、新华网《南京国际登高节"盛装"开幕 汉服国潮席卷幕燕滨江》、中国江苏网《南京国际登高节在幕燕滨江风貌区开幕》、南京日报《临江登高插茱萸 秋风汉服衣袂飘》等报道,向世界展现南京的城市风采。此外,由江宁区委宣传部、南京农业大学人文与社会发展学院、"我们的节日"南京工作室共同主办的"尊老敬贤 礼敬重阳——'我们的节日'·重阳"主题活动"在江宁区湖熟菊花园隆重举行,充分展现尊老敬贤的节日新习俗,弘扬中华优秀传统文化,让年轻一代了解传统文化,不断增强文化自信和传承,是对传统文化进行再创新。此次活动获中央电视台 CCTV - 13、CCTV - 4 的宣传报道,并在新华社现场云、紫金山新闻、江宁融媒体等平台同步直播,影响广泛,深入人心,发挥了积极的社会影响力作用,并使得"南京""老年人""爱心""敬老"成为 2020 年重阳节主题活动的热点,深度契合重阳节敬老爱老的主题,促进敬老爱老的社会价值正成为主流,孝亲敬老的氛围

---

① 广州文明网,尊老敬老是新时代重阳节的最佳传承,http://gdgz.wenming.cn/2020index/wmwp/wmzyy/202010/t20201023_6777054.html.

愈加浓厚。

（二）打通受众参与通道，青少年群体接力文化传承

中共中央办公厅、国务院办公厅为建设社会主义文化强国，增强国家文化软实力，实现中华民族伟大复兴的中国梦于 2017 年发布并实施《关于实施中华优秀传统文化传承发展工程的意见》，对如何实施中华优秀传统文化传承发展工程做出了具体要求。传承优秀传统文化，要离青少年更近些，首要的是必须熟悉当代青少年的特点，用他们的语言和形式，循序渐进，教化于无形。特别是在互联网时代，一根网线就能与世界相连，知识的传播不再局限于文字和图片，音频、视频、动漫等多媒体形式的信息载体成为更受欢迎的形式。更应该注重创新载体，研究优秀传统文化教育的形式，把优秀传统文化教育开展得更新颖更活泼，让青少年从身边近距离的日常教育中汲取正能量。

目前，中华优秀传统文化在青少年群体中的传承与发展的现状不容乐观。主要原因是对中华优秀传统文化重要性的认识不够深刻。进一步来说，具体表现在如下几个方面，如青少年对传统文化具有较深的疏离感。一方面，在中国教育改革的历史长河中，不少传统文化的教育经验在文明进化过程中被改进；另一方面，西方文化传入中国后，外来思潮在各个层面的广泛传播给青少年的价值观念带来了不少冲击，这对传统文化所倡导的价值观、行为模式等造成了一定程度的对抗，致使年轻一代对传统文化产生疏离感，甚至对传统文化学习产生倦怠。其次，信息社会客观上给优秀传统文化带来了巨大的冲击，青少年从出生之日起就浸润在信息技术文化之中。在现实语境中，他们对各种通信工具、移动终端、智能设备驾轻就熟，网络游戏、欧美时尚、平台点餐等成了新生代的生活方式。这在一定程度上淡化了社会与多数家庭学习中华传统文化的氛围，减少了他们亲近传统文化的机会，影响了中华优秀传统文化的传承。同时，随着信息资源的飞速发展与信息工具的快速更新迭代，不少优秀传统文化的传播形态日益被边缘化。再者，

传统文化产业面临后继乏人，专业人才匮乏等困境，构成这类问题的原因是多方面的，比如我国物质文化遗产传承人普遍年龄偏大，传承人员结构不合理。农村非物质文化遗产传承人普遍文化素质不高，生活状况不佳，经济水平较低。这些因素阻碍与制约了优秀传统文化的良好传承与发展。究其根本，则是因为许多传统文化产业受到现代化发展的冲击，尚未适应时势，发展尚不尽人意，较忽略年轻人的心理需求等。

中华优秀传统文化是历史留给我们的巨大精神财富，不论过去还是现在，都有其永不褪色的时代价值。为了将历史的经典、时代的方向播种到青少年心中，在传承中熔铸孩子们的精神品格，我们必须为之付出艰辛的努力。2021年元宵节期间，南京市实验幼儿园开展线上线下"元宵节赏灯游园活动"，孩子们猜灯谜、品尝各种传统美食；南京市月华路小学蓝猫小交警中队的同学们亲手做汤圆，送给城市守卫人；溧水特殊教育学校开展"欢欢喜喜闹元宵"校园亲子活动，邀请家长学生共参与，在市教育局的引导下，全市各中小学、幼儿园的元宵节活动精彩纷呈。

建邺区在莫愁湖公园举办"书中自有元宵乐"活动，《南京城市史》作者、南京市作协副主席薛冰讲述元宵节在南京的历史演变；栖霞区尧化街道尧胜社区开展"猜灯谜 学党史 庆元宵"新时代文明实践活动，通过猜灯谜的方式把党史事件、英雄人物等理论知识融入灯谜题中；玄武区新街口街道成贤街社区党委与南师附小实验幼儿园开展"贺党百岁，共'元'佳节"主题活动；江宁区横溪街道七仙大福村举行"元宵灯谜游园会"，顶缸、转碟等特色民俗表演让人目不转睛；秦淮区大光路街道大阳沟社区党群活动中心，社区别出心裁，将垃圾分类知识写进灯谜。

根据"我们的节日"南京行动后台监测数据显示，2021年南京市元宵宣传工作自2月24日起全面展开，截至3月1日18时，"南京元宵活动"全网传播声量近10万条，其中微博（含转载）4.2万余条、客户端1.8万余条、微信1.6万余条、新闻（含网站）1.2

万余条等。从传播媒体来看,传统主流媒体占领主舆论场,以新华网、央视新闻、南京发布、南京广播电视台、南京日报、紫金山新闻、金陵晚报等为核心传播媒体。南京日报推出多个专版,涵盖理论文章、传统习俗、特色活动、深度报道等,全方位报道节日情况。南京广电推出系列直播、特色视频、新媒体产品等,丰富节日体验度,其他主流媒体则充分发挥自身优势,强力发声,自媒体、微博等充分让各个年龄段的市民参与到分享节日的喜庆氛围中。

与此同时,在 2021 年清明节期间,铭记历史,传承遗志,祭英烈活动在青少年中广泛开展,全市各中小学广泛开展清明节主题活动。众多导向鲜明、内涵丰富、形式多样、贴近青少年实际的教育实践活动,使得青少年更好理解与学习党史、新中国史、改革开放史、社会主义发展史,促进广大未成年人把个人理想融入时代主题、汇入复兴伟业。新华网、《南京日报》报道《南京发挥红色文化资源优势 掀起青少年"四史"学习教育热潮》。央视网、新华网、江苏网络广播电台、中江网、《新华日报》《南京日报》《南京晨报》、澎湃新闻等媒体参与《缅怀先烈,接力前行,江苏省暨南京市举办青少年代表凭吊革命先烈活动》报道。微博成为今年清明节文化主要传播阵地,信息量占比为 34.62%,紧随其后的是微信,信息占比 16.18%,网页占比为 14.79%。清明节期间,人们利用微博打卡红色基地,分享清明故事,引发广泛传播。

（三）融入现代民众生活,创新发展新习俗

南京市从依靠政府"指导"逐步转化为依靠政府"引导"策划与组织节日主题活动,将传统节日的传承与实践活动向基地建设落实发展,与广大人民群众的生活紧密结合,在促进传统节日框架性传承的基础上,倡导形成新习俗,不断丰富创新南京民众喜闻乐见的新兴节日习俗内容。由此引发民众的节日情感共鸣,使他们感受到"我们的节日"就在身边。

为纪念中国共产党成立 100 周年,缅怀革命先烈,2021 年4 月 2 日,"寻访红色印迹 传承红色基因"——2021 年"我们的节日·清明"主题活动在南京雨花台烈士陵园正式启动。通过开展"寻访红色印迹 传承红色基因"主题活动,鼓励倡导广大市民利用清明时节自发寻访先贤遗踪,打卡红色地图。同时,采取线上和线下相结合的方式,方便市民通过"云寻访""云讲解",重走革命之路,了解红色文化,接力革命信仰。自从 2019 年起,面对突如其来的新冠肺炎疫情,新式祭扫方式——足不出户云祭扫、代祭扫成为近年来清明节期间的主要祭扫方式。这种祭扫方式不仅没有阻碍人们对于先人缅怀与崇敬之情的表达,反而更加绿色环保,它可在许多网站平台通过"点烛""献花"等互动方式,为公众构筑了一个情感表达的数字空间。"云祭扫"正在从公祭领域延伸至家庭祭扫活动,更多人开始接纳和认可这种祭扫新形式,它能够突破时间和空间限制,让人们特别是身在他乡的人能更方便快捷地在"云端"表情达意、寄托哀思,同时免去了传统祭扫焚香烧纸、燃放鞭炮等环节,更环保、更安全。

此外,南京地铁精妙内部装饰设计常常成为这座城市的一道靓丽风景线,它为忙碌奔波于快节奏生活中的人们增添了一方赏心悦目的天地,尤其是自 2021 年以来,南京市以"七夕节"为主题,策划并开启了爱情地铁线,让爱心布满了地铁沿线,设计风格时尚充满爱意,在公共场所互动传播,突出传统节日在青年群体中的影响力,成为年轻人的网红打卡地,引发市民的情感共鸣,让市民感受到我们的节日就在身边,深受群众好评。此类"新习俗"创造性地与市民现代生活方式相结合,并正在逐渐渗透进大众的心中,以潜移默化的方式让我们在保留与传承中华优秀传统文化精髓的同时,融合了传统节日与时代特征,为节日文化在南京地区的传播和推广增添新的方式。让更多的群体参与到丰富多彩的节日活动中,真正依靠公共大众的力量为节日文化传播贡献应有之力,使得大众能够更真切地感受到传统节日文化就在我们身边。

三、举办"我们的节日"专题学术会议

节日，不仅凝结着广大民众的精神情感和文化血脉，也是人们现代生活方式的丰厚滋养。节日文化作为中华优秀传统文化的重要组成部分，它总是与中国社会的变迁发展历程相携同行，成为传承中国文化根脉的关键载体。为聚焦探讨节日文化与当代社会发展问题，"我们的节日"南京工作室于 2019 年 12 月 21—22 日在南京南京农业大学举办"我们的节日·南京"首届高端论坛，来自日本关西学院大学、韩国国立民俗博物馆、韩国湖南大学、文化和旅游部民族民间文艺发展中心、清华大学、中国社会科学院、中国传媒大学、北京师范大学、复旦大学、南京大学、东南大学、山东大学、华东师范大学、华中师范大学、南京师范大学、上海社会科学院、上海大学、安徽大学、南京审计大学、南京信息工程大学、南方科技大学、武汉科技大学、湖南科技大学、湖北经济学院、西安工业大学、杭州师范大学、淮北师范大学、山东艺术学院、齐鲁师范学院、湖州师范学院和南京农业大学等国内外 40 余位学者参加，就节日理论、传统节日与节气、节日与城市化、节日保护传承、南京节日文化等五个方面展开学术研讨。

（一）节日理论研究

如何理解"我们的节日"在民众社会生活中的文化意义？若从节日理论研究层面来审视，东亚地区关于"我们的节日"研究又遵循着怎样的阐释理路和经验表达？12 月 21 日上午的论坛主旨发言阶段，南京大学高小康教授首先以《"我们的"：节日与文化认同的传承与演变》为题，重点讨论了节日文化体系中"我们的"概念，并指出它不是一般意义上的所有权归属，而是代表着特定群体的文化认同。对于具有突出公共性的传统节日而言，认同的价值首先在于意义内涵，其中蕴涵着特定节日文化群体的身份、历史和世界观，并在此意义上构建出不同的"我们"。日本关西学院大学岛村恭则教授则以《其俗不知正岁四节——日本民俗学的年中行事

研究》为例,分析了日本民间社会中"节日"与"年中行事"的关系问题。他指出日本民俗学"年中行事"研究的特征是对历法制度形成之前的"年中行事"的关注,其可以作为一种"理想类型"的"连续体的碎片化"模型。清华大学刘晓峰教授以《东亚视野下的冬至文化》为题,对中国、日本、韩国的冬至节日进行了深入的对比研究。他认为中国冬至节俗的特点是把太阳的变化看成自然变化的一部分,并在顺生的规则之下的文化有机展开,这代表着中国古代冬至文化最重要的生成逻辑。南京农业大学季中扬教授则以《庆祝与聚集:传统节日文化当代意义的美学阐释》为题,基于南京传统节日当代状况的描述与分析,从节日的庆祝性和聚集性层面探讨传统节日的当代功能与意义问题。他认为从审美角度看,在当代社会,传统节日的庆祝与聚集仍然是民众内心深处的需要,这种需要并不一定会与世推移。

在山东大学王加华教授看来,作为一年之中的"非日常"日子,节日往往也为人群聚合与进行各种社交活动提供了重要契机。他以《作为人群聚合与社会交往方式的节日》为题,重点分析了作为"群体性"和"社会交往方式"的节日内涵,他认为节日本质上是一种"公共性"框架与氛围的建构与发挥,具有动员民众、凝聚人心、加强亲情与友情、增强群体、社区与地域认同感的积极价值和作用。在节日研究学术融合与协同创新、学术方法应用、成果形式设计等方面,系统性的学术规划与实践中的不断优化,是一个节日理论、理念与实践结合的过程。文化和旅游部民族民间文艺发展中心李松研究员以《〈中国节日志〉——国家文化研究项目中的学术策略》为题,指出对中国传统节日的历史与现状进行系统的学术研究,力求在文化传统与大众社会生活之间,在国家公共文化政策与大众生活之间,在城市化、现代化、数字化与中国乡土社会发展的诉求之间,探寻社会发展和文化变迁的规律和建构可持续发展的有效路径,是国家哲学社会科学重大委托项目《中国节日志》的核心诉求。韩国国立民俗博物馆郑然鹤研究员以《韩国传统农耕岁时的意义与变化》系统梳理了韩国传统岁时风俗的构成与文化内涵，通过中韩对比研究，他提出韩国的岁时风俗和二十四节气具有"重视开始""重视阳数""受中国传统节日影响"等典型特征。

也有学者从节日叙事、节日影像、节日谱系等多元视角探讨"我们的节日"的建构逻辑与社会意义问题。例如，安徽大学沈昕教授认为在传统节日的形成和发展过程中，它不仅仅是一个时间段落标志，在节日之上，人们赋予其丰富的文化意义。她以《我们的节日——传统节日民俗叙事的五个维度》为题，指出节日中的传说、天文历法、实物体现、仪式、功能等五个维度经纬交集、相互支撑，是理解传统节日文化的重要理论框架。复旦大学博士后陶赋雯以《链接生死门：节日影像"记忆之场"中的哀思寄托》为题，她指出节日是情感"记忆之场"的汇集点，通过影像载体的呈现，产生与受众共情，影像被用来封存生命、家庭、过往，具有修复部分记忆、补偿创伤、转移创伤的功能。华东师范大学博士后游红霞以《春节符号的文化谱系与文化叙事》为题，从时间、空间、族群、形式结构等多重维度，通过四川阆中塑造天文学家落下闳为"中国年爷爷"春节符号案例讨论了春节节日符号背后蕴含着丰富的文化叙事问题。

（二）传统节日与节气研究

中国传统节日和节气文化历久弥新，在从传统到现代的过渡中，它又具体呈现出那些时代特征和意义？部分与会学者从冬至、端午节和地方性节庆的角度对此问题展开讨论。中国传媒大学耿波教授以《作为人间事的冬至》为题，指出冬至作为节日，在古典时代能够进行下去，其主要动力是皇家文化的引导与精英文化的推动，庶民的冬至节在很大程度上是文化模仿的结果。杭州师范大学袁瑾副教授以《天正与人时——江南冬至节的时间属性》为题，认为江南地区民众在具体生活场域内形成的对自然的科学认知、对社会生活的情感指向以及在此基础上形成的行为方式、历法制定、社会节日政策变化等要素综合在一起，共同构成了以冬至为代表的江南节气节日体系的在地性特征,并赋予其自我发展的文化内动力。韩国湖南大学黄今姬讲师以《试论韩国冬至岁时风俗之现况》为题,细致梳理了韩国冬至的节令食品及其背后所蕴含的文化意义。她指出,朝鲜《东国岁时记》中即有将"冬至"称为"亚岁"的记录,因此在韩国民间社会流传着"冬至添齿"的说法。

华东师范大学助理研究员李柯以《端午节浴兰习俗考——兼论传统节日类非遗的谱系与传承》为题,分析了端午节浴兰风俗的起源及其习俗形态在各地流传和衍生,他建议重建端午节的节日谱系和端午植物应用的功能谱系,以实现节日的活态保护。湖北经济学院陈建华教授以《和而不同:朝鲜半岛端午对阵竞技习俗的再认识》为题,讨论了韩国端午节的对阵竞技习俗,他认为这些习俗在精神内核上与中国以阳气驱邪禳灾一脉相承。淮北师范大学陈士部教授以《论中国古代拔河竞技的民俗内涵》为题,探讨了拔河竞技民俗与古代节庆之间的文化关联。他提出,拔河竞技多在春季举行是古时节庆事象的一种重要的侧影,反映出浓厚的农耕文化的民族特色。作为存活至今的中国古代拔河竞技是农耕文明衍生出来的一种具有民族特色的民俗文化形式,它还凝聚着一定的节庆文化、游艺文化和祭祀文化等内涵。

齐鲁师范学院刘德增教授以《祀灶时间:"北三南四""军三民四"与"官三民四"》为题,主要讨论了我国传统民间祭灶习俗的时间差异及其背后的历史文化逻辑问题。他指出,我国南方绝大多数地区于腊月二十四日祀灶,少数地区于腊月二十三日祀灶,符合明朝行政区划与卫所的占比,这或与北、南两地对"官府文化"的攀比、认同程度有关。由于卫所的独特地位,北方民众视"军"为"官",故此"军三民四"又称"官三民四"。湖州师范学院马明奎教授以《湖州蚕桑神话的文本叙事性及本文开放性》为题,细致梳理了湖州蚕花节的演变源流,强调了节日文化生态的观念。他指出,多元多维的节日空间和时间,在一定程度上保证了蚕桑神话的传承和发展。湖南科技大学王奕祯讲师以《论万圣节及其戏演的形态与狂欢化特质——以中国傩仪为参照》为题,分析了中西方民间节日习俗的文化特质。他认为万圣节具有民间性和狂欢化特质,万圣节的"捣蛋"习俗形态与中国傩仪相似,是仪式与娱乐的二元统一。怀化市非物质文化遗产保护中心科员杨雨点以《地方传统节俗与孝道文化的建构及其价值——以湖南新晃"孝梅节"为个案》为题,指出"孝梅节"作为一个与孝道文化有关的宗族节日,以节庆的方式承担、发挥、操作、延续了宗族的组织功能,有利于凝聚和维系当地村民的集体情感,培育中华优秀传统文化与地方民俗节庆互动、共生的载体。

（三）节日与城市化研究

在当代中国社会,随着全球化、城市化和城镇化进程的不断提速,节日所处的社会文化语境也已发生了诸多变化。有学者从现代城市节日的实体空间与虚拟空间、节日服饰、民俗节气及戏曲艺术等视角展开讨论,可谓颇中肯綮。华东师范大学徐赣丽教授以《都市空间传统节日的传承和变异形态》为题,指出当代我国的城市化对国民生计方式和生活方式产生了极大的影响,城市语境下所发生的一切具有了新的内涵,传统节日也在城市空间中表现出了新的传承和变异形态。武汉科技大学方兰讲师以《传统节日服饰对节日文化传承与城市文化建设的作用——以日本的和服传承为例》为题,探讨了传统节日服饰与都市生活的关系。她认为日本在"和服"上的传统文化融合和创造的结果相对成功,不仅让和服文化作为传统节日服饰有效地被现代日本人接受并得以实际传承,还对当地的城市文化建设乃至国家文化建设起到了推波助澜的作用。上海社会科学院助理研究员程鹏以《上海传统民俗节庆的当代转型与发展研究》为题,指出当前上海节庆经济的模式处在传统与现代交替的变革过程中,节庆期间的文化消费日益呈现多样化的特征,但传统民俗节庆活动的内容和形式还未能与当下民众的审美文化需求完美结合。南京审计大学刘依讲师以《"抖擞传统"之"轻":论"节日"网络空间传播及其意义生成》为题,指出在

"节日文化"的后非遗时代,通过去中心化的空间设计重构节日文化的认同方式,形成多元互渗的"轻"美学。节日现场的脱落、"集体记忆"的狂欢、言语的失声乃是"节日文化"演化为"抖擞传统"的三大表征。南京农业大学薛慧讲师以《节日文化与戏曲艺术间的互动探究》为题,认为节日文化与戏曲发展呈现出了相互交织,彼此影响的动态关系;节日文化的受众、主题、审美都在某种程度上制约和影响着戏曲艺术的创作;戏曲艺术在城乡地区的活态传播也在某种程度上扩展了节日文化的形式和内容。

(四)节日保护传承研究

传统节日面对当代社会快速发展变迁的新语境,究竟应该如何保护,谁来保护,怎样传承? 民众在节日保护传承的过程中应该发挥怎样的作用? 一些专家对此问题展开深入讨论。中国社科院毛巧晖研究员以《"传统"的发现——呼玛河流域鄂伦春族玛印节》为题,探讨节日激活和保护的相关问题。她以鄂伦春族玛印节为例,指出在节庆建构以及节日发展中,我们既不能将"唤醒者"均质化,也不能忽视政府的文化实践者"发现"节日以及学者学术阐释之推广保护节日的意义,应该在顺应时代需求的同时,注重节日表述的准确性、传播力以及民众的接受度。北京师范大学博士后贺少雅以《节日仪式类非遗保护的实践探索——以北京师范大学"传统节日仪式中青年非遗传承人研讨班"为例》为题,探讨了北师大民俗学团队近年来推行的"多方联动、资源整合、方法融合、长效互动"节日仪式保护实践经验。她认为这种模式是对非遗研培模式的创新和分门类建立非遗保护与传承体系的尝试,对进一步完善非遗保护政策体系具有重要意义。山东艺术学院颜伟讲师以《节庆演艺与村落变迁——以河北邯郸涉县原曲村为例》为题,指出肃正的祭礼与热闹的演出诠释了节庆活动中村落社会纵向等级和横向平等的两种秩序,村落信仰、权力、戏曲、民俗等诸多文化元素深刻影响了原曲村的历史变迁和传承进程。

南京信息工程大学朱逸宁副教授以《当代中国节庆文化转型

阐释》为题,讨论了节庆文化引人关注的内在原因。他提出,在全球化背景下,中外文化交流碰撞,彼此的节庆文化也产生了融合与嬗变,异质文化中的节庆习俗进入中国,民族主义和文化保守主义观念显露出苗头,人们应该如何调整心态,如何彰显文化自信将成为一个新课题。西安工业大学王昊副教授以《关中乡村节庆民俗媒介传播特征探析》为题,探讨了作为传播手段的现代媒介与传统媒介的关系及其在乡村节庆民俗中的传播特征及其如何塑型乡村文化,对民俗节日文化起到传播和保护的作用。她认为,传统媒介的共享性来源于集体记忆的代际传递,现代媒介的介入拓展了媒介的共时性,文化资源因之具有更加广泛的共享性,节庆民俗的组织激发了乡民的主体性,媒介对乡村民俗节日文化的建构和整合起到巨大作用。

（五）南京节日文化研究

南京作为传统节日振兴工程的全国四个重点城市之一,近年来围绕"我们的节日"在南京城乡地区的传承、保护机制等方面形成了一批理论研究成果,本次论坛也有一些学者从南京节日文化的地方性视角讨论节日文化传承问题。南京师范大学白莉副教授以《变与不变中的永恒——基于2008—2019年南京清明祭扫习俗的观察》为题,指出清明节被确定为法定节假日的变化不仅丰富了人民的节日生活,也使得上述节日出现了新的景观和元素。她对城市化过程中祭扫习俗和理念的不断变化从经济、文化、宗教和审美等角度进行了民俗解读,阐释了变化中恒定不变的独特的地方特色和尊宗敬祖的精神。上海大学博士生孙志浩以《礼俗互动——南京高淳区桠溪镇五猖会的传承研究》为题,讨论了南京乡村地区的"五猖会"个案,他发现这一习俗在时代语境下面临着诸多传承矛盾,但也具有增强区域公众的文化认同感,促进文化的多样性,生成并激活公众的创造力等多种价值。南京农业大学副教授张兴宇以《互助与互动:南京乡村端午礼俗的传承机制》为题,探讨地方性节日礼俗传统嵌入乡民现代节日生活体系之中的逻辑与机制。他认为,乡村中的节事、节礼、节俗等因素构成了传统节日生活化传承的核心载体。通过营造多主体参与且持续互动、共享的端午节日礼俗文化空间,使得传统节日礼俗深刻融入当地乡民的节日生活体系之中。

在中国特色社会主义进入了新时代这一大背景下,我国城乡民众之间的流动性和互动性趋势不断增强,深刻理解、探讨"我们的节日"内嵌的文化要义,有助于充分展现中华传统节日文化的价值意涵和时代风采。本次"我们的节日·南京"首届高端论坛由"我们的节日"南京工作室、《节日研究》杂志社、江苏省民间文艺家协会联合主办,南京农业大学人文与社会发展学院、南京农业大学民俗学研究所承办,《民俗研究》杂志社提供学术支持。专题学术会议的举办,有助于进一步从学理层面做好节日文化与当代社会发展的学术研究工作,深化探究"我们的节日"当代保护机制和传承理路,推动实现传统节日文化与当代城乡民众生活的有效衔接。

第三节 "我们的节日"实践话语传播效果

一、新媒体节日话语传播效果显著

从传播媒体效果来看,传统主流媒体占领主舆论场,南京日报推出多个专版,涵盖理论文章、传统习俗、特色活动、深度报道等,全方位报道节日情况。南京广电推出系列直播、特色视频、新媒体产品等,丰富节日体验度,其他主流媒体则充分发挥自身优势,强力发声,自媒体、微博等充分让市民充分参与到分享节日的喜庆氛围中。例如,2021年元宵节期间,文博场馆等公共文化空间,充分利用自身资源优势,传承节日民俗、弘扬传统文化。南京市民俗博物馆推出非遗乐"宵"遥主题直播活动,邀请非遗传承人在直播间教网友做花灯、做面塑,浏览量过百万。南京白局省级非遗传承人黄玲玲和弟子创作《欢欢喜喜闹元宵》,受新华社客户端、南京电视台报道,浏览量破百万。此外,我们的节日——"正月十五闹雪灯"南京民族乐团元宵音乐会如期而至,音乐会采取线上直播的方式,通过央视频、江苏大剧院视频号、哔哩哔哩、网易云音乐以及爱艺在线等平台,为观众送去"云祝福"。线上的观众也积极参与互动发送评论,热情分享心中的年味,《风》和《太阳颂》的悠扬曲调使网友纷纷评论"很治愈""元气满满"……中国江苏网、现代快报、南京日报、腾讯网《"云上"闹元宵！南京民族乐团元宵音乐会演绎经典》等媒体参与报道。

宣传报道以新华网、央视新闻、南京发布、南京广播电视台、南京日报、紫金山新闻、金陵晚报等为核心传播媒体,在疫情防控下,新媒体传播的优势和必要性凸显。多家媒体平台对"我们的节日"南京工作室所举办的活动及做出的贡献给予新闻报道与评论。

例如,《南京日报》对2021年南京端午活动发表评论:挖掘传统节日的时代价值。时代价值是传统文化能够跨越时空、超越国度、富有永恒魅力之所在。今年适逢中国共产党百年华诞,颂屈原,讲故事,谈历史,参观红色遗址遗迹……各地与时俱进,借端午契机开展形式多样的主题活动。通过这些连接过去与当下的活动,人们得以触摸传统文化和现代生活融汇的脉动,实现对传统文化核心的回归。《新华日报》也对2021年南京端午活动发表评论员文章:增强传统文化的仪式感。端午节和其他传统节日组成丰富的文化版图,标注了中华民族生命的时间与空间。无论是赛龙舟、佩香囊,还是饮雄黄酒、挂菖蒲,都具备满满的仪式感。借由仪式感的活动吸引人们参与,让端午节增添了别致的雅趣,也赋予了传统节日更多吸引力和感染力。

此外,2021年南京市春节宣传工作自1月18日起全面展开,截至2月17日24时,"南京春节活动"全网传播声量近50万条,其中新闻(含网站)18.5万余条、微博(含转载)15.1万余条、客户端12.2万余条、微信4.1万余条等。监测时段内,第八届南京民俗文化节通过"南京非遗"官方平台和新浪"一直播"平台同步直播,在线观看总人数超过一千万;南京市元宵宣传工作自 2 月 24 日起全面展开,截至 3 月 1 日 18 时,"南京元宵活动"全网传播声量近 10 万条,其中微博(含转载)4.2 万余条、客户端 1.8 万余条、微信 1.6 万余条、新闻(含网站)1.2 万余条等;清明节宣传工作自全面展开以来,截至 4 月 6 日 18 时,"南京清明活动"全网相关信息量近 10 万条,其中微博(含转载)41 965 篇、客户端 24 380 篇、微信 16 521 篇、新闻(含网站)15 592 篇等;端午节宣传工作自全面展开以来,截至 6 月 16 日 18 时,"南京端午活动"全网相关信息量逾 20 万条,其中微博(含转载)72 314 篇、客户端 28 565 篇、微信 27 071 篇、新闻(含网站)12 587 篇等;重阳节宣传工作自全面展开以来,截至 10 月 26 日 18 时,"南京重阳活动"全网相关信息量近 5 万条,其中新闻(含网站)1 799 篇、客户端 24 380 篇、微信 3 658 篇、微博(含转载)5 993 篇等。

二、塑造"我们的节日"文化品牌

"我们的节日"南京工作室创新运用南京传统节日的地域文化要素,组织开展了一系列传统节日振兴主题活动,在每一个传统节日来临之前,会根据南京市"创新名城、美丽古都"的文化品牌总体要求,提前部署传统节日传承工作方案,重点打造符合南京传统节日主题特色的节日文化符号。例如,南京市主推的春节城墙挂春联、元宵秦淮灯会、清明云祭扫、七夕紫金山荧光跑、中秋森林音乐会等节日文化活动品牌,在国内产生了较大的社会影响力。

(一)春节——春节城墙挂春联,南京喜迎开门红

"城门挂春联,南京开门红"作为"我们的节日"南京行动文化品牌活动已延续六年,成为南京人每至岁末的文化盛事、新春必备的时尚年俗。2021 年春节期间,除在南京各城门举办挂上巨幅春联外,还在九座城门上挂上"福"字,市民可参与扫福集福活动,在喜乐融融的春节氛围中感受传统文化的魅力。

（二）元宵节——云端秦淮灯彩，足不出户过元宵

逛灯会、赏花灯……这些是南京人过元宵节的"必选题"。元宵节期间，在夫子庙、老门东、白鹭洲公园等处，"秦淮灯彩"如期闪亮。灯彩不仅可以现场看，还能手机上观赏，南京夫子庙文旅集团联合各媒体，通过慢直播、短视频、美图等多种形式，把国家级非遗秦淮灯彩搬到"云端"，市民游客可通过手机云赏灯、云打卡、云灯市、云购物，足不出户就能欣赏到"秦淮灯彩"之美。

（三）清明节——寻访文化先贤，传承城市文脉

2019 年 4 月 4 日上午，清明·寻访南京"文化先贤"——传承弘扬传统文化主题新民俗活动在石头城遗址公园举行，文化学者与学生、市民代表共一百多人一起参加现场表演，并徒步寻访贯穿三国、南朝时期、唐宋明清时期和民国时期的 42 位文化先贤遗迹。活动将南京深厚的历史文化、传统文化与清明祭扫、踏青等习俗相结合，通过开展音乐诗歌表演、祭祀南京文化先贤、徒步寻访先贤遗迹等活动，缅怀城市文化先贤，弘扬优秀传统文化，旨在追忆先贤的丰功伟绩、接受先贤的精神感召的同时，继承先贤的未竟事业，提升城市凝聚力，推进"创新名城，美丽古都"的前进步伐。

（四）端午节——弘扬传统文化，非遗助力端午佳节

2019 年 5 月中下旬至端午节期间，南京市委及区委宣传部、文明办、文体局、社科联、文联、部分街道、社区、学校等围绕端午节传统习俗，全市广泛开展各类非遗系列节日活动，通过赛龙舟、包粽子、投壶、诵读、缝香囊、"金陵吟"快闪等各种形式，传承中华民族传统文化，弘扬文明风尚，让市民了解端午、体验端午、喜爱端午的同时，也激发了大家对传统民俗的兴趣，进一步继承和弘扬华夏千年的传统文化，培育和践行了社会主义核心价值观。

（五）七夕节——七夕千人荧光夜跑，点亮美龄宫"最美项链"

2019 年七夕当天，紫金山·中国七夕文化节暨第二届紫金山七夕荧光跑成功举办，作为最青春、最浪漫、最闪亮的千人夜跑活动，终点美龄宫"最美项链"再次被点亮，深受年轻人的喜欢。同

时,活动突出南京人文绿都的特点,吸引了上千人,从钟山体育运动公园出发,途经灵谷寺—行健亭—美龄宫,最后到达紫金文化广场,全长 5.20 千米的赛道,全长 5.20 千米的夜跑,抓住南京"山水城林"的城市特色,沿途充分展现人文绿都的城市气质。

紫金山荧光跑活动创意十足,形式特别,吸引了中央广电总台国际在线、中国新闻网、新华网、中国江苏网、交汇点新闻、《扬子晚报》、南京广播电视台、《南京日报》《东方卫报》、紫金山新闻、南报网、新浪网、搜狐网等各级媒体积极参与宣传报道,全网相关信息量达 400 余条。抖音、搜狐视频、好看、秒拍等短视频平台也汇集了大量活动短视频,极大地提高了活动关注度,特别是年轻人的关注。

（六）中秋节——主题文化活动内涵薪火相传,强化节日仪式感

中秋节是中国最重要的传统节日之一,有着悠久的历史。2006 年,中秋节被国务院列为第一批国家级非物质文化遗产名录。每年 9 月以来,南京积极组织开展一大批"我们的节日·中秋"主题活动,包含森林音乐会、主题诗会送家书、文艺演出等各类主题活动近百场,强调年轻人参与,把传统节日的内涵融入南京市民喜闻乐见的节日活动中。

（七）重阳节——登高望远,弘扬敬老助老新风尚

2019 年重阳节期间,作为南京人重阳登高的首选地,南京城墙迎来逾 4 万市民游客登高赏秋。在中华门和解放门,登城人流绵延数公里,场面蔚为壮观,营造出浓厚的南京传统节日文化氛围。此外,在全市范围内寻找"最美宁姐——巾帼助老明星",大力弘扬敬老助老新风尚,营造敬老助老的良好氛围,把弘扬中华民族传统美德与深化节日内涵紧密结合,在重阳佳节,让中华文化展现出时代风采。

我们的节日,也是全社会民众共享传承的节日。在传统文化的创新中,"我们的节日"南京工作室将其核心内涵进一步延伸,节俗活动也在历史积淀过程中日益丰富。作为六朝古都的南京,在

其历史文化底蕴中孕育出来民众基础与家国情怀,其背后是对于中华文化一以贯之的延续。文化的生命在于传承,传统文化更需要传承与传播。传媒应该坚定传播传统文化的信念,承担起传播优秀传统文化的责任。在传播传统文化的过程中,准确把握受众的求知心理、求实心理、求乐心理和求异心理,丰富传播传统文化的方式,积极发挥传媒的导向作用。一般说来,传统节日是中华民族生产生活的能力和成果的精粹,是民众生活智慧、生命意识的集中反映,是集体长期创造积累的文化样式,既是古代信仰物化形态的一种遗留,又是具有自我调节机制的生活节奏,更是民众精神信仰、审美情趣、伦理关系与消费习惯的集中和传承的文化空间。传统节日一直是学术界研究的热点所在,传统节日的当代振兴离不开对其文化内涵的深度挖掘。因此,加强对传统节日理论的研究,既可以促进人们对它的认识,又可以激发人们对它的兴趣,在帮助人们找回实际生活经验中的节日感,重拾节日的情感的同时,也为当下的传统节日文化活动提供了最为恰当的指导,进而为传统节日的生存和发展提供了有力的理论支持。

传统节日在传统社会主要依靠人与人之间的互动、传统媒体、国家法定节日的活动传播来实现。当前,传统媒体与新媒体共存的全媒体时代打破了以往的传播模式,随着消费主义浪潮席卷文化领域以及后现代语境下对传统文化的解构,开展新的媒介生态下传统节日文化的话语传播,传播主体多元化、传播方式多样性以及不同的媒介组合的传播趋势大大提升了传播效果,全方位、多角度、多形式地宣传南京传统节日、民俗文化,发挥舆论引导功能,让传统节日以亲民的方式回归大众的视野,唤醒大众对传统节日文化的热情和关注,促进南京传统节日文化的传承、创新和发展。

主要参考文献

一、著作类

1. ［德］贡德·弗兰克著，刘北成译：《白银资本：重视经济全球化的东方》，成都：四川人民出版社 2017 年版。

2. ［德］尼采，周国平译：《悲剧的诞生》，北京：生活·读书·新知三联书店 1986 年版。

3. ［唐］张鷟：《朝野佥载》，北京：中华书局 1979 年版。

4. ［英］霍布斯鲍姆，顾杭、庞冠群译：《传统的发明》，南京：译林出版社 2004 年版。

5. ［美］彭慕兰著，史建云译：《大分流：欧洲、中国及现代世界经济的发展》，南京：江苏人民出版社 2004 年版。

6. ［明］刘侗、于奕正：《帝京景物略》，上海：上海古籍出版社 2001 年版。

7. ［宋］孟元老撰，王永宽译：《东京梦华录》，郑州：中州古籍出版社 2010 年版。

8. 周一良、赵和平著：《唐五代书仪研究》，北京：中国社会科学出版社 1995 年版。

9. 丁如明、李宗为、李学颖等校点：《唐五代笔记小说大观》（全二册），上海：上海古籍出版社 2000 年版。

10. ［宋］孟元老：《东京梦华录》，上海：上海三联书店 2014 年版。

336

11. 〔唐〕刘肃,许德楠、李鼎霞点校:《大唐新语》,北京:中华书局1984年版。

12. 〔清〕潘荣陛、富察敦崇:《帝京岁时纪胜·燕京岁时记》,北京:北京古籍出版社1961年版。

13. 黄石:《端午礼俗考》,香港:香港嘉兴书局1963年版。

14. 〔清〕潘荣陛:《燕京岁时记:外六种》,北京:北京出版社2018年版。

15. 〔德〕马克斯·韦伯,康乐、简惠美译:《非正当性的支配——城市的类型学》,桂林:广西师范大学出版社2005年版。

16. 李春棠:《坊墙倒塌以后——宋代城市生活长卷》,长沙:湖南人民出版社2006年版。

17. 梁鼎芬等:《番禺县续志》,民国二十年刊本。

18. 邵茂深:《伏岭舞狮》,合肥:黄山书社2016年版。

19.《福鼎县志》,清嘉庆十一年刊本,爱如生方志数据库。

20. 〔清〕谭抡修纂:《(嘉庆)福鼎县志》,清嘉庆十一年刊本,爱如生数据库。

21.《福宁府志》,明万历四十四年刻本,爱如生方志数据库。

22. 〔汉〕应劭撰,王利器校注:《风俗通义校注》,北京:中华书局2010年版。

23. 石声汉:《氾胜之书今释》,北京:科文学出版社1956年版。

24. 〔汉〕应劭撰,吴树平校释:《风俗通义校释》,天津:天津古籍出版社1980年版。

25. 〔清〕屈大均:《广东新语》,北京:中华书局2006年版。

26. 〔法〕阿诺尔德·范热内普著,张举文译:《过渡礼仪》,北京:商务印书馆2012年版。

27. 〔法〕葛兰言,赵丙祥、张宏明译:《古代中国的节庆与歌谣》,桂林:广西师范大学出版社2005年版。

28. 陈国康、邓广彪:《广州文史资料》第三十五辑,广州:广东人民出版社 1986 年版。

29. 陈来：《古代宗教与伦理》，北京：北京大学出版社 2017 年版。

30. ［美］德克·卜德，吴格非等译：《古代中国的节日：汉代（公元前 206—公元 220 年）的新年和其他年庆活动》，北京：学苑出版社 2017 年版。

31. ［汉］刘安著、许慎注，陈广忠校点：《淮南子》，上海：上海古籍出版社 2016 年版。

32. ［南朝］范晔撰，［唐］李贤等注：《后汉书》，北京：中华书局 1965 年版。

33. ［清］范祖述：《杭风遗俗》，上海：上海文艺出版社 1928 年版。

34. ［明］张岱：《陶庵梦忆 西湖梦寻》，郑州：中州古籍出版社 2012 年版。

35. ［隋］薛道衡：《和许给事善心戏场转韵诗》，《文苑英华》卷二百一十三，北京：中华书局 1966 年版。

36. ［宋］范晔：《后汉书》，北京：中华书局 2007 年版。

37. 朱启钤：《蠖园文存·四季假呈》，贵州：贵州人民出版社 2015 年版。

38. ［后晋］刘昫：《旧唐书》，北京：中华书局 1975 年版。

39. ［梁］宗懔撰，［隋］杜公瞻注，姜彦稚辑校：《荆楚岁时记》，北京：中华书局 2018 年版。

40. 江宁街道志编纂委员会：《江宁街道志》，北京：方志出版社 2011 年版。

41. ［英］J.G.弗雷泽著，汪培基、徐育新、张泽石译：《金枝》，北京：商务印书馆 2013 年版。

42. ［清］潘宗鼎、［民国］夏仁虎著：《金陵岁时记·岁华忆语》，南京：南京出版社 2006 年版。

43. 《鲁迅全集》，北京：人民文学出版社 1973 年版。

44. ［唐］王仁裕:《开元天宝遗事》卷下,北京:中华书局2006年版。

45. ［汉］郑玄注,［唐］孔颖达:《礼记正义》,上海:上海古籍出版社2008年版。

46. ［美］罗伯特·D.帕特南主编,李筠等译:《流动中的民主政体——当代社会中社会资本的演变》,北京:社会科学文献出版社2014年版。

47. ［美］詹姆斯·S.科尔曼,邓方译:《社会理论的基础》(上),北京:社会科学文献出版社1999年版。

48. ［宋］吴自牧:《梦梁录》,杭州:浙江人民出版社1980年版。

49.《礼记》,北京:中华书局2017年版。

50. 尚秉和著:《历代社会风俗事物考》,上海:上海三联书店2014年版。

51. ［汉］高诱注,［清］毕沅:《吕氏春秋》,上海:上海古籍出版社2014年版。

52. ［汉］郑玄注,［唐］孔颖达:《礼记正义》,上海:上海古籍出版社2008年版。

53. ［德］H·G·伽达默尔著,张志扬等译:《美的现实性——作为游戏、象征、节日的艺术》,北京:生活·读书·新知三联书店1991年版。

54. 刘守华、陈建宪主编:《民间文学教程》,武汉:华中师范大学出版社2009年第二版。

55. 茅盾著:《茅盾说神话》,上海:上海古籍出版社1999年版。

56. ［日］滨岛敦俊,朱海滨译:《明清江南农村社会与民间信仰》,厦门:厦门大学出版社2008年版。

57. ［清］顾禄,王稼句点校:《吴门风土丛刊》,苏州:古吴轩出版社2019年版。

58. ［明］佚名，孔宪易校注：《如梦录》，郑州：中州古籍出版社 1984 年版。

59. ［日］圆仁著：《入唐求法巡礼行记》，上海：上海古籍出版社 1986 年版。

60. ［汉］崔寔撰，石汉声校注：《四民月令校注》，北京：中华书局 2013 年版。

61. ［美］薛爱华著，吴玉贵译：《撒马尔罕的金桃：唐代舶来品的研究》，北京：社会科学文献出版社 2016 年版。

62. ［明］张瀚著，盛冬铃点校：《松窗梦语》，北京：中华书局 1985 年版。

63. 闻一多著：《神话与诗》，上海：上海人民出版社 2006 年版。

64. 胡适著，曹伯言、曹杨编：《胡适书话》，杭州：浙江人民出版社 1998 年版。

65. 萧放著：《岁时——传统中国民众的时间生活》，北京：中华书局 2002 年版。

66. 萧放著：《岁时记与岁时观念——以〈荆楚岁时记〉为中心的研究》，武汉：华中师范大学出版社 2019 年版。

67. 李惠斌、杨雪冬主编：《社会资本与社会发展》，北京：社会科学文献出版社 2000 年版。

68. 姚瀛艇著：《宋代文化史》，开封：河南大学出版社 1992 年版。

69. 王焕镳编纂：《首都志》（下册），南京：正中书局 1935 年版。

70. 张勃著：《唐代节日研究》，北京：中国社会科学出版社 2013 年版。

71. ［宋］王溥：《唐会要》，上海：上海古籍出版社 1991 年版。

72. 向达著：《唐代长安与西域文明》，北京：生活·读书·新知三联书店 1957 年版。

73. [宋]蔡绦:《铁围山丛谈》,北京:中华书局1983年版。

74. 张先清、董思思编著:《太姥石刻文书》,厦门:厦门大学出版社2016年版。

75. 中国民间文艺研究会福建分会主编:《太姥山民间传说》,福州:福建人民出版社1982年版。

76. [明]沈榜:《宛署杂记》,北京:北京古籍出版社1982年版。

77. [宋]周密,[明]朱廷焕:《武林旧事》,郑州:中州古籍出版社2019年版。

78. [英]马凌诺斯基著,费孝通译:《文化论》,北京:华夏出版社2002年版。

79. 个中生著:《吴门画舫续录》,上海:世界书局1936年版。

80. [宋]周密:《武林旧事》,杭州:浙江古籍出版社2011年版。

81. 刘少杰著:《国外社会学理论》,北京:高等教育出版社2014年版。

82. [清]郑梦玉等:《续修南海县志》,同治十一年刊本。

83. [宋]金盈之:《新编醉翁谈录》,沈阳:辽宁教育出版社1998年版。

84. [汉]刘安著,[汉]许慎注,陈广忠校点:《淮南子》,上海:上海古籍出版社2016年版。

85. [美]维克多·佩雷斯-迪亚兹,李筠等译:《流动中的民主政体——当代社会中社会资本的演变》,北京:社会科学文献出版社2014年版。

86. [东晋]葛洪:《西京杂记》,北京:中华书局1985年版。

87. [美]西奥多·C.贝斯特著,国云丹译:《邻里东京》,上海:上海译文出版社2008年版。

88. [晋]葛洪集,程章灿译注:《西京杂记》,贵州:贵州人民出版社1993年版。

89. 常玉芝：《殷商历法研究》，长春：吉林文史出版社 1998 年版。

90. ［意］马里奥·佩尔里奥拉，吕捷译：《仪式思维》，北京：商务印书馆 2006 年版。

91. 吴澄著：《月令七十二候集解》，北京：中华书局 1985 年版。

92. ［明］张岱：《陶庵梦忆 西湖梦寻》，郑州：中州古籍出版社 2012 年版。

93. 陈梦家著：《殷墟卜辞综述》，北京：中华书局 1988 年版。

94. 上海市文化传播影视管理局编著：《豫园灯会》，上海：上海人民出版社 2014 年版。

95. ［美］施坚雅著，史建云、徐秀丽译：《中国农村的市场和社会结构》，北京：中国社会科学出版社 1998 年版。

96. 潘东潮、魏峰著：《中华年节食观》，武汉：湖北科学技术出版社 2012 年版。

97. 乌丙安著：《中国民俗学》，沈阳：辽宁大学出版社 1985 年版。

98. 杨庆堃著，范丽珠译：《中国社会中的宗教》，四川人民出版社 2016 年版.

99. 中国第二历史档案馆编：《中华民国档案资料汇编·第五辑第一编文化类》，南京：江苏古籍出版社 1991 年版。

100. ［明］张瀚、陈洪谟撰：《治世余闻 继世纪闻 松窗梦语》，北京：中华书局 1985 年版。

101. 《十三经注疏·左传》，北京：中华书局 1980 年版。

102. 干春松著：《制度化儒家及其解体》，北京：中国人民大学出版社 2012 年版。

101. 李耀宗编纂：《中华节日名典》，西安：陕西师范大学出版社 2018 年版。

103. 吴玉贵著，《中国风俗通史·隋唐五代卷》，上海：上海文

342

艺出版社 2001 年版。

　　104. 徐潜、张克、崔博华著:《中国传统节日》,长春:吉林文史
出版社 2014 年版。

　　105. 仲富兰著:《中国民俗文化学导论》,杭州:浙江人民出版
社 1998 年版。

　　106. 萧放著:《中国民俗史·明清卷》,北京:人民出版社 2008
年版。

二、期刊类

　　1. 朱瑞熙:《宋代的节日》,《上海师范大学学报》1987 年第
3 期。

　　2. 裘锡圭:《寒食与改火——介子推焚死传说研究》,《中国文
化》1990 年版第 1 期。

　　3. 庞朴:《寒食考》,《民俗研究》1990 年第 4 期。

　　4. 叶春生:《广州的花市与花卉文化》,《中山大学学报》(社会
科学版)1992 年第 3 期。

　　5. 赵世瑜:《明清时期华北庙会研究》,《历史研究》1992 年第
5 期。

　　6. 程章灿:《〈西京杂记〉的作者》,《中国文化》1994 年第 2 期。

　　7. 孙永义:《"端午"食粽祭屈原说源流考》,《西南师范大学学
报》(哲学社会科学版)1996 年第 3 期。

　　8. 瞿明安:《中国饮食象征文化的深层结构》,《史学理论研
究》1997 年第 3 期。

　　9. 朱瑞熙:《宋朝的休假制度》,《学术月刊》1999 年第 5 期。

　　10. 向柏松:《元宵灯节的起源及文化内涵新论》,《中南民族
学院学报》2000 年第 2 期。

　　11. 赵世瑜:《传说·历史·历史记忆——从 20 世纪的新史
学到后现代史学》,《中国社会科学》2003 年第 2 期。

　　12. 刘德增:《中秋节源自新罗考》,《文史哲》2003 年第 6 期。

13. 萧放:《中秋节的历史流传、变化及当代意义》,《民间文化论坛》2004 年第 5 期。

14. 黄涛:《清明节的源流、内涵及其在现代社会的变迁与功能》,《民间文化论坛》2004 年第 5 期。

15. 张从军:《鸠杖与汉代敬老习俗》,《民俗研究》2005 年第 1 期。

16. 徐赣丽:《当代节日传统的保护与政府管理——以贵州台江姊妹节为例》,《西北民族研究》2005 年第 2 期。

17. 刘晓峰:《论重数节日序列及其阐释系统的形成》,《民俗研究》2005 年第 3 期。

18. 萧放:《传统节日:一宗重大的民族文化遗产》,《北京师范大学学报》(社会科学版)2005 年第 5 期。

19. 熊海英:《中秋节及其节俗内涵在唐宋时期的兴起与流变》,《复旦大学学报》(社会科学版)2005 年第 6 期。

20. 高丙中:《一座博物馆:庙宇建筑的民族志——论成为政治艺术的双名制》,《社会学研究》2006 年第 1 期。

21. 赵世瑜:《祖先记忆、家园象征与族群历史——山西洪洞大槐树传说解析》,《历史研究》2006 年第 1 期。

22. 高丙中:《对节日民俗复兴的文化自觉与社会再生产》,《江西社会科学》2006 年第 2 期。

23. 张举文:《重认"过渡礼仪"模式中的"边缘礼仪"》,《民间文化论坛》2006 年第 3 期。

24. 高丙中:《作为一个过渡礼仪的两个庆典——对元旦与春节关系的表述》,《中国人民大学学报》2007 年第 1 期。

25. 张勃:《清明作为独立节日在唐代的兴起》,《民俗研究》2007 年第 1 期。

26. 王霄冰:《节日:一种特殊的公共文化空间》,《河南社会科学》2007 年第 4 期。

27. 刘晓峰:《论中国古代岁时节日体系的内在节奏特征》,

《河南社会科学》2007年第6期。

28. 高丙中：《作为一个过渡礼仪的两个庆典——对元旦与春节关系的表述》，《中国人民大学学报》2007年第1期。

29. 钟敬文：《民间节日与民族文化》，《民族艺术》2008年第3期。

30. 李峰：《节日的功能及其社会学隐喻》，《河南社会科学》2008年第4期。

31. 刘晓峰：《论月望节日序列》，《民俗研究》2009年第1期。

32. 魏仙华：《官方节日：唐宋节日文化的新特点》，《四川师范大学学报》2009年第2期。

33. 成荫：《日常生活视野下的唐宋都城变革——以节日游乐社会环境为中心》，《中国经济史研究》2009年第3期。

34. 萧放：《端午节俗的传统要素与当代意义》，《民俗研究》2009第4期。

35. 张士闪、张佳：《"常"与"非常"：一个鲁中村落的信仰秩序》，《民俗研究》2009年第4期；

36. 萧放：《传统节日的复兴与重建之路》，《河南社会科学》2010年第2期。

37. 王釜岫：《传统节日列为法定假日的文化意义与传承发展——以春节、清明、端午、中秋等四大传统节日为例》，《浙江学刊》2010第4期。

38. 韩梅：《元宵节起源新论》，《浙江大学学报》2010年第4期。

39. 萧放：《城市节日与城市文化空间的营造——以宋明以来都市节日为例》，《西北民族研究》2010年第4期。

40. 赵逵夫：《七夕节的历史与七夕文化的乞巧内容》，《民俗研究》2011年第3期。

41. 刘铁梁：《民俗文化的内价值与外价值》，《民俗研究》2011年第4期。

42. 刘宗迪：《摩睺罗与宋代七夕风俗的西域渊源》，《民俗研究》2012 年第 1 期。

43. 刘宗迪：《七夕拜魁星习俗的异域渊源》，《文化遗产》2013 年第 6 期。

44. 周星：《端午节和"宇宙药"》，《节日研究》，2014 年第 1 期；

45. 徐赣丽：《体验经济时代的节日遗产旅游：问题与经验》，《青海社会科学》2014 年第 5 期。

46. 王祎：《传统节日的现代困境及其破解途径》，《中州学刊》2014 年第 9 期。

47. 张勃：《建构时代的中国节日建设》，《民俗研究》2015 年第 1 期。

48. 贾艳红：《上巳节考论》，《齐鲁学刊》2015 年第 1 期。

49. 张勃、王改凌：《再次命名与传统节日的现代转换——基于重阳节当代变迁的思考》，《西北民族研究》2015 年第 4 期。

50. 王加华：《传统节日的时间节点性与坐标性重建——基于社会时间视角的考察》，《文化遗产》2016 第 1 期。

51. 洪淑苓：《城市、创意与传统节日文化——台北、仙台的七夕活动观察与比较》，《文化遗产》2016 年第 1 期。

52. 宋靖野：《从仪式理论到社会理论：过渡礼仪的概念系谱》，《民间文化论坛》2016 年第 1 期。

53. 程民生：《七夕节在宋代汴京的裂变与鼎盛》，《中州学刊》，2016 年第 1 期。

54. 岳永逸：《粽子与龙舟：日渐标准化的端午节》，《中原文化研究》2016 年第 2 期。

55. 张士闪：《非物质文化遗产保护与当代乡村社区发展——以鲁中地区"惠民泥塑""昌邑烧大牛"为实例》，《思想战线》2017 年第 1 期。

56. 林慧：《生活在传统中——论节日遗产在当代的传承与保护》，《文化遗产》2017 第 2 期。

57. 郭佳:《九月九日重阳节探源》,《文化遗产》2017 年第 5 期。

58. 宋颖:《论节日空间的生成机制》,《民俗研究》2017 年第 5 期。

59. 黄永林、孙佳:《博弈与坚守:在传承与创新中发展——关于中国传统节日中秋节命运的多维思考》,《民俗研究》2018 年第 1 期。

60. 朱振华:《以民众为本位:当代节日志的价值旨归与实践追求——以"传统节庆文化论坛"相关讨论为核心》,《民俗研究》2018 年第 1 期。

61. 卢梦雅:《〈诗经〉中的时间——葛兰言的节日与历法研究》,《民俗研究》2018 年第 2 期。

62. 董德英:《神圣与世俗:宋代佛教节日与节日生活》,《杭州师范大学学报》2018 年第 5 期。

63. 张青仁:《节日日常化与日常节日化:当代中国的节日生态——以 2015 年为案例》,《北京社会科学》2019 年第 1 期。

64. 边清音:《饮食文化与唐人街节日庆典之再造——以日本南京町中秋节为例》,《文化遗产》2019 年第 3 期。

65. 王丹:《传统节日研究的三个维度——基于文化记忆理论的视角》,《中国人民大学学报》2020 第 1 期。

66. [日]岛村恭则著,陆薇薇译:《其俗不知正岁四节——日本民俗学的年中行事研究》,《节日研究》2020 年第 2 期。

67. 徐赣丽:《当代城市空间中的民俗变异:以传统节日为对象》,《杭州师范大学学报》(社会科学版)2020 年第 3 期。

图书在版编目(CIP)数据

传统节日传承机制与当代实践研究 / 季中扬,梁建恕主编. — 南京：南京大学出版社,2022.1
ISBN 978 - 7 - 305 - 25108 - 5

Ⅰ. ①传… Ⅱ. ①季… ②梁… Ⅲ. ①节日－风俗习惯－研究－中国 Ⅳ. ①K892.1

中国版本图书馆 CIP 数据核字(2021)第 228985 号

出版发行　南京大学出版社
社　　址　南京市汉口路 22 号　　　　邮　编　210093
出 版 人　金鑫荣
书　　名　传统节日传承机制与当代实践研究
主　　编　季中扬　　梁建恕
责任编辑　黄继东　　　　　　　　编辑热线　025 - 83592193
照　　排　南京南琳图文制作有限公司
印　　刷　南京京新印刷有限公司
开　　本　880 * 1230　1/32　印张 11.25　字数 300 千
版　　次　2022 年 1 月第 1 版　2022 年 1 月第 1 次印刷
ISBN 978 - 7 - 305 - 25108 - 5
定　　价　58.00 元

网址：http://www.njupco.com
官方微博：http://weibo.com/njupco
官方微信号：njupress
销售咨询热线：(025) 83594756